아비담마 실천하기

Abhidhamma in Daily Life

마음을 통찰하고 나를 바꾸는
붓다의 가르침

아비담마
실천하기

Abhidhamma in
Daily Life

아신 자나까비왐사 지음
현암 옮김

담앤북스

일러두기

- 이 책의 모든 주석은 역자 주입니다.
- 이 책은 2024년도 대한불교조계종 교육아사리 연구비 지원에 의해 출간되었음을 밝힙니다.
- 이 책은 저자가 주석하였던 미얀마 만달레이 마하간다용 사원의 현 주지스님이자 최승대현자(最勝大賢者)이신 인도바사 사야도(Indobhāsa Sayadaw)로부터 역자가 정식 번역 허가를 받아 출간한 번역서입니다.

သို့/

ဆက်ကပ်ပါရန်
ဆရာတော် အရှင်ကုဏ္ဍေ ာဘာသာဘိဝံသ
အဂ္ဂမဟာပဏ္ဍိတ၊ အဘိဓဇမဟာရဋ္ဌဂုရု၊
မဟာနာယကချုပ်၊ မဟာဂန္ဓာရုံကျောင်းတိုက်၊
အမရပူရ၊ မန္တလေးတိုင်း။

အကြောင်းအရာ။   ။ကိုရီးယားဘာသာပြန် ခွင့်ပြုရန် ခွင့်တောင်းခြင်း...။

ဖော်ပြပါကိစ္စနှင့် ပတ်သက်၍ အမရပူရ၊ မဟာဂန္ဓာရုံဆရာတော်ကြီး
ရေးသားတော်မူအပ်သော "ကိုယ်ကျင့်အဘိဓမ္မာ" စာအုပ်ကို (생활속의 아비담마 နာမည်ဖြင့်
အင်္ဂလိပ်ဘာသာပြန်ထားပြီးသည်ကို တွေ့ရှိရပါသည်၊ ၎င်းစာအုပ်ကို ကိုရီးယား ဘာသာဖြင့်
ပြန်ဆိုခွင့်ပြုပါရန် လေးစားစွာ လျှောက်ထားအပ်ပါသည်။

လက်မှတ်-------   *ဲၱ*
လိပ်စာ။   ။ အရှင်ဓမ္မဂုဏ၊ (အမရပူရ၊ မဟာဂန္ဓာရုံ၌ နေခဲ့ဖူးသော ကိုရီးယား
ရဟန်းတော်)

Hodumaeul meditation center,
207, Manbolkgoll-gil, Gwangdeok-myeon, Dongnam-gu,
Cheonan-Si, South Korea (041-567-2841)

၎င်း၏ မိတ်ဆွေ လိပ်စာအပြည့်စုံ----

2020.11.30.
（임인영） Lim InYoung
(Hyun Am)
President of Jiumseonsil Temple
2, keumjang4-gil, Hyeongok-myeon, Kyeonju-si, South Korea

추천서

　　부처님의 가르침은 경(經)·율(律)·논(論) 삼장(三藏)으로 전해져 옵니다. 이 가운데 논장(論藏)은 부처님의 가르침인 법(法)에 대해 자세히 다루고 있습니다. 여러 논서 가운데 우리나라에서는 세친(世親) 스님이 저술한『아비달마구사론』을 많이 학습합니다. 이러한 아비달마의 가르침은 그 뜻이 깊고 이해하기 힘들어 승법(勝法) 혹은 무비법(無比法)이라 불리기도 합니다. 아비달마 교학의 난해함은 불교학자들의 '구사팔년 유식삼년(俱舍八年 唯識三年)'이라는 말로도 짐작이 갑니다.

　　부처님 가르침을 단박에 알고자 하면,『화엄경』사구게에 이르기를 "약인욕요지(若人欲了知) 삼세일체불(三世一切佛) 응관법계성(應觀法界性) 일체유심조(一切唯心造)"라고 하셨습니다. 이 말씀에 바른 견처(見處)를 얻지 못한 이를 위해 구사론(俱舍論)에서 제법(諸法)을 체계적으로 분류하고 있습니다. 구사론의 법 분류법에 관해 현장 스님의 제자였던 보광 스님은 "第一色法 略有十一種, 第二心法 略有一種, 第三心所有法 略有四十六種, 第四心不相應行法 略有四十四種, 第五無爲法 略有三種, 以上總有七十五法 爲諸法體"라고 하였습니다.

이처럼 구사론에서는 제법을 오위(五位)로 나누고 다시 칠십오법(七十五法)의 법체(法體)를 자세히 분설(分說)하고 있습니다. 이러한 상설(詳說)이 난해할 수 있겠지만 경전에 산설(散說)되어 전해지는 법을 체계적으로 설명하고 있어서 부처님 가르침을 전체적으로 조망하기에 요긴합니다.

우리 대승불교와는 조금 다른 전통인 남방불교에서는 아비달마의 가르침을 소중히 여기고 수행법도 이를 기초로 한다고 알고 있습니다. 본 역서가 남방 아비달마를 이해하는 데 도움이 되고, 부처님 가르침에 대한 또 다른 통찰로 이어지리라 봅니다.

주지(周知)하다시피 부처님의 가르침이 크게 북방과 남방으로 각각 전승되어 오니 그 가르침에 조금의 차이가 있어 남방의 가르침은 생소할 수도 있습니다. 법의 전승은 나뉘었어도 모두 다 심인(心印)을 드러내는 방편이니, 각자의 근기와 기연(機緣)에 따라 자등명법등명(自燈明 法燈明)하시기 바랍니다.

부처님 가르침은 약 2600년 전의 단순한 기록물이 아닙니다. 그것은 만고의 진리로서 오늘날에도 우리에게 많은 가르침을 전합니다. 문명의 발전은 물질의 풍요를 안겨 주지만 많은 문제점도 남기고 있습니다. 대립과 충돌만 늘어나는 이 투쟁견고(鬪爭堅固)의 말법세에 부처님 가르침이 더욱 절실하다 하겠습니다. 많은 이들이 부처님 법을 학습하여 지혜와 자비가 이 세상에 가득하기를 바랍니다.

이번에 손상좌 현암 수좌가 남방의 아비달마 가르침을 번역하고 주석을 달아 쉽게 풀어 썼으니 그간의 정진을 치하하고 본서를 추천합니다. 이 책을 읽는 모든 이들이 아비달마에서 전하는 부처님 법에 대한 수승한 가르침을 새기고, 책의 제목처럼 나날이 법을 실천하며 복되고 지혜로운 삶을 이루어 나가길 기원합니다.

본 승이 머무는 백련암에 환성 지안(喚醒 志安) 선사께서 계실 때 이곳의 늦은 봄을 현판에 새겼습니다. 환성 선사께서 전하는 백련암의 봄소식을 여러분들께도 전하며 글을 끝맺겠습니다.

洞口連平野 (동구연평야)

樓臺隱小岑 (누대은소잠)

居僧懶不掃 (거승나불소)

花落滿庭心 (화락만정심)

골짜기는 넓은 평야로 이어졌고

누각은 작은 봉우리에 숨었구나.

사는 중이 게을러 쓸지 않으니

꽃은 떨어져 뜰 가운데 가득하네.

雲衣草簟臥前楹 (운의초점와전영)

浮世虛名一髮輕 (부세허명일발경)

山杏滿庭人不到 (산행만정인부도)

隔林啼鳥送春聲 (격림제조송춘성)

누더기에 풀 자리하고 기둥 앞에 누우니
뜬세상 헛된 이름 한 올의 터럭처럼 가볍네.
산 은행 뜰에 가득한데 사람은 오지 않고
숲 너머 우는 새가 봄 소리를 전하네.

갑진년 만추(晚秋)
통도사 백련정사 죽림굴에서

원산 도명(圓山 道明) 합장

저자에 대하여

저자인 자나까 사야도(Janakā Sayadaw)[1]는 1900년 2월 27일 미얀마 사가잉(Sagaing) 지역의 쉐보(Shwebo)시 타인(Tha-yine) 마을에서 태어났다. 1905년에 다섯 살이 되자 첫 번째로 그는 관습에 따라 지역의 사원에서 사미(sāmaṇera)[2]계를 받았고, 9년 뒤인 1914년에 두 번째로 승단에 들어가 승려로서 일생을 보냈다. 열여덟 살이 되던 1918년에 사미의 신분으로 정부에서 시행하는 4차 승가고시 상위 등급(Pathamagyi)을 통과했다.

성년이 된 1919년 음력 2월(tabaung)[3] 보름날 우 자나까(U Janakā)라는 법명으로 비구계를 받는다. 그는 미얀마의 만달레이(Mandalay)

---

1 자나까 사야도로 알려진 동명이인이 있다. 찬메 명상센터에 주석하고 계셔서 찬메 사야도(Chanmyay Sayadaw)로 널리 알려진 분이다. 그 스님의 법명도 자나까(Janaka)이시다.

2 미얀마 남성은 대부분 출가하여 승려 생활을 한다. 출가 의식은 신뷰(Shinpyu)라고 하여 성대히 치른다. 성년이 되기 전에 출가하면 사미계를 받고, 이후 성년이 되면 비구계를 받는다. 우리나라는 성년이 되어 출가하여도 4년간 사미로 지내고 나서 비구계를 받지만, 미얀마는 성년으로 출가하면 사미계를 받고 바로 비구계도 받는다.

3 담마간다 스님에 의하면 미얀마력은 음력을 주로 사용한다. '따바웅(tabaung)'은 미얀마 음력 12월을 뜻한다. 우리나라 음력 2월 정도에 해당한다.

와 빠콕꾸(Pakhokku)에 있는 유명한 전통 강원에서 최고의 스승들 아래 수학하였다. 스님은 1926년 정부에서 시행하는 5차 승가고시 (Pathamagyaw)에서 수석으로 합격하고 1928년에 '빠리얏띠사사나히 따 담마짜리야 (Pariyattisāsanahita Dhammācariya)'[4]라는 칭호를 받았다.

제2차 세계대전 중, 스님은 만달레이에서 남쪽으로 6마일 정도 떨어진 마하간다라마(Mahāgandhārāma)라고 불리는 대사원에서 훌륭한 강주(講主)로서 많은 저술을 하고 있었다. 마하간다라마는 오래된 사원이었고 그의 스승인 첫 번째 마하간다라마 사야도가 창건한 절이었다. 이 절은 미얀마에서는 마하간다용 사원이라고 불리기에 자나까 사야도는 주로 마하간다용 사야도(Mahagandayon Sayadaw)로 알려져 있다.[5]

---

4 미얀마 종교성에서 스님들을 대상으로 하는 여러 시험이 존재한다. 스님들은 이 시험을 통과해야 법문을 할 수 있고, 여러 가지 직책도 맡게 된다.

5 미얀마에서는 스님의 법명을 직접 부르지 않고 주로 스님이 주석하는 절의 이름을 대신해서 부른다. 앞서 본 찬메 사야도가 같은 경우이다. 위빳사나 수행을 널리 알리신 마하시 사야도 역시 스님이 머무시는 절에 큰(마하) 북(시)이 있어서 마하시 사야도로 불린다. 마하시 사야도의 법명은 소바나(Sobhana)이시다.

스님은 1942년부터 1977년까지 35년간 빠알리 경전을 가르치면서 교재를 편찬하고 복주서를 썼으며, 재가자를 위해서 많은 불교 안내서를 집필하며 부처님의 온전한 가르침을 전하는 데 헌신하였다. 1948년에 정부로부터 '최고의 대학자이자 지혜를 갖춘 분'이라는 뜻의 '악가 마하빤디따(Agga-mahāpaṇḍita)'라는 칭호를 받았다.

1954년 5월 제6차 불교 결집이 시작되자 스님은 승단의 훈계 지도법사(Chaṭṭhasaṅgīti Ovādācariya Saṃgha Nāyaka), 제6차 결집의 다양하고 어려운 의무의 수행자(Chaṭṭhasaṅgīti Bhāraniṭṭhāraka), 빠알리 경을 상세히 나누는 편집자(Chaṭṭhasaṅgīti Pālipaṭivisodhaka), 여러 검토를 거쳐 편집의 마지막 단계에 이른 빠알리 불전들을 독송하는 자(Osānasodheyyapattapāṭhaka)로서 다양한 임무를 수행하였다.

스님은 모두 74권의 책을 썼다. 그 가운데 빠알리 문법서가 11권, 계율 서적이 14권, 아비담마 서적이 14권, 경전 관련 서적이 8권이며 부처님의 가르침을 다루는 다양한 주제와 관련하여 24권의 책을 썼다. 스님이 입적하시기 전까지 모두 50권의 책이 출간되었다.

그러한 저술 가운데 재가자들을 위해서 쓴 책들도 많이 있다. 그 가운데 아비담마의 내용을 쉽게 풀어 쓴 본서 『아비담마 실천하기(Abhidhamma in Daily Life)』가 대표적이다. 존경하는 자나까비왐사(Janakābhivaṁsa)⁶께서는 1977년 12월 27일 법랍 58하(夏),⁷ 세수 78세로 입적하셨다.

---

6 자나까비왐사(Janakābhivaṁsa)는 스님의 법명인 자나까(Janakā)와 아비왐사(abhivaṁsa)의 합성어이다. 아비왐사는 미얀마 불교 교단 내의 박사 칭호라고 할 수 있다. 초기불교 성전어인 빠알리어와 삼장에 능통한 이에게 수여된다.

7 미얀마와 같은 남방 상좌부 불교 국가는 여름 우기 때 한 번만 안거를 한다. 안거를 지낸 숫자가 곧 법랍이 된다. 우리나라를 비롯한 북방 대승불교 국가에서는 한 해에 여름과 겨울 두 번의 안거를 하기에 차이를 보인다.

저자 서문

Pajā sabbā sussayantu

Vuṭṭhahantu sumaṅgalā

Dūsentu duggatiṁgāmiṁ

Pūrentu sabbapāramiṁ

모든 존재 편히 잠들고

상서로움과 함께 깨어나기를

악처로 이끄는 악행 멀리하고

모든 바라밀은 성취하기를

오늘날 우리는 네 가지 거룩한 머묾[8] 가운데 처음 세 가지가 더
이상 번성하지 않고 인간들의 마음에서 점점 메말라 가고 있다.
이러한 공덕행의 멈춤으로 생겨난 존재들의 불 요소는 현자들까
지 태워 없애고 있다.

---

[8] 네 가지 거룩한 머묾(brahmavihāra)은 자애(mettā, 慈), 연민(karuṇā, 悲), 같이 기뻐함
(muditā, 喜), 평온(upekkhā, 捨)을 말한다. 사무량심(四無量心)이라고도 한다.

'불 요소'는 무엇을 말하는가

여기서 말하는 '불 요소'는 다른 이를 향한 자애와 연민이라고 는 전혀 없는 탐욕(lobha), 성냄(dosa), 자만(māna), 질투(issā) 그리고 인색(macchariya)과 같은 것을 뜻한다. 불 요소는 윤회 속에서 단지 이번 생뿐만 아니라 다음 생에서도 덕스러운 요소들을 태운다. 그 러므로 우리는 바로 이번 생에 그러한 불 요소를 꺼 버리기 위해 최선을 다하고, 네 가지 거룩한 머묾으로 알려진 자애(mettā), 연민 (karuṇā), 같이 기뻐함(muditā) 그리고 평온(upekkhā)과 같은 시원하고 상쾌한 요소들에 머물러야 한다.[9]

윤회(Saṁsāra)란 무엇인가

존재들이 사는 이 물질세계를 윤회로 알아서는 안 된다. 계속하 여 이어지는 존재 상속[10]에서 연속하는 마음, 마음부수와 물질을

---

9 탐·진·치와 같은 불선한 정신법을 '불 요소'로 비유하고, 자비와 같은 선한 정신법을 '시원함'으로 비유하여 적고 있다.

10 불교에서는 자아를 인정하지 않는다. 자아가 있어 그것이 윤회한다고 보지 않는다. 단 지 지속해서 정신과 물질의 법이 조건 따라 생겨나서 사라진다. 조건에 의해 생겨나서

궁극적 의미에서 윤회라고 한다.

인간, 천신, 범천들은 누구인가

마음(citta)과 마음부수(cetasika)를 합쳐 정신(nāma)이라고 한다. 지속해서 정신과 물질이 결합하여 생겨남이 있을 때 사람, 천신 그리고 범천이라는 명칭이 있다. 혹은 개인, 존재, 나, 그, 그녀, 남자, 여자 등으로 불린다. 하지만 궁극적인 의미에서 인간, 천신, 범천은 없다. 정신과 물질을 떠나 다른 어떤 존재라는 것은 없다.

왜 정신과 물질은 존재계에서 상속하는가

정신과 물질이 아무런 원인 없이 존재계에 상속하는 것은 아니다. 정신과 물질은 현재 경험하는 외부 대상들과 자신의 존재 상속[11]에서 행하였던 과거 업에 의해 생겨난다. 그러므로 정신과 물질의 근본 조건은 외부 대상과 이전의 업(業, kamma)임을 잘 알아야 한다.[12]

사라지는 이 법들을 '존재 상속'이라 한다. 이를 떠난 개인이나 영혼은 없다.

11 일상적으로 '사람', '남자', '여자' 등으로 불리는 것을 실제로는 '존재 상속'이라 하여야 한다. 존재 상속의 구체적 의미는 '정신과 물질'이 조건적으로 계속 생겨나 존재를 이어 간다는 것이다.

12 외부의 대상과 업에 의해서 정신과 물질이 계속 생겨난다는 것이다. 이것이 주된 원인이라는 것이고, 다른 조건이 없다는 의미는 아니다.

중요한 조건들

두 가지 조건 가운데, 경험된 외부 대상 조건은 중요한 것이 아니다. 갖가지 외부 대상은 단지 다양한 내부 의식을 생성하는 단서에 그친다. 중요한 것은 다양한 외부의 좋고 나쁜 대상들을 받아들일 때 선한 마음이 생겨나게 하는 것이다.[13]

내부의 마음이 항상 선하다면 미래생의 모든 정신과 물질 또한 좋은 것이 된다.[14] 어떤 존재가 죽음을 맞이해도 좋은 정신과 물질 즉 사람, 천신, 범천 등으로 재생한다는 것이다.[15] 만약 내부의 마음이 악하다면 그 존재는 지옥, 아귀, 축생과 같은 나쁜 마음과 몸을 받을 것이다.[16]

올바른 마음기울임은 좋은 마음을 생기게 한다

올바른 마음기울임(yoniso manasikāra)이 있어야 선한 마음이 생긴

---

13 아비담마에서 대상은 과보로 주어진다. 그 대상에 대해 지니는 마음이 중요한 것이다. 대상이 나빠도 선한 마음을 지닐 수 있고, 반대로 좋은 대상에 대해서도 불선한 마음이 생겨날 수 있다. 가장 좋은 것은 어떠한 대상에도 선한 마음을 지니는 것이다.

14 행복한 존재 혹은 행복한 삶은 실재법의 측면에서 좋은 정신과 물질이 생겨나는 것이다.

15 아비담마는 실재법을 다루기에 여기서 재생을 '좋은 정신과 물질을 받는다.'라고 했다. 관습적으로 보면 이번 생에서 죽음을 맞아 다음 생에 인간과 천신으로 태어난다는 것이다.

16 윤회하는 세계를 크게 둘로 나누면 선처와 악처로 나뉜다. 선처는 인간계와 천상계이다. 악처는 지옥, 축생, 아귀, 아수라계이다. 불선한 마음을 많이 일으키면 이어지는 재생도 악처에 태어나 많은 고통을 받는다.

다. 어떠한 것과 마주하더라도 사려 깊은 고려를 하는 것을 올바른 마음기울임이라 한다. 요즘 사람들은 '요니소 마나시까라(yoniso manasikāra)'를 줄여 '요니소'라고 쓰기도 한다. 올바른 마음기울임 때문에 불선한 마음은 일어나지 않고 선한 마음이 생긴다. 올바르지 않게 마음을 기울이면 좋은 상황에서도 선한 마음이 일어나지 못한다. 그러므로 올바른 마음기울임이야말로 선한 마음을 가지기 위해 가장 중요하다.

올바른 마음을 지님과 올바르지 않은 마음을 지님은 좋은 책을 읽느냐 그러지 않느냐, 혹은 지혜로운 이에게 배우느냐 아니냐에 달려 있다. 좋은 책을 읽고 지혜로운 이에게 배운 이는 유용한 지식을 쌓아 간다. 그러한 유용한 지식을 쌓은 이는 다음처럼 결심한다. '나는 항시 선한 마음이 생겨나게 할 것이다.' 이 같은 사람들은 그들이 마주치는 어떠한 상황에서도 올바른 마음기울임을 가지려 한다.[17]

반대로 좋은 책도 읽지 않고 지혜로운 이에게 배우지도 않는 이들은 유용한 지식을 쌓지 못하고, 자신의 마음을 향상하거나 선한 생각들을 계발하지 못한다. 이런 이유로 『아비담마 실천하기(Abhidhamma in Daily Life)』로 명명한 이 책은 선한 이들이 선행을 실

---

17 올바른 마음기울임(yoniso manasikāra)도 하나의 정신법이다. 정신법은 우리 내부에 실제 생멸한다. 올바른 마음기울임이라는 정신법이 내 마음에 생겨나게 한다고 해도 되고, 관습적으로 바르게 마음을 기울인다고 해도 된다.

천하게 돕고, 그들의 번영을 위해 썼다.

저술의 목적 및 의도는 다음과 같이 요약된다.

첫째, 이 책의 독자들이 겪는 모든 상황에서 올바른 마음기울임을 계발하고, 항시 열린 마음을 지니고, 거룩한 머묾을 실천하고, 조화로운 삶을 살아가게 하기 위함이다.

둘째, 독자들이 항시 선한 마음을 지니고, 삶에 대한 확고한 태도를 계발하고, 상황이 성공적이어서 부유하고 행복하거나 혹은 실패와 불운을 겪어서 가난하고 불행하더라도 늘 기품 있게 살아갈 수 있도록 돕기 위함이다.

셋째, 독자들이 이번 생에 보시와 지계 같은 바라밀을 열심히 실천하여 다음 생부터 열반을 실현하는 그날까지 점차 향상되는 삶을 살아가게 하기 위함이다.

당신이 매일 거울을 보며 자신을 단정히 하는 것처럼, 매일 이 책을 읽고 스스로를 돌아보라.

목차

아비담마
실천하기
Abhidhamma in
Daily Life

제1장

실재성품과 마음

네 가지 실재성품(Paramattha)

'빠라맛타(paramattha)'는 빠알리(Pāḷi)[18]이로 수승하고 고유한 성품을 의미한다. '수승하다'라는 말은 '높다', '고결하다', '좋은 것이다'라는 의미가 아니다. '수승하다'라는 것의 진정한 의미는 틀리지 않음과 고유한 성품이 변하지 않음을 말한다.[19] '실재성품'으로 번역한 '빠라맛타(paramattha)'는 'parama(고귀한) + attha(고유 성질)'로 분석된다.[20]

실재성품에는 네 가지가 있는데 마음(citta), 마음부수(cetasika), 물질(rūpa) 그리고 유일하게 형성되지 않은 궁극적 실재인 열반(nibbāna)이다.[21]

---

18 빠알리(Pāḷi)어는 남방 상좌부 불교의 성전어이다. 북방 대승불교의 성전어는 산스크리트(Sanskrit)어로 쓰여 있어 차이를 보인다.

19 "Paramo uttamo aviparito attho paramattho(수승하고, 거룩하고 틀리지 않은, 옳은 의미·성품이 빠라맛타이다)." 『아비담맛타 위바위니 띠까』에 나오는 빠라맛타에 대한 설명이다. 비구 일창 담마간다(2013), 제1권, 250-251 참조.

20 빠라맛타에 대한 번역은 다양하다. 담마간다 스님은 번역하지 않고 '빠라맛타'로 주로 쓰고 '실재성품'으로도 번역한다. 『위빳사나 수행방법론』 제1권, 250. 대림·각묵 스님은 '궁극적인 것'으로 번역하고 'paramattha dhamma'를 '구경법'으로 옮긴다. 『아비담마 길라잡이』 제1권, 106. 전재성 박사는 '궁극적 의미'로 옮기고 있다. 전재성(2018), 463. 본서에서는 '실재성품'으로 옮긴다.

21 이들 실재성품 하나하나가 아비담마에서 다루는 '담마(dhamma)' 즉 '법'이 된다. 실재성품의 법을 '실재법(paramattha dhamma)'으로 적기도 한다. 실재법으로 보면 마음은 1가지, 마음부수는 52가지, 물질은 28가지, 열반은 1가지이다. 아비담마는 이 실재법에 대해서 주로 다루고 있고 본서 역시 그러하다.

'실재성품은 바뀌지 않는다'는 것의 의미

마음부수에는 탐욕(lobha)과 성냄(dosa) 등이 있다. 탐욕의 경우, 그것이 지혜롭고 덕 있는 자에게 생기든 사악한 자에게 생기든 혹은 개에게서 생겨나든 탐착하는 그 성질은 변하지 않는다. 성냄도 마찬가지로 그것이 누구에게 일어나든 미워하고 분노하는 고유한 성품은 한결같다. 이처럼 다른 실재성품도 그 고유한 성품을 지닌다는 점을 명심해야 한다.

실재성품은 우리들이 그것들을 어떻게 여기느냐에 상관하지 않는다. 실재법은 각각의 고유 성품으로 명확히 알려진다.[22] 나 자신은 물론이고 다른 이의 마음 상태에 대해서도 잘 알기 위해서는 실재법의 고유 성질에 대해서 여기서 설명하는 대로 명확히 잘 알아야 한다.

> 1. 실재성품(paramattha)은 궁극적이고, 틀리지 않으며 변하지 않는 성품이다.[23]

---

22 실재성품이 가지는 고유 성질은 누군가에 의해 결정되지 않고 객관적이다. 탐욕은 대상에 달라붙는 고유 성품이 있고, 성냄은 대상을 밀어내고 싫어하는 고유의 성질을 지닌다. 탐하는 성질이 탐욕이라는 실재성품이다. 만약 자신에게 생겨난 탐욕에 대해 '이것은 탐욕이 아니야. 이 정도는 탐욕이 아니야.'라고 스스로 결정할 수 없다. 이처럼 실재성품은 주관적 판단이 아닌 실재법 자체의 고유 성질로 드러나고 결정된다.

23 실재성품이 궁극적이라는 것은 지혜의 눈에 궁극의 법으로 드러나기 때문이다. 실재성품은 들어서 알거나 마음속으로 헤아려 아는 것이 아니라 위빳사나 수행을 통한 지혜로 스스로 아는 것이기에 들어서 아는 소문과는 다른 것이다. 스스로 알 수 있다 하여도 부처님의 지혜는 분명히 확실히 보지만, 제자들의 지혜는 그것에 미치지 못한다.

> 2. 실재성품에는 네 가지가 있으니, 마음, 마음부수, 물질 그리
> 고 열반이다.

마음

대상을 아는 것이 마음이다

우리는 항시 대상을 인지한다. 이때 대상을 아는 성품법[24]을 마음이라고 한다. 여기서 안다는 것은 지식이나 지혜로 완전히 헤아려 안다는 것이 아니고 감각 기관이 대상을 취할 수 있음을 의미한다.[25]

실재성품은 스스로 직접 보아 알기에 틀리지 않는다. 또한 실재성품이 가지는 그 성질은 언제 어디서든 틀리지 않는다. 탐욕이라는 실재법이 예나 지금이나 혹은 한국 사람이든 미국 사람이든 그것이 생겨나면 고유 성질인 탐하는 성질은 변하지 않고 같다. 즉 틀리지 않는다.

24 마음과 마음부수 각각은 하나의 성품법이다. 즉 고유한 성질로 나누어 볼 수 있는 실재법이다. 지혜의 눈으로 '이것은 마음이다.' 혹은 '이것은 어떠한 마음부수이다.'라고 구분하여 알 수 있기에 성품법이라고 한다. 성품법은 무언가 불변하는 실재라는 의미가 아니다. 모든 형성법은 조건에 따라 생멸을 거듭하기 때문이다. 즉 조건에 의해 찰나적으로 생겨나 머물고 사라지기에 불변의 실재가 아니다.

25 마음이라는 정신법이 대상을 취하는 것을 일컬어 '대상을 안다.'라고 했다. 이때 아는 정도는 완전히 아는 것이 아닌 단지 대상이 있다고 아는 정도이다. 지식이나 지혜로 분명히 알기 위해서는 여러 마음부수가 돕고 많은 마음 차례가 지나야 한다. 한 번의 마음 혹은 한 번의 인식 과정이 지나더라도 마음이 그 대상을 완전히 알지 못한다.

여섯 가지 감각 대상, 여섯 가지 의식

1. 모든 형태의 형색   = 형색 대상(rūpārammaṇa)

2. 모든 형태의 소리   = 소리 대상(saddārammaṇa)

3. 모든 형태의 향기   = 향기 대상(gandhārammaṇa)

4. 모든 형태의 맛   = 맛 대상(rasārammaṇa)

5. 모든 형태의 닿음   = 감촉 대상(phoṭṭhabbārammaṇa)

6. 여타의 모든 지각 대상들 = 법 대상(dhammārammaṇa)

형색 대상을 볼 때 눈 의식이 일어난다.

소리를 들을 때 귀 의식이 일어난다.

냄새를 맡을 때 코 의식이 일어난다.

맛을 볼 때 혀 의식이 일어난다.

닿을 때 몸 의식이 일어난다.

다섯 가지 감각 대상을 알거나 다른 지각 대상을 알 때 의식이 일어난다.

이처럼 대상이 드러날 때 그것을 취하는 성품을 일러 마음(citta)이라 한다.[26]

---

26 어떠한 대상이 드러나면 그것을 취해 아는 것은 마음이라는 성품법이 행한다는 것이다. 마음은 물질이 아니므로 형체로 드러나지 않지만, 대상을 취해 아는 성품을 지닌 법으로서 분명히 존재한다는 것이다. 인식과 마음에서 드러나는 개념(paññatti)과는 달리 성품법은 고유 성질을 가진 법으로 실재한다.

마음의 특성

『법구경(Dhammapada)』에 마음을 다음과 같이 설한다. "마음은 이리저리 홀로 떠돈다. 마음은 형체가 없으나 굴속에 거주한다."[27] 『법구경』의 이 말씀은 간략히 설해져 알기 어려우므로 아래에 상설한다.

마음은 멀리 떠돈다

마음이 움직인다고 해서 사람이 이리저리 다니는 물리적 움직임을 말하는 것이 아니다. 하지만 마음은 멀리 떨어져 있는 대상도 그곳에 가서 잡듯이 대상을 바로 취한다. 예를 들어 당신은 부산[28]에 있는데 서울에 있는 사람이나 사물을 떠올리면 그 대상을 바로 취할 수 있다. 부산에 있는 당신이 서울로 옮겨 간 것은 아니지만 부산에서 서울의 대상을 취할 수가 있다. 이처럼 멀리 떨어져 있는 대상도 바로 취할 수 있는 것을 일러 "마음은 멀리 떠돈다."라고 표현하였다.

마음은 홀로 떠돈다

마음은 매우 빠르게 생겨나서 사라진다. 그 빠르기는 손가락

---

27 "Dūraṅgamaṁ ekacaraṁ asarīraṁ guhāsayaṁ" Dhp, 37게. (CST)

28 원문에는 미얀마 도시명으로 나오나 본서에서는 우리나라 독자들이 알기 쉽게 한국 도시명으로 바꾸었다.

한 번 튕기는 사이에 1조 번 이상 생겨났다가 사라지는 정도이다. 마음이 너무나 빨라서 두세 마음이 동시에 생겨나 두세 개의 대상을 한 번에 취할 수 있는 것처럼 여겨진다. 하지만 두세 마음이 동시에 생겨날 수는 없다. 마음은 한마음 생겨나서 사라지고 다시 다른 마음이 생겨나서 사라진다. 이렇듯 마음은 순차적으로 생겨나 한 대상을 취하고 뒤이은 마음은 또 다른 대상을 취한다.

만약 당신이 좋은 향기가 나는 의자에 앉아 식사하면서 공연을 본다고 하자. 이때 우리는 다섯 가지 감각 대상들 즉 형색, 소리, 냄새, 맛, 그리고 감촉이 동시에 현존한다고 느낀다. 하지만 이때에도 마음은 이들 다섯 가지 대상을 동시에 취할 수는 없다. 실제로는 가장 선호하는 대상을 먼저 취하고 다른 대상들을 순차적으로 취한다. 그러므로 두세 개 혹은 여러 마음이 동시에 생겨나지 못한다.[29] 이처럼 마음은 한순간에 하나가 생겨나기에 "마음은 홀로 떠돈다."라고 말한 것이다.

여기서 '떠돈다'라는 말은 실제로 이리저리 다니는 것을 의미하지 않는다. 그것은 마음이 멀리 떨어진 대상도 떠올릴 수 있다는 것이다. 한 차례 마음 인식 과정으로 감각 대상을 온전히 알 수는

---

29 과자를 먹으며 영화를 볼 때, 맛을 느끼고 눈으로 보고 귀로 듣는 것이 한순간 동시에 일어난다고 여긴다. 하지만 아비담마의 가르침에 의하면 맛을 느끼는 마음, 눈으로 보는 마음, 귀로 듣는 마음은 동시에 생겨날 수가 없다. 맛을 느끼는 마음이 일어나서 사라져야 보는 마음이 생기고, 보는 마음이 사라져야 듣는 마음이 생겨날 수 있다. 이처럼 1초의 순간에도 맛을 느끼고, 보고, 듣고, 감촉을 느끼는 여러 마음이 왔다 갔다 생겨난다. 이처럼 마음은 빠르다.

없다. 대상을 온전히 알기 위해서 많은 마음 차례가 생기고 사라져야 한다. 손가락 한 번 튕기는 사이에 1조 번 이상의 마음이 생겨났다가 사라져도 우리는 보자마자 그 형색 대상을 안다고 생각한다. 소리를 들을 때나 냄새를 맡을 때, 감각 접촉이 생겨날 때도 즉시 한마음이 바로 안다고 생각한다.

마음은 형체가 없다

마음은 형태나 모양을 지니지 않는다. 그러므로 마음은 희다, 검다 혹은 크다, 작다고 말할 수 없다. 마음은 형색을 지니지 않으나 대상을 아는 능력이 있다.[30]

마음은 동굴에 머문다

보는 의식(안식)은 눈에서 생겨난다. 듣는 의식(이식)은 귀에서 생겨난다. 냄새 맡는 의식(비식)은 코에서 생겨난다. 맛보는 의식(설식)은 혀에서 생겨난다. 감촉 의식(신식)은 몸에서 생겨난다. 비록 몇몇 의식은 눈, 귀, 코 등에서 생겨나지만 대부분의 의식은 심장에서 생겨난다. 그러므로 "마음은 동굴에 머문다."라고 비유적으로 설했다.[31]

---

30 마음이라는 정신법이 이렇게 존재한다고 가시적으로 알려지지는 않았다. 하지만 대상을 아는 것으로 마음이라는 법이 분명히 있다. 부처님과 같은 일체지를 갖춘 분에게 그러한 법들이 분명히 드러난다.

31 아비담마에서 마음이 생겨나는 물질적 토대를 심장으로 본다. 심장 속 피를 의지해서

간단히 말하면, 마음은 형체가 없다. 마음은 감각 대상을 안다. 마음은 대상을 아는 성품을 지닌다. 대상을 아는 과정에서 마음은 자신이 머무는 곳에서 조금도 나아가지 않아도 멀리 떨어진 대상을 알 수 있다. 두 개 혹은 세 개의 마음이 동시에 일어날 수 없다. 한마음 일어나고 사라져야 뒤의 마음이 이어서 생겨난다.

> 마음은 감각 대상을 취할 수 있다. 마음은 홀로 멀리 떠돌고, 형체를 지니지 않는다. 마음은 심장에 머문다.

선한 마음과 불선한 마음은 어떻게 어울려 생겨나는가

마음은 너무나 빨리 생겨났다가 사라지기에 선한 마음과 불선한 마음은 5분도 안 되는 짧은 시간에도 수없이 교차하여 일어난다. 예를 들면 여러분이 아침 일찍 일어나 부처님께 예불을 드릴 때는 선한 마음이 생긴다. 예불 후 누군가 당신에게 쇼핑하러 가자고 하면 탐욕이 생긴다. 그때 누군가 찾아와서 당신에게 성가신 말을 건네면 화도 생겨난다.

당신이 장사할 때는 탐욕이 일어나지만, 문득 보시하고 싶은 생각이 일어난다면 그것은 신심(saddhā)이라는 선한 마음이 된다. 보시하면 좋은 결과가 있다는 믿음이다. 또 당신이 어떤 사람과 성가

마음이 생겨난다고 한다. 신체 내부 깊숙한 심장 안쪽을 동굴에 비유한 것이다. 대림 · 각묵 스님(2018), 제2권, 44-45 참조.

신 일로 화가 생겨날 때 스승의 가르침과 훈계를 떠올릴 수 있다. 이때에는 사띠(sati)[32]라는 선한 마음·부수가 다시 생겨난다.

부부는 서로 욕정을 느끼며 밀어를 나누다가도 작은 오해로 화가 생겨나기도 한다. 싸우다가도 한쪽이 용서를 구하고 화해를 청하면 어느새 시시덕거린다. 마음은 너무나 빨리 변하기에 마음이 일어날 때 선한 마음과 불선한 마음을 잘 구분하고 좀 더 선한 마음을 일으키려고 노력해야 한다.[33]

여러 가지 생김새가 있듯이 마음도 각양각색이다

각양각색의 사람이 있듯이 마음도 마찬가지로 천차만별이다. 무겁고 서툰 몸과 생기 있고 활기찬 몸이 다르듯, 멍청하고 둔한 마음과 활기차고 생기 있는 마음도 다르다. 누구도 범접할 수 없을 만큼 외모가 수려한 이도 있고, 아귀나 괴물처럼 추한 이도 있다. 착하거나 예리한 마음도 보통에서 뛰어난 단계까지 다양하다. 불선한 마음도 여러 가지여서 다양한 층위의 악과 무지가 있다.

외모의 수려함도 다양하여 미인대회에 나가 우승자가 되는 이도 있고, 괴물이나 아귀같이 추한 이도 있다. 외모의 다양성과 같

---

32 사띠(sati)는 새김, 마음챙김, 알아차림 등으로 번역된다. 사띠는 의미가 다양하여 본서에서는 번역하지 않고 원어 그대로 적는다. 위빳사나 역시 번역하지 않고 원어를 쓰고 있어서 다의어인 사띠도 번역하지 않고 사용하고자 한다.

33 짧은 시간에도 선한 마음과 불선한 마음이 교차해서 생겨나지만, 동시에 두 마음이 생겨나지는 않는다. 선한 마음과 불선한 마음은 동시에 생겨날 수 없다.

이 마음도 이와 같다. 선한 마음도 일반 선한 범부의 마음에서 번뇌를 다한 성인의 예리한 지혜에 이르기까지 다양하다. 불선한 마음도 조금 욕심을 내거나 악한 마음에서 극악하고 극도로 무지한 마음에 이르기까지 다양하다.[34]

마음도 훈련될 수 있다

시골에서 태어나 자란 이가 도시 스타일을 따라 1~2년 정도 공을 들이면 전과 다르게 멋쟁이가 된다. 외모가 이렇게 변하는데 마음이 어찌 변하지 않겠는가? 마음은 빨리 변하고 당신이 하고자 한다면 잘 계발할 수 있다. 이제껏 돌보지 않던 마음을 매일 잘 살피고 다스리면 얼마 지나지 않아 고상한 인품의 소유자가 된다. 이처럼 하기를 2~3년 지속한다면 자신의 인품에 대해 스스로 부끄럼이 없고 자부심을 느끼게 될 것이다.[35]

왜 마음을 계발하여야 하는가

우리의 마음을 변화시켜야 하는 이유는 너무나도 많다. 우리는 자기 마음의 약점이나 결점에 대해 누구보다 더 잘 안다. 주위를

---

34 외모가 다양하듯 마음도 천차만별이다. 수승한 마음은 일체지를 갖춘 부처님 마음까지 이르고, 극악한 마음은 부모까지 죽인다.

35 대부분의 사람들은 드러난 외모만 가꾸고 신경을 쓴다. 마음도 가꿀 수 있고 아름다워질 수 있다. 예쁜 용모와 멋진 몸매를 위해 애쓰듯 마음도 가꾸면 예뻐지고 마음의 근육도 생겨난다.

둘러보면 사악한 사람들도 성공해서 잘살기도 하지만 만약 그들이 도덕적으로 타락하고 사악하다면 죽어서 좋지 않은 세계에 재생하게 될 것이다. 좋은 재생을 위해서라도 우리의 마음을 다스리고 선하게 하여야 한다.[36]

사악한 이들은 자존감을 잃는다. 성품이 사악한 이들은 형제자매나 부부지간에도 그들을 사랑하거나 존경하지 않는다. 친척이나 지인들의 멸시를 받지 않으려면 자신의 마음을 깨끗이 하여 정직하고 고결한 마음을 지녀야 한다.

원래 성품이 사악한 이가 보시하고 계를 지키고 수행을 한다고 해도 사람들은 그들이 진정성 있다고 여기지 않는다. 사악한 이들은 그들의 나쁜 의도 때문에 좋은 결과를 얻지 못한다. 악업으로 인한 나쁜 결과의 두려움을 아는 이라면 자신의 마음을 돌보고 깨끗이 하며, 항상 정직하고 고결해야 한다.

사악한 성품을 지닌 이의 성품은 이번 생에서 그치는 것이 아니다. 다가올 여러 생에서 그들의 악한 성품이 지속된다.[37] 사악한 이

---

36 불자들은 업과 업의 결과에 대한 믿음을 지녀야 한다. 사악한 사람들도 이전의 좋은 업의 결과를 받거나, 지금의 악업 과보가 생겨나기 전이라면 기쁨을 누릴 수 있다. 하지만 자신이 지은 악업은 언젠가 나쁜 결과를 가져온다. 자신의 마음을 길들여 선한 마음을 유지하면 좋은 과보를 받는다.

37 윤회의 측면에서 우리의 삶은 이번 생이 끝이 아니다. 지금 이전의 생도 수없이 많았고, 열반을 실현하여 윤회를 끝내지 못하면 남은 생이 얼마일지 알 수 없다. 선업이 선과를 낳는다는 믿음이 있는 자는 선업 짓기를 노력해야 한다. 이번 생의 선업은 이번 생에도 유익하고 다음 생을 위한 저축도 될 수 있다. 악행의 두려움을 아는 자라면 바로 이번 생에 그것을 그만두려고 해야 한다. 악행이 습관이 된 자는 윤회의 고통에서 벗어나기

의 몸과 마음은 사악함에 물들어 덕을 쌓기 힘들다. 바라밀의 성숙을 원하는 자라면[38] 즉시 자신의 사악한 마음을 다스리고 없애야 한다. 이러한 이유로 인해 사람들은 자신의 마음을 계발해야 한다.

밀린다 왕의 마음 계발

나가세나 존자에게 몇몇 질문을 마치고 밀린다 왕은 부처님의 가르침에 대해 몇 가지 중요한 의문이 생겨났다. 하지만 그는 법문을 잘 듣기 위해 7일간 마음을 잘 다스렸다. 이것은 덕 있는 이들의 표본이 된다.

밀린다 왕은 어떻게 자신을 다스렸는가

밀린다 왕은 일찍 일어나서 목욕재계하고 출가자처럼 보이기 위해 노란색의 옷을 입고 두건을 썼다. 그는 출가자가 아니었으나 스님처럼 자신을 꾸몄다. 그러고는 7일간 다음의 여덟 가지 원칙을 철저히 준수하였다.

1. 나는 7일간 왕의 임무를 수행하지 않겠다.

어렵다.

38 보살은 스스로 바르고 원만한 깨달음을 얻어 중생을 제도하기 위해 수만 겁이 지나도록 바라밀을 닦는다. 범부의 깨달음도 한순간에 이루어지지 않는다. 깨달음에 이르기 위해서도 조건이 필요하다. 그 조건의 하나가 바라밀의 성숙이다.

2. 탐욕이 생겨나지 않도록 제어하겠다.

3. 성냄이 생겨나지 않도록 제어하겠다.

4. 어리석음이 생겨나지 않도록 제어하겠다.

5. 국민과 신하들을 마주할 때는 항시 겸허하고 공정하며, 거만하지 않겠다.

6. 말과 행위를 주의 깊게 제어할 것이다.

7. 나의 눈과 귀와 같은 감각 기관이 보거나 듣거나 할 때 잘 제어하여 불선한 마음이 생겨나지 않게 하겠다.

8. 모든 존재에 대하여 자애의 마음을 널리 펼 것이다.

밀린다 왕은 이처럼 여덟 가지 원칙을 7일간 잘 준수하고 아침 일찍 일어나 마음을 정갈히 하여 환희롭게 나가세나 존자에게 설법을 청하였다.[39]

좋은 표본

밀린다 왕의 일화에서 보듯이 선한 이라면 자신의 마음을 제어하여야 한다. 지속적이지 않더라도 하루나 이틀 혹은 아침나절이라도 자신의 마음을 제어한다면 반복적으로 일어나는 불선한 생

---

39 밀린다 왕은 나가세나 존자에게 부처님의 가르침에 대해 질문하기 위해 스스로 여덟 가지 원칙을 세워 7일간 준수하였다. 자신의 마음을 어느 정도 깨끗이 한 후에 존자에게 법에 관해 물었다.

각들이 생겨나지 않을 것이다. 이처럼 자신의 마음을 제어하기를 반복해서 행하면 불선한 생각들은 줄어들고 점점 신심과 지혜가 증장되어 고귀하고 덕 있는 사람이 될 것이다. 일상에서 빈번히 생겨나던 악한 생각들도 오래 생겨나지 않을 것이다.

마음이 세상을 안내한다.
마음이 세상을 이끈다.
모든 존재는 마음이 하고자 하는 대로 따른다.

좋은 사진을 찍기 위해 이리저리 단장하듯, 열반이라는 지복(至福)의 도시로 향하는 여정에서 그대는 일상에서 생겨나는 마음을 잘 제어하고 단장하라.

제2장
마음부수, 불선한 마음부수

마음부수

마음부수가 마음을 결정한다

제1장에서 마음을 논할 때, 선한 마음과 불선한 마음에 관해서 언급했다. 하지만 마음은 단지 대상을 아는 것이기에 그 자체는 선하거나 악하다고 말할 수 없다. 마음은 함께 일어나는 마음부수가 선한지 악한지에 따라서 선한 마음과 불선한 마음이 결정된다. 이것이 의미하는 바는 "마음과 결합하는 마음부수에 따라 선하고 불선한 마음이 있다."라는 것이다.[40]

> 예시 : 물은 아무 색도 띠지 않는다. 물에 노랑, 빨강, 파랑의 물감을 더하면 물은 노랑, 빨강, 파란색을 띠게 된다. 마음도 이와 같기에 마음과 함께 생겨나는 마음부수에 대해 공부해야 한다.[41] 마음부수의 깊은 이해가 선하고 불선한

---

40 아비담마에서 마음은 법체(法體)로 보면 단지 대상을 아는 것이므로 선하거나 불선하다고 할 수 없다. 하지만 마음과 결합하는 마음부수에 따라 선한 마음 혹은 불선한 마음이라고 불린다. 불선한 마음이라 하면 법체로서 대상을 아는 마음 하나와 불선한 마음부수들을 총칭해서 부르는 것이다. 여기서 법체의 의미는 다음과 같다. "부처님께서는 법문하실 때 어떤 하나의 성품법에 대해 여러 표현을 사용하셨다. 이러한 여러 표현을 대표하면서 주로 언급되는 하나의 표현을 법체라고 말한다." 비구 일창 담마간다 (2022), 16, 주)5 참조.

41 예를 들어 마음은 무색의 물이다. 선한 마음부수를 파란 염료라 하자. 이 둘을 합치면 파란 물이 된다. 우리가 파란 물이라 부르지만, 실제 무색의 물과 파란 염료가 합쳐진 것이다. 불선한 마음부수를 빨간 염료로 비유하면 또 이와 같다. 무색의 물에 빨간 염료가 더해지면 빨간 물이 되지만 원래 빨간 물은 없다. 단지 무색의 물과 염료가 만난

마음의 이해로 이끈다.

> 마음은 단지 대상을 아는 것이므로 그 자체로 선하거나 불선
> 하지 않다. 선하고 불선한 마음부수에 따라 선하고 불선한 마
> 음이 된다.

14가지 불선한 마음부수(Akusala Cetasikas)

'불선한'이라고 번역한 '아꾸살라(akusala)'는 '선한'을 나타내는 '꾸
살라(kusala)'에 부정 접두사 'a'가 붙어서 '선하지 않은' 혹은 '유익하
지 않은'이라는 뜻이다. 불선한 마음부수는 다음 14가지가 있다.

1. Moha   = 어리석음
2. Ahirika   = 도덕적 부끄러움 없음
3. Anottappa = 도덕적 두려움 없음
4. Uddhacca = 들뜸
5. Lobha   = 탐욕
6. Diṭṭhi   = 사견
7. Māna   = 자만

것을 그렇게 부를 뿐이다.

8. Dosa = 성냄

9. Issā = 질투

10. Macchariya = 인색

11. Kukkucca = 후회

12. Thina = 해태

13. Middha = 혼침

14. Vicikicchā = 의심

1. 어리석음(Moha)

어리석음 두 가지

알지 못하는 것을 어리석음(moha) 혹은 무명이라 한다. 두 가지의 어리석음이 있는데 첫 번째가 '잠재된 어리석음(anusaya-moha)'이고 두 번째는 '드러난 어리석음(pariyuṭṭhāna-moha)'이다. 여기서 '아누사야(anusaya)'는 '내재된' 혹은 '잠재된'이라는 의미이고, '빠리윳타나(pariyuṭṭhāna)'는 '드러난'을 뜻한다. 그러므로 존재들의 마음속에서 아직 드러나지 않고 잠재된 상태로 있는 어리석음을 '잠재된 어리석음'이라 한다. 두 번째로 마음과 함께 때때로 생겨나는 어리석음42을 '드러난 어리석음'이라 한다.

---

42 아비담마의 마음부수들은 하나의 법으로 생겨나고 사라진다. 일상적으로는 "그 사람

[1] 잠재된 어리석음(Anusaya-moha)

독을 지닌 나무에서 독을 지닌 과실이 생겨난다. 이처럼 마음 상속[43]에서 우리가 반드시 알아야 할 법들을 보지 못하게 하는 요소(dhātu)[44]가 바로 잠재된 어리석음(anusaya-moha)이다. 잠재된 어리석음은 실상을 못 보게 덮어 버리기에 범부들은 존재의 삼특상인 무상(anicca)·고(dukkha)·무아(anatta)를 통찰하지 못한다. 이 잠재된 어리석음으로 인해 사성제와 연기법도 확연히 드러나지 않는다.

범부들의 제한된 앎으로는 잠재된 어리석음을 알기 어렵다. 책에서 배운 내용을 따라서 무상·고·무아를 안다고 주장하는 이들도 있지만, 그러한 앎은 피상적이고 분명하지도 않으며 통찰하여 꿰뚫어 아는 것이 아니다.[45] 범부가 아닌 수다원, 사다함, 아나함 성자에게도 잠재된 어리석음은 완전히 제거되지 않고 약화되기만 한다. 오직 아라한 성인만이 잠재된 어리석음을 완전히 제거

이 '어리석다' 혹은 '화낸다.'라고 표현하지만, 법의 측면에서는 "그 사람에게 '어리석음'이 생겨났거나 혹은 '성냄'이 생겨났다."라고 해야 한다.

43 마음은 고정된 것이 아니기에 마음 상속이라 했다. 마음은 한마음 생겨나서 사라지고 다음 마음이 생겨난다. 너무 빠르게 생멸하여 항상하는 것 같지만 생멸을 거듭한다. 생멸하여 이어지는 마음을 마음 상속이라 했다.

44 '못 하게 하는 요소'라는 것은 하나의 법을 말한다. 여기서는 어리석음이라는 마음부수법을 지칭한다.

45 책의 내용을 보거나 법문을 듣고 '이제 나는 무상·고·무아의 가르침을 안다.'라고 해서는 안 된다. 그러한 앎은 지혜로 꿰뚫어 보고 아는 것이 아니다. 이때 불자들은 나에게 삼법인의 가르침이 분명하지 않지만 들어서 아는 정도로 이해한다고 알아야 한다.

하여 버린다. 그러므로 아라한이 되기 전에는 비록 불선업을 짓지 않고 선업을 짓는 순간이더라도 이 잠재된 어리석음이 드러나지는 않아도 현존하는 것이다.[46]

(2) 드러난 어리석음(Pariyuṭṭhāna-moha)

어리석음이라는 마음부수가 마음과 함께 생겨나면 불선한 마음이 일어났다고 한다. 드러난 어리석음은 실재를 덮어 알지 못하게 한다고 했다. 이러한 특성이 불선업으로 인한 미래의 괴로운 과보를 알지 못하게 한다. 현재의 불선행에 대해서도 잘 알지 못한다. 그러므로 학식과 덕을 갖춘 이도 이러한 어리석음이 생겨나면 어리석음의 폐해를 잘 알지 못하고 악행을 한다.[47] 어리석음이야말로 사악함의 영역에서 보면 최고로 악한 것이다. 세상의 모든 잘못과 무지는 이 어리석음에서 연유한다. 어리석음이 모든 잘못을 낳는 근원이다.

어리석음에 압도된 현자

부처님이 한때 하리따짜(Haritaca)라는 보살이었을 때, 보살은 수

---

46 잠재된 어리석음이라고 해서 어디에 저장되어 있다는 것이 아니다. 잠재된 어리석음은 언제라도 조건이 갖추어지면 그 어리석음이 생겨날 수 있다는 것을 의미한다. 그러므로 모든 불선법을 제거한 아라한 성인만이 이 잠재된 어리석음에서 자유롭다.

47 현명한 이라도 어리석음이 생겨나면 지혜롭게 처신하지 못하고 어리석게 행동한다. 어리석음이 실재를 덮어 버리기 때문이다.

억의 재산을 버리고 수행자가 되어서 신통력을 가지게 되었다. 어느 날 수행자가 히말라야에 머물 때 비가 많이 내려 잠시 바라나시(Bārāṇasī)로 와서 왕의 정원에 머물렀다. 당시 왕은 보살의 오랜 친구였고 장차 아난다(Ānanda) 존자가 될 사람으로 바라밀을 닦고 있었다. 이러한 인연으로 왕은 그 수행자를 보자마자 존경심으로 가득 차서 그에게 왕실의 정원에 머물기를 청하고 모든 필수품을 제공하였다.[48] 왕은 매일 아침 직접 수행자에게 공양도 올렸다.

그러던 중 나라에 반란이 일어나서 왕은 난을 진압하기 위하여 직접 나섰다. 출정에 앞서서 왕은 왕비를 불러 수행자를 정성껏 모시라고 거듭 당부하였다. 왕비도 그 명을 잘 받들어 행하였다. 어느 날 아침 왕비가 목욕재계하고 침상에 앉아 수행자를 기다리고 있었다.

보살행을 닦던 수행자는 신통력으로 궁전의 창가에 이르렀다. 수행자의 가사가 스치며 내는 바스락거리는 소리를 듣고 왕비가 황급히 침상에서 일어서다가 그녀의 옷이 흘러내렸다. 수행자는 왕비의 벗겨진 몸을 보는 순간, 잠재해 있던 어리석음이 발동하여 드러난 어리석음 단계에 이르렀다.[49] 이 순간 수행자는 탐욕이 차

---

48 지금의 석가모니 부처님과 아난다 존자의 전생담이다. 아난다 존자는 부처님 곁에서 가장 오래 시봉한 스님이고, 첫 번째 결집에서 경전을 송출한 스님이시다. 이러한 인연이 되기 위해서는 전생의 많은 인연이 쌓여야 한다. 그러한 인연 가운데 하나가 이 일화이다. 아난다 존자가 될 왕이, 부처님이 되실 수행자를 보고는 존경심이 생겨났다는 말이다.

49 아라한 성인이 되기 전에는 항시 존재 상속에 생겨날 수 있는 어리석음이 '잠재된 어리

올라 왕비의 손을 잡고 야수처럼 행해서는 안 될 부도덕한 행위를
범하게 된다.

우리는 이 일화에서 알 수 있듯이 어리석음으로 인해 생겨나는
우행(愚行)에 대해 잘 알아야 한다. 만약 그러한 어리석음이 생
겨나지 않았다면 그 수행자는 설령 왕이 허락하였다 하더라도
그러한 악행을 저지르지 않았을 것이다. 하지만 당시에 수행자
는 어리석음의 어둠에 휩싸여 자신의 부적절한 행위로 인하여
현재에 받을 나쁜 과보와, 윤회를 거듭하는 존재로 미래생에
받아야 할 나쁜 결과를 알 수 없었기에 해서는 안 될 행위를 저
질렀다. 수행자는 당시 선정과 신통에 자유자재했지만 어리석
음의 어둠에는 어찌할 수 없이 압도되었고 선정과 신통력도 그
에게서 사라져 버렸다.[50]

어리석음으로 해서는 안 될 행위를 하였지만, 그 수행자는 이미
바라밀이 많이 성숙하였기에 잘못을 자각하고 왕이 돌아오자 자
신의 잘못된 행위를 참회하였다. 수행자는 자신의 선정과 신통을
다시 얻기 위해 노력하며 다음과 같이 숙고하였다. '내가 세간 사
람들과 너무나 친밀히 지내다 보니 이러한 잘못을 범하였구나.' 이

석음'이다. 이러한 잠재된 어리석음이 조건을 만나 마음속에 생겨나면 '드러난 어리석
음'이 된다.

50 잠재된 어리석음의 위험함이 잘 드러난다. 선정과 신통이 자재한 수행자도 번뇌 다한
아라한 성인이 아니라면 언제든 어리석음에 압도될 수 있다.

처럼 숙고하고 그는 왕궁을 떠나 히말라야로 돌아갔다.

모른다는 것이 항시 어리석음은 아니다

알지 못하는 것이 어리석음이라고 설명하였기에, 어떤 이는 자신이 이전에 배우지 않은 것을 모르거나, 가 보지 않은 곳을 알지 못하거나, 잘 모르는 이의 이름을 알지 못하는 등을 어리석음이라 여긴다. 이러한 종류의 알지 못함은 단순한 지식이 없음이지 진정한 어리석음이 아니고 불선법도 아니다. 이것은 단지 특정 지각이나 인식이 없는 상태이다. 이런 형태의 알지 못함은 일반 범부들뿐만 아니라 아라한 성자들에게도 생겨난다.

부처님을 제외하고 지혜 제일로 칭송받던 사리뿟따(Sāriputta) 존자[51]도 신참 비구에게 적합하지 않은 수행 주제를 주었다. 사리뿟다 존자는 그 신참 비구가 젊으니 감각적 욕망이 강할 것이라 여기고 부정관(不淨觀) 수행 주제(asubha kammaṭṭhāna)를 주었으나, 그 비구의 기질과는 맞지 않았다. 비구는 수행 주제를 받아 지니고 4개월 동안 열심히 정진하였으나 어떠한 표상(nimitta)[52]도 얻지 못하였다.

수행에 진전이 없자 사리뿟다 존자는 수행자를 부처님께 데려

---

51 사리뿟다 존자는 부처님의 제자 가운데 으뜸인 상수제자(aggasāvaka)이다. 부처님의 제자 가운데 지혜가 으뜸(etadaggaṁmahāpaññānaṁ)이었다.

52 사마타 수행자의 마음에 생겨나는 대상이다. 표상에는 세 가지가 있다. 1) 준비단계 표상(parikammanimitta) 2) 익힌 표상(uggahanimitta) 3) 닮은 표상(paṭibhāganimitta)이다. 여기서 수행자가 어떠한 표상도 취하지 못한 것은 수행 주제가 자신에게 맞지 않아서 수행에 진전이 없었다는 것이다.

갔다. 부처님은 수행자의 기질을 잘 파악하고서, 그에게 맞는 수행 주제로 연꽃을 만들어 주셨다. 그는 연꽃을 보고 기뻐하였으나 이내 부처님은 연꽃을 시들게 하였다. 꽃이 시들어 버리는 것을 본 수행자는 경각심(saṁvega)[53]이 생겨났다. 그때 부처님께서 그가 존재의 삼특상인 무상·고·무아를 꿰뚫을 수 있도록 법문을 하셨고, 그 비구는 법문을 듣고는 아라한과를 성취한다.

이 이야기에서 아라한 성인이며 지혜 제일이었던 사리뿟다 존자에게도 확실히 알 수 없는 것들이 있다는 것과 부처님의 일체지(sabbaññutā)[54]에 대해 주목해야 한다.[55]

사리뿟다 존자와 같은 지혜를 갖춘 분도 자신의 앎의 범위를 넘어서는 부분을 알 수는 없었다. 그러므로 배우지 못하여서 알지 못하는 것과 오직 부처님의 지혜로써만 알 수 있는 것들에 대해

---

53 경각심은 종교적 절박감을 나타낸다. 생사윤회의 두려움을 보고 빨리 수행해서 해탈을 성취하고자 하는 마음이다. 경각심을 일으키는 대상으로는 다음의 여덟 가지가 있다. 태어남, 늙음, 병듦, 죽음, 지옥의 고통, 과거 윤회로 인한 고통, 미래 윤회로 인한 고통, 현재 먹을 것을 구함과 관련한 고통이다. 비구 일창 담마간다(2013), 제1권 204 참조.

54 일체지는 모든 법을 다 아는 지혜이다. 부처님의 일체지와 창조신이라 불리는 여호와의 전지전능은 차이를 보인다. 여호와의 전지전능은 사실 불가능하다. 여호와는 세상 모든 것을 항시 볼 수 있다고 하지만, 세상 사람들의 나쁜 일들, 대소변 보는 일까지 모두 헤아린다는 것은 괴로움만 낳는다. 이와 달리 부처님의 일체지는 언제라도 필요하다면 그것을 알 수 있는 지혜를 의미한다. 석오진 역(2002), 200-202 참조.

55 부처님과 사리뿟다 존자 두 분은 모든 번뇌를 제거하고 깨달으신 아라한 성인이다. 같은 아라한 성인이라도 일반 제자와 부처님은 다르다. 부처님은 알고자 하신다면 제한 없이 다 아실 수 있는 일체지를 갖고 계시고, 제자는 지혜 제일의 상수제자라 할지라도 그 지혜가 제한적이다.

마음부수, 불선한 마음부수

알지 못함은 어리석음이 아니다. 이러한 것은 단지 배움이 적거나 자신의 앎의 영역을 벗어난 것이라고 해야 한다. 예를 들면 대낮에도 멀리 떨어진 물체를 보지 못하는 이가 있다고 하자. 이것은 그 물체를 보지 못하게 막는 장애물이 있어서 그가 보지 못하는 것이 아니다. 단지 그의 시력이 좋지 않기에 그것을 보지 못하는 것이다.[56]

거칠고 미세한 어리석음

우리가 어떤 것이 선인지 불선인지 혹은 악한지 덕스러운 것인지 분간하지 못하는 것은 좀 더 거친 어리석음이다. 이와 달리 우리가 정신 물질법의 무상·고·무아나 사성제와 연기법을 알지 못하게 방해하는 어리석음은 비교적 미세한 어리석음이라 할 수 있다. 어리석음과 함께하는 마음을 '미혹한 마음, 멍청한 마음'이라 부른다. 미혹함에 휩싸여 지내는 이를 우리는 '바보, 멍청이, 우둔한 자, 거친 자, 어리석은 자, 쓸모없는 자'라고 부른다.

"이 세상은 암흑과 같다.
이곳에서 분명히 보는 자 드물구나.

---

56 이전에 배움이 없어서 알지 못하는 것과 자신의 능력 밖의 일에 대해서 모르는 것은 해로운 마음부수로서의 어리석음이 아니다. 그것은 단지 앎이 없을 뿐이고, 불선한 정신법이 생겨난 것은 아니다.

그물에서 벗어난 새가 적듯이

천상에 재생하는 이도 적도다." _『법구경』 174번 게송[57]

2. 도덕적 부끄러움 없음(Ahirika)

도덕적 부끄러움 없음[58]을 '아히리까(ahirika)'라고 한다. 모든 부도
덕한 행위들은 배설물과 같이 더러운 것이다. 사람들은 배설물에
닿는 것조차 싫어한다. 그러나 돼지들에게 배설물은 좋은 음식이
다. 돼지들은 배설물을 보면 역겨워하지도 않고 자신에게 묻어도
상관하지 않는다. 돼지들은 오히려 배설물에 뒹굴며 그것을 먹기
도 한다.[59]

이와 달리 현자들은 사람들을 해치는 것과 같은 잘못된 행위들
을 아주 싫어한다. 현자들이 혹 자신도 모르게 그러한 잘못된 행
위를 저지르게 되면 스스로 잘못을 알고 부끄러워한다. 하지만 도

---

57 부처님께서 알라비(Āḷavī) 국에서 죽음에 대한 새김 법문을 하셨다. 이 법문을 들은 직
    조공의 딸이 그 수행을 하여 수다원을 이루고, 죽어 천상에 났다는 일화이다. 전재성
    (2008), 497-499 참조.

58 '도덕적 부끄러움 없음'도 하나의 정신법이다. 이러한 정신법이 있어 존재 상속에서 일
    어날 수 있다는 것이다. 즉 이 불선법이 마음과 함께 생겨나서 '도덕적 부끄러움 없음'
    과 함께하는 불선한 마음이 된다. 도덕적 부끄러움 없음이라는 정신법이 생겨나면 부
    도덕한 행위를 부끄러움 없이 행하게 된다.

59 도덕적 부끄러움 없음을 지니는 것은 돼지처럼 된다는 말이다. 지혜로운 이들은 부도
    덕한 행위들에 대해 꺼리고 부끄러워한다.

마음부수, 불선한 마음부수

덕적 부끄러움 없음이라는 정신법은 잘못된 행위를 꺼리지 않고 부끄러움도 없다. 실제 부끄러움을 모르는 이들은 잘못된 행위를 하고서 오히려 잘했다고 우쭐대기도 한다.

어리석음이 생기면 도덕적 부끄러움 없음으로 이끈다. 그리하여 현명한 이들도 미혹하여 잘못된 행위를 부끄럽게 여기지 않는다. 그러므로 현명한 자라면 어떠한 일에 대해 잘 숙고하여 행하여야 한다.

> 앞서 살펴보았던 수행자 하리따짜(Haritaca)의 일화는 도덕적 부끄러움 없음을 잘 나타내 주고 있다. 그 수행자는 이미 신통을 구족하였고 덕을 갖춘 고귀한 사람이었다. 그처럼 수행이 깊은 이도 여왕의 침소에서 시녀들이 보는 앞에서 부끄러운 행위를 하였다. 그러한 비열하고 천박한 행위는 온전히 어리석음과 도덕적 부끄러움 없음으로 인해 행하여진 것이다.[60]

모든 불선한 행위들은 부끄러운 것이다

불선한 행위는 앞서 본 수행자의 잘못된 행위만이 아니다. 화가 나서 소리치고, 거칠고 상스러운 말을 하고, 잘난 체하고, 자신도

---

60 일반적으로 행위를 보고 판단을 한다. 엄밀히 말하면 행위 이전에 의도, 즉 어떠한 정신법이 생겨난다. 이 일화에서는 어리석음과 도덕적 부끄러움 없음이라는 정신법이 생겨나 부도덕한 행위를 저지르게 된다.

별로 가진 것이 없으면서 다른 이를 무시하고, 아닌 척하지만 질투나 인색으로 가득 찬 행위, 이 모든 것들은 좋지 않고 부끄러운 것이다.[61] 그러므로 '모든 불선한 행위는 부끄러운 것이다.'라고 새겨야 한다. 도덕적 부끄러움 없음이라는 마음부수가 함께한 마음을 '부끄러움 없는 마음'이라 할 수 있고 그때 그 사람을 '부끄러움도 모르는 자'라고 할 수 있다.[62]

3. 도덕적 두려움 없음(Anottappa)

도덕적 두려움 없음(anottappa)이란 잘못된 일을 하면서 도덕적으로 두려움을 느끼거나 주저함이 없다는 것이다. 다시 말하면 도덕적 두려움이 전혀 없다는 것이다. 나쁜 행동을 할 때 도덕적 두려움 없음이 생겨나면 불꽃에 나방이 겁 없이 달려드는 것과 같다. 활활 타는 불꽃은 실제로는 두려운 것이다. 하지만 나방은 불꽃에 겁도 없이 달려든다. 이처럼 사악한 행동은 나방이 불에 타는 듯한 고통을 낳는다. 하지만 어리석음이 뒤따르는 결과를 알지 못하

---

61 불선한 마음이 생겨날 때 항시 함께하는 불선한 마음부수에는 어리석음, 도덕적 부끄러움 없음, 도덕적 두려움 없음, 들뜸이 있다. 모든 불선한 마음에는 도덕적 부끄러움 없음이 함께한다.

62 여기에서 특정 마음부수가 마음을 물들이는 측면과, 그 마음으로 드러난 행위에 붙여지는 명칭에 대해 알 수 있다. 하지만 이 모든 것의 발단은 스스로를 단속하지 못해서 부끄러움 없음이라는 마음부수가 생겨났기 때문이다.

게 덮어 버리고, 도덕적 두려움 없음은 과보의 두려움을 알지 못한다. 어리석음과 도덕적 두려움에 휩싸여 사악한 행위를 과감히 행한다. 사악한 행동에는 다음과 같은 위험이 예견된다.

[1] 자신 책망 두려움(Attānuvāda-bhaya, attā=자신 + anuvāda=책망)

자신을 책망하는 두려움은 자신에 대한 공경과 떳떳함을 잃어 버리는 것이다. 이러한 사람은 다음과 같은 생각에 휩싸인다. '다른 이들이 나를 덕 있는 이라고 여겨도 나는 나 자신이 그렇지 않음을 잘 안다. 나는 그들이 생각하는 것만큼 훌륭한 덕을 지니지 않았다. 나는 몰래 나쁜 일을 행하는 사람이다.'[63]

[2] 타인 책망 두려움(Parānuvāda-bhaya, parā=다른 이들에 의해서 + anuvāda=책망하다)

다른 사람들로부터 "당신은 사악하고 불선하며 나쁜 짓을 하는 인간이야."라고 비난받는 두려움이다.

[3] 처벌 두려움(Daṇḍa-bhaya)

살인을 저질러서 다른 이들로부터 죽임을 당하거나, 다른 이의 물건을 훔친 대가로 주인에게 맞거나, 간통을 저질러서 형을 받거나, 갖가지 범행으로 인해 투옥되는 등의 두려움을 의미한다.

---

63 남모르게 악을 행해도 자기 자신은 속이지 못한다. 이런 이들은 자존감을 잃고 스스로 떳떳하지 못하다.

(4) 악처 재생 두려움(Duggati-bhaya)

임종에 이르러 자신이 지었던 악행에 대해 뉘우치며 괴로워하고, 죽어서는 사악처에 재생하는 두려움이다.

교활한 이들은 간사하게 잔재주를 부려서 자신의 사악한 행위로 생겨나는 네 가지 위험 가운데 앞의 세 가지 위험을 피할 수도 있다. 하지만 마지막 네 번째, 죽은 후에 나쁜 세상에 재생하게 되는 위험은 피해 갈 수 없다. 그러므로 나쁜 행위는 실로 두려운 것이다. 그러나 이러한 도덕적 두려움 없음이 생겨나면 악한 행위를 두려워하던 현명한 이도 부끄러움이나 두려움 없이 악한 행위를 범한다.

앞서 보았지만, 보살이었던 하리따짜 수행자의 일화를 다시 한 번 상기해 보아야 한다. 그 일화에는 우리가 경계하고 조심해야 할 것들이 많다. 일화에서 수행자는 자신도 책망하게 되고 자존감도 잃게 되었다(자신 책망 두려움). 설상가상으로 "왕의 스승이었던 수행자가 왕비와 부적절한 관계를 맺었다."라는 소문이 왕이 궁궐을 비운 사이에 널리 퍼졌다. 이것으로 수행자는 다른 이들의 비난을 받아야 하는 두려움으로 고통받았다(타인 책망 두려움).

마음부수, 불선한 마음부수

아난다 존자의 전신[64]이었던 왕이 만약 바라밀행을 닦는 덕스러운 사람이 아니었다면 수행자를 단칼에 처단하였을 것이다. 하지만 왕의 덕스러움에 의해 수행자는 가까스로 죽음을 면했다. 도덕적 두려움 없음이 생겨났을 때 수행자는 죽임을 당할 수 있는 부도덕한 행위를 아무런 두려움 없이 저질렀다. 앞뒤를 재지 않는 무모함과 함께 생겨나는 마음을 도덕적 두려움 없는 마음(anottappa-citta)이라 한다.

"돼지가 배설물을 혐오하지 않는 것처럼, 부끄러움이 없는 자는 자신의 악행을 부끄러워하지 않는다. 나방이 활활 타는 불꽃에 두려움 없이 달려들듯, 도덕적 두려움이 없는 자는 악한 행위를 두려움 없이 행한다."_위바위니 복주서(Vibhāvinī ṭīkā)[65]

4. 들뜸(Uddhacca)

들뜸(uddhacca)은 집중하지 못하고 산만한 상태이다. 이것은 마

---

64 아난다 존자가 전생에 그 왕으로 태어났다는 의미이다. 왕은 여러 바라밀을 닦아 고따마 부처님 재세 시에 아난다 존자로 태어난다.

65 수망갈라사미(Sumaṅgalasāmi) 스님이 저술하신 『아비담맛타 상가하(Abhidhammattha Saṅgaha)』의 주석서이다. 대림 · 각묵 스님(2018), 제1권, 71-72 참조.

음이 차분하지 못한 상태이기도 하다. 잿더미에 돌을 던지면 재가 이리저리 날리는 것처럼 마음이 한 대상에 잘 머물지 못하고 이리 저리 헤매며 산란한 상태이다. 이 들뜸이라는 마음부수가 함께하는 마음을 '들뜬 마음'이라고 한다. 들뜸에 압도된 자는 유랑자, 떠돌이, 부랑자, 목적 없이 이리저리 떠다니는 사람이 될 것이다.

난다 장로(Nanda Thera)가 집중하기 어려웠던 일화

젊은 왕자였던 난다는 자나빠다 깔랴니(Janapada Kalyāṇī)와 결혼을 앞두고 있었는데, 부처님은 그를 절로 데려와 출가시켰다. 난다는 약혼녀인 자나빠다 깔랴니에 대한 생각으로 마음이 산란해져 부처님의 가르침에 마음을 잘 기울이지 못했다. 이처럼 난다 왕자가 부처님 가르침에 마음을 잘 집중시키지 못하는 그 상태가 들뜸의 좋은 예이다.

들뜸의 미약함

들뜸은 어떤 대상에 확고하게 집중하지 못한다. 산만함으로 인해 마음은 이 대상에서 저 대상으로 왔다 갔다 한다. 비록 들뜸이라는 마음부수는 불선법에 속하지만 강력하지는 않다. 탐욕·성냄·어리석음을 지니고 불선한 행위를 하게 되면 사악처[66]에 떨어

---

66 네 가지 악처(apāya)는 지옥, 축생, 아귀, 아수라를 말한다. 나쁜 행위를 저지른 자들
    이 그 악행의 결과로 태어나는 고통이 넘쳐 나는 세상이다. 탐·진·치로 인해 악행을

마음부수, 불선한 마음부수

지기도 하지만 들뜸으로 인한 행위는 그렇지 않다.

5. 탐욕(Lobha)

탐욕은 감각적 욕망에 대한 갈망을 나타낸다. 한 가지 주의할
점은 탐욕과 비슷하게 보여도 구분해야 할 것이 있다. 열반을 성취
하려 하고, 법을 실현하려 하고, 배움을 추구하고, 다른 이를 돕기
위해 부와 재물을 모으는 것 등은 탐욕이 아니다. 이러한 것들은
열의(chanda)라고 부르는 정신법이고 이후에 상세히 논하겠다.

탐욕의 다른 이름들

탐욕은 뻬마(pema), 딴하(taṇhā), 라가(rāga), 사무다야(samudaya) 등
으로 불린다. 뻬마는 형제자매 간 혹은 부부간 등 가족, 친지들
간의 사랑을 나타낸다. 이것은 탐욕이 아닌 진실한 사랑을 나타낸
다. 이와 같은 진실한 사랑은 결속을 의미하는 쌍요자나(saṃyojana)
라 불린다. 쌍요자나는 줄과 같아서 사람과 사람 사이를 묶어 준
다. 이것으로 인해 서로는 분리된 개체가 아닌 상호 연결성을 가

하면 사악처에 이를 수 있지만, 들뜸과 같은 마음부수는 그 정신법이 강력하게 생겨나
지 않기에 사악처로 이끌지는 않는다. 하지만 이 들뜸도 불선법에 속하고 또한 다른 강
력한 불선법이 생겨나는 조건이 될 수도 있기에 생겨나지 않도록 노력하여야 한다.

진다.

다섯 가지 대상인 색, 성, 향, 미, 촉은 감각 대상들이다. 사람들이 갈망하고 취하고 싶어하기에 감각욕망 대상(kāmaguṇa)이라고 한다.

일반적 바람을 지나쳐서 굶주림과 목마름 같은 감각적 대상에 대한 강력한 욕망을 딴하(taṇhā)라고 한다. 성적 욕구로 이성에 빠져 허덕이는 자를 '욕정에 미친 자'라고 한다. 감각 대상들 가운데 이성간 성적 교섭에 의한 육체적 접촉이 가장 강하다. 라가(rāga) 역시 어떤 것에 대해 매달리고 집착함을 나타낸다. 염색 천에 물들인 염료처럼 라가는 사람에게 달라붙는 탐욕이다.

> 위의 구분은 문자적 의미로 드러낸 것이 아니고 일반적 용어의 쓰임에 따라 분류하였다.[67]

사성제에서 탐욕은 집제(集諦)에 속한다. 이것은 '고의 원인 혹은 고통으로 될 것이다.'라는 의미이다. 탐욕을 완전히 제거하지 못한 이는 윤전[68]하면서 고통을 겪어야 한다. 어떠한 형태의 고통이라도 그 기원은 탐욕이다. 그러므로 강한 욕망은 큰 고통을 낳고, 욕망

---

67 탐욕과 관련된 여러 빠알리어 명칭을 알아보았는데 이들 명칭의 구분은 문법이나 문자적 해석을 기준으로 하지 않고, 일반적으로 쓰는 방식을 따랐다는 말이다.

68 끝을 알 수 없는 윤회 속에서 육도를 이리저리 떠돌아다니는 것을 '윤전'이라 한다.

마음부수, 불선한 마음부수

이 적으면 고통도 적다. 만약 어떠한 탐욕도 없다면 고통 또한 없다. 탐욕과 함께 생겨나는 마음을 '탐욕스러운 마음, 집착하는 마음, 결박된 마음'이라고 한다. 탐욕의 마음을 지닌 이를 우리는 '탐욕스럽다'고 한다.[69]

탐욕은 채워지지 않는다

애착, 갈망이라 불리는 탐욕은 법답게 제어하지 않고 그대로 두면 절대 스스로 줄어들지 않는다. 송아지 뿔이 나이 들수록 자라나듯이 태생이 탐욕스러운 이는 나이 들수록 탐욕이 더 커진다. 나이 들어 탐욕을 다스리지 못하면 다음과 같이 비난받는다. "자라난 머리털이 처지듯이, 나이 들어서 어리석음만 더한다."

소금물 마시기

아이들은 태어나서 자신의 부모와 친지 등을 사랑하다가 성장하면서 친구를 좋아하게 된다. 일반인은 원초적 본능에 이끌리기에 소금물을 마신 것처럼 계속해서 사랑을 갈망한다. 소금물은 갈증을 달래지 못하고 마실수록 갈증이 커진다. 감각적 즐거움에 대한 갈망에 젖어서 곧 닥쳐올 괴로운 결과를 알지 못하고 그들은

---

69 탐욕도 하나의 정신법이다. 하나의 마음부수로서 마음과 함께 생겨난다. 탐욕이라는 마음부수가 대상을 아는 마음과 함께 생겨나면 '탐욕의 마음이 일어났다'고 한다. 그런 마음을 지닌 이는 탐욕스럽게 행동하기에 '탐욕스럽다'고 비난받는다.

쾌락에 젖어 산다. 그들은 욕정의 바다에서 미친 듯 떠돌아다닌다.

"사랑! 사랑이여!

소금물을 들이켜서는 갈증을 달랠 수 없듯이

사랑할수록 사랑에 굶주리네!

사랑은 스스로 결함을 들추지 않고

행복을 바라며 더 키워만 간다네.[70]

이것이 사랑의 방식이고 특성이라네." _옛 미얀마 시

탐욕은 어떻게 사악처로 이끄는가

자그마한 돌멩이도 물에 가라앉듯, 실로 미약한 탐욕도 만약 선행이 받쳐 주지 아니하면 사악처로 이끌 수 있다. 그러므로 임종에 다다른 이가 자신의 배우자나 자식들 혹은 남은 재산에 대한 집착에 의해 아귀로 태어나는 경우가 많다. 부처님 재세 시에, 어떤 한 비구는 자신의 새 가사에 집착하여, 죽어서 그 가사에 붙어 사는 이가 되었다. 그는 7일간 이로서 살다가 축생계에서 벗어났다.[71]

---

70 사랑에는 위험이 따르지만, 사랑에 눈멀면 그러한 것들이 보이지 않는다. 사랑을 가장한 탐욕이 많으니 그러한 것들은 경계해야 한다.

71 작은 탐욕도 사악처 재생에 조건이 될 수 있다. 열심히 수행한 수행자도 죽기 전에 자신의 새 가사에 집착하여, 죽어서 그 가사에 붙어 사는 이로 재생한 것이다. 임종 전에 탐욕의 마음을 일으키면 사악처로 인도되기 쉽다.

선행이 지지해 주면 탐욕은 사악처로 이끌지 못한다

탐욕과 집착이 있다고 하여도 선행이 지지해 주면 악처로 가지 아니한다. 예를 들면 돌은 물에 가라앉지만, 그것이 배에 실리면 가라앉지 않는 것과 같다. 그러므로 부처님 전생담에는 아직 탐욕을 완전히 제거하지 못한 자로서 서로 바라밀을 완성하기 위해 가까운 동반자로 태어난 일화가 나온다.

생각해 볼 점

사이가 좋은 부부는 서로가 헤어짐을 원치 않았다. 그들은 함께 바라밀을 완성하고 열반을 실현하기를 원했다. 청신녀 수밋따(Sumittā)는 보살이었던 수메다(Sumedha)와 항시 함께하기를 서원했고, 훗날 마하깟사빠(Mahākassapa)와 밧다(Bhadda)가 될 두 사람도 그와 같이 원했다.[72] 그들은 수많은 세월 동안 함께 바라밀을 닦았다. 이들의 바람은 열의(chanda)라고 보아야 할까, 아니면 갈애(taṇhā)라고 보아야 할까? 숙고해 보아야 할 점이다.

결정

사실 일화에 등장하는 두 사람은 덕을 갖춘 사람들이었다. 덕스러운 사람과 함께 지내고자 하는 바람은 선한 열의(kusala-chanda)

---

72 전생담에 부부가 여러 생을 서로 오래 함께하기를 서원하는 예도 있다. 단순한 부부가 아닌 부부이면서 같이 바라밀을 닦는 도반으로서 삶을 서원한 것이다.

라고 할 수 있다. 그들은 또한 계행을 잘 지키는 바라밀(pāramī)을 닦는 사람들이었다. 빠알리 경전에 이르기를 "덕을 갖춘 이의 바람은 모두 성취되나니, 열의(chanda)로써 모든 것은 성취된다."라고 했다. 그러므로 그들이 서로 헤어지지 않고 함께하게 하였던 것은 갈애나 사랑이라고 할 수 있다. 하지만 그 두 사람이 부부로서 함께 실천했던 선행이 말해 주듯이, 함께 바라밀을 완성하기 위한 아주 강력한 선한 열의를 지니고 부부가 된 것으로 보아야 한다.

> "Ijjhati bhikkhave sīlavato cetopaṇṇidhi, visud-
> dhattā.
> 비구들이여, 덕(계)을 갖춘 이의 바람은 깨끗하기에 성
> 취된다." _『앙굿따라 니까야』[73]

나꿀라삐따(Nakulapitā)와 나꿀라마따(Nakulamātā)

부처님 당시에 남편인 나꿀라삐따와 아내인 나꿀라마따는 부자였다. 그들은 여러 생을 부부로 함께하였다. 그들은 부처님께 첫 번째로 귀의한 이래 수다원이 되었다. 이 부부는 이전 많은 생에서 보살의 부모였고, 삼촌과 숙모였다. 그들은 전생의 아들이었던 지금의 부처님을 너무 좋아하였다. 부처님과 가까이 지내며 거리

---

73 Aṅguttaranikāya ﹥ Aṭṭhakādinipātapāḷi ﹥ Dānūpapattisuttaṁ(CST). 보시로 인한 태어남 경(A8:35), 대림 스님(2007), 제5권, 185.

마음부수, 불선한 마음부수

낌 없이 많은 질문을 하였다.

한번은 그 남편이 부처님께 여쭈었다. "부처님이시여, 저는 젊어서부터 나꿀라마따를 아내로 맞아서 지내고 있습니다. 아내인 그를 두고 다른 이와 삿된 음행을 하지 않고 마음으로라도 다른 사람과의 부정을 품지 않았습니다. 저는 항시 바로 이 생에 나꿀라마따와 함께하기를 원했고, 윤회를 거듭하면서 항시 그녀와 함께하기를 서원합니다."

이런 이야기를 듣던 아내는 다음과 같이 솔직히 이야기한다. "부처님이시여, 저는 젊어서 이 사람의 집으로 시집왔습니다. 그 후로 어떤 다른 남자도 생각하지 않았습니다. 저는 항시 이번 생에 그와 함께하기를 원하였습니다. 또한 윤회를 거듭하는 생마다 그와 함께하기를 원합니다."

이러한 말을 듣고 부처님은 다음과 같이 말씀하신다.

> "지금 이 생에서 화합하고 잘 지내는 부부가 만약 다음 생에도 함께 부부로 인연을 맺으려면 그들은 같은 신심(saddhā)을 지니고, 같은 계(sīla)를 준수하고, 같은 버림(caga)을 지니고, 같은 지혜(paññā)를 지녀야 한다."

남편에게 청정한 믿음이 있다면 아내 또한 그러해야 한다. 남편이 청정하게 계를 잘 받아 지닌다면 아내 또한 그러해야 한다. 만약 부부 가운데 한 사람이 다른 이에게 베풀기를 원하면 다른 이는 흔쾌히 따라야 한다. 만약 아내가 보시하려고 하면 남편이 그녀를 칭송하고 따라야 한다. 만약 남편이 보시를 하면 아내는 기뻐해야 한다. 그들의 지혜와 앎도 그와 같아야 한다.

좀 더 쉽게 뜻을 드러내기 위해서 미얀마의 시를 한 편 소개한다.

> "인간계에서 만약 남편과 아내가 화목하고 서로 함께 지내기를 원하고, 만약 그들이 같은 관대함, 지계, 신심, 확신을 가졌다고 한다면, 그들은 이 윤회하는 세상에서 천상계에 태어나 빛나는 남자 천신(deva)과 여자 천신(devī)처럼 함께 지낼 수 있다."

일화에 등장하는 부부는 수다원에 이른 성자였다. 두 사람 간의 사랑에서 먼저 다음과 같은 것을 염두에 두어야 한다. 그 둘은 서로 진실로 사랑했기에 두 사람 외에 어떤 다른 부정한 생각을 떠올리지 않았다. 두 사람의 마음은 청정하여서 서로 존중하며 헤어지기를 원하지 않았다. 그들은 윤회하는 동안 항시 함께하기를 원했다. 비록 그들이 서로 원하는 그 마음은 탐욕에 기반한 열망이지만, 그 청정하고 덕을 갖춘 부부의 사랑과 갈애, 탐욕은 두 사람을 함께하게 하였고, 그들이 함께 행한 모든 덕스러운 행위들은 좋은 결과를 낳았다.[74]

---

74 작은 불선은 선행으로 이겨 낼 수 있다고 하였다. 앞서 돌을 배에 싣고서 건너는 비유에서처럼, 이 부부의 탐욕은 그들의 바라밀 선업에 의해 좋은 세상으로 인도하게 되었다.

속임(Māyā)

가끔씩 갈애와 탐욕은 속임(māyā)이라고 불린다. 속임의 진정한 의미는 다음과 같다. 속임은 마술사나 요술쟁이와 같다. 마술사가 돌덩이를 들어서 청중들에게 금괴로 믿게 만드는 것처럼, 속임 또한 자신의 잘못을 감추어 버린다. 속임을 부리는 사람은 잘못이 있어도 자신은 아무런 잘못이 없는 것처럼 한다.

여성의 속임

한때 교수와 학생이 있었다. 학생의 아내는 다른 남자와 부적절한 관계를 맺고 있었다. 아내가 바람을 피우는 날에는 남편에게 더 상냥하게 대했다. 하지만 바람을 피우지 않는 날은 남편을 노예처럼 대하였다. 남편은 아내의 이상한 태도를 이해할 수 없어 당황했다. 그는 혼란스러워 자신의 교수를 찾아가 자문하였다. 교수는 그에게 여성의 속성에 관하여 말해 주었다.

> 일화에서 그녀가 바람을 피우는 날에는 그것을 숨기기 위해 남편에게 다정하게 대하였다. 그러한 교활함이나 간사함이 속임이다. 어떤 경우에 속임은 잔머리(taṅkhaṇuppatti-ñāṇa)[75]라고 불린다. 그것은 진정한 지혜가 아니라 가짜 지혜 혹은 단순한 잔꾀이다. 진정한 지혜는 항시 선행과 함께한다.

---

75 taṅkhaṇa=즉석에서 + uppatti=생겨나는 + ñāṇa=지혜.

간교한 아내

어떤 부인이 집안의 하인과 바람이 났다. 하루는 남편이 아내와 하인이 입을 맞추는 모습을 보았다. 아내는 남편이 쳐다본다는 것을 알아차리고는 남편에게 다가가서 다음과 같이 말했다. "여보, 이 하인 녀석은 너무나 무례합니다. 이 녀석이 당신을 위한 쿠키를 먹어 버렸어요. 그래서 내가 이 녀석에게 실토하라고 하니 자신은 아니라고 부인하더군요. 그래서 내가 녀석의 입에서 나는 쿠키 향을 찾아냈어요. 당장 저 녀석을 우리 집에서 쫓아내 버려야 해요."

> 일화에서 부인이 하인과 입맞춤을 한 것은 부적절한 행위였다. 그녀가 자신의 잘못을 숨기고 남편을 속이기 위해 잽싸게 생겨난 그 재치가 바로 속임이다. 여기서는 여성의 경우만을 예로 들었으나 남자가 바람을 피우는 경우도 같이 보아야 한다.

수행자의 속임

어떤 마을에 한 수행자가 있었고 그 마을의 한 남자가 그를 존경해 잘 모셨다. 그는 도둑이 두려워서 수행자의 절 근처에 구멍을 파고 금괴 백 개를 숨겨 놓고서 수행자에게 다음과 같이 말했다. "수행자여, 이 금덩이를 잘 좀 지켜 주세요." 그러자 수행자는 "수행자에게 그런 것을 부탁하는 것은 적절하지 않습니다."라고 답했다.

그 후 얼마 지나지 않아 수행자는 다음과 같이 생각했다. '금괴 백 개가 있다면 내가 편안히 여생을 지낼 수 있을 거야.' 그러고 나

마음부수, 불선한 마음부수

서는 금괴를 파내어 오솔길 옆 은밀한 곳에 숨겼다. 다음날 아침 식사를 마친 수행자는 재가 신자에게 "나의 후원자여, 내가 이곳에서 지낸 지 꽤 오래되어서 당신에게 너무 의지하는 마음이 생깁니다. 그래서 나는 다른 곳으로 떠나야 하겠습니다."라고 말했다. 그 말을 들은 신자는 수행자가 그곳에 머물기를 몇 번이고 간청했으나 소용이 없었다. 그의 만류에도 수행자는 마을을 떠났다.

얼마 안 가서 수행자가 다시 돌아와 후원자에게 말했다. "당신의 지붕을 덮은 억새 잎 하나가 나의 머리카락에 붙어 있소. 수행자는 주지 않는 어떤 것이라도 가져서는 안 되니 돌려주려고 왔소." 순진한 신자는 수행자를 진정 덕스러운 이라고 여기며 더욱 존경하였다.

그때 그 신자의 집에 머물고 있던 어떤 지혜로운 이가 물었다. "당신이 혹 저 수행자에게 어떤 물건을 맡기지는 않았나요? 만약 그랬다면 확인해 보세요." 그래서 그는 자신이 금을 숨겨 놓았던 구멍을 파 보았으나 금이 없었다. 그는 현명한 손님과 함께 금을 훔친 수행자를 따라가서 잡았다.

일화에서 수행자는 자신이 금을 훔친 것을 숨기고, 아무런 욕심이 없는 사람인 척하기 위해 억새 잎 하나를 그에게 돌려주었다. 수행자의 교활한 행동이 바로 마야(māyā)이다. 이러한 속임수나 계략은 수행자나 사문에게도 생겨날 수 있다. 세간 사람들 사이에서는 이보다 더한 술수와 속임수가 넘쳐 난다. 세상에 믿을 만한 사람이 별로 없다. 정직하고 믿을 만한 이들과 함께 지내는 것도 이전 생에 선업을 많이 행한 결과이다.

속임의 다양함

자신의 잘못을 숨기는 것 외에도, 자신이 결백하다고 주장하기 위해 그 잘못과 아무 관련 없다고 펄쩍 뛰거나, 자신을 고소한 사람을 협박하거나 회유하는 등의 여러 속임수가 있다. 사람들이 많이 모여 지내는 곳에는 이러한 속임수가 넘쳐 난다. 어떤 이는 저녁에 쓰레기를 몰래 버리고는 아침에 아무 일도 없었던 것처럼 행동한다. 방귀 뀐 놈이 성내는 것처럼 자신이 한 일을 덮으려는 이러한 마야는 다양하게 생겨난다. 그래서 연장자들의 말처럼 천 개의 계략, 만 개의 속임수, 무한한 눈속임이 있다. 아홉 개의 모래 자루에 담긴 모래알과 아홉 그루의 아까시나무에 달린 나뭇잎처럼 많은 속임이 있다.

허풍(Sāṭheyya)

속임(māyā)과 아울러 허풍(sāṭheyya)도 잘 알아야 한다. 어떤 이가 자신이 특별한 것을 가진 것처럼[76] 하고 다른 사람을 속이는 탐욕

---

76 예를 들어 잘 알지 못하면서 아는 척하기, 많이 배우지 않았으면서 배운 척하기, 공덕을 갖추지 않았으면서 갖춘 척하기 등 자신의 내면에 갖추지 못한 성품을 가진 척하는 것이다.

마음부수, 불선한 마음부수

이 바로 허풍이다. 속임은 자신의 잘못을 숨겨 잘못이 없는 것처럼 하는 것이고, 반대로 허풍은 있지도 않은 성품을 갖춘 것처럼 하는 것이다. 둘 다 속이거나 기만하는 것이다.

출가자의 허풍

덕을 갖추지 않았으면서 그런 척하는 것, 수행을 많이 하지 않았어도 많이 한 척하는 것, 많이 배우지 않았어도 많이 아는 척하는 것, 그러한 '척하기'가 허풍이다. 그러한 허세나 우쭐댐을 잘 알아챌 수 있는 현명한 재가 신자가 나타나서 잘못을 지적할 때까지 출가자는 안전하다고 느낄 수 있다. 심지어 그 재가 신자들이 그의 위선을 알아채고 나서도 "출가자가 우리를 속이든 말든 무슨 상관이야."라고 한다면 출가자는 위선을 버리지 않을 것이다. 그 출가자는 자신의 위선을 뉘우치지 않고 계속 자신과 남을 속이며 우쭐대며 살아갈 것이다.

재가자의 허풍

재가자들이 가지는 허풍은 다음과 같이 다양하다. 덕을 갖추지 않았어도 덕을 갖춘 척하고, 마음이 산란하면서도 고요하고 집중이 잘된 척하고, 아무런 능력이 없으면서도 대단한 능력을 갖춘 척하고, 많이 배우지 않았어도 좋은 학벌을 가진 척하고, 가난하면서도 부자인 척한다. 이렇게 재가자들은 자신이 가지고 있지 않으면서도 가진 척한다.

허풍의 사악함

속임과 허풍은 탐욕보다 더 나쁘다. 다음의 예를 보면 이 뜻이 더욱 분명해질 것이다. 계·정·혜 삼학을 잘 닦지 않는 출가자가 삼학을 잘 실천하는 성자인 척 허세를 부린다. 이러한 허풍과 속임은 당장은 달콤해 보일지라도 이후 윤회 속에서 수많은 고통을 가져온다. 이러한 출가자에게 귀의하는 재가 신자들은 지혜도 얻지 못하고, 보시하여도 공덕이 크지 않다. 도덕적이고 차분한 사람처럼 꾸며 행동하는 이에게 속아 넘어가는 이들도 많다.

도시에 음란한 이들이 많고 겉만 번지르르한 이들이 넘쳐 나면 도시 전체가 비도덕적으로 전락한다. 실제 능력은 없으면서 허세만 가득한 지도자를 두면 국민의 삶과 재산을 망치고 주권도 상실하며 나라까지 빼앗기게 된다.

몇몇 여성들은 부자이고 명문가의 아들인 척하는 남자들에게 홀딱 넘어가기도 한다. 둘이 결혼까지 하게 되면 결혼은 축복이 아니라 재앙으로 막을 내린다. 더욱이 두 사람 가운데 한 사람이라도 자신의 잘못을 숨기거나 자신이 부자인 척 속여도 결혼 생활은 얼마 지나지 않아 다 들통이 난다. 이렇게 되면 서로의 사랑이 지속될 수 있을까? 진실한 사랑 없이 그들은 결혼 생활을 유지해도 행복할 수 있을까? 행복한 결혼 생활을 위해서는 육체적인 관계도 중요하지만, 거짓 없고 진실한 사랑이 필수적이다.

불자들의 결혼은 단지 이번 생만을 위함이 아니다. 그들이 화목하고 함께 신행 생활을 하며 공덕과 선행을 닦으면 그들은 윤회하는 동안 좋은 과보를 받게 될 것이다. 하지만 두 사람의 결혼 생활이 속임과 허풍으로 물들면 선행을 하더라도 진정으로 하는 것이 아니다. 이것으로 두 사람은 이번 생과 다가올 생에서도 좋은 결과를 얻지 못한다. 그러므로 결혼을 앞둔 사람이라면 이러한 속임과 허풍을 없애야 한다.

속임과 허풍은 한 사람 혹은 많은 이들, 나아가 온 나라와 세상을 속일 수 있다. 특정 종파의 지도자가 자신이 깨달은 척 행세하게 되면[77] 이로 인해 피해를 보는 이가 많아져 속임과 허풍은 참으로 위험하다. 덕성을 갖추고 공덕을 원만히 성취한 이라면 자신에게 속임과 허풍이 생기지 않도록 해야 하고, 주위의 함께하는 이들도 이러한 속임과 허풍을 버리게 하여야 한다. 그리고 항시 스스로 순수하고 현명하며 바르고 고귀한 마음을 갖춘 이가 되려고 노력해야 한다.

6. 사견(Diṭṭhi)

잘못된 견해나 잘못된 앎을 사견(diṭṭhi)이라 한다. 잘못된 믿음을 의미하기도 한다. 사견은 없는 것을 존재하는 것으로, 존재하

---

77 출가자가 선정을 얻지 못했으면서 얻은 척하고, 깨닫지 못하였지만 깨달은 척하는 것은 많은 이들을 속이는 사악한 짓이다.

는 것을 없는 것으로, 옳은 것을 그른 것으로, 그른 것을 옳은 것으로 보고 아는 것이다. 사견은 독단적으로 자신의 잘못된 견해를 옳다 하고, 다른 이의 바른 견해를 틀리다고 한다.

존재하지 않음에도 불구하고 있다고 믿는 사견에는 어떠한 것들이 있는가? 이 세상을 만든 그 어떤 전지전능한 창조주가 없음에도 있다고 믿고[78], 중생 가운데 자아(atta)라고 할 만한 것이 없음에도 있다고 믿는 것이 그 예이다. 선행과 악행의 결과가 분명함에도 그 결과가 따르지 않는다고 그릇되게 믿고, 업(kamma)으로 인해 존재들이 행복과 고통의 과보를 받고 있음에도 업의 결과가 없다고 그릇되게 믿는다. 또한 정신과 물질의 사라짐이자 고통의 소멸처인 열반(Nibbāna)이 존재함에도 그러한 것은 없다고 그릇되게 믿고, 열반을 성취하기 전까지는 이 끝없는 윤회의 굴레에서 벗어날 수 없음에도 불구하고 다음 생은 존재하지 않는다고 그릇되게 믿는다. 이러한 사견들은 존재하는 것에 대해 존재하지 않는다고 믿는 사견의 형태이다.

다음은 잘못된 것을 진실로 잘못 믿는 사견의 형태이다.

(1) 헌공(獻供)을 위해서 생명을 죽이는 것은 공덕이 된다고 생각

---

78 세상 대부분의 종교가 창조주를 출발점으로 한다. 그들은 여러 교설을 펴고 있지만, 엄밀히 말하면 이들은 모두 사견의 일종이다.

마음부수, 불선한 마음부수

한다.[79] 자신의 번뇌를 제거하기 위한 수행으로 매우 추운 날 맨몸으로 목욕하고 매우 뜨거운 날 불로써 자신을 단련하며, 소나 개처럼 행동하는 것이 좋다고 그릇되게 생각한다. 특정 시간에 갠지스강에서 목욕함으로써 자신의 번뇌나 악업을 제거할 수 있다고 그릇되게 믿는다.

(2) 진실을 그릇되게 믿는 경우는 다음과 같다. 보시(dāna), 계(sīla), 수행(bhāvanā)은 열반의 성취로 이끌지 못한다고 그릇되게 믿는다.

이처럼 사견은 다양하게 생겨난다. 사견에 물든 마음을 사견과 함께하는 마음(diṭṭhicitta)이라 하고, 사견을 지닌 자를 그릇된 사견을 가진 자 혹은 이단자라고 한다. 이러한 구분은 나머지 마음부수에서도 같다. 함께하는 마음부수에 따라서 마음과 사람이 어떻게 불리는지 잘 알아야 한다.[80]

---

79 오늘날에도 신에게 제사를 지낼 때 동물을 죽이는 희생제가 행해진다. 이러한 행위가 공덕이 된다고 믿지만 잘못된 견해에 지나지 않는다.

80 마음은 대상을 아는 것으로 그 자체는 선하거나 악하다고 할 수 없다. 선한 마음, 악한 마음이라고 불리는 것은 함께하는 마음부수에 따라 그렇게 결정된다. 여기서 사견은 하나의 마음부수이다. 마음부수는 마음과 함께 생겨난다. 특정 마음부수가 생겨나면 마음은 그 마음부수에 영향을 받는다. 즉 사견이라는 마음부수가 생겨나면 마음은 사견이 함께하는 마음이 된다. 그때 그 사람은 자신의 마음에 사견이 있는, 즉 사견을 가진 자가 된다. 탐욕도 이와 같다. 우리가 일상적으로 '저 사람은 욕심이 많아.'라고 하면 그 사람의 마음에 탐욕의 마음부수가 많이 생겨난다는 의미이다.

7. 자만(Māna)

거만함이 자만(māna)이다. 자만을 가진 자는 오만하거나 비열하고 콧대가 세다. 조금이라도 자신이 다른 이들보다 지위가 높고, 돈이 많고, 지식이 많고, 건강 등이 좋다면 스스로 우쭐대고 남을 깔본다. 다른 이와 비교해서 지위나 부 등에서 비슷할 때는 "다른 사람들도 별것 없군. 나도 그 정도는 갖추었어."라고 끝도 없이 거들먹거린다. 다른 사람들과 비교해서 자신이 그들보다 부나 지식 등이 모자라도 "그들이 잘나면 잘났지. 우리도 세 끼 먹고, 우리도 살 만큼 번다. 그 사람들이 뭐 그리 대단하다고 내가 머리를 숙여야겠어!"라며 자신이 분명히 부족한데도 오만함을 멈추지 않는다.

자만이 생겨나는 형태와 그것을 제거하는 법

[1] 태생 자만(Jāti-māna)

태생이 좋거나 신분이 높은 것으로 우쭐대는 것을 태생 자만(jāti-māna)이라고 한다. 현대에도 태생적으로 좋은 사람들이 많지만 그렇다고 해서 좋은 태생만으로 우쭐대거나 다른 이들을 업신여기고, 천하고 낮게 보는 것은 옳지 않다. 왕족 혹은 훌륭한 가문의 후손으로 태어나서 자신보다 지위가 낮고 가난한 이들에게 친절하고, 공손하고 예의 바르게 처신한다면 그는 더욱더 사랑받고 존경받는다. 이렇게 말하면 혹 어떤 이는 "너무 허물없이 지내다 보면

마음부수, 불선한 마음부수

무시하기도 한다."라고 할지 모른다. 사실 무례한 사람은 그렇게 하기도 한다. 만약 그런 경우에 그것은 그들의 잘못이다.[81] 그들의 무례함은 나쁜 결과를 가져올 것이다. 항시 사람은 자신의 태생으로 인한 거만을 떨지 말아야 한다.

(2) 재산 자만(Dhana-māna)

가진 것이 많아서 거만한 것을 재산 자만(dhana-māna)이라고 한다. 돈을 많이 가졌다고 해서 가난한 이들과는 멀리하려는 이들도 많다. 그들은 자신이 대단한 부를 지녔다고 여긴다. 졸부를 빗댄 미얀마의 속담에 "강을 보지 못한 자는 개울을 보고도 큰 강이라 여긴다."라는 말이 있다. 만약 부자가 관대하고, 가난한 이들에게 친절히 대한다면 그들은 훨씬 더 존경받지 않을까? 자신에게 어려운 일이 있을 때 쉽게 도움을 받을 수 있지 않을까? 부자들이 환한 얼굴과 부드러운 말로 가난한 이들을 대한다면 이것이야말로 금상첨화이다.

그러므로 이전 생에 보시를 많이 행하여 얻게 된 이번 생의 부유함으로 자만에 빠져서 내생에 좋지 않은 과보를 받게 되는 어리석음을 범하지 않아야 한다. 부자라면 사람들에게 신뢰를 얻을 수

---

81 아비담마에서 마음 다스림은 자신의 마음에서 생겨나는 불선한 정신법을 줄이는 것이다. 자신에게 생겨나는 자만은 불선한 것이기에 줄여 나가면 된다. 자신이 선한 행위를 하고 상대방이 그에 대해 불선하게 대응한다면 그 불선은 상대방의 몫이다.

있도록 고귀하게 처신하고, 도움을 주려고 해야 한다. 돈이 많아도 이번 생에 여러 위험을 맞을 수 있고, 이번 생에 아무 어려움이 없다 하더라도 다음 생까지 보장되지는 않는다.

> "황금의 궁전에서 지내고, 화려한 장식을 하고, 대신 과 신하들이 보좌하는 왕의 부귀도 바다 표면에 잠시 생겨나는 거품과 같다." _아난따수리야(Anantasūriya)[82]

(3) 지혜 자만(Paññā-māna)

많이 배운 것에 대한 자만이 지혜 자만(paññā-māna)이다. '아는 것이 곧 재산이다.'라는 말은 사람들에게 적절함을 가르치고, 문화와 사회 여러 분야에서 좋은 가르침을 준다는 것을 말한다. 그런데 자신의 학벌이나 배움 때문에 우쭐대는 것은 부끄러운 일이다. 교육은 다른 이에게 배운 것이지 특별한 성취를 의미하지는 않는다. 훌륭한 선생님에게서 배울 기회를 얻으면 누구라도 정해진 교육을 받는다.

글도 제대로 모르고 무지한 사람을 만나면 우리는 우쭐대며 그들을 깔보아서는 안 된다. 그들에게 우리가 아는 만큼 가르침을 주어야 한다. 어느 절의 주지스님은 세간 학문과 경전의 가르침에

---

82 미얀마 고대 바간 왕조 시대의 수상이었다. 그는 대단한 부와 권력을 가졌으나 정변(政變)으로 처형당하였다. 처형당하기 전날 밤 이 시를 썼다고 한다.

　　　　　　　　　　　　　　　마음부수, 불선한 마음부수

모두 정통했다. 이것은 그가 전생에 인내심을 지니고 다른 이들을 잘 가르친 결과였다. 그러므로 우리는 윤회하는 삶 속에서 자신의 학문을 유익하게 잘 써야 한다.[83]

배움을 성취하는 두 가지 길

직업 훈련이라는 것은 생계를 위한 것이기에 더 이상의 설명은 필요 없다. 하지만 출가하여 경전을 배우는 스님들에게는 다음의 두 가지 길이 있다.[84]

[1] 비천한 길

부처님 말씀을 탐욕과 성냄 그리고 자만으로 가득한 마음으로 배우는 것이다. 공부를 하더라도 '이것을 공부하면 나는 이름을 날리고, 신도들도 많아지고, 많은 보시물도 생기고, 다른 사람들보다 더 우위에 서며, 누구도 신경을 쓰지 않고 내가 바라는 것은 다 할 수 있어.'라는 생각을 지니며 경전을 공부한다.

그렇게 배워서 이익과 명예를 좇고 자신의 배움을 과시한다. 이익을 바라거나 우쭐대기 위해 부처님 법을 배우는 것은 나쁘고,

---

83 이전 생에 다른 이를 잘 가르치는 행위는 금생에 자신의 학업과 배움의 성취로 나타난다는 것이다. 자신이 아는 지식에 자만을 가져 악업도 지을 수 있고, 다른 이에게 그 배움을 전하는 선업을 지을 수도 있다.

84 일반인이 좋은 직업을 갖기 위해 많이 배우는 것은 좋은 것이다. 하지만 출가자는 좋은 직업이나 경제적 이익을 좇아서 배움을 추구해서는 안 된다.

악처로 향하게 된다. 이것 또한 낮은 길이다. 경전에 이르기를 "사악한 의도로 배우는 것보다 시간을 빈둥대며 보내는 게 더 낫다."라고 한다.

(2) 드높은 길

출가자는 다음과 같은 바람으로 경전을 배운다. '내가 경전의 가르침을 완전히 꿰뚫으면 나는 부처님 가르침에 대한 분명한 앎을 갖추고 다른 이들을 가르칠 것이다. 나는 항시 경전의 가르침에 따라서 자신을 다잡고, 나의 마음을 깨끗이 하고 바르게 하여 깨달음을 성취할 것이다.' 그는 세간적 이익을 바라거나 신도들의 추앙을 위해 배우지 않고, 진리에 대한 고귀한 배움의 길을 가려고 한다. 그러한 배움은 선처로 이끈다. 이것이야말로 드높은 길이다.

어떤 스님들은 정해진 시험을 잘 보고 학문적 명성을 얻기 위해 경전을 배운다. 하지만 그들이 제대로 공부를 하게 되면 그러한 하찮은 목적은 버리고 고귀한 마음을 지니게 된다. 반쯤 찬 물병은 찰랑대지만, 가득 찬 물병은 고요하고 안정적이다. 이처럼 출가자가 제대로 배웠다면 비천한 길이 아닌 드높은 길로 나아간다. 지금 막 공부를 시작한 젊은이들도 드높은 길을 따라서 배움을 넓히고 고귀한 이가 되기를 바란다.

육체적 아름다움에 대한 자만

육체적 아름다움에 대한 자만이란 자신의 외모에 대해서 우쭐대는 것이다. 이번 생에 아름다운 용모를 가지는 것은 이전 생에 화를 잘 내지 않았고, 꽃을 공양 올렸거나, 사원이나 탑 등을 깨끗이 하는 등의 공덕으로 인한 것이다. 이러한 공덕으로 이루어진 멋진 용모에 대해 자긍심을 가지는 것은 좋다 할 것이다.

하지만 이전 생에 내가 화를 잘 내지 않고 물이나 꽃 등을 보시한 공덕행들을 떠올리면 이번 생에 내가 위세를 떨며 거만해서야 되겠는가 하며 자신을 다스려야 한다. 우리는 모두 선한 생각을 많이 일으키고, 친절하고 공덕이 되는 행을 많이 지으려고 노력해야 한다.

열반을 성취한 성인은 스스로에 대한 자부심을 가질 수 있고 자만 역시 하늘 끝까지 치솟을 수도 있었다. 그 성인들 가운데 몇몇은 왕족의 혈통을 지닌 자였다. 지혜로 보면 보살행을 닦던 마호사다(Mahosadha)[85]가 당시 온 나라에 이름을 떨쳤다. 여성 가운데 공덕과 미모를 다 갖춘 웁빨라완나(Uppalavaṇṇā), 케마(Khemā), 야소다라(Yasodharā)와 같은 이들도 있었다. 이들은 신

---

85 부처님이 보살행을 닦으실 때 한때 미틸라(Mithilā)에서 시리왓다까(Sirivaḍḍhaka)와 수마나데위(Sumanādevī)의 아들로 태어났다. 태어날 때 손에 약초를 지니고 태어나서 마호사다(Mahosadha)라고 불렸다. 마호사다는 태어나면서부터 말을 하고, 어렸을 때부터 왕의 부름을 받아 평의원으로 일하는 등 지혜가 뛰어났다. DPPN, vol.2, 465-468.

분도 높고, 부자였고, 지혜와 아름다움을 다 갖춘 이들이었다.

이러한 분들은 자신의 지혜, 신분, 공덕, 미모 등으로 인해 자만심을 가지지 않았다. "관목 숲에서 아주까리가 뽐낸다."[86]라는 말이 있듯이 이는 참으로 부끄러운 일이다.

자만하고, 허세 부리고, 거만한 이들은 그 누구도 좋아하지 않는다. 이들은 공허한 삶을 살다가 많은 생을 악처에 재생하게 된다. 그러므로 우리는 자만을 뿌리 뽑고 겸손해야 한다. "겸손하라! 송곳니 빠진 독사처럼, 뿔이 부러진 황소처럼, 더러운 발에 짓밟힌 깔개처럼." 이처럼 자신을 낮추면 다가올 생에 그대의 지위는 높아진다.

8. 성냄(Dosa)

화내거나 폭력적인 것을 성냄(dosa)이라고 한다. 성냄은 폭력적이기도 하지만 마음까지 황폐하게 한다. 성냄은 거칠고 무례하다. 열등의식으로 인한 우울증이나 불안감도 성냄의 범주에 들어간다.

---

86 마치 '우물 안 개구리'처럼 자신이 설정한 세상에 갇혀 자신을 뽐내며 지내는 것을 말한다. 하지만 긴 윤회의 시간 속에 용모, 부, 명예를 훌륭히 갖춘 이가 얼마나 많았겠는가를 생각해 보면 그러한 으스댐은 부끄러운 일이다.

간단히 말해 슬픔, 비통, 두려움, 우울, 분노, 악의, 욕설을 퍼붓는 것, 타인을 공격하는 것, 다른 이를 죽이려는 것, 이 모든 것들이 성냄이다. 성냄이라는 것은 두려움과 폭력적인 측면을 가지고 있다. 그러므로 성내거나 폭력적인 사람들이 또한 쉽게 잘 놀라는 측면이 있다. 주위의 화를 잘 내는 사람들을 살펴보면 알 수 있는 일이다. 그래서 폭력은 상향의 성냄이고, 두려움은 하향의 성냄이라 불린다.

라스(Lass)의 일화

한때 인도에 화를 많이 낸 과보로 고통을 받던 한 젊은 여자가 있었다. 이 일화는 성냄이라는 정신법을 잘 설명하기 위함도 있지만, 자식들의 결혼을 강제하는 부모들에게 들려주기 위함이다. 특히 자신의 자식과 상대가 서로 사랑의 감정이 없는데, 그들의 동의도 없이 강제로 짝을 지으려는 부모들에게 교훈을 주기 위함이다.

일화에 등장하는 젊은 남녀는 전에 서로 알고 지내던 사이도 아니었다. 그들의 부모는 그들의 의사와 상관없이 두 사람을 약혼시키고 결혼까지 시켰다. 그 젊은 여성은 좋은 가문의 딸로 자랐지만, 집안의 궂은일도 마다하지 않고 잘하였다. 하지만 그 남편은 그녀에 대해 별 감사의 마음도 없고 진실한 사랑의 감정도 없었다.

그녀는 남편을 정성을 다해 상냥하게 모셨지만, 그는 그녀에게 관심조차 두지 않아서 그녀는 상실감이 컸다. 그녀는 점점 더 불행해졌고 절망감에 빠졌다. 아내에 대한 사랑이 전혀 없던 남편은 아내가 점점 웃음기를 잃어 가고 침울한 행동을 보이자 그녀를 더욱 미워하고 난폭해져 갔다. 그녀는 남편의 그러한 행동이 못마땅했지만, 묵묵히 집안일이나 하며 지내는 것 외에는 달리 어쩔 도리가 없었다.

하지만 그녀도 아무 감정 없는 목석이 아닌 사람이었던지라 종종 자살을 시도했다. 그녀의 생활은 실망감, 따분함, 불행, 두려움 등으로 점철되었으나 두 아이를 낳는 데까지 참고 지냈다. 하지만 그녀는 더 이상 참지 못하고 출장을 간 남편에게 다음과 같은 편지를 남겼다.

> "여보, 부모님의 강요로 당신을 남편으로 맞았지만,
> 난 진실로 당신을 사랑하였고 또한 당신의 사랑을 얻
> 고자 하였습니다. 하지만 그러한 나의 노력은 쓸모가
> 없었습니다. 나는 나의 잘못을 숨기고 속인 여자로
> 비난받습니다. 나의 깊어진 절망감은 자살 시도로 이
> 어졌습니다. 하지만 애들을 생각해서 그 시도를 단념
> 했습니다. 그러나 이제는 나에게 존재 이유가 남아 있
> 지 않습니다. 이 편지를 쓰고 나서 나는 아이들에게
> 독약을 먹이고 나 또한 생을 마감하려 합니다."

남편은 이 편지를 읽고 자신의 잘못을 돌아보고 아내의 진심에 대해 성찰하고서 집으로 급히 돌아왔으나 이미 세 사람은 이 세

상 사람이 아니었다. 그 또한 죄책감에 자신의 목숨을 끊었다. 이 일화에서 성냄이라는 마음부수는 명백히 드러난다.[87] 만약 남편이 좀 더 넓은 마음으로 아내를 다정하게 대했다면 이러한 일은 발생하지 않았을 것이다.

망은(Makkha)

성냄을 공부하면서 재가자들의 일상에서 빈번히 일어나는 다음의 것들도 잘 알아야 한다. 그것들은 망은(makkha), 건방(palāsa), 슬픔(soka), 비탄(parideva), 괴로움(dukkhā), 근심(domanassa), 절망(upāyāsa)이다.[88] 이들 가운데 망은(忘恩)은 은혜를 모르는 것 혹은 다른 사람들이 호의를 보여도 고마움을 모르는 것이다. 이것도 성냄의 하나이다.

사람이 성장하려면 어릴 적부터 많은 사람의 도움을 받는다. 부

---

87 남편의 아내에 대한 미움과 난폭함도 성냄이고, 아내의 실망, 우울함, 두려움 그리고 자살에 이르게 되는 모든 것들이 성냄이다.

88 여기에서 말하는 것들이 모두 법체로는 성냄이다. 이 모든 것들이 본질에서 성냄이라는 의미이다. 법체를 이해하기 위해 탐욕과 어리석음의 경우를 살펴보자. 먼저 탐욕(lobha)을 보면 "무엇이 그때에 있는 탐욕인가? 그때에 있는 탐욕, 탐함, 탐하는 상태, 탐닉, 탐닉함, 탐닉하는 상태, 간탐, 탐욕이라는 해로움의 뿌리, 이것이 그때에 있는 탐욕이다."라고 『담마상가니』에 나온다. 어리석음에 대해서는 "무엇이 그때에 있는 '어리석음'인가? 그때에 있는 무지함, 견(見)이 없음, 관통하지 못함, 깨닫지 못함, 완전히 깨닫지 못함, 꿰뚫지 못함, 제어하지 못함, 깊이 들어가지 못함, 공평하지 못함, 반조하지 못함, 직접 인지하지 못함, 명민하지 못함, 바보스러움, 알아차리지 못함, 어리석음, 크게 어리석음, 미혹, 무명… 이것이 그때에 있는 어리석음이다."라고 나온다. 각묵 스님(2016), 제1권, 469-471.

모님과 선생님 그리고 좋은 친구들의 도움을 받아 사람은 성장해 나간다. 이러한 좋은 일들을 제대로 알지도 않고 감사할 줄도 모른다. 그러한 도움을 받고도 "그들이 내게 해 준 게 있어야 내가 감사할 게 아닌가."라며 배은망덕한 태도를 보이는 것이 망은이다.

어떤 이들은 은혜를 원수로 갚기도 한다. 그들을 '자신의 벗을 등쳐 먹는 이(mittadubbhi)'라고 부른다. 은혜를 아는 것은 자신이 진 빚을 갚는 것과 같다. 비록 자신이 받은 은혜를 지금 당장 다 갚지 못하여도 그분들에 대한 고마움은 지녀야 한다. 은혜를 입은 자는 기회가 되면 언제라도 진심으로 그 은혜에 꼭 보답하여야 한다.

> 당신이 한 나무 아래에서 쉼과 안식을 얻었다면 그것의 줄기나 가지를 잘라서는 아니 된다. 그 나무의 줄기와 가지를 잘라 버리는 자야말로 사악한 자이다.[89]

은혜를 아는 아들

어느 마을에 묵묵히 자기 일을 하면서 홀어머니를 돌보는 청년이 있었다. 하지만 그의 어머니는 행실이 그렇게 좋은 사람이 아니었다. 그래서 그를 불쌍히 여긴 친구들이 청년에게 남몰래 바람만

---

89 무생물인 나무에서도 이로움을 얻었다면 그 나무에 대해서도 은혜를 입은 것이다. 한낱 무생물인 나무도 이러한데 자신의 부모나 스승과 같은 이의 은혜를 저버리는 행위는 실로 배은망덕하다.

피우는 어머니를 뭘 그리 잘 모시느냐고 했다. 하지만 아들은 "나의 어머니가 행복하면 좋아. 나의 어머니가 뭘 하시든 난 잘 모실 거야."라고 친구들에게 답했다. (좋은 부모들이 많지 않은 것처럼, 좋은 자식들도 얻기 어렵다.)

> 이 일화에서, 어머니가 부정한 행위를 하며 지내는 것은 그녀의 업이고, 그러한 어머니를 봉양하는 것은 자식 된 도리로서 행하는 그의 일이다. 홀로 된 어머니를 모시는 것을 대단한 효를 행한다고 알아서는 안 된다. 마치 빚진 자가 빚을 갚듯, 이전에 부모가 베푼 그 은혜를 조금이나마 돌려주고 있다고 생각해야 한다. 그러므로 윤회의 세계에서 현생과 내생에서 이익을 보려는 모든 선남선녀는 무한한 후원자가 지원한 오래된 빚을 갚기 위해 노력해야 한다.[90] 부처님이 보살행을 닦을 때 코끼리로 태어나 어미 코끼리의 은혜를 갚는 내용이 나온다. 눈이 먼 어미 코끼리를 돌보던 흰 코끼리가 왕에게 잡혔다. 코끼리는 왕이 주는 음식도 거부하고 자신의 어미가 눈이 먼 사실에 대해 말했다. 왕이 그 이야기를 듣고는 코끼리를 풀어 주었다.[91]

---

90 이 일화에서 무한한 후원자는 부모를 뜻한다. 불교에서는 효도를 강조한다. 「은혜에 보답하지 못함 경(A2:4:2)」에서는 부모님의 은혜가 너무나 크기에 '자식이 한쪽 어깨에 어머니를 태우고 다른 어깨에 아버지를 태우더라도, 향을 뿌리고 안마를 해 드리고 목욕시켜 드리고 몸을 문질러 드리면서 봉양을 하더라도, 대소변을 받아내더라도, 부모의 은혜에 보답하지 못한다.'라고 나온다. 대림 스님(2006), 제1권, 214.

91 부처님의 전생담에 등장하는 보살은 꼭 사람이 아니라 동물로도 등장한다. 보살이었던 그 코끼리는 자신의 어미를 돌보기 위해 왕이 주는 음식까지도 먹지 않았다. 동물의 존재였던 보살이 이러한 행을 닦은 것을 보면 인간들이 자신의 부모에게 어떻게 해야 하

악의(Palāsa)

자신보다 너 뛰어난 이와 겨루고자 하는 악의(惡意)도 성냄의 한 형태이다. 자신보다 계행이나 수행, 지혜, 부, 용모, 배움 등 여러모로 뛰어난 이를 보고 인정하지 않고 그와 겨루려 한다. 그는 "저 사람이 잘나면 얼마나 잘났겠어. 나도 저만큼은 되지." 하며 뛰어난 이를 인정하지 않는다. 사실 그 사람은 상대가 자신보다 뛰어나다는 것을 알면서도 인정을 하지 않는 것이다. 하지만 자신이 어떤 자질을 갖추고 있다고 잘못 알고 다른 이와 경쟁하는 것은 악의가 아니다.[92]

슬픔(Soka)

슬픔은 정신적인 불만족의 느낌(domanassa vedanā)을 의미하는데 이에 관해서는 뒤에서 좀 더 상세히 다루겠다. 불쾌한 일들을 맞이하여 마음이 불편하고 행복하지 않은 상태를 슬픔이라고 한다. 슬픔이 생겨나면 성냄도 함께한다. 그래서 슬픔은 성냄과 연관 지어 이해하여야 한다. 슬픔은 요즘 사람들에게 자주 생겨난다. 가까운 이들의 죽음, 재산을 잃음, 가까운 이들의 불행을 보면 슬픔

는지 잘 알려 준다.

92 덕행이나 능력이 현저히 떨어지는 이가 상대를 존중하지 않고 겨루는 것은 악의이다. 시험이나 경기에서 자신이 가진 능력에 대해 자신감을 지니고 도전하는 것은 악의가 아니다. 또한 자신이 지닌 능력을 단지 높게 아는 것은 사실을 정확히 알지 못하는 것이지 악의는 아니다.

마음부수, 불선한 마음부수

이 생겨난다.[93]

정신적 불만족(Domanassa)의 종류

슬픔(soka)으로 오인하는 정신적 불만족(domanassa)이 있다. 사랑하는 사람들의 건강을 염려하고, 사랑하는 사람이 제때 돌아오지 않아서 걱정하고, 자신의 자식이나 손자들에 대해 염려하는 것 등의 근심은 슬픔이 아니다. '내가 죽고 나면 나의 후손들은 누가 돌보나?' 하는 마음은 슬픔이 아닌 단순한 정신적 불만족이다.

슬퍼하고 근심하여서 무슨 이익이 있는가

위에서 예로 든 슬픔 혹은 염려는 실로 마음이 편치 않은 상태이다. 이러한 슬픔과 염려는 마음을 혼란스럽게 하고 극심한 슬픔과 비통함으로 이끈다. 이는 고통스럽고 안정을 주지 못한다. 이로부터 얻는 유익함은 없다. 사실 이러한 것들은 무익하게 심장을 졸이게 하고 마음만 상하게 할 뿐이다. 그러므로 현명한 이라면 굳건한 사띠(sati)[94]와 준비로 그러한 슬픔과 애통한 일이 생겨나지 않게 한다.

---

93 예를 들어 부모가 돌아가셔서 울부짖음도 법체로는 성냄이 된다.

94 사띠(sati)는 새김, 마음챙김, 알아차림 등으로 번역된다. 사띠는 그 의미가 다양하여 적합한 번역을 하기가 어렵다. 본서에서는 번역하지 않고 그대로 쓰고자 한다. 위빳사나를 번역하지 않듯 사띠와 같은 다의어도 번역하지 않고 사용하는 것이 적절하다고 생각한다.

예를 들어 자식의 건강이 걱정되면 그들에게 건강한 식단을 제공하고 일상에서 적절한 생활을 하게 한다. 이렇게 하여도 사람은 질병을 피할 수 없다. 질병이 생겨나면 근심 걱정으로 지내는 것이 아니라 적절하게 치료하는 것이 현명하다.

자식이 위험한 지역에 여행을 가려 하면 부모는 그것을 말려야 한다. 하지만 꼭 그곳에 가야 한다면 충분한 대비를 하여야 한다. 아이들이 여행을 가려 할 때 그들을 돌보고 보호할 사람을 동반해서 보내야 한다. 그렇게 주의를 시키고 대비책을 마련해도 아이들은 부모의 말씀을 따르지 않아 위험에 처하거나 죽을 수도 있다. 이런 상황에서 부모들은 슬퍼하지 않고 자책하지 않아도 된다. 부모가 할 수 있는 모든 것을 다하고서도 그러한 불행이 생겨났다면 어리석게 자책할 필요가 없다.

요즘 젊은이들 가운데 많은 이들이 연장자들이 건네는 훈계나 조언을 받아들이지 않아 큰 위험에 처하거나 해를 입는다. 이러한 상황에서 슬퍼하고 비통해 하는 것이 과연 적절한 것인가? 선생님들과 부모들은 이 점에 관해 숙고해 보아야 한다.[95]

---

95 자식이나 제자의 불행에 슬픔은 생겨날 수 있다. 하지만 그 불행에 대해 계속 슬퍼만 한다면 이익이 없다. 부모와 선생님의 위치에서 행해야 할 의무를 다하고 생겨난 그러한 사건들에 대해서는 슬픔에 빠지지 않아야 한다. 그러한 슬픔은 유익하지 않기 때문이다. 또한 잊지 말아야 할 것은 슬픔과 비통은 불선한 정신법에 속한다는 것이다.

마음부수, 불선한 마음부수

비탄(Parideva)

슬피 울거나 통곡함을 일러 비탄(parideva)이라 한다. 그러나 이러한 비탄의 기저에 성냄과 정신적 불만족이 있다. 대부분의 사람은 자신의 지위나 명예, 권력이나 부가 줄어들면 슬퍼한다. 또한 사람들은 정신적 불만족의 한 형태인 슬픔이 생겨 낙담하기도 한다. 슬픔을 주체할 수 없어 흐느껴 울 때 비탄이 생겨난다. 소위 '비탄의 불'이라는 것은 흐느껴 우는 소리가 아니고, 그렇게 슬피 울게 하는 '극도의 성냄과 정신적 불만족의 타오름'이다.[96]

흐느껴 우는 것이 무슨 이익을 가져오는가

근심처럼 비탄도 어떠한 유익함을 가져오지 못한다. 물론 친족이나 사랑하는 이를 갑자기 잃게 되어서 슬퍼 우는 것은 자연스럽고 비난할 일이 아니다. 아난다(Ānanda) 존자도 부처님이 대반열반(mahāparinibbāna)에 드셨을 때 흐느껴 울었다. 그러나 오늘날 많은 이들이 다른 이들로부터 연민의 정을 얻으려고 비통해 하고 소리 높여 흐느낀다. 이러한 침울한 흐느낌과 통곡을 들으면 사람들은 슬퍼지고 모든 행복이 달아난다.

그러므로 다른 사람들이 슬픔의 충격에 휩싸여 통곡하는 것을 보고 나서 '나는 저렇게 하지 않겠다.'라고 다짐해야 한다. 사실 소

---

96 흐느껴 우는 비탄도 법체로는 성냄이다. 극도에 달한 성냄은 흐느껴 우는 비탄에 이른다.

리 높여 우는 것은 자신을 잘 조절하지 못함에서 생겨난다. 그러므로 슬픔에 압도되어 애통함이 몰려와도 우리는 자신을 잘 다스리고 흐르는 눈물을 빨리 훔쳐내야 한다. 막대한 손실이나 큰 슬픔을 제어하는 성인들을 보며 우리도 비통을 넘어서야 한다. 그리하여 고해(苦海)에서 벗어나고자 지혜롭게 경각심(saṃvega)[97]을 떠올림으로써 의지처를 얻을 수 있다.

보살이 슬픔을 극복한 방법

부처님과 야소다라(Yasodharā)가 이전 생에서 보살행을 닦을 때 그들은 막대한 부를 버리고 숲에서 수행자로 지냈다. 야소다라의 전신인[98] 여자 수행자는 매우 사랑스러웠고, 그녀의 뛰어난 용모를 본 이들은 모두 감탄과 경의를 표했다.

그녀는 마을에서 지낼 때 즐기던 맛난 음식 대신 탁발로 얻은 음식과 생과일 몇 개로 지내야 했기에 숲속에서 지낸 지 얼마 지나지 않아서 쇠약해지고 병까지 얻었다. 그녀는 이질로 고통받고 점차 쇠약해져 갔다. 그녀의 배우자였던 당시 보살은 그녀를 부축해서 마을의 입구까지 갔다. 보살이 탁발을 위해 마을로 들어가고 그녀는 길 한쪽 작은 헛간에서 쉬며 기다리고 있었다. 하지만 그

---

97 끊임없이 생겨나는 고통을 직면하고, 그러한 고통의 연속인 윤회에서 하루빨리 벗어나고자 하는 절박감을 말한다.

98 야소다라의 전생담이라는 것이다. 이 여자 수행자가 부처님 당시 야소다라로 재생한다.

녀는 보살이 탁발을 마치고 돌아오기 전에 죽고 말았다. 마을 사람들은 길옆 헛간에서 죽은 그녀를 보고 비통해 하였다. 그들은 친족도 아니었지만, 그녀의 갑작스러운 죽음에 흐느껴 울고 그녀의 장례를 준비하였다.

그때 탁발에서 돌아온 보살은 사랑하는 이의 갑작스러운 죽음을 맞이하게 된다. 그녀의 죽음 앞에서 보살은 애통과 통곡 대신 그녀 옆에 앉아서 평상시와 같이 아침 공양을 하였다. 그는 언제나처럼 고요하고 차분하였고, 오히려 주변 사람들이 눈물을 흘리고 울부짖었다. 아침 공양을 마친 보살은 그들의 마음에 타오르는 '비탄의 불'을 진화(鎭火)하기 위해 적절한 법문을 해 주었다.[99]

반둘라(Bandhula) 장군의 부인 말리까(Mallikā)

또 다른 일화를 들면, 반둘라(Bandhula) 장군의 부인이었던 말리까(Mallikā) 부인의 이야기가 있다. 이 부부는 꼬살라(Kosala) 왕이 다스리던 시기에 살았고 열여섯 쌍의 남자 쌍둥이를 낳아 아들이 32명이나 되었다. 이 아들들은 그들의 동료와 함께 왕을 뵙기 위해 궁전에 들르곤 했다.

32명의 아들과 그들의 수많은 동료들을 보고 몇몇 대신들은 질

---

99 부처님과 야소다라는 그 당시에만 부부로 지낸 것이 아니고 수많은 생을 부부로 보냈다. 이처럼 두 사람은 서로를 아끼고 사랑했다. 하지만 그토록 사랑하던 배우자의 죽음에도 보살은 비통해 하지 않았다. 그러한 비통은 어떠한 이익도 생겨나게 하지 않음을 알았기 때문이다.

투심이 생겨 왕에게 이간질하였다. 대신들은 지혜롭지 못한 왕에게 반둘라와 그의 아들들이 반역을 공모한다는 말을 지어냈다. 이 말을 믿은 왕은 반둘라와 그의 아들들을 집에 몰아넣고 산 채로 태워 죽였다. 왕의 신하가 집에 불을 놓아 반둘라와 그의 아들들을 죽게 한 것이다.

다음날, 말리까가 사리뿟다(Sāriputta) 존자와 동행하는 비구들에게 공양을 올리려고 할 때 남편과 아들들이 죽었다는 소식을 듣게 된다. 말리까는 그 순간에도 평정심을 유지하고 슬퍼하는 내색을 하지 않았다. 사랑하는 남편과 32명의 아들들의 죽음은 실로 큰 상실감을 주었지만 그녀는 비탄으로 인한 또 다른 고통을 만들지 않았다. 그녀는 대신 자신이 행하여야 할 공덕행을 묵묵히 행했다.[100]

> 두 일화 가운데 보살의 경우, 보살은 수많은 생을 거치며 바라밀(Pāramī)을 닦은 이여서 그의 극기와 절제는 그리 놀랍지 않다.[101] 그는 이미 자신을 잘 제어할 만큼의 충분한 성품

---

100 말리까에게 남편과 자식들의 죽음은 슬픈 일이었지만 그것으로 인해 애통해 한다고 하여 상황이 달라지거나 어떤 유익함이 생겨나지 않는다는 것을 그녀는 알았다. 그 순간에도 그녀는 자신이 할 수 있는 선행을 묵묵히 실천하였다. 이러한 일화는 일반인이 받아들이기 어려운 것이다. 부처님 당시에 등장하는 대부분 사람들이 바라밀을 많이 닦은 자들이었기에 이러한 일들이 가능하다. 이 일화에서도 불선법은 생겨나지 않게 하고 선법을 일으켜야 한다는 가르침을 얻을 수 있다.

101 보살은 스스로 서원을 세워 깨달음을 미루고 범부로 바라밀을 실천하는 이다. 정등각자의 서원을 세운 보살은 일반 범부와는 다르다.

을 갖추었다. 그러나 말리까의 경우, 우리는 많은 것을 배워야 한다. 그녀는 연약한 여성이었으나 자신에게 주어진 공덕행을 잘 실천하겠다는 선한 마음으로 자신을 다스렸다.

우리는 백 년도 안 되는 한 생을 살면서 수백의 문제들과 직면해야 한다. 그러므로 우리는 고통, 슬픔, 근심, 비탄이 생겨나지 않게 노력해야 한다. 예를 들어 큰 슬픔과 마주하였을 때 우리는 다음과 같이 생각하여야 한다. '이 상황에서 나는 어떻게 나의 바라밀을 충족시켜 나아갈까?'라고 그 슬픈 일들을 극복하여야 한다. 슬픈 일이 닥쳐오면 '이러한 일들이 나의 바라밀을 시험하기 위한 것이구나.'[102]라고 알아야 한다.

고통(Dukkhā)과 정신적 불만족(Domanassa)

육체적 괴로움은 고통(dukkhā)이고 정신적 괴로움은 불만족(domanassa)이다. 모든 사람은 먹고 살아가기 위해 여러 일을 겪으며 산다. 이러한 삶의 힘겨움은 육체적 고통 혹은 고달픔을 가져다준다. 오늘날 사람들은 육체적 고통을 느낄 때면 "오, 괴롭구나! 괴롭구나!"라고 애달파 한다. 하지만 육체적 고통을 느낄 때 정신적 고통이 생겨나지 않게 할 수도 있다.

---

102 불교의 목표는 모든 고통이 사라진 열반의 실현에 있다. 열반의 실현은 그냥 이루어지지 않고 그에 따르는 충분한 바라밀이 쌓여야 한다. 이 세상에는 많은 고통이 있고, 범부들은 그것과 마주하고 이겨 내야 한다. 그 고통에 슬퍼하고 애통해만 한다면 어떤 이익도 없고, 바라밀의 완성도 없다. 바라밀을 닦아 열반을 실현하지 않고서 어떻게 고통의 소멸을 이룰 수 있겠는가.

예를 들어, 보살이 수많은 생을 지나며 바라밀행을 닦을 때 보살도 많은 육체적 고통을 경험하였다. 그는 마호사다(Mahosadha)와 윗산따라(Vessantara)로 태어나서 그 생에서 많은 육체적 고통을 경험했다. 하지만 보살은 모든 존재를 윤회(saṁsāra)의 고통에서 건지겠다는 확고한 결정심을 지니고 있었다. 모든 존재에 대한 대자대비의 마음과 깨달음을 성취하겠다는 굳은 결심으로 정신적 고통에서 벗어나 보살행을 닦았다.

이처럼 마음과 관련하여 생겨나는 근심, 우울, 낙담, 절망과 같은 것들은 모두 정신적 불만족(domanassa)이라 불린다.[103] 이것은 마음에 타격을 가하는 일종의 병이다. 어떤 이들은 이런 이야기를 들으면 "그런 식으로 말하지 마라. 듣기도 싫다. 그것은 나에게 많은 고통을 주고 있다."라고 반응한다. 그러한 고통은 대개 육체적 고통과 함께 생겨나거나 단독으로 생겨나지만, 정신적 고통을 안긴다.[104]

요즘은 겉으로 보기에 부족한 것 없이 잘살고, 번영하고 풍부해 보일지 몰라도 정신적 불만족이라 불리는 정신적 고통을 많은 이들이 겪고 있다. 이러한 정신적 고통에 대해 부처님은 『초전법륜

---

103 아비담마에서 느낌은 다섯 가지로 분류된다. 육체적 즐거움(sukha)과 고통(dukkha), 정신적 기쁨(somanassa)과 불만족(domanassa) 그리고 평온(upekkhā)이다. 근심, 우울, 낙담, 절망, 성냄, 질투, 자만 등이 정신적 불만족에 속한다.

104 정신적 고통인 불만족이 생겨나지 않도록, 즉 두 번째 화살을 맞지 않기 위해 노력하여야 한다. 하지만 대부분의 사람은 고통이 생겨나면 연이어 정신적 불만족, 즉 화를 내고 짜증을 부리며 지낸다.

마음부수, 불선한 마음부수

경』에서 괴로움의 진리를 설하시며 "자신이 원하는 것을 얻지 못해서 괴롭고, 원치 않는 것을 얻어서 괴롭다."[105]라고 하셨다.

사실 이러한 정신적 고통은 육체적 고통보다 더 강렬하고 심각하다. 그리하여 상류층의 삶을 사는 이들이 이러한 정신적 고통을 더 감내하지 못한다. 행복한 삶을 위해서라면 자신의 좋은 집과 재산에 집착하지 않고 작은 집에서 사랑하는 이와 사는 것이 더 낫다.[106] 사랑하는 이와 헤어지는 정신적 괴로움보다는 물질적으로 부족한 것이 더 견딜 만하다.

실제로 삶에 있어서 슬픔, 우울, 근심, 절망 등을 극복하고 행복하게 지낼 수 있는 많은 방법이 있다. 하지만 이처럼 급변하는 상황에 적절하게 순응하며 사는 삶의 방식은 현명하지 않은 이들에게는 어려운 일이다. 여기서 말하고자 하는 바는 우리는 좀 더 멀리 내다보고 다가올 날에 대해 미리 준비해야 한다는 것이다. 그리고 자신의 계획을 근면하고 성실하게 이행하여야 한다. 이 과정에서 노력을 다하여도 절망과 허탈감이 생겨날 수 있지만 포기해서는 안 된다.

---

105 "Yampicchaṁ na labhati tampi dukkhaṁ." 어떤 것을 원하고 갈망하더라도 얻지 못한다. 이처럼 원하고 갈망하는 것도 괴로움이다. 비구 일창 담마간다(2019), 228-229 참조.

106 가난한 이들은 부유층의 삶 전부가 행복하게 보인다. 사실 부유한 이들도 괴로움이 있다. 물질적 풍요로 인해 육체적 즐거움은 더 누릴 수 있겠지만, 정신적 괴로움은 피할 수 없고 이것에 대해 잘 견뎌 내지 못한다. 물질의 풍요와 만족보다는 정신적 풍요와 만족으로 인한 기쁨이 더 큰 행복이다.

자신이 지은 악업의 결과로서 잘 안될 수도 있다. (실패 가운데 다시 더 노력해야 한다. 우리가 진정 노력을 기울이면 완전한 깨달음을 성취한 자도 될 수 있다.) 세간 팔법에도 자신 스스로 진실하며, 고요하고 평정심을 유지하는 것이 중요하다. 세간 팔법은 다음을 말한다.

(1) Lābha   = 재물과 부를 얻음
(2) Alābha   = 재물과 부를 얻지 못함
(3) Yasa   = 따르는 이가 많음
(4) Ayasa   = 따르는 이가 없음
(5) Nindā   = 비난받음
(6) Pasaṁsā = 칭찬받음
(7) Sukha   = 행복
(8) Dukkhā   = 고통

이 세간 팔법은 세상을 살아가면서 겪는 네 가지의 좋고 나쁜 각각의 상황들이다. 네 가지 좋은 상황이 올 때 우쭐대거나 자만하지 마라. 마찬가지로 네 가지 나쁜 상황과 만나더라도 낙담하지 마라. 그렇지 않고 만약 당신이 좋은 상황에 우쭐대고 나쁜 상황에 낙담한다면, 당신은 동요하고 세상의 풍파에 휩쓸리게 된다.

정서적으로 안정되지 않아서 쉽게 우쭐대다가 곧 낙담했다가 하는 사람은 정신적 불만족(domanassa)의 희생양이다. 그러므로 마음의 평안을 얻고자 하려면 만사의 흥망성쇠에 평정심을 유지해야

마음부수, 불선한 마음부수

한다.[107]

재물과 부를 얻음(Lābha)과 재물과 부를 얻지 못함(Alābha)

모든 이들은 정직하게 생계를 유지하고, 정당한 경제생활을 해야 한다. 이처럼 해야 우쭐대거나 허황하지 않게 부를 축적할 수 있다. 그렇지 않다면 사람들은 생계를 유지하면서 물질적 손실을 보기도 하고 더욱더 가난해질 수 있다. 이러한 상황에서도 슬퍼하지는 마라. 대신 차분함과 평정심을 유지해야 한다. 권세 많은 왕도 왕권을 빼앗기고 자신의 영토마저 빼앗기기도 한다는 것을 잊지 말아야 한다. 그러므로 우리는 삶의 부침(浮沈)에도 고요함과 평정심을 유지하는 힘을 길러야 한다.[108]

따르는 이가 많음(Yasa)과 따르는 이가 없음(Ayasa)

스승, 지도자 그리고 명망가들은 따르는 사람들이 있어야만 한다. 담장이 집을 둘러싸고 잘 보호하는 것처럼, 지지자들은 자신의 지도자들을 보호하고 따른다. 지도자들도 마찬가지로 자신의 지지자들에게 보답해야 한다. 후덕한 이에게 따르는 이가 많고, 그

---

107 세간 팔법은 우리의 일반적 인생사이다. 좋은 일이 생기면 좋아 날뛰고, 나쁜 일이 닥치면 괴로워 죽을 듯 삶의 흥망성쇠에 요동치지 말고 평정심을 지니고 살아가라는 말씀이다.

108 세간 팔법에 나타나듯 우리의 삶은 좋음과 나쁨이 교차한다. 파도가 출렁이듯 삶의 희로애락이 반복한다. 이러한 출렁임 속에서 평정심을 잃어버리면 마음은 요동치고 상황에 지배되어 무지가 생겨난다.

들에게도 적절하게 처신하여야 한다. 지도자는 자신을 따르는 이들의 삶을 고양하려는 자세를 가져야 한다.

자신의 비서나 허드렛일을 도와주는 이들에게도 동료나 친구처럼 대해야 한다. 그와 같이 대해 준다면 그들도 성심을 다해 도울 것이다. 만약 자신이 이러한 좋은 의지를 갖췄음에도 따르는 이가 없거나 적어도 실망하지 마라. 또한 따르는 자가 많다고 해서 으스대거나 거만을 떨지 마라.

명성은 단지 이번 생뿐만 아니라 미래생의 자산이다. 고귀한 대업은 명망이 두텁고 고결한 인품을 갖춘 자들이 성취한다. "사람들은 덕 있는 사람을 존경한다(Gunavante passanti janā).[109]"라는 말이 있다. 명망을 얻으려면 지혜, 학식 그리고 인내심을 길러야 한다. 명예가 높다 하여 자만하지 말고, 유명하지 않다고 하여 낙담하지 마라.

비난받음(Nindā)과 칭찬받음(Pasaṁsā)

요즘 세상에는 시기, 질투하며 다른 이의 흠만 잡으려는 이들이 너무나 많다. 그러한 까닭에 살아가면서 칭송받기는 어렵고 비난받기는 쉽다. 그렇지만 우리는 사띠를 지니고 바르게 살려고 노력하여야 한다. 비난으로부터 자유로운 이는 없다. 황소로 변화한

---

109 세상 사람들이 '덕 있는 자를 알아본다'는 말로 덕이 있는 자는 자연히 사람들에게 알려지고 칭송을 받게 된다는 말이다.

마음부수, 불선한 마음부수

신들의 왕인 삭까(Sakka)도 똥이 무르다고 비난받았다. 그러므로 "미워하면 결점만 보이고, 사랑하면 모든 게 좋아 보인다. 애정을 가져야 신뢰가 생겨난다."라는 말이 있다. 하지만 요즘 세상은 악의를 가진 자들이 늘어만 가고 타인을 흠집 내려는 이가 너무나 많다.

다른 이를 비난하는 사람들은 먼저 자신에게 "나는 흠잡힐 일을 하지 않았는가? 나는 흠이 없는가?"라고 물어봐야 한다. 마호사다(Mahosadha) 보살, 웻산따라(Vessantara) 왕, 깟사빠(Kassapa) 존자, 사리뿟다(Sāriputta) 존자, 아난다(Ānanda) 존자와 같은 흠 없는 이는 보기 어렵다. 여성으로서 결점이 없기로 잘 알려진 이는 아마라(Amarā), 낀나리(Kinnarī), 맛디(Maddī), 삼불라(Sambulā) 등이 있지만 대부분의 사람은 결점을 지닌다.[110]

어느 마을에 한 소년이 자신의 아버지에게 이웃 사람이 말을 더듬는다고 흉을 보았다. 그는 아버지에게 "아버지, 이웃 사람이 말, 말을 더, 더듬, 어요."라고 자신도 더듬거리며 말했다. 그 소년은 자신도 그러한 결점이 있으면서 그렇게 흉을 보았다.

남을 흉보기 좋아하는 사람들 가운데 몇몇은 자신의 결점을 드러내지 않고 단점을 숨기려 한다. 그들은 마치 고양이처럼 생선을

---

110 경전에 나오는 보살이나 성인 등은 모든 행위에 주의를 기울이므로 흠잡을 바가 없다. 이러한 분들은 특별한 분이어서 일상에서 만나기 어렵다. 대부분의 사람은 어느 정도의 잘못을 범한다. 모두가 결점이 있기에 자신은 완벽한 체하면서 다른 이의 결점에 대해 비난해서는 안 된다.

훔쳐 먹고 안 그런 척하는 위선자들이다. 사람들은 자신도 그러면서 시기와 질투로 나른 이를 비난한다. 젊은 남자가 여자를 뻔질나게 만나면 별 소문이 다 돈다. 하지만 이런 험담을 늘어놓는 이들은 그 남자가 내게는 관심을 보이지 않는다고 심술을 부리는 것이다.

세상을 살다 보면 세간 팔법과 맞닥뜨리게 되어 있다. 비난가들이 어떤 사람을 흠잡아도 실제 그 사람이 결백할 수도 있다. 간혹 사소한 일이 크게 와전되기도 한다. 그러므로 자신의 잘못은 스스로 양심과 수치심에 비추어 보아 살피는 것이 최고이다.

귀신을 무서워하는 사람은 어두운 곳에 잘 가려고 하지 않는다. 혹여 어두운 곳에 들어가게 되면 나뭇가지만 보고서도 귀신이 나타났다고 소스라치게 놀란다. 그들은 귀신에 대한 두려움으로 가득 차서 귀신이 자신을 쫓아다닌다고 여기기 때문이다.

어떤 이는 다른 이에게 비난받는 것이 너무 두려운 나머지 항시 두려움을 안고 살아간다. 『쌍윳따 니까야』에 부처님이 이르시기를 "비난의 두려움에 너무나 압도된 자는, 작은 소리에도 놀라 달아나는 사슴 같도다. 그는 소심하고 용기 없고 우유부단하다."[111]라고 했다. 두려움에 압도된 자는 어떠한 성취도 이뤄내지 못한다. 오히려 타인의 결점만을 찾아내는 이들은 그처럼 소심한 이들을 노린다. 타인을 흠집 내기 좋아하는 이들의 좋은 먹잇감이 될 뿐이

---

111 각묵 스님 역(2009), 제1권, 648-649.

마음부수, 불선한 마음부수

다.[112]

그대가 비판, 지적 그리고 비난을 들으면 오히려 '명성을 얻게 되겠구나.'라고 여기라. 유명하지 않은 사람은 욕먹을 일도 없다. 사람들은 언제나 특출난 이들을 주시한다. 예를 들어 키가 큰 나무일수록 바람을 많이 맞는다. 그대가 출세하면 할수록 세간 팔법은 더 거세어진다. 그러므로 다른 이가 비난하면 '내가 주목받을 만한 사람이 되었구나.'라고 여기며 덤덤히 넘겨야 한다.[113]

단지 자신을 향해서 '나 자신은 굳건한 의지를 지녔는가?'라고 스스로 경책하라. 그러면 당신이 정당하지 않은 비난과 잘못된 비판을 듣는다고 하더라도 평정심으로 잘 견딜 수 있을 것이다. 또한 그대는 당당하고 결점 없는 삶을 살기 위해 노력해야 한다.

비난도 묵묵히 견뎌야 하는 것처럼, 칭찬에도 우쭐대지 말아야 한다. 칭찬한다고 기고만장하지 말라. 단지 '좋은 일을 하면 좋은 결과가 있을 것이다.'라고 여겨야 한다. 항시 자애의 마음을 지니고 공덕을 다음과 같이 회향하라. "다른 이들도 나처럼 명성을 얻기를, 그들도 칭찬받기를!"

요약하면, 세간 팔법 가운데 네 가지는 좋은 상황이고 나머지는 그 반대이다. 모든 존재는 수많은 생을 지나며 선업과 악업을 지었

---

112 다른 이의 비난이 두려워 정당한 일도 눈치 보며 행하지 말아야 한다. 정당하고 꼭 해야 할 일이라면 다른 이의 비난을 두려워 말고 당당히 실천하면 된다.

113 훌륭한 덕목을 갖춘 정치인들도 많은 비판과 비난을 받는다. 명성이 적은 정치인들에게는 잘못이 있어도 다른 이들이 관심을 두지 않고 비난도 하지 않는다.

기에, 이번 생에 그에 따른 결과를 받고 삶의 부침(浮沈)을 겪게 된다. 좋은 상황을 맞았다가 이내 나쁜 상황이 들이닥친다. 불굴의 의지로 삶의 흥망성쇠를 잘 견뎌 내고, 비바람 몰아치는 윤회 바다를 가로질러, 모든 고통이 사라진 열반의 해변에 이르러야 한다.

예를 들면 원양 선박의 선장은 항해에서 항시 바다가 고요하고 평안하리라고 기대하지 않는다. 바다에서는 비바람과 태풍이 몰아치고, 큰 파도가 일어나서 배를 삼키려 하기도 한다. 유능한 선장은 비바람이 치거나 태풍이 몰아쳐도 지혜롭게 잘 조종하여 안전하게 배를 정박한다.

> "이런저런 행위로 생긴 좋고 나쁜 많은 일을 잘 헤쳐
> 가라. 선원이 배를 잘 조종하여 바다를 건너 적절히
> 항구에 이르는 것처럼."[114]

이전 생에서 선업과 불선업을 지었기에 지금 우리에게 좋은 상황과 나쁜 상황이 있게 된다. 어떤 상황을 만나더라도 우리는 선장이 확신과 노력 그리고 능숙함으로 폭풍우를 건너듯, 어떤 위험과 어려움이라도 헤쳐 나가야 한다. 세간 팔법 가운데 동요하지 않고 잘 헤치고 나아가 열반이라는 항구에 잘 정박하여야 한다.

---

114 "Katattā nānākammānaṁ, iṭṭhāniṭṭhepi āgate, Yoniso tittthaṁ sandhāya, tareyya nāviko yathā."

마음부수, 불선한 마음부수

모든 이들은 세간 팔법을 겪어야만 한다. 그러므로 우리는 마음을 계발하고 담대하게 나아가야 한다.[115]

절망, 분노(Upāyāsa)

물질적 손실을 보거나, 사랑하는 이가 세상을 떠나거나, 실패와 좌절을 겪으면 절망감이 생겨난다. 이는 일종의 극심한 분노이다. 일반적으로 화는 폭력을 초래하고 다른 이의 생명을 빼앗기도 한다. 반면에 절망은 극도의 분노와 노여움을 가져온다. 성냄과 분노의 불꽃이 가슴에 생겨나면 피를 끓게 한다. 극심한 분노로 타락하거나 흥분하고 심지어 제정신을 잃는다.

사랑하는 이가 죽게 되면 사람들은 슬퍼 흐느껴 운다. 이것은 비탄(parideva)이다. 비탄이 심해지면 더는 울부짖지도 못하고 슬픔에 복받쳐 정신을 잃기도 한다. 하지만 절망은 비탄보다 더 심각하다. 슬픔은 팬 위의 뜨거운 기름과 같다. 비탄은 그 뜨거운 기름이 끓는 상태이다. 절망은 기름이 완전히 다 타 버려 졸아진 상태와 같다.

절망은 나약한 사람과 다른 이에게 너무 의존적인 사람들에게 더 쉽게 생겨난다. 여성은 절망으로 더 쉽게 고통받는다. 여성은

---

115 세상을 살아가면서 좋은 일과 나쁜 일은 항시 생겨난다. 좋은 일에 우쭐대지 않고, 나쁜 일에 낙담하지 않기 위해 마음을 잘 계발하여야 한다. 세간 팔법은 세상에 늘 생겨나는 것이므로 굳건한 마음으로 삶을 살아가야 한다.

대개 남성보다 심신이 강하지 않아서 다른 이에게 의지하는 경향이 많다. 그들은 연약한 육체를 쉽게 압도하는 슬픔과 비탄으로 고통받고 절망에 떨어지기도 한다. 절망감으로 정신을 잃어버리는 지경에 이르기도 한다.

연약한 남성도 마찬가지로 근심이 많으면 이겨 내지 못한다. 그러므로 절망감을 이겨 내기 위해서 몸의 건강도 돌보아야 한다.[116] 그리고 절망이 가져오는 고통에 과감히 맞서야 한다. 그러므로 먼저 우리는 슬픔과 비탄이 생겨나면 즉시 그것을 없애 버려야 한다. 그렇게 하여야만 절망에 떨어지는 것을 막을 수 있다. (슬픔과 비탄을 제거하는 방법에 대해서는 앞서 말했다.)

9. 질투(Issā)

다른 이가 자신보다 더 잘생기고, 돈도 많고, 배움과 덕을 갖추었다면 질투가 생기기도 한다. 이러한 불선한 정신법을 질투(issā)라고 한다. 많은 이들이 다른 사람의 좋은 점을 잘 인정하려 하지 않는다. 그들이 말하기를, "모든 새들이 올빼미만큼 예쁘다." 혹은 "그런 토끼들은 모든 숲에 다 있다."라고 한다. 이러한 말들이 다 질투

---

116 건강한 몸에 건전한 정신이 깃든다는 말이 있듯이, 정신 건강을 위해서도 자신의 몸을 돌보아야 한다.

에서 비롯된다. 질투심으로 가득 차서 "그 정도 야자는 야자나무 밑에 널렸다."[117]라고 말한다.

"남이 잘나면 질투가 생기고, 목표가 같으면 반감이 일어난다." 라는 속담도 있다. 질투라는 것은 동료들 가운데 열등감을 느낄 때 생겨난다. 같은 계급과 지위에 있는 이들 사이에서 질투가 많이 생긴다. 생선가게 주인이 보석상에게 질투를 일으킬 일이 없듯이 말이다. 하지만 생선가게 주인들 사이나 보석상 사이에서는 경쟁이 붙어서 서로 질투하게 된다. 또한 출가 수행자들 사이에서도 질투가 생겨날 수 있다. 명망이 높은 스님과 주지스님들 가운데도 서로 비난하거나 질투가 생겨나기도 한다.

질투심을 느끼거나 허위로 비방하는 것은 자신을 망치는 일이다. 현자들은 그러한 자들이 쓸모없다고 꾸짖는다. 남을 항시 질투하는 이들은 악처에 재생하여 고통받지만, 질투의 대상이 된 이들은 영향을 받지 않는다. 질투라는 것은 불선한 정신적 요소이기에, 우리는 그것을 멀리하고 버려야 한다.

돼지와 에메랄드 동굴

한때 큰 사자가 히말라야의 에메랄드 동굴에 머무르고 있었다. 그 근처에는 한 무리의 돼지들이 있었는데 그 사자를 무서워하며 지냈다. 돼지들은 그 동굴의 에메랄드 광채까지도 질색하며 무서

---

117 특별하고 우수한 것을 보아도 별것 아니라고 깎아내린다는 말이다.

위했다. 그래서 돼지들은 진흙탕에 몸을 뒹굴어서 그 에메랄드 동굴을 진흙으로 도배하였다. 그렇게 하였음에도 에메랄드 동굴의 광채는 퇴색하지 않고 더욱 빛났다. 이처럼 남을 비방하거나 질투하고 깎아내리면 오히려 상대가 더 높아지게 된다. 이유 없이 남을 비방하고 질투하는 이들은 난관에 부딪히고 상대방은 번영의 길로만 나아간다.

자화자찬(Attukkaṁsana)과 타인 격하(Paravambhana)

자화자찬(attukkaṁsana, atta=자신 + ukkaṁsana=칭찬, 우쭐댐)은 말이나 글로써 자신을 칭찬하고 드러내는 것을 말한다. 타인 격하(paravambhana, para=다른 이 + vambhana=격하)는 다른 이를 낮추고 과소평가하는 것이다. 자화자찬하는 사람들은 자신의 지위에 대해 만족감을 지니거나 아만심을 지닌다. 타인 격하는 질투와 미움으로 이어질 수 있다.

과시

어떤 사람들은 자신의 능력에 대해서 우쭐대며 자랑한다. 이런 사람들은 자신이 많이 배우고 통달하였으며, 재산도 많고, 자신의 친척 아무개가 고위직에 있다고 자랑하기도 하고, 학벌이 높은 것을 뽐내며 자기가 최고라고 말한다. 또는 이런 자들은 내가 지금은 이렇게 지내도 한때는 대단한 사람이었다고 허풍을 친다.

심지어 몇몇 출가자들도 자신이 권세가 있고 고귀하며, 많은 신

　　　　　마음부수, 불선한 마음부수

도가 따른다고 자랑을 늘어놓고, 높은 법계 시험을 통과했고, 법문과 강의를 잘하고 신통력이 있는 듯이 허세를 떤다. 이처럼 많은 이가 그것이 사실이든 아니든 간에 허세를 부리며 말하기를 좋아한다. 이런 말을 들으면 어리석은 자는 그 말에 넘어가지만 지혜로운 이들은 속지 않는다. 그러므로 사띠를 잘 지녀 자화자찬하는 것을 삼가야 할 것이다.

적절한 선언

하지만 우리는 일과 관련하여 정당한 대우를 받기 위해 자신의 능력과 자질에 대해서 알려야 할 경우도 있고, 나의 말과 생각을 드러내야 할 순간도 있다. 이렇게 하지 않으면 다른 사람들이 당신의 자질에 대해 적절하게 알 수 없어서 멸시할 수도 있다. 적당한 때에 자신의 자질을 알리는 것은 자만이 아니고, 그 상황에 맞는 처신이다.[118]

비난

어떤 이들은 다른 이들에 대해 글로써 평을 할 때 사띠를 놓쳐서 비난만 늘어놓는다.[119] 이것은 다른 사람에 대해 부당하게 상처

---

118 자신이 갖지 않은 자질을 가졌다고 하거나 작은 것을 크게 부풀리는 것은 불선한 정신 작용이다. 하지만 자신이 가진 자질에 대해 적절하게 표현하는 것은 정당한 것이다.

119 타인의 활동에 대해서 고의로 나쁘게만 비평하는 것도 문제이다. 이러한 비난은 오늘날 특히 온라인에서 행해지는데, 악의성 댓글 등이 많은 문제가 되고 있다.

를 주는 나쁜 짓이다. 하지만 조언이 꼭 필요한 상황에서는 그 사람에게 정확하게 지적하고 알려 주어야 한다. 죄를 지은 사람을 밝혀내기 위한 책망과 비난은 당연히 필요하다. 나쁜 짓을 한 이가 비난받음은 당연하고, 일반 대중들도 오해가 생겨나지 않게 진실을 알아야 한다.

하지만 비난과 지적을 하더라도 믿을 만한 증거를 제시하며 적절하게 입증하여야 한다. 특히 그대가 저명인사나 명망이 높은 사람에 대해 잘못을 지적할 때는 확실한 증거에 바탕을 두어야 한다.

어느 사람이 절을 지어서 존경하는 스님에게 보시하였고 그의 아내도 그 주지스님을 지극히 존경하였다. 어느 날 남편은 주지스님이 저녁을 먹기 위해 달걀을 굽고 있는 것을 보았다.[120] 남편은 자신이 본 것을 아내에게 말했지만, 그녀는 주지스님에 대한 굳은 신심이 있었기에 그 말을 믿지 않았다.

그녀는 자신의 남편이 정신 나간 소리를 한다고 여겼다. 그녀는 자신의 이웃에게도 그렇게 말하며 남편을 조롱했다. 하지만 남편은 묵묵히 대처했다. 잠자리에 들기 전에 남편이 다시 그 이야기를 꺼내었지만 아내는 믿지 않았다. 남편은 아내에게서 미쳤다는 소

---

120 상좌부 불교에서 스님들은 직접 요리해서 먹지를 않고, 정오가 지나면 음식을 먹지 않는 오후 불식계를 지킨다. 명망이 있다고 믿었던 스님이 오후 불식계를 지키지 않는 것을 본 남편은 그 스님에 대한 신심이 떨어지게 된 것이다.

리를 듣지 않으려면 어쩔 수 없이 자신의 말을 취소해야만 했다.

사실에 근거한 비판이라 하더라도 시간, 상황 그리고 장소가 적절하지 않으면 잘 믿으려 들지 않는다. 그러므로 비판해야 한다면 적절한 시간과 상황을 고려하고 여러 정황 증거를 제시하여야 한다. 그리고 여러분들의 가까운 친구나 친지들 주위에 진짜 나쁜 사람이 있다면 그자에 대한 경고와 적절한 지적이 필요하다. 그 사람들이 믿건 말건 진실을 알려야 한다.

10. 인색(Macchariya)

타인을 경계하고 자신만을 위하는 불선한 정신법을 인색 (macchariya)이라 한다. 요즘 일부 사람들은 다른 이와 나눔을 싫어하고 보시를 주저한다. 이것을 인색이라고 잘못 아는 이들도 있다. 그러나 인색의 실제 의미는 다른 이가 아무것도 갖지 않기를 바라는 것이다. 인색한 이들은 다른 이를 시기한다. 그들은 다른 이가 많은 부를 획득하면 배 아파한다.

구두쇠와 같이 돈을 안 쓰는 것은 단지 돈이나 재산에 대한 집착으로 탐욕(lobha)이라는 정신법을 나타낸다. 엄격히 말하면 인색은 다른 이가 승진하거나 돈과 명예를 얻거나 더 아름다워지는 것 등을 바라지 않는 정신법이다.

경전에 다섯 가지의 인색이 언급된다.

[1] 거처 인색(Āvāsa-macchariya)

집, 거주처, 사원, 학교, 잠자리 등과 관련된 인색이다. 스님의 경우, 다른 수행자가 자신이 거주하는 수행처에 찾아오는 것을 꺼리는 경우이다.[121] 하지만 행실이 좋지 않은 수행자가 수행처에 머물지 못하게 하는 것은 인색이 아니다. 이기심으로 다른 이가 어떤 것을 얻지 못하게 하는 것을 인색이라고 한다. 거처 인색을 지닌 수행자는 다음 생에 아귀(peta)나 지옥(niraya)에서 재생할 수 있다.

[2] 가문 인색(Kula-macchariya)

후원자나 친척들과 관련되어 생기는 인색이다. 몇몇 스님들은 자신의 신도가 다른 스님에게 보시하지 않기를 바라는 이도 있다. 하지만 덕행이 좋지 않은 승려가 자신과 가까운 이들에게 접근하지 못하게 막는 것은 가문 인색이 아니다. 행실이 좋지 않은 승려를 막아서지 않으면 그 승려의 나쁜 행을 보고 친구나 친지들이 신심을 잃고 잘못 배울 것이기 때문이다. 가문 인색이 생겨나면 자신의 가까운 친구나 친지가 다른 사람과 함께 있는 것만 보아도 속이 뒤집힌다.[122] 이러한 사람은 다음 생에 태어나면 빈털터리로

---

121 인색의 종류를 설명하면서 그 예로 스님의 경우를 들고 있지만, 일반인에게도 똑같이 적용할 수 있는 것이다.

122 가문 인색은 자신에게 보시하는 가문의 사람들이 다른 이에게 보시하는 것을 꺼리는 것을 말한다.

마음부수, 불선한 마음부수

살아가게 된다.

[3] 이득 인색(Lābha-macchariya)

물질의 획득과 관련한 인색을 말한다. 어떤 사람들은 자신을 제외한 다른 이의 번영을 바라지 않기도 한다. 그러한 나쁜 정신법을 이득 인색이라 한다. 하지만 행실 나쁜 승려는 재산을 얻으면 안 좋은 용도에 쓸 것이 뻔하기에, 그것을 막고 보시물을 훌륭한 수행자가 받기를 바라는 것은 이득 인색이 아니다. 이득 인색이 있는 이는 오물 지옥에 태어나 오물이나 먹게 될 것이다.

[4] 용모 인색(Vaṇṇa-macchariya)

외모나 명성과 관련한 인색이다. 이러한 인색을 지닌 이는 다른 사람이 자신보다 더 예뻐지거나 명성을 얻는 것을 참지 못한다. 이러한 사람들은 내생에 추한 용모를 지니고 명성도 얻지 못한다.

[5] 가르침 인색(Dhamma-macchariya)[123]

배움, 교육, 지식과 관련한 인색이다. 어떤 사람이 자신이 아는 지식과 정보를 다른 이와 나누고 싶어하지 않으면 가르침 인색에

---

123 담마(Dhamma)는 부처님의 가르침이나 진리 등으로 해석된다. 여기서는 자신이 아는 진리 혹은 지식, 정보 등을 다른 이와 나누려 하지 않는 인색을 다루기에 '담마 맛차리야(dhamma macchariya)'에서 담마는 부처님의 가르침을 비롯한 여러 지적(知的) 정보를 의미한다고 보면 된다.

해당한다. 이런 부류의 사람들은 다른 사람이 나보다 더 앞서가는 것을 싫어하고 질문을 해도 답하지 않는다. 이런 사람들은 또한 흔쾌히 남을 가르치려 하지 않는다. 하지만 바른 가르침을 배워 삿되게 사용할 우려가 있는 자에게 가르치지 않는 것은 가르침 인색이 아니다. 그들은 가르침을 곡해하고 결국 부처님 법을 망치는 자들이기 때문이다. 가르침 인색을 지닌 자는 내생에 어리석은 이나 바보로 태어날 것이다. 죽어서 지옥에 태어나면 화염 지옥에서 고통받는다.

숙고하여야 할 점

앞서 다섯 가지 인색에 관해서 말했다. 이러한 인색에 누가 가장 많은 영향을 받을 것인가를 생각해 보아야 한다. 대부분의 승려는 신도들의 보시로 살아가기에 이러한 인색에 빠지기 쉽다.[124] 재가자도 마찬가지로, 다른 이가 좋은 집이나 땅을 얻지 못하기를 바라고 자신이 재산이나 아름다움을 더 갖추어서 다른 이보다 우월하기를 바랄 때 인색이 생겨난다. 실제로 보면 인색한 마음은 상대방보다 자신을 더 상하게 한다. 인색한 사람은 자신이 비열한 사

---

124 스님들의 경우에 다른 이의 보시에 의존하여 살아가는 경우가 많다. 요즘 우리나라는 스님들이 다양한 활동으로 생계를 직접 해결하기도 하지만, 상좌부의 계율에서는 스님들의 경제생활이 허용되지 않는다. 이런 경우에는 자신을 따르는 신도가 다른 사람에게 가지 않기를 바라는 마음이나, 자신의 사원 등에 관해서 생겨나는 인색이 클 수 있다.

람이라고 광고하는 것과 같다. 이들이 죽어 재생하면 아귀 세상에 태어난다. 그러므로 우리는 모두 사악처에 재생하지 않기 위해서라도 인색을 완전히 버려야 한다.

11. 후회(Kukkucca)

나쁜 행위를 하고 나면 대개 후회(kukkucca)가 생겨난다. 후회는 악행의 결과로 생겨난다. 악행을 하거나 선행을 하지 못한 것에 대한 후회이다.[125] 이처럼 후회는 두 가지 종류가 있다.

부유한 네 청년의 후회

네 명의 부유한 청년이 외쳤던 '두-사-나-소'라는 네 마디의 잘 알려진 문구가 있다. 그들은 매우 부유했지만 좋은 일은 하나도 행하지 않고 악행만 일삼았다. 예를 들어 도덕 계율을 멋대로 어기고 성적 쾌락에 빠져 지냈다. 그러한 악행으로 그들은 죽은 후 화탕 지옥(Lohakumbhī niraya)에 떨어져 6만 년의 세월을 보내야 했다.

---

125 후회는 불선한 정신법이다. 자신의 잘못에 대한 후회는 좋은 정신법으로 보인다. 하지만 아비담마의 선한 혹은 아름다운 정신법은 괴로움을 동반하지 않는다. 후회는 정신적 괴로움과 함께한다. 자신의 잘못을 후회하고, 선한 마음을 일으키려 다짐하고, 앞으로 악행을 삼가고 선행을 실천한다면 그 각각의 마음은 다르게 평가되어야 한다. 즉 후회의 순간은 불선한 정신법이 생겨난 것이고 이것을 조건으로 이후에 선한 정신법이 생겨난 것으로 보아야 한다.

펄펄 끓는 화탕 속을 떠다니다가 잠시 위로 올라올 때면 그들은 자신의 악행에 대한 참회의 말을 하려고 히였다. 하지만 그곳에서의 고통은 너무나 크기에 단 한마디만 외칠 수밖에 없었다. 그들 네 명은 각각 "두(du)", "사(sa)", "나(na)" 그리고 "소(so)"를 외쳤다. 그들이 하고 싶었던 말은 "나는 이전 생에 부유한 집안에 태어났습니다. 하지만 나는 어떠한 공덕도 짓지 않고 삿된 음행에 빠져 살았습니다."였다.

한 사람은 자신의 악행에 대해 진심으로 후회하고 있었다. 하지만 그는 단지 "두(du)"라는 말만 하고는 지옥의 펄펄 끓는 가마솥으로 다시 가라앉아 버렸다. 이 사람은 자신이 선행을 짓지 못하였음을 참회하려 한 것이다.

또 다른 이는 "지옥의 고통은 끝이 없어 보입니다. 나는 인간으로 태어나 많은 악행을 저질렀습니다."라고 말하고 싶었다. 하지만 그도 그 전체 말을 다 할 수 없었다. 그는 오직 "나(na)"라고만 외쳤다. 이 청년은 자신이 지은 악행에 대해 참회하고 있었다.

두, 사, 나, 소를 외친 네 명의 부유한 청년들의 경우처럼 악행이 가져오는 고통스러운 결과는 다음 생에만 생겨나지 않는다. 이번 생에도 마찬가지로 악행을 저지른 자들은 자신들의 악행에 관한 생각으로 마음을 졸인다. 그들은 자신의 몸이 완전히 타 버리는 듯한 느낌을 가진다.

후회의 여지를 남기지 마라

지난날 잘못한 행위에 대해 후회한들 그대의 걱정거리가 사라지지는 않는다. 뉘우치고 후회한다고 해서 그대가 고통스러운 결과에서 벗어날 수는 없다. 그러한 뉘우침은 후회가 계속 생겨나게 하고 이것은 불선한 정신법의 하나이다. 진정한 뉘우침은 그 나쁜 행위를 삼가고, 다시는 하지 않겠다고 다짐하는 것이다. 부처님께서 「마하왁가 쌍윳따(Mahāvagga Saṁyutta)」에서 설하신 것처럼 그대의 악행이 심각한 것이 아니라면, 그대는 '이제 악행을 다시 짓지 않으리라.'라는 절제를 통해 그 악행의 결과에서 벗어날 수 있다.

충분한 시간이 있을 때 열심히 노력하라

모든 이들은 자신의 재능에 따라 교육, 부, 공덕을 얻어야 한다. 그러한 성취의 적기는 젊은 시절이다. 만약 그대가 좋은 기회와 시간을 허비해 버리면 당신은 엉망이 될 것이다. 옛말에 "쇠가 뜨거울 때 내리쳐라."라는 말도 있지 않은가. 또한 "비 내릴 때 씨 뿌려라."라는 말도 있다. 만약 우기를 놓쳐 버리면 그대는 밭도 못 갈고 씨도 못 뿌려서 가을에 수확할 게 없을 것이다.

자신이 공덕 지은 게 없음을 너무 늦게 알았다고 슬퍼하지 마라. 지금부터라도 하면 된다. 완전히 알아채지 못하는 것보다 늦게나마 알아차리는 것이 훨씬 낫다.

부처님 당시에 사형을 집행하는 사람에 관한 이야기가 있다. 그 사람은 왕을 위해서 계속 그 일을 하였다. 그는 늙어서 더는 그 일을 할 수 없게 되자 퇴직하였다. 그가 임종에 다다라서 사리뿟다 존자를 만나게 되었고 존자는 그를 위해 법을 설해 주었다. 그가 법을 들었을 때 고귀한 법과 자신이 행한 악행이 너무 대조되어서 가르침에 집중할 수가 없었다.

이러한 상황을 알아챈 사리뿟다 존자는 다음과 같이 물었다. "당신은 사형수를 처형할 때 왕이 시켜서 했습니까, 아니면 그대가 하고 싶어서 하였습니까?" 그는 "나는 왕이 명령하여서 그렇게 했습니다. 나의 의지로 한 것이 아닙니다."라고 하였다. 그때 사리뿟다 존자가 다시 말했다. "만약 상황이 그렇다면 당신에게 어떤 잘못이 있습니까?" 이처럼 말하고 존자는 그에게 법문을 이어 갔다. 법문을 들으면서 그 사람은 점차 죄의식에서 벗어나 마음이 고요해졌다. 법문을 듣는 도중에 그는 작은 수다원(Cūḷasotāpanna)[126]의 지위에 이르고 죽어서 천상계에 태어났다.[127]

(엄격한 법칙으로 보면, 그 사형 집행인은 단지 왕의 명령에만 따랐지만 왕과 함께 사형을 집행한 것에 대한 책임이 있다. 하지만 사리뿟다 존자는 어떻게 해서든 그의 마음을 고요하게 하여 깨끗한 마음으로 법문을 듣게 하려고, 그 사람이 아무 잘못이 없는 것

---

126 위빳사나를 수행하는 자가 조건파악의 지혜(paccaya pariggaha ñāṇa)를 갖추면 부
     처님의 교법에서 안식을 얻은 자, 발판을 얻은 자, 태어날 곳이 정해진 자라고 하며 '작
     은 수다원(cūḷa sotāpanna)'이라 부른다. 대림 스님(2004) 제3권, 213. 작은 수다원은
     다음 생에 선처에만 태어난다. 비구 일창 담마간다(2013), 제2권, 174-179.
127 이 일화에서 보듯이 상좌부에서는 죽기 직전의 마음가짐이 재생을 결정하는 중요한
     요인으로 본다. 임종에 이른 자에게 평안한 마음을 가지게 하면 그가 선처로 재생하
     는 데 도움을 준다. 대림 · 각묵 스님(2018), 제1권, 498-501 참조.

처럼 여기도록 질문을 한 것이다.)

늙은 사형 집행인이 많은 생명을 뺏은 것은 명백하다. 하지만 사리뿟다 존자는 그 사람이 느끼는 후회를 제거하기 위해 적절한 질문을 한 것이다. 그에게서 후회가 사라지자 마음은 고요해져 법문에 잘 집중할 수 있었고 천상계에 재생하게 된다. 이 일화에서 우리가 분명히 알아야 할 것은 자신이 행한 악행과 자신이 하지 못한 선행에 대해 후회하지 말라는 점이다.[128] 대신 지금부터라도 악업이 생겨나지 않게 하고, 선행을 닦으려고 노력하여야 한다.

12 · 13. 해태(Thina)와 혼침(Middha)

해태(thina)는 몸과 마음의 게으름을 의미한다. 혼침(middha)은 몸과 마음의 무기력과 활발하지 않음을 나타낸다. 해태와 혼침은 함께 생겨난다. 이것들은 열의나 활력을 빼앗고 게으름을 불러온다. 막 잠을 자려는 이나 수업 시간에 꾸벅꾸벅 조는 이들에게서 쉽게

---

128 자신의 잘못에 대해 뉘우치지 말라는 말이 아니다. 자신의 잘못에 대해 잘못되었다고 아는 후회는 필요하기는 하지만 불선한 정신법이다. 그것을 반복해서 계속할 필요는 없다는 것이다. 후회를 조건으로 선행이 생겨나야 한다.

발견된다.

하지만 모든 졸림이 해태와 혼침은 아니다. 때때로 과도한 일이나 육체적 피로에 의해서 잠이 올 수도 있다. 마치 풀들이 뜨거운 태양 빛 아래에서 시들고 풀이 죽는 것처럼 아라한 성인들도 졸음을 느낀다.[129]

마음과 마음부수법들의 둔하고 무력하고 활기 없는 상태가 해태와 혼침이다. 요즘의 게으르고 일하려 들지 않는 이들이 이러한 해태와 혼침에 영향을 받았다고 볼 수 있다.[130]

14. 의심(Vicikicchā)

의심(vicikicchā)이라는 정신법은 불(Buddha), 법(Dhamma), 승(Saṅgha) 삼보에 대해 믿지 않고 의심을 일으키는 것이다. 이것은 믿음과 불신 사이를 오가는 것이다. 이러한 회의적 의심의 예는 다음과 같다.

---

129 해태와 혼침을 졸림과 비슷하다고 했지만, 무기력을 동반한 졸림으로 보아야 한다. 즉 단순한 졸음이 아닌 정신이 흐리멍덩한 상태를 이른다. 이처럼 흐리멍덩한 상태의 해태와 혼침은 아라한 성인에게 생겨나지 않는다. 아라한은 단지 육체적 피로에 의해 잠을 잔다.

130 해태와 혼침이라는 마음부수가 생겨나면 정신이 흐리고, 하고자 하는 열의도 생겨나지 않아서 게으르게 된다.

마음부수, 불선한 마음부수

(1) 부처님은 일체지를 갖추셨는가?

(2) 팔정도를 닦아서 열반을 실현할 수 있는가?

(3) 바르게 잘 정진하며 공덕을 갖춘 수행자를 보고도 저 수행자는 공덕을 갖추고 있는가?

(4) 계행을 잘 지니면 어떤 이익이 있는가?

(5) 과연 전생이 있는가? 우리는 창조주에 의해 만들어진 것은 아닐까?

(6) 미래생은 존재하는가? 죽고 나면 다 끝이 아닌가?

(7) 선행과 불선행을 지으면 다음 존재에 영향을 미치는가? (업에 대한 의심)

(8) 선행의 결과로 좋은 과보가 생겨날 것인가? (업의 과보에 대한 의심)

(9) 무명을 조건으로 행이 생겨나는가? (연기(paṭiccasamuppāda)에 대한 의심)

이처럼 부처님과 그 가르침 그리고 승단에 대해 생겨나는 회의적 의심이 여기에서 말하는 의심이라는 마음부수이다.

의심(Vicikicchā)으로 여겨지는 것들

특정 단어나 문장의 의미에 대해 의구심을 갖고, 길을 찾아 나설 때 이 길인가 저 길인가 의구심을 가지는 것은 의심이라는 마음부수가 아니다. 심지어 아라한 성인분들도 특정 행위가 계율에 합당한지 아닌지에 대해 의구심을 가지기도 한다. 이러한 것들은 추측하거나 이리저리 생각해 보는 것으로 일으킨 생각(vitakka)이라는 정신법이다. 오직 불법승 삼보에 대해서 회의적으로 의심하는 것이 의심이라는 불선한 정신법이다.

불법승 삼보에 대해 회의적 의심이 생겨나면 많이 배운 이들을 찾아가 여쭙고 그 의심에서 벗어나야 한다. 이렇게 하여야만 굳은 신심이 생겨나고 삼보에 대한 진정한 존경심이 생겨난다.

결론

이번 장에서는 마음을 오염시키는 불선한 정신법에 대하여 다루었다. 불선한 정신법은 모든 이들의 마음 상속에서 생겨난다. 우리는 종종 탐심, 성냄, 자만 등의 삿된 힘을 보고 듣는다. 세상은 이들 불선한 정신법으로 인해 혼란과 잔혹함으로 가득 찬다. 이러한 사악함은 우리가 직접 겪기도 한다.

마음을 더럽히는 불선한 정신법이 생겨나지 않게 하려는 나의 이 정진의 공덕으로 인해 나에게서 불선한 정신법들의 힘이 점차 줄어들기를! 다양한 연령과 지위에 있는 나의 친구와 지인들이 선한 마음을 계발하기를! 이 책의 독자 모두가 선한 마음, 선한 행위, 선한 생각들을 점차 키워 나가기를!

여기에서 나는 불선한 정신법들의 의미와 결과에 대해 알려 주었다. 이것을 보고 많은 이들이 불선한 마음을 줄이고 선한 마음을 증대하기를 바란다. 다가올 생에는 모든 불선한 정신법을 제거하기를![131] 내가 아는 모든 이들이 선한 마음을 계발하여 가능한 한 빨리 열반을 실현하기를!

---

131 아비담마 공부의 핵심 가운데 하나가 선법과 불선법을 잘 구분하고 선법을 증장하고 불선법을 감소시켜 나가는 것이다. 수행의 핵심도 선법을 증장하고 불선법을 줄여 나가는 것이다. 수행을 마친, 즉 무학(無學)이라 불리는 아라한은 모든 불선법을 뿌리 뽑은 자이다.

제3장

선한 마음부수

이번 장에서는 선한 마음부수들(kusala cetasikas)을 다루겠다. 다음의 마음부수들이 선한 마음을 형성하는 것들이다.[132]

1. Saddhā	= 믿음, 신심
2. Sati	= 사띠, 새김, 알아차림, 마음챙김
3. Hirī	= 양심, 도덕적 부끄러움
4. Ottappa	= 수치심, 도덕적 두려움
5. Alobha	= 탐욕 없음, 관대함
6. Adosa	= 성냄 없음, 선의
7. Amoha	= 어리석음 없음, 지혜
8. Mettā	= 자애
9. Karuṇā	= 연민
10. Muditā	= 같이 기뻐함
11. Upekkhā	= 평온
12. Sammāvācā	= 바른 말
13. Sammākammanta	= 바른 행위
14. Sammāājīva	= 바른 생계

이들 열네 가지 아름다운 마음부수들은 마음을 청정하고 선하

---

132 마음은 결합하는 마음부수에 따라서 선, 불선이 결정된다. 즉 불선한 마음부수가 함께하면 불선한 마음이 되고, 선한 마음부수와 결합하면 그 마음은 선한 마음이 된다.

선한 마음부수

게 만든다.

1. 믿음(Saddhā)

이치에 맞는 것들에 믿음을 지니면 믿음(saddhā)이라는 마음부
수를 계발시킬 수 있다. 이것은 믿는 것과 마음을 맑게 하는 특성
이 있다.

(1) 신심이 생겨남

삿된 믿음을 지닌 이들은 업과 업의 결과에 대해 믿지 않는다.
이전 생이 있었고 다음 생이 있다는 것도 부인한다. 일체지를 지니
신 부처님과 그분의 가르침, 그분을 따르는 청정한 승단에 대해서
도 믿음을 지니지 않는다. 이처럼 조금도 받아들이지 않고 완전히
거부하는 것은 부분적으로만 받아들이는 회의적 의심(vicikicchā)과
는 다른 완전한 불신(不信)이다.

여기에서 말하는 믿음은 업과 업의 결과에 대해 믿는 것이다.
믿음은 확신에 차서 결정한 것으로 '결정적 믿음(saddhādhimokkha)'
이라고 한다. 그러므로 본성과 실재에 대한 믿음을 가지는 것이 참
으로 선한 마음부수로서의 믿음[133]이다.

---

133 진실된 것에 대한 믿음이 진정한 믿음이다. 부처님 당시 외도들이 삿된 가르침을 믿는

(2) 마음을 맑힘

두 번째 믿음이라는 마음부수는 마음을 맑히는 특성이 있다. 보시하거나 계를 잘 준수하거나 수행을 하게 되면 마음은 신심으로 가득 채워져서 깨끗해진다. 전륜성왕의 보석을 흙탕물에 넣으면 불순물과 찌꺼기는 가라앉고 물이 깨끗이 정화되는 것처럼, 믿음도 그와 같아서 모든 의심과 회의적 불신과 다른 불선한 정신 법들을 제거하고 마음을 깨끗이 한다. 이것이 믿음이 가진 특성이다.

어린아이들이나 개나 고양이들도 확신에 찬 믿음은 없지만, 부모나 선생님을 따라서 선한 행위를 하기도 한다. 그래서 그들은 삼보에 예경하기도 하고 절에 공양도 올리며 다른 이를 돕기도 한다. 이처럼 믿음의 첫 번째 특성에서 말한 확신에 차서 하는 선한 행위가 아니라도 그들은 선행을 하여서 두 번째 특성인 마음을 맑히는 결과를 얻게 된다. 심지어 삼보에 대한 믿음을 지니지 않는 이들도 병원, 보육원, 양로원 등을 찾아 선행을 한다. 이러한 사람들도 믿음의 두 번째 특성인 마음이 깨끗해짐을 얻을 수 있다.

> 믿음의 기질(saddhā carita)을 설명하는 곳에서 진정한 믿음에 관해 더 공부하기를 바란다.[134]

것은 잘못된 믿음 혹은 사견을 가진 것이라 하였다.

134 기질에 관해서는 본서 제5장에서 다루고 있다.

그릇된 믿음

진정한 믿음은 청정한 마음과 함께하며 진리의 가르침에 대해 신심을 일으킨다. 하지만 세상에는 잘못된 믿음도 있다. 예를 들어 무례하고 사악한 사람들은 불상이나 탑을 보며 사람들에게 돈이나 받으려고 조성했다고 비난한다. 거짓 성물(聖物)에 대해 예경하거나 허점투성이 교설을 따르는 외도들은 진정한 믿음을 지니지 않는다. 이러한 외도들은 그들의 무지와 단순함 때문에 잘못된 가르침을 따르는 것이다. 그들의 믿음은 불선한 정신법의 하나인 어리석음(moha)에 지나지 않는다.

법사, 스님 혹은 수행자에 대한 믿음을 가지는 것도, 단순히 그가 겉만 잘 차려입고 낭랑한 목소리로 신통을 부리고, 미래를 점치고, 치료를 잘해 준다고 해서 믿는 사람은 참다운 신심을 지닌 자가 아니다. 이러한 것들은 믿음이 아니고 욕망과 친분에 바탕을 둔 어리석음이다. 그러한 잘못된 믿음을 그릇된 믿음(muddhappasanna)이라고 한다.

> 외적으로 드러난 권세에 휘둘려 분명한 앎을 갖추지 않고 믿음을 두는 자는 어리석은 믿음을 지닌 자이다. 그는 참으로 청정한 믿음을 지닌 자가 아니다. 외도들이 근거도 없는 곳에 믿음을 두는 것과 같다.[135]

---

135 "Yo balavatiyā saddhāya samannāgato avisadañaṇo, so muddhappasanno

요즘 세상은 거짓말쟁이와 사기꾼이 넘쳐 난다. 어떤 종교는 새롭고 기이한 교리가 성행한다. 불교 내에서도 제대로 교학과 수행을 닦지 않은 이들이 기이한 주장을 하고, 특이한 명상을 가르치고, 약까지 팔면서 무지한 신도나 순진한 사람들을 속이고 있다. 사람들이 이러한 거짓말쟁이나 사기꾼에게 보시하는 것은 욕망과 무지에서 기인하는 것으로 진정한 믿음은 아니다.[136] 지혜로운 이들은 이러한 사기꾼들에 대해 다투지 않고 그냥 내버려 두기에 그러한 부류가 더 많아지고 있다.

요즘 여성들이 종종 보시하거나 어떠한 종교 의례에 참여할 때, 과연 이것이 바른 것인지 잘 살피지 않고 하는 경우가 있다. 언제나 맹신은 피해야 한다. 믿음과 헌신에 앞서서 주의를 기울여 숙고해 보아야 한다. 그러므로 모든 이들이 신행 활동을 할 때 지혜롭게 하도록 노력하여야 한다.

믿음과 사랑의 혼동

오늘날 현자들마저도 믿음과 사랑, 애착을 잘 구분하지 못하는 경우가 있다. 많은 신도가 좋은 음성과 인격을 갖춘 훌륭한 법사들을 존경한다. 만약 그들의 존경이 스승의 품행과 덕행이 좋아서

---

hoti na avecca pasanno; tathā hi avatthusamiṁ pasīdati, seyyathāpi titthiyā."
-Ekanipāta Aṅguttara ṭīkā

136 단박에 깨달을 수 있는 특별한 수행법이 있다고 하거나, 어떠한 병도 고칠 수 있다는 주장에 사람들의 탐욕과 무지가 함께하여 사이비가 성행한다. 부처님의 인과법만 잘 이해하더라도 이러한 주장에는 흔들리지 않을 것이다.

선한 마음부수

행해지면 그것은 믿음(saddhā)이다. 하지만 자기와 친분이 있어서 그 스승을 존경한다면 그것은 믿음과 애착이 뒤섞인 것이다.

부처님 당시에도 왓깔리(Vakkali) 존자나 찬나(Channa) 수상 같은 이들은 부처님에 대한 존경심도 컸지만, 인간적인 애착의 마음도 지니고 있었다. 그들의 마음에 믿음도 존재하였지만 불선한 정신 법인 애착도 함께했다.

어떤 사람들은 진리와 가르침을 받아들일 때, 그 법을 전하는 이가 마음에 들어서 믿기도 한다. 그러한 애착으로도 지식이나 지혜가 생겨나고 바라밀을 완성해 나가기도 한다. 시작은 개인에 대한 애착으로 시작되었으나 그것으로 인해 선한 정신법이 계발된다면 유익한 일이라 할 수 있다.[137]

빳타나[138]에 다음과 같은 가르침이 있다. "불선법들은 선법들에게 강한 의지 조건으로 조건이 된다."[139]

---

137 예컨대 법사 스님의 외모나 목소리가 훌륭해서 법문을 듣는 일도 있다. 이럴 때도 그 법을 듣고 선한 마음을 계발하고 수행 정진하는 계기가 된다면 애착이 선법을 생겨나게 하는 경우라 할 수 있다.

138 빳타나는 아비담마 칠론 가운데 마지막 일곱 번째 가르침으로 조건에 대해 다루고 있다. 빳타나는 '큰 책(mahā pakāraṇa)'이라고도 불린다. 큰 책의 의미는 그것이 담고 있는 내용이 가장 뛰어나기도 하고 모든 법의 상호 관계, 궁극적 특성에 대해 다루기 때문이다. 빳타나에서 모든 조건 지어진 법들을 세 개 조 마띠까와 두 개 조 마띠까 100개로 묶어 24가지 조건법으로 일체법의 상호 작용을 설명하고 있다. U Ko Lay(1998), 205-206.

139 "Akusalā dhammā kusalassa dhammassa upanissaya-paccayena paccayo." 처음에는 애착심인 불선법으로 법을 들었는데 그것을 조건으로 해서 후에 바른 앎이나 지혜가 생겨나면, 앞의 불선법을 조건으로 뒤에 선법이 생겨날 수 있다는 말씀이다. 청

그러므로 작은 애착심이 조건이 되어 선한 마음이 생겨날 수 있다. 이러한 점에서 법을 가르치는 이들은 성심을 다하고 선한 의지를 지녀서 법을 듣는 이에게 선법이 생겨나도록 노력하여야 한다. 마찬가지로 법을 배우는 이들도 배운 것을 잘 실천하여 유익한 결과를 얻어야 할 것이다.

2. 사띠(Sati)

사띠는 빠알리(Pāḷi)어로 'sati'라고 한다.[140] 사띠는 기억이나 주의 깊음이라는 의미를 지닌다. 사띠는 여러 가지 형태가 있다. 예를 들면 지난날 행했던 선행을 떠올리는 것, 법문을 들을 때 주의를 기울여 듣고 기억하는 것, 수행의 대상을 취할 때 그 대상을 잘 취하기 위해 대상에 깊게 들어가는 것 등이 사띠의 특성이다.

가끔 우리는 내일 혹은 미래에 선행을 하려고 마음먹는다. 그래서 계를 어김없이 잘 지니려고 한다. 마음에서 탐진치나 자만과 같은 불선법이 생겨나지 않도록 주의를 기울인다. 또한 스승들의 가

법자는 어떠한 인연으로 법을 듣게 되더라도 자신에게 유익한 결과가 생겨나도록 힘써야 한다. 비구 일창 담마간다(2018), 92-93 참조.

140 사띠는 '새김', '마음챙김', '알아차림' 등으로 번역된다. 본서에서는 사띠를 의역하지 않고 음역하여 그대로 적는다. 사띠의 의미가 다양하여 하나로 적확하게 번역하기 힘들기 때문이다.

르침을 떠올린다. 이처럼 선법과 관련하여 생겨나는 주의 깊음이 사띠라 할 수 있다. 이러한 사띠는 불방일(appamāda), 주의 깊음, 경계(警戒)라고도 한다. 그러므로 만일 스님들이 재가 신도들에게 계를 설할 때, 그 계를 사띠를 지니고 방일하지 않고 주의 깊게 잘 지키도록 알려 주어야 한다. 계를 설하고 마지막에는 다음과 같이 수지하게 한다.

"불방일로써 선법을 다 구족하라."
또한 부처님도 그렇게 가르치셨다.
"수행자들이여, 실로 사띠는 모든 행위에 있어 필수라
고 나는 설한다."[141]

지나친 믿음이란 있을 수 있으나 지나친 사띠는 있을 수 없다.[142] 부처님께서 대반열반(parinibbāna)에 드시기 전 마지막으로 남기신 말씀도 "불방일로써 그대가 해야 할 바를 구족하라(Appamāde-na sampādetha)."였다.

---

141 "Satiñ ca khvāhaṁ sabbatthikaṁ vadāmi."

142 믿음이 지나쳐서는 안 된다. 믿음이 지나치면 맹신에 떨어진다. 믿음과 지혜는 균형을 맞추어야 한다. 하지만 사띠는 아무리 하여도 지나침이 없다.

단순한 기억은 사띠가 아니다

우리가 친족을 기억하고, 연인끼리 그리워하고, 친구와의 약속을 기억하고, 예전의 좋았던 기억을 떠올리는 이러한 모든 기억은 집착(taṇhā)의 성품을 지닌다. 또한 어떤 이가 다른 이에게 행해졌던 고통에 대해 떠올려 복수하려 하거나, 잔혹한 일을 계획하여 마음에 품거나, 목적지를 향해 나아가는 중에 생겨날 수 있는 위험들에 대해 경계하는 등의 상태는 성냄(dosa)을 기본으로 한다. 이처럼 앞에서 언급한 집착이나 성냄과 함께하는 정신적 요소들은 진정한 사띠라고 할 수 없다.

위에서 예로 든 것은 인식(saññā) 혹은 일으킨 생각(vitakka)으로 보아야 하고 사띠로 보아서는 아니 된다.[143] 인식과 일으킨 생각에 대해서는 다음 장에서 설명하겠다.

3·4. 양심(Hirī)과 수치심(Ottappa)

악한 일 행함에 부끄러움을 느끼는 것이 양심(hirī)이다. 악한 일 행함에 두려움을 느끼는 것이 수치심(ottappa)이다. 양심은 자신의 명예나 품위를 소중히 생각하는 이들에게 분명히 드러난다. 수치

---

143 어떤 것을 기억한다고 모두 사띠는 아니고 인식일 수 있다. 대상을 떠올려 취하는 것도 사띠가 아니고 일으킨 생각이라는 정신법이 될 수 있다.

선한 마음부수

심은 자신의 부모나 스승, 친구, 친지들을 존경하는 이들에게 분명히 드러난다.

좀 더 상세히 구분하면 다음과 같다.

(1) 어떤 이는 다음과 같이 생각한다. '나는 좋은 가문의 후손이다. 그러므로 나는 불선한 행동을 해서는 안 된다. 다른 생명을 죽이면서 생계를 유지하는 어부나 사냥꾼은 되지 않을 것이다.' 이런 이유로 그는 부적당한 일로 생계를 유지하는 것을 부끄러워하고 자신의 가족과 가문의 명예를 지킨다.

(2) 잘 배운 이들은 다음과 같이 생각한다. '우리에게는 많은 배움이 있다. 우리는 나쁜 일을 저지르는 불선한 행위를 부끄러워해야 한다. 우리는 살생과 도적질 같은 일들을 삼가야 한다.'

(3) 나이 든 이들은 다음과 같이 생각한다. '우리는 연장자이기에 성숙하고 지혜롭게 처신해야 한다. 나쁜 일을 행하면 우리는 부끄러운 상황에 부닥치게 될 것이다.'

위에서 든 세 가지 경우는 자신의 명예나 품위를 소중히 여기는

선한 정신법인 양심이 분명하게 드러난 경우를 보여 준다.[144]

다른 이들을 소중히 여기는 사람들은 다음과 같이 숙고한다. "내가 만약 악행을 저지르면 나의 부모, 친구, 친지들과 스승들이 나로 인해서 욕을 먹는다. 그러기에 나는 어떠한 악도 행하지 않으리라. 나는 잘못된 행위를 하지 않으리라." 이것은 수치심을 나타내는 좋은 예이다.

그러므로 사람들은 자신과 가까운 이들의 명예와 존엄을 지키고, 다른 이들을 잘 고려하기에 양심과 수치심을 지닌다. 하지만 만약 당신이 당신의 가족이나 스승들에 대한 호의적 고려가 없다면 양심과 수치심 없이 불선한 행위를 많이 할 것이다.

양심과 수치심이 있어서 근친상간과 같은 여러 부도덕적 행위가 생겨나지 않는다. 양심과 수치심은 이 세상을 지키는 두 개의 큰 보호자와 같다. 세상을 수호하는 법(lokapāla dhammā)[145]이 당신을 부도덕하게 되는 것으로부터 지켜 주고 있다. 그래서 이들은 청정하고 선한 상태로서 순수법, 선한법 혹은 청정법(sukka dhamma)이라 불린다. 이러한 양심과 수치심이 있어서 사람들은 동물들과 달리 도덕적으로 절제하고 훈계를 잘 받아 지닌다.

양심과 수치심이 없으면, 사람들은 악에 빠지고 짐승처럼 되고

---

144 나는 많이 배우고 연장자인데, 어찌 내가 그런 짓을 할 것인가. 내가 그런 짓을 하는 것은 참으로 부끄러운 일이다. 이처럼 양심은 악행 저지름을 부끄럽게 여긴다.

145 양심과 수치심이 있어 이 세상이 유지된다는 것이다. 양심과 수치심이라는 두 정신법이 생겨나지 않으면 세상은 타락하고, 무법천지가 될 것이다.

선한 마음부수

만다. 오늘날 많은 이들이 양심과 수치심이 없어서 상스럽게 입고 먹고 행위를 한다. 만약 이러한 도덕적 타락이 점점 심해져 가면 세상은 완전히 황폐해질 것이다. 그때 인류는 짐승과 같이 전락할 것이다.[146]

잘못된 양심과 수치심

양심과 수치심은 유익한 마음부수이지만 그릇된 것들도 있다. 악행을 부끄러워하고 두려워하여 악행을 삼가는 것은 진정한 양심과 수치심이라는 마음부수 때문이다. 부끄러워하고 두려워한다고 해서 모두 양심과 수치심은 아니다. 포살[147] 지키는 것이나, 사원에 예배하러 가는 것, 법문을 듣는 것, 대중 앞에서 발표하는 것, 육체적인 노동을 하는 것, 남자가 여자를 만나는 것에 있어서 부끄러워하거나 두려워하는 것은 진정한 양심과 수치심이 아니다.[148] 사실 이것들은 허세나 아만심이다. 아비담마에서는 이들을 모두 다 갈애(taṇhā)의 한 형태로 보고 있다.

---

146 비구들이여, 이러한 두 가지 선한 법이 있어서 세상을 보호한다. 그 둘은 무엇인가? 양심과 수치심이다. "Dveme, bhikkhave, sukkā dhammā lokaṁ pālenti. Katame dve? Hiri ca ottappañ ca." AN. (CST).

147 포살(uposatha)은 팔계를 수지하고 삼보의 공덕을 마음에 새기며 불선업을 제거하고 마음을 청정하게 하면서 수행을 닦는 등의 훌륭한 실천을 구족하며 지내는 것이다. 비구 일창 담마간다(2021), 191.

148 악행 짓기를 부끄러워하고 두려워해야지, 선행이나 일반적 행위에 대해서 부끄러워하고 두려워하는 것은 여기서 말하는 양심과 수치심이라는 정신법이 아니다.

부끄러움을 버려야 할 네 가지 경우

부끄러움을 버려야 할 네 가지 경우 는 책에서 다음과 같이 나온다.

(1) 무역과 장사를 하는 경우
(2) 유능한 선생으로부터 배울 때
(3) 음식을 먹을 때
(4) 사랑을 나눌 때

어떤 좋은 결과를 얻기 위해서는 사람은 과감해야 한다는 것을 강조하기 위해 이들 경우를 들고 있다. 그것들이 도덕적이냐 혹은 비도덕적이냐는 고려하지 않고 있다.[149]

양심과 수치심의 다른 예로 드는 것은 법정이나 판사 앞에서 두려움을 느끼는 것, 여행 중에 공중화장실 가는 것을 꺼리는 것, 개나 귀신을 무서워하는 것, 잘 모르는 장소에 대한 두려움, 이성에 대한 두려움, 연장자나 부모님들에 대한 두려움, 연장자 앞에서 말하기 등이다. 이것들은 진정한 양심과 수치심이 아니다. 이것들은 단지 용기나 확신이 없는 경우이다. 정신적 불만족(domanassa)에 의

---

149 일반적으로 부끄럼 없이 과감하게 행동하여 성취하라는 의도로 전해지는 말들이다. 이러한 것들은 진짜 양심과 수치심을 의미하지 않는다. 진정한 양심과 수치심은 선한 마음부수 즉 도덕적인 형태임을 잊지 말아야 한다.

선한 마음부수

해 야기된 불선한 정신법의 상태라고 보아야 한다.

중도

위의 예를 보더라도 진정한 양심과 수치심이 계발되어야 한다. 불선한 것을 행하는 것이 아니라면 부끄러워하거나 두려워할 필요가 없다. 그렇다고 해서 당신이 항상 겁 없이 용감할 필요는 없다. 어떤 일을 개의치 않고 행하다 보면 연장자를 무시하거나, 성냄, 분노 그리고 자만으로 이어질 수 있다. 도덕적인 용기나 두려움 없음은 칭찬받아야 하지만, 무모하고 불경한 태도는 비난받아야 한다.

쓸데없는 용기, 거만, 만용은 좋지 않다. 두려움 없는 용기는 선한 행위를 할 때 가져야 한다. 지나친 부끄러움과 두려움도 경계해야 한다. 모든 이들은 중도를 따라야 한다. 두려움을 지녀야 할 때는 무모하게 덤벼서는 안 되고 악행은 두려워해야 한다.[150]

> 부처님께서 말씀하시기를, "두려워하지 않아야 할 것
> 에 대해 두려워하고, 두려워해야 할 것에 대해 두려
> 워하지 않는다."라고 하셨다.[151]

---

150 악행을 일삼는 이들은 그 과보를 두려워하지 않는다. 어리석은 이들은 윤회의 고통에 대해서도 두려워하지 않는다. 불선업에는 나쁜 과보가 따르니 두려움을 지녀야 한다.

151 "Abhāyitabbe bhāyanti, bhāyitabbe na bhāyare." 사람들은 선행을 실천해야 함에도 두려워 주저하고, 악행을 두려워 멀리해야 함에도 그것을 저지름에 주저함이 없다. 또한 실재하지 않는 창조주는 두려워하면서, 분명한 인과나 업의 법칙은 두려워하지 않는다.

5. 탐욕 없음(Alobha)

원하거나 바라지 않음이 탐욕 없음이다. 이것은 어떤 것에 집착하지 않음이다. 이것은 무언가를 원하는 탐욕과는 반대의 법이다. 탐욕은 불과 같고, 탐욕 없음은 물에 비유된다. 탐욕은 대상을 갈구하지만, 탐욕 없음은 어떠한 것에 대해 전혀 갈구하지 않는다. 탐욕 없음은 탐욕과는 달리 관용과 자선(慈善)의 특성을 지닌다. 일상에서 마찬가지로 우리는 탐욕스러운 이와 만족을 아는 이의 상반된 행위를 자주 마주친다.[152]

탐욕스러운 출가자

탐욕스러운 출가자는 항시 신도들의 보시와 공양만을 추구한다. 그는 많은 보시를 얻으려는 심산으로 신도를 홀리는 법문을 행한다. 어떤 것이라도 보시 받으면 그것에 집착해서 다른 이와 나누지 않는다. 그는 오히려 자신이 많이 받은 것에 대해 자랑스럽게 생각하고 거만을 떤다. 하지만 그는 공양을 올리려는 신도들에게 굽신거려 자신이 비천하게 됨을 알지 못한다.

---

152 탐욕과 탐욕 없음이라는 정신법은 이것을 지닌 사람들에게서 잘 알 수 있다. 탐욕스러운 이는 자신이 가지고 있어도 더 가지려 하고 자선을 베풀지 않는다. 하지만 만족을 아는 이는 자신의 것에 만족하고 타인에게 관용을 베푼다.

선한 마음부수

탐욕 넘치는 재가자

탐욕 넘치는 재가자도 탐욕 넘치는 출가자와 별반 다를 게 없다. 그는 탐욕에 눈이 멀어 수단과 방법을 가리지 않고 재물을 얻으려 한다. 그는 자신이 얻은 것으로는 만족하지 않는다. 탐욕에 가득 차서 항시 더 많은 재물만을 추구한다. 그는 다음과 같이 말한다. "이것은 내 거야. 저것도 내 거야. 나는 이것도 가졌고 저것도 가졌다. 내가 가진 게 이 정도야." 그가 죽게 되면 그는 아귀 세상에 태어날 것이다. 그의 탐욕이 그 자신을 악처로 밀어 넣은 것이다. 이처럼 탐욕은 사악한 것이다.

탐욕 없는 출가자

탐욕을 여읜 출가자는 물질의 성취에 집착하지 않는다. 그가 만약 공양을 받더라도 그것은 신심 있는 신도가 좋은 의도로 공양을 올린 것을 잘 알아서 우쭐대지 않는다. 부처님의 제자인 출가자는 물론이고 재가자라 할지라도 공양물에 대해 집착한다면 부끄러운 일이다. 공덕을 갖춘 이는 탐욕스럽지 않고 후덕하고 관용을 베푼다. 그처럼 탐욕을 여읜 출가자는 물질적 풍요에 가치를 두지 않는다.

탐욕 없는 재가자

재가자 중에서도 탐욕이 적은 이는 자신의 생계를 오직 정당하고 공정한 수단으로만 꾸려 간다. 그는 바른 생계를 실천한다. 그는 가급적 감각적 욕망을 멀리한다. 그는 가난한 이들에게 연민을 느끼고 관용을 베푼다. 공양을 올릴 때 주저하지 않는다. 이러한 선한 의지를 빠알리어로 '뭇따짜기(muttacāgī)'라고 하며 그 의미는 '주저함이 없이 잘 베푼다.'이다. 이처럼 덕스러운 이는 왕좌도 버리고 부와 명예도 버리고 지족(知足)의 마음으로 한적한 곳에 머물러 은둔 수행자가 되기도 한다.

탐욕스러운 자와 탐욕을 여읜 이는 마치 등을 맞대고 다른 방향을 향해 달리는 두 사람처럼 그 차이를 쉽게 알 수 있다.[153] 그러므로 바라밀행을 실천하는 보살 혹은 바른 불자라면 먼저 자신의 마음을 돌이켜 '내가 탐욕스러운지, 탐욕이 적은지'를 살펴야 한다. 만약 자신이 탐욕스럽다고 여긴다면 지금 이 생에서 탐욕을 줄이려고 마음을 다잡아야 한다. 만약 자신이 탐욕이 적다고 생각되면 '나는 지금 좋은 토대를 갖추었다.'라고 여기고 선행을 더욱더 행해야 한다. 그러므로 모든 이들은 탐욕을 여읜 관대한 사람이 되기 위해 사띠를 계발해야 한다.

---

153 탐욕스러운 자와 탐욕을 여읜 자는 분명한 차이를 보인다. 탐욕스러운 자는 이익을 성취하는 것처럼 보이지만 나쁜 결과를 향해 달려가는 자이고, 탐욕을 여읜 자는 손해를 보는 것처럼 보이지만 좋은 결과를 향해 달려가는 자이다.

6. 성냄 없음(Adosa)

성냄 없음을 나타내는 빠알리어 '아도사(adosa)'는 잔인하지 않고 사납지 않은 것이다. 이것은 성냄과는 정반대이다. 도마뱀붙이(gecko)가 뱀 종류에 속하지만 전혀 해를 끼치지 않는 것과 같다. 성냄을 지닌 자가 난폭한 것처럼, 성냄 없음을 지닌 자는 그만큼 공손하다. 만약 다른 사람이 자신에게 화를 내어 말해도 성냄 없음을 지닌 자는 마음이 평화로워 동요하지 않는다. 이들은 마음만이 평화로운 것이 아니다.

성냄을 지닌 자는 험악한 표정을 짓지만 성냄 없음을 지닌 자는 표정이 맑고 밝다. 게다가 그들은 상냥한 말을 건네기에 항시 빛나고 누구도 그들을 미워하지 않는다. 그러므로 이러한 성냄 없음을 타고난 자에게는 큰 유익함이 따른다. 사실 성냄 없음은 세상 어느 곳에서나 환영받는 자애(mettā)와 동의어이다.[154]

(자애의 특성에 관해서는 뒤에서 다루겠다.)

보살의 탐욕 없음과 성냄 없음

한때 보살은 바라나시(Bārāṇasī)의 브라흐마닷따(Brahmadatta) 왕의

---

154 아비담마의 마음부수 52가지 가운데 자애라는 마음부수는 나타나지 않는다. 대신 성냄 없음(adosa)이라는 마음부수가 있다. 즉 자애의 법체는 성냄 없음이 된다. 성냄 없음은 어떤 대상에 대해 거칠지 않은 성품, 잘 따라 주는 성품이다. 비구 일창 담마간다(2022), 16.

아들로 태어났다. 왕비가 죽자 왕은 젊고 아름다운 여인을 새 왕비로 맞았다. 보살이었던 마하빠두마(Mahāpaduma) 태자는 왕이 반란군을 물리치러 전장에 나갔을 때 수도를 지키고 있었다.

전쟁이 끝나고 왕이 궁궐로 돌아올 때 태자는 왕의 귀환을 알리기 위해 그 젊은 왕비를 찾았다. 이때 주위에 아무도 없자 왕비는 태자를 세 번이나 꼬드기려 하였다. 하지만 태자는 왕비의 유혹을 거절하였고, 이에 앙심을 품은 왕비는 매우 분노하였다.

복수심에 찬 왕비는 태자인 마하빠두마가 자신을 성추행하려 했다고 말을 지어내었다. 왕은 왕비의 거짓말에 속아 넘어갔다. 사실 왕비는 태자를 망치려고 모든 계략을 동원하였다.

사려 깊지 않았던 왕은 제 아들인 태자에게 바로 사형을 내렸다. 당시 태자는 신망이 높았기에 사람들이 태자를 빼돌릴 것을 염려하였다. 그래서 자신이 직접 사형 집행인들을 이끌고 산에 올라가 태자를 떨어뜨려 사형을 집행하였다. 하지만 태자가 지닌 자애(mettā)의 힘으로 인해 그 산의 신들이 도왔고 태자는 죽지 않았다.

전생담(Jātaka)의 교훈

전생담의 첫 번째 부분에서 젊은 왕비는 빠두마 태자를 보고 애욕에 압도되었다. 하지만 태자는 탐욕과 갈망의 반대인 탐욕 없음을 계발하였다. 다음에 그 젊은 왕비는 자신의 사악함을 덮기 위해 태자가 하지도 않은 일을 하였다고 말을 꾸며댔다. 이것은 거짓말과 결합한 속임수(māyā)라고 할 수 있다. 그 꾸며낸 말을 들은

선한 마음부수

왕은 성냄에 압도되어 자기 아들인 태자에게 사형을 선고한다. 빠두마 태자의 성품은 탐욕 없음과 성냄 없음 그리고 인욕과 자애를 잘 나타낸다. 이 전생담에서 그 태자는 부처님의 전신이었고, 젊은 왕비는 찐짜마나위까(Cincamanavika)의 전신이었으며, 그 왕은 데와닷따(Devadatta)의 전신이었다.[155]

행위와 과보

태자는 산의 꼭대기에서 밀려 떨어졌으나 뱀신의 왕에 의해 그 왕궁에 옮겨져 1년간 머물렀다. 그 후 인간 세상에 돌아와서는 은둔자의 삶을 살았다. 몇 년이 지나 어느 한 사냥꾼이 태자였던 은둔자를 보고 그 사실을 왕에게 알렸다. 왕은 자기 아들인 은둔자를 찾아와서 왕궁으로 다시 돌아갈 것을 권하였으나 태자는 거절하고 은둔자로 남았다. 진실을 알게 된 왕은 왕비를 잡아다 산 정상에서 밀어뜨렸다. 그녀는 죽기 전 자신의 악행으로 인해 큰 고통을 겪었다.

---

155 부처님과는 외사촌인 데와닷따는 출가하여 여러 신통을 얻는다. 데와닷따는 탐욕과 질투심 등으로 인해 승단을 분열시키고, 부처님을 시해하려 한 인물이다. 찐짜마나위까는 부처님의 아기를 가졌다고 모함하기 위해 자신의 배에 나무를 둘러 임신한 척하였다. 하지만 대중 앞에서 나무 묶은 천이 풀려 모함이 들통나 달아났다. 두 사람 모두 부처님 재세 시에 부처님을 해하려던 인물들이다.

7. 어리석음 없음(Amoha, Paññā)

어리석음 없음은 총명함, 지식 그리고 지혜를 의미한다. 이 마음부수는 무지의 어둠과 진리를 덮어 가리는 미혹을 몰아낸다. 어리석음과 어리석음 없음은 정반대이다.

지혜(Paññā)

지혜는 참된 것과 거짓된 것 두 가지가 있다. 진정한 지혜는 업과 그 업의 결과에 대해 알고 이해하는 것, 부처님의 가르침을 알고 이해하는 것, 위빳사나 지혜(vipassanā ñāṇa), 도(magga)와 과의 지혜(phala ñāṇa) 그리고 부처님의 일체지 등을 의미한다. 이처럼 흠 없이 알고 봄의 형태들을 지혜라고 부른다.

잘못된 지혜

우리가 소위 영리하다고 하는 사람들은 연설, 설득, 거짓말, 사기나 속이기에 정통한 사람들이다. 그러한 종류의 영특함은 진정한 지혜가 아니다. 이러한 것들은 남을 속이는 거짓 지혜(vañcanā paññā)이다. 이들은 법체(*ultimate reality*)로 보면 갈애(taṇhā)에 기초한 불선한 마음부수이다. 몇몇 사람들은 전쟁하거나 정교한 무기를 만들고 다루는 데 능숙하다. 그러한 앎은 단지 불선한 정신법으로서

선한 마음부수

능숙한 일으킨 생각(vitakka)[156]에 지나지 않는다.

하지만 잘 알아야 할 것은 이러한 잘못된 지혜는 어리석거나 멍청한 사람 혹은 지능지수(IQ)가 낮은 이들에게서는 발견되지 않는다. 오히려 매우 영리하고 교육을 많이 받은 이들에게서 나타난다. 빳타나(Paṭṭhāna)의 가르침에 의하면, 진정한 지혜는 잘못된 지혜에게 자연적으로 강한 의지 조건(pakatūpanissaya paccaya)으로 조건이 된다.[157] 그러므로 지혜로운 이는 바른길을 따르고 선행과 도덕적 실천을 최상으로 할 수도 있으며, 악을 행하면 극악을 저지를 수도 있다.[158]

---

156 일으킨 생각(vitakka)은 경에서는 사상, 생각, 사유 등으로 쓰이고, 아비담마에서는 조금 다른 의미로 쓰인다. 일으킨 생각의 주된 특성은 함께하는 정신법을 대상에 올리는 것이다. 여기서 올린다는 의미는 어떤 사람이 왕을 친견할 때 왕과 가까운 다른 지인들의 소개로 왕의 궁전에 오르는 것처럼, 마음도 일으킨 생각을 의지해서 대상에 오르는 것이다. 능숙한 일으킨 생각은 이런저런 대상에 마음이 올라붙는 것이다. Nārada Mahā Thera(1979), 90 참조.

157 "앞의 앞의 선법들은 뒤의 뒤의 불선법들에게 일부 '강한 의지 조건'으로 조건이 된다.(Purimā purimā kusalā dhammā pacchimānaṁ pacchimānaṁ akusalānaṁ dhammānaṁ kesañci upanissayapaccayena paccayo.)" 자연적으로 강한 의지 조건으로는 강한 세간 선심 17가지와 마음부수 38가지가 조건법이고, 불선심 12가지와 마음부수 27가지가 조건생성법이다. 비구 일창 담마간다(2018), 91 참조.

158 지혜가 잘 사용되어야 진정 이익이 되고 선업이 된다. 잘못 사용된 지혜는 큰 해악이 된다. 앞서 본 강한 의지 조건에서 앞의 선법 즉 지혜가 뒤에 생겨나는 불선법에 조건이 되는 것처럼, 지혜도 불선법이 생겨나는 조건이 되는 일도 있다. 그렇다고 해서 지혜 자체가 문제가 된다는 것으로 오인해서는 안 된다. 지혜가 어디에 어떻게 쓰이는가가 중요하다.

선천적 지혜와 후천적 지혜

진정한 지혜는 다음의 두 가지로 나누어 볼 수 있다.

(1) 선천적 지혜(Jāti Paññā)
(2) 후천적 지혜(Pavatti Paññā)

탐욕 없음, 성냄 없음, 어리석음 없음이라는 세 가지 뿌리를 지니고 태어난 이를 세 가지 뿌리를 지닌 자(tihetuka puggala)라고 한다. 이들은 태생부터 세 가지 선한 뿌리를 지니고 태어난 축복받은 자들이다. 그래서 이들은 태어나면서부터 지혜 혹은 어리석음 없음이 생겨난다. 그러므로 이들은 잘 배우고 이해력도 좋다. 또한 어린 나이에도 깊은 사유를 한다. 이러한 지혜를 선천적 지혜(jāti paññā)라고 한다.

후천적 지혜(pavatti paññā)는 배움과 훈련으로 나이가 들면서 얻어지는 지혜나 앎을 의미한다. 후천적 지혜를 가진 이들은 질문을 던지고 여러 강의도 듣고, 지식과 앎을 넓히기 위해 최선을 다한다. 이처럼 자신의 노력으로 얻어지는 지혜를 후천적 지혜라고 한다. 선천적 지혜가 부족한 이들도 훌륭한 선생님에게 열심히 배워 후천적 지혜를 계발시킬 수 있다. 선천적 지혜가 있는 이가 후천적 지혜까지 얻었다면 그 사람이야말로 어떠한 분야에서든 성공을

얻을 수 있을 것이다.[159]

어떻게 선천적 지혜(Jāti Paññā)를 계발시킬 것인가

선천적 지혜는 세간의 성공과 유익함을 가져오는 것뿐만 아니라 수행을 하거나 법을 배우고 실천하는 데에도 좋은 결과를 가져온다. 선천적 지혜(jāti paññā)를 가진 사람만이 이번 생에 깨달음 즉 도와 과의 지혜(magga phala ñāṇa)를 얻을 수 있다.[160] 그러므로 다음 생을 위해서라도 선천적 지혜를 계발해야 한다. 그렇게 하려면 우선 우리는 이번 생에 지혜를 얻으려는 확고한 의지를 지녀야 한다. 지능, 앎 그리고 지혜를 얻으려고 분발해야 한다.

이러한 분발심을 지니고 나서 우리는 좋은 책들을 읽고, 배움이 많은 분과 현명한 이들을 찾아가 물어야 한다. 그러한 노력이 후천적 지혜를 많이 얻게 하고, 당신을 이성적이고 앎이 풍부한 사람으로 만든다. 윤회의 측면에서 보면 이러한 노력은 미래생을 위한

---

159 선천적 지혜도 그냥 갖추어지는 것이 아니라 자신의 이전 업에 의해 생겨난다. 지혜를 갖춘 선업에 의해 선천적 지혜를 지니고, 더하여 후천적 지혜까지 계발한다면 그는 진정 지혜로운 자가 될 것이다.

160 아비담마의 가르침에 따르면 지혜를 갖춘, 즉 세 가지 뿌리(ti hetuka)로 태어난 이만이 이번 생에 깨달음을 성취할 수 있다. 두 가지 뿌리(du hetuka)나 뿌리 없는 (ahetuka) 마음을 재생연결식으로 하여 태어난 이들은 이번 생에 깨달음을 성취할 수 없다. 하지만 이것은 이전 생의 자신의 업에 의한 자연스러운 결과이지 불공평한 게 아니다. 이번 생에 깨달음을 성취할 수 없더라도 열심히 수행 정진하면 세 가지 뿌리의 선업을 닦는 것이고, 그것으로 인해 다음 생에 세 가지 뿌리의 재생연결식을 받을 수 있다.

지혜의 씨앗이라 할 수 있다. 그러므로 여러분들은 현재의 성취에 만족하여 정진을 포기하지 말아야 한다.

앎과 지혜를 얻기 위해서 여러분은 항시 의복과 태도를 단정하고 깨끗이 하여야 한다. 보시와 같은 공덕행을 지을 때도 항시 다음과 같은 고귀한 서원을 세워야 한다. "이러한 선업 공덕으로 내가 총명과 지혜를 성취하기를!" 스님들께 공양을 올릴 때도 "스님들이 매일 부처님의 고귀한 법을 배우고 널리 가르침을 펴시기를, 그리고 날로 지혜가 증장되시기를!"이라고 좋은 의도를 지니고 하여야 한다.[161] 가능하다면 스님들이 부처님 법을 배울 수 있는 사원을 건립하여야 하고, 부처님의 가르침을 널리 전파할 수 있는 유능한 스승들을 존경하고 후원하여야 한다.

또한 가능하면 여러분들은 나라의 교육을 위해 학교와 연구소 같은 교육 기관에 도움을 주어야 한다. 그리고 당신이 뭔가 배운 것이 있으면 항시 그것을 다른 이에게 전하려는 마음을 지녀야 한다. 이러한 노력으로 인해 당신은 반복되는 윤회 속에서 지혜롭고 현명한 이가 될 것이다. 여기에서 말한 내용을 실천하면 다가올 생에 선천적 지혜를 구족할 수 있을 것이다.

믿음(Saddhā)과 지혜(Paññā)의 차이

믿음(saddhā)의 특성은 윤회에서 좋은 결과가 있음을 알고서 보

---

161 선행을 할 때 좋은 의도나 서원을 세우는 것이 그 선행을 더욱 유익하게 한다.

시와 나눔을 실천하는 것이다. 이러한 것들도 좋은 행위이지만 자신을 넘어서 국가, 종족, 종교의 발전을 위한다는 더 높은 마음과는 잘 연결되지 않는다. 반면에 지혜(paññā)는 자신의 국가, 민족 그리고 종교를 위한다는 숙고에서 선행을 행한다. 자신의 선행이 좋은 결과를 낳는다는 것을 잘 알고서 하지만 자신만의 번영을 우선하지는 않는다. 이처럼 지혜와 믿음은 기본적으로 다르다.

자신의 국가를 지혜의 눈이나 믿음의 눈으로 바라볼 수 있고 혹은 둘 다 지니고 바라볼 수 있다. 지혜든 믿음이든 그것이 극단으로 치우치면 자신의 견해와 판단은 편향되게 된다. 그러므로 최고로 좋은 것은 지혜와 믿음의 균형을 맞추는 것이다. 성현이 이르기를 "지나친 믿음은 애착이 되고, 지나친 지혜는 속임수로 끝난다."라고 하셨기 때문이다.

이 책에서는 지혜와 믿음의 균형을 맞추는 것에 관해서는 깊이 다루지 않았다. 이 주제는 다른 책을 통해서 심도 있게 접근하여야 설명도 되고 이해가 되기 때문이다.

훈계

여러분의 지혜가 참이든 거짓이든, 중요한 것은 자신의 마음가짐이다. 심장이 살아 있는 생명체에게 없어서는 안 될 가장 중요한 것처럼 바른 태도를 지님도 어느 곳에서나 항시 중요하다. 지혜는 현재뿐만 아니라 다음 생의 번영에 관해서도 결정짓는다. 오직 지혜로운 자만이 보시(dāna)나 지계(sīla) 그리고 다른 바라밀행(pāramī)의 이익에 관해 잘 안다. 지혜로써 바라밀이 완성된다.

세간에서 가정의 행복은 온전히 지혜로운 남편과 아내가 이루어 낸다. 가정의 지속과 번영도 지혜가 선두에 서고 근면함이 따라 주어야 바라던 바대로 성취된다. 사회에서도 지혜를 가진 자만이 많은 존경을 받는다. 어떤 이가 많은 부를 가졌다 할지라도 지혜롭지 못하고 배움이 적다면 사회 지도자가 될 수 없다.

지혜는 현대 사회에서 가장 뛰어난 힘이다. 부자는 자신의 동료들과 함께 지식과 기술에 대해 잘 알고 있기에 부를 축적할 수 있다. 세계 경쟁에 있어 아주 사소한 것이라도 지적이고 기술이 앞선 쪽이 승리하게 되어 있다. 「짜두담마 자따까(Catudhamma Jātaka)」에는 원숭이로 태어난 보살의 이야기가 나온다. 그곳에서 원숭이는 영리한 전략으로 악어에 대항해 강과 같은 영역에서 승리한다고 나온다.[162]

> 여기서 나오는 전략을 진정한 의미의 지혜라고 보기는 어렵지만 그런 지혜가 세간의 일에서는 승리를 가져온다는 것을 보여 주고 있다. 이 전생담에서 얻을 수 있는 교훈은 바로 이것이

---

[162] 보살이 원숭이로 태어났을 때 데와닷따의 전신인 악어가 보살의 심장을 취하려고 원숭이를 꾀어 자신의 등에 태웠다. 악어가 원숭이를 물에 빠트리려 하자 원숭이는 꾀를 내어 자신의 심장은 내 가슴에 있지 않고 나무에 걸어 두었다고 했다. 그것을 확인하러 악어가 뭍으로 가자 원숭이는 악어 등에서 뛰어내려 목숨을 지켰다. 전재성(2023), 1454-1455.

선한 마음부수

다.[163]

마호사다 자따까에서 보살의 나라를 쭐라니(Cūḷani) 왕과 께왓따 (Kevaṭṭa) 수상이 이끄는 군대가 공격하였다. 마호사다는 지혜로운 전략을 써서 그 강력한 군대를 몰아내었다.[164]

예전에 미얀마는 과학과 기술이 뒤처졌다. 그래서 제국주의자들이 100년이 넘도록 미얀마를 통치하였다. 미얀마는 자원이 풍부해서 많은 외국 자본가들이 호시탐탐 노리고 있었다. 그들은 그들의 뛰어난 기술력을 동원해서 우리의 석유와 광물을 발굴하고 숲을 훼손하며 우리의 자원을 부당하게 이용했다.[165]

현재까지도 외국의 자본가들은 불굴의 노력으로 이 땅에서 잘 살아가고 있다. 우리가 이 시대적 요구에 잘 부응하지 못해서 외국 자본가들의 희생양이 되었다. 우리 산업은 뒤처졌고 적절히 대응하지 못했다. 사실 우리는 여전히 나무 아래에서 바구니는 던져 두고 코 골며 자는 시종과 같다.[166]

---

163 원숭이가 악어의 위험에서 벗어나고자 계책을 세운 것은 진정한 지혜는 아니지만, 그것으로 생명을 지킬 수 있었다. 지혜로운 이는 세간에서도 위험을 피하고 성공한다는 것이다.

164 부처님이 보살행을 닦을 때 마호사다라는 현자로 태어났다. 왕과 수상이 보살을 시기하여 해하려 하였으나 지혜로 물리쳤다. 전재성(2023), 2539-2638.

165 미얀마가 국력이 약하여 외국 자본에 침식당하였다. 이는 구한말의 우리 민족 수난기를 떠올리게 한다.

166 좋은 자원이 있음에도 활용하지 못하고 다른 나라에 침탈당하는 미얀마의 상황을 나타낸다.

미얀마 국민이여, 기술과 지식이 부족한 국가는 수렁에 빠진다. 애국적 교사와 지식인들은 국민을 바른길로 인도해야 한다. 학생들은 지식 탐구에 열중해야 한다. 덕을 갖춘 장자와 출가자는 더욱 나은 지식과 교육을 전해야 한다. 전 국가적 차원에서 이러한 노력이 행해져야 바로 이 생에서 우리는 이전의 번영을 다시 찾을 수 있고 지혜도 자랄 것이다. 또한 다음 생에서 선천적 지혜를 지닌 이가 될 수 있다.[167]

8. 자애(Mettā)

자애만큼 특별한 마음부수도 없다. 성냄 없음(adosa)이라는 마음부수가 바로 자애이다. 이것은 다른 이의 번영, 평화, 복지를 바라는 유익한 정신법이다. 그러므로 자애라는 것은 다른 이가 잘되고 번영하기를 진정으로 바라는 것임을 유념해야 한다.

거짓 자애

부부 사이나 연인 사이, 혹은 친족 간에 존재하는 자애가 있다.

---

167 이 책이 처음 출간된 것이 1933년이다. 90년이라는 긴 세월이 흘렀는데 당시 우리나라는 미얀마와 비슷한 상황에 있었지만 현재 발전된 국가가 되었다. 반면 미얀마는 그 후 아직까지도 여러 어려움에 처해 있는 상황이다.

그러한 자애도 역시 서로 도움을 주려는 행위와 바람을 가지고 있다. 상호 간에 '사랑'이라는 것이 있다고 말해진다. 그들은 이런 형태의 애착에도 자애라는 말을 쓴다. 하지만 이것은 '세간의 애정(gehasita pema)'[168]으로 불리는 욕망이나 애착의 한 형태이다. 이것을 진정한 혹은 참된 자애라고 여겨서는 안 된다.[169]

한때 한 재가자가 존경하는 스님을 찾아뵙고 자애 수행의 바른 실천법에 관해 물었다. 그 비구 스님은 다음과 같이 말했다. "당신이 최고로 사랑하는 대상에게 먼저 자애의 마음을 보내세요." 그래서 그 사람은 자신의 아내를 가장 사랑했기에, 그날 밤 아내의 방 밖에서 그녀를 향한 자애 수행을 하였다. 얼마 지나지 않아 그 남자는 아내에 대한 애정에 압도되어 그녀의 방으로 돌진했다. 문이 굳게 잠겨 있어서 머리를 문에 처박고 멍까지 들었다. 이러한 종류의 사랑을 '세간의 애정'이라 부른다.[170]

---

168 가족 간 혹은 친지간의 애정은 탐욕을 다루는 부분에서 이미 논의되었다.

169 연인 사이의 사랑이나, 부모가 자식이 성공하기를 바라는 마음 등은 자애의 마음이 될 수도 있으나, 탐욕에 뿌리를 둔 애정인 경우가 많다. 자기 자식만이 성공해서 번영하고 다른 이들은 염두에도 두지 않는 그러한 마음을 두고 자애라고 할 수는 없다. 『청정도론』에도 자애의 가까운 적은 애욕이라고 나온다.

170 선한 마음인 자애의 마음을 유지하는 것은 어렵다. 자애의 마음과 탐욕에 기반한 애정을 구별하기도 어렵고, 선한 마음인 자애의 마음이 불선한 마음인 애정으로 넘어가지 않게 하기도 어렵다.

송아지에 대한 소의 사랑

어떤 이는 애정과 같은 것은 진정한 자애로 발전되지 않는다고 한다. 하지만 송아지에 대한 어미 소의 사랑도 유익한 마음(kusala citta)이 생겨나게 할 수 있다. 한때 어미 소는 송아지에게 젖을 먹이며 진정한 자애의 마음으로 키우고 있었다. 어느 날 한 사냥꾼이 소를 향해 창을 던졌다. 하지만 송아지에 대한 어미 소의 광대한 자애의 힘으로 창은 야자수 잎처럼 축 늘어져 송아지는 어떠한 해도 입지 않았다. 이것을 보더라도 친척, 친구, 부부, 부모와 자식 사이의 사랑도 진정한 자애로 계발될 수 있다.[171]

사마와띠(Sāmāvatī) 왕비의 자애

옛 꼬삼비(Kosambī) 왕국의 우떼나(Utena) 왕에게는 세 명의 왕비가 있었다. 그들은 사마와띠(Sāmāvatī), 마간디(Māgaṇḍī), 와술라닷따데위(Vasuladattādevī)였다. 사마와띠는 삼보에 귀의하는 불자였으나, 마간디는 처녀 시절부터 부처님에 대한 원한을 품고 있었다. 마간디는 자애 수행을 닦는 사마와띠를 못마땅히 여기고 그녀의 허물을 찾아내려 하였다. 우떼나 왕은 세 명의 왕비의 침소를 차례대로 찾아 하프 연주를 하곤 했다.

왕이 사마와띠의 침소를 찾는 날이 되자, 마간디는 자신의 삼촌

---

171 애정과 자애의 구별은 어렵다. 애정과 애착이 자애로 되기도 하고, 자애의 마음이 애정으로 되기도 한다.

선한 마음부수

을 시켜 독사를 왕이 즐겨 타는 하프의 구멍에 넣었다. 그리고 그 뱀이 나오지 못하게 화환으로 막았다. 그러고 나서 그녀는 왕에게 징조가 좋지 않은 무서운 악몽을 꾸었으니 사마와띠의 침소에 가지 말라고 하였다. 하지만 왕은 그녀의 말을 무시하고 사마와띠의 침소로 향했다. 마간디는 마치 자신이 왕의 안전을 염려하는 듯이 왕을 따라갔다.

왕이 저녁 식사를 마치고 사마와띠의 소파에 기대어 앉았을 때 그녀는 아무도 모르게 화환을 치워서 뱀이 하프로부터 나오게 했다. 뱀은 잔뜩 독이 올라 쉿쉿 소리를 내며 왕에게 접근했다. 마간디는 놀란 척하며 사마왓띠와 그녀의 시종들을 나무랐다. 왕에게도 왜 자신의 말을 듣지 않았냐고 나무랐다.

마간디의 음흉한 계략을 전혀 모르는 왕은 화가 나서 활을 집어 들어 사마와띠 왕비와 시종들을 향해 겨누었다. 그 순간에도 사마와띠 왕비는 자신의 시종들을 향해 왕이나 마간디에 대해 화내거나 분노하지 말라고 하였다. 대신 자신들이 늘 하던 대로 그들을 향해 자애의 마음을 지니라고 하였다. 이 순간 우리를 지킬 수 있는 것은 자애의 마음밖에 없다고 말하였다. 그래서 왕과 마간디 왕비를 향해서 온 마음을 다해 자애를 보내라고 하였다. 그리고 어떠한 원한이나 분노, 복수의 마음을 품지 말라고 하였다.

시종들도 평소에 자애 수행을 많이 닦았기에 사마와띠 왕비의 말을 따라 우떼나 왕과 마간디 왕비에 대해 자애의 마음을 계속 보내었다. 화가 치민 왕은 분노를 다스리지 못하고 화살을 쏘았다.

화살을 쏘았지만 그녀들이 지닌 자애의 힘으로 화살은 왕에게 다시 돌아왔다. 정신을 차린 왕은 사미와띠 왕비에게 무릎을 꿇고 용서를 구했다. 왕은 자신이 사려 깊지 못했음을 깨달았다.

일화가 전하는 교훈

마간디 왕비는 자신보다 예쁘고 명성도 높았던 사마와띠 왕비를 시기하고 질투했다. 그녀의 마음은 질투(issā)와 성냄(dosa)으로 가득 찼다. 그래서 그녀는 속임(māyā)으로 가득 차서 나쁜 계략을 꾸몄다. 우떼나 왕은 뱀을 보는 순간 분노(dosa)로 가득 찼다. 그가 쏜 화살이 부메랑처럼 자신에게 돌아오는 것을 보고는 왕은 화내는 마음이 가져온 결과에 큰 두려움을 느꼈다. 반면 사마와띠 왕비와 시종들은 기본적으로 선한 성품의 사람들이었다. 그들은 자신들을 해치려는 사람들에게도 자애로운 마음을 잃지 않았다.

만약 여러분이 매우 고귀한 삶을 살아가고자 원한다면 사마와띠 왕비의 태도와 행동을 따라 배워야 한다. 시기, 질투, 성냄과 마주쳐도 항시 마음을 다스리고 보복의 마음을 가져서는 안 된다. 선행을 베풀 기회가 있으면 비록 그 사람이 당신에게 악하게 했더라도 선업을 지으라. 값비싼 최상의 무기인 자애를 적극적으로 활용하라. 자애는 물과 같고, 성냄은 불과 같다. 많은 물이 있다면 불을 쉽게 꺼 버린다. 그러므로 성냄이라는 불길을 끄고 모든 존재에 대한 자애의 마음을 길러 내야 한다.

선한 마음부수

9. 연민(Karuṇā)

까루나(karuṇā)는 고통에 빠진 존재들에 대해 연민을 지니는 것이다. 연민은 불운한 존재를 구하려 하고, 다른 이의 고통을 경감시키려 한다. 우리는 비참한 이를 보면 그를 도우려는 마음이 일어난다. 만약 그를 돕지 못하면 불안하고 염려한다. 이러한 상태는 진정한 연민(karuṇā)이 아니다. 이것은 선한 이들의 마음에 대부분 생겨나는 동정심을 기반으로 하는 정신적 불만족에 지나지 않는다.[172] 이 정신적 불만족은 불선법에 속하지만 크게 사악하다고 할 수는 없다. 이것은 사실 선하고 동정심이 많은 이들에게 생겨나는 자연스러운 마음 상태이다.

거짓 연민

가끔 사람들은 자신의 친지나 친구가 어려움에 처해 있으면 그들에게 동정심을 일으키고 도우려 한다. 사실 이러한 정신법은 진정한 연민이 아니고 슬픔이다. 진정한 연민은 고통에 빠진 이에 대한 연민과 동정이 일어나지만, 거짓 연민은 걱정과 근심이 생겨난

---

172 아비담마에서는 정신적 불만족은 성냄에 뿌리박은 마음에서만 일어난다. 그래서 단지 어려운 이를 보고 가슴 아파하는 것은 엄격히 보면 대상을 밀어내는, 즉 화내는 마음에 속한다. 그래서 『청정도론』에서 '연민의 가까운 적이 재가에 의지한 슬픔이다.'라고 나온다. 재가에 의지한 슬픔이란 세속적으로 울며 슬퍼하는 것 등을 의미한다.

다.[173]

현자들의 정신법

모든 선한 이들은 불운한 이들을 보면 연민의 마음이 생겨난다. 그러나 그들은 단지 그들의 친구, 친지, 친척 등 지인들에게만 자애를 펼친다. 하지만 십바라밀을 실천하거나 이미 그러한 바라밀을 완성한, 특히 보살과 같은 분들은 모든 존재에 대한 대연민심을 지닌다. 마치 부모가 가엾고 고통받는 자식들을 향해 연민을 느끼는 것처럼 보살은 악행을 지은 존재들이 악처에 떨어지고 나쁜 과보를 받는 것에 대해 연민한다. 현자들은 모든 존재에 대해 차별없이 자애의 마음을 지닌다.[174] 그들은 아무리 나쁜 자식이 있어도 모두를 차별 없이 대하는 부모에 비유할 수 있다.

자애와 연민은 보살이 바라밀행을 닦으려고 태어나는 모든 생의 정신과 물질의 연속에서 굳건히 뿌리내리고 있었다. 보살이 완전한 깨달음을 성취하는 그 순간에 자애와 연민은 원만히 구족되었다. 우리의 본사(本師)이신 고따마 붓다[175]께서 깨달음을 성취하기

173　아비담마의 가르침에 익숙하지 않은 분들은 선법과 불선법의 구분이 쉽지 않을 것이다. 선법은 그 마음과 함께하는 정신법이 항시 편안함과 가볍고 부드러운 상태로 생겨난다. 그래서 연민도 고통에 빠진 자가 고통에서 벗어나기를 바라는 형태이지, 그것을 보고 마음 졸이고 근심하는 형태로 일어나면 불선법이 되어 버린다. 이런 점에서 선법과 불선법을 제대로 구분하기가 쉽지 않다.

174　보살과 같은 현자가 일으키는 연민은 중생들의 연민보다 훨씬 크고 제한이 없다.

175　고따마 붓다(Gotama Buddha)는 석가모니 부처님을 말한다. 상좌부 불교에서는 부처

전날 밤 마라(māra)[176]는 깨달음을 방해하기 위해 온갖 간섭과 방해를 하였다. 그때에도 부처님은 마라를 흔들림 없는 자애의 마음으로 대하였다. 부처님께서는 자신을 망치려는 마라를 향해 크나큰 관용의 마음으로 자애를 끝없이 보내었다. 부처님을 시해하려던 데와닷따에 대해서도 부처님은 이렇게 대처하셨다.

오늘날 덕과 행을 원만히 하려는 이는 보살이 행한 것을 따라야 한다. 모든 보살은 "나는 상대가 잘하면 나도 잘하겠다. 선을 행하면 선으로 갚으리라."라는 마음을 지니지 않는다. 대신 다음과 같이 "다른 이가 아무리 나쁘게 하여도 나는 그들에게 선행을 하리라. 선한 이든 악한 이든 간에 나는 그들에게 선을 행할 것이다."라고 보살은 마음먹는다. 그래서 보살들은 모든 이들을 향해 진정한 자애와 연민의 마음을 지닌다.[177]

10. 같이 기뻐함(Muditā)

다른 이의 번영, 복리, 성공 등을 같이 기뻐하는 것을 무디따(muditā)라고 한다. 악한 사람들은 다른 이가 명성, 승진, 부, 교육,

---

님을 석가모니 붓다보다는 고따마 붓다라는 명호로 경전에서 주로 일컫는다. 고따마 붓다가 공식적 명호이고 석가모니불은 석가족의 성자라는 뜻으로 별칭에 속한다.
176 마라는 마구니를 뜻한다. 부처님의 깨달음을 방해하는 사악한 신이다.
177 보살의 자애와 연민은 대가를 바라고 하지 않으며 차별도 없다.

계급, 지위 등을 얻으면 시기, 질투, 탐욕의 마음을 지닌다. 그러나 고귀한 마음을 지닌 이는 그러한 것을 보고 들으면 기뻐한다. 그들은 다른 이의 성공에 대해 진정으로 박수를 보낸다. 그리고 다음과 같이 생각한다. '오, 저들은 이전에 선행을 짓고 선업을 닦았기에 저 같은 부, 명예, 성공, 명성을 얻었다. 저들은 당연히 누려야 할 결과들을 맞이하고 있다.' 이러한 형태로 일어나는 것이 진정한 같이 기뻐함(muditā)이다.

잘못된 같이 기뻐함

자신의 친지나 친구가 좋은 일이 있을 때 지나치게 기쁨과 즐거움으로 넘쳐 나는 것은 올바른 같이 기뻐함(muditā)이 아니다. 이러한 기쁨은 같이 기뻐함과 닮아 보이지만 실상은 잘못된 것이다. 그처럼 눈물이 날 정도로 기뻐 넘치는 것은 탐욕과 갈애가 결합한 '희열과 만족(pīti-somanassa)'이라고 한다. 그렇다고 해서 그러한 기쁨과 즐거움을 모두 거짓된 것으로 여겨서는 안 된다. 그러한 기쁨 가운데 진정한 같이 기뻐함이 있을 수도 있다.[178]

---

178 다른 이의 성공을 보고서 '참으로 잘된 일이구나. 그의 번영이 지속되기를!' 하며 생겨나는 정신법이 같이 기뻐함이다. 그러한 성공을 보고서 기뻐 날뛰며 흥청대는 등의 행위는 여기서 말하는 같이 기뻐함이 아니다.

11. 평온(Upekkhā)

평온은 모든 존재에게 평정하고 치우치지 않는 것이다. 아비담마에서 평온(upekkhā)은 중립(tatramajjhatatā)의 마음부수로 알려진다. 평온은 자애와 달리 사랑을 포함하지 않는다. 평온은 연민과 달리 동정심이 없다. 평온은 같이 기뻐함(muditā)과 달리 기쁨을 내포하지 않는다. 평온은 성냄과 달리 분노와 악의를 포함하지 않는다.[179] 평온은 모든 선하고 악한 결과는 그 업이 초래한 것이라는 사실에 기초한다. 평온은 '업이 자신의 재산이다(kammassakā).'라는 것을 바탕으로 생겨난다.[180]

오늘날 우리는 종종 평온이라는 말을 버릇없는 아이나 학생과 관련하여 쓰곤 한다. 즉 사람들은 자신의 아이들이나 학생이 잘하든 못하든 그들에게 관심을 두지 않는 것을 평온으로 안다. 이러한 것들은 단지 자신의 의무를 게을리하는 것에 지나지 않는다. 하지만 진정한 평온은 사랑과 미움 어느 하나에 치우치지 않고 관심을 기울인다. 평온은 일반의 사람에게도 일어날 수 있다. 하지만 평온의 선정(jhāna upekkhā)은 사무량심에서 앞선 자애, 연민, 같이

---

179 평온은 좋은 대상에 달라붙지 않고, 싫은 대상을 밀어내지도 않으며 평정한 상태를 유지하는 것이다.

180 업 자산 정견을 가지는 것은 운명론을 취하는 것과는 다르다. 업 자산 정견은 자신이 실제 지은 행위인 업이 조건이 되어 결과를 일으킨다는 것에 대한 바른 견해이다. 다른 어떤 힘이 작용하거나 원인 없이 결과가 생겨나는 것이 아니라고 바로 아는 것이다.

기뻐함을 완전하게 닦은 자가 성취할 수 있다.[181]

네 가지 거룩한 머묾(Four Brahmavihāras)

자애(mettā), 연민(karuṇā), 같이 기뻐함(muditā), 평온(upekkhā)을 네 가지 거룩한 머묾(four brahmavihāras)이라 한다. 이 말의 의미는 '존재들을 향해 자애, 연민, 같이 기뻐함, 평온의 마음을 보내며 머무는 이는 고귀한 삶을 산다.'라는 것이다. 그러한 삶을 사는 것은 성냄, 시기, 질투의 열기로 메마른 것이 아니다. 그것은 네 가지 거룩한 머묾의 습기로 가득 찬 삶이다.

미얀마에서는 그러한 고귀한 마음 상태는 모두 '거룩한 생각으로 가득 차고 충만하다(brahmaso).'라고 한다. 하지만 어떤 이는 '브라흐마소(brahmaso)'라는 말은 빠알리어 '브라흐마짜리야(brahmacariya)'에서 연유한다고 한다.[182]

자애(Mettā) 계발하기

자신의 마음을 항시 자애로 넘쳐 나게 하라. 그러면 모든 존재를 향해 자애로운 마음을 가질 수 있을 것이다. 달리 말하면 자애

---

181 평온의 마음은 일반인에게서 생겨날 수 있다. 하지만 사무량심의 마지막인 평온의 선정은 아무나 성취할 수 없다. 이 선정을 얻기 위해서는 자애, 연민, 같이 기뻐함 가운데 하나로 초선, 이선, 삼선을 얻어야 한다. 자애를 예로 들면 자애 수행으로 삼선까지 얻은 이가 평온을 닦아 평온의 사선정을 증득할 수가 있다는 말이다.

182 담마간다 스님의 설명에 따르면 미얀마 사람들은 빠알리어를 줄여서 쓰는 경우가 많은데, '브라흐마짜리야'를 '브라흐마소'라고 줄여서 사용했다는 것이다.

가 계발되면 당신의 마음은 타인을 위한 친절과 사랑으로 넘쳐 날 것이다.

자애 보내기

당신이 어떤 이를 대상으로 자애를 보낼 때 "그가 번영하기를!" 이라고 기원하면서 보낸다. 이때 당신의 자애는 그것을 받는 사람과 소통하듯이 생겨난다. 당신의 자애가 상대방의 마음에 가서 닿듯이 생겨난다.[183] 그러므로 어떤 사람을 향해 자애로운 마음을 지닐 때 사람들은 "당신은 다른 이에게 자애를 보낸다."라고 한다.[184]

자애를 보내는 방법

빠알리어로 다음과 같이 암송한다.

> "삽베 삿따 아웨라 혼뚜(Sabbe sattā averā hontu)
>
> 아뱌빳자 혼뚜(Abhyāpajjā hontu)
>
> 아니가 혼뚜(Anighā hontu)
>
> 수키 앗따낭 빠리하란뚜(Sukhī attānaṁ pariharantu)."

---

183 다른 이에게 자애를 보낼 때 그 사람을 직접 떠올리고 그에게 바로 전달하듯 보낸다. 그러므로 자애 수행은 상대가 존재하여야 한다. 상대가 존재하지 않는, 즉 죽은 이를 위해서 자애를 보내면 자애 선정이 생겨나지 않는다.

184 자애의 마음을 지니는 것은 자애의 대상에게 나의 자애의 마음을 전달하듯 한다는 것이다.

이것의 의미는 다음과 같다.

모든 존재들이 위험에서 벗어나기를!
모든 존재들이 정신적 고통에서 벗어나기를!
모든 존재들이 육체적 고통에서 벗어나기를!
모든 존재들이 번영하기를!

자애를 효과적으로 전하기

만약 당신이 어떤 사람이나 존재의 번영을 기원한다면 그것은 자애가 적절하게 생겨났다고 할 수 있는가. 만약 빠알리어로 '위험에서 벗어나기를(아웨라 혼뚜, averā hontu)' 등으로 자애를 보낼 때 집중하지 않고 망상을 피우며 건성으로 한다면 자애는 상대방에게 원하는 대로 전해지지 않는다. 이렇게 빠알리어로 하는 것보다 당신이 완전히 이해할 수 있는 모국어로 집중해서 하는 게 훨씬 낫다.[185]

또한 자애를 보낼 때는 상대방을 반드시 지칭하여야 한다. 예를 들면, "나의 어머니가 위험과 어려움에서 벗어나기를, 나의 어머니

---

185 초기불교에서 주문이라고 볼 수 있는 보호주(保護呪) 혹은 보호경(保護經, parittā)이 있다. 이러한 보호경 역시 특정 소리에서 그 힘이 나오는 것이 아니라 경전의 내용이 그 권능을 가진다. 그러므로 보호경을 독송하거나 자애의 마음을 보낼 때 말은 당사자가 분명히 이해하여야 하고, 집중해서 정성을 들여서 한다면 그 효과가 크다. 삼귀의도 빠알리어를 아는 이라면 원어로 하는 것이 좋지만, 뜻을 모르는 이는 소리만 따라 하느니 우리말로 하는 게 낫다.

가 몸과 마음이 행복하기를, 나의 어머니가 건강하고 오래 사시기를!" 이렇게 자애를 보낼 때 진실하고 정성스럽게 하여야 한다. 아버지와 스승님들께 자애를 보낼 때도 같은 방식으로 행한다. 모든 존재를 향해 자애를 보낼 때는 위에서 예로 든 문구에서 '어머니' 대신 '모든 존재'라고 바꾸면 된다.

말하자면 다음과 같이 행해야 한다. "나의 어머니가 위험에서 벗어나기를, 나의 어머니가 행복하기를!", "나의 아버지가 위험에서 벗어나기를, 나의 아버지가 행복하기를!", "나의 스승님이 위험에서 벗어나기를, 나의 스승님이 행복하기를!" 여기서 핵심은 자애를 보내는 대상의 행복, 평화와 번영을 바라면서 진정으로 흔쾌히 하여야 한다는 것이다.

연민(Karuṇā)을 보내는 방법

연민이라는 마음부수(karuṇā cetasika)는 어려움에 부닥쳐 고통받는 모든 존재에 대한 연민의 마음이다. 연민의 핵심은 어려움에 빠진 이들이 그것에서 벗어나기를 진정으로 바라는 것이다. 그러므로 연민을 보낼 때는 빠알리어로 '둑카 뭇짠두(dukkhā muccantu)'라고 한다. 이것의 의미는 '그들이 지금의 고통에서 벗어나기를!'이다. 진정한 연민은 다른 이가 고통에서 벗어나 행복하기를 간절히 바라는 것이다. 그렇다고 해서 중병에 걸린 사람을 향해 "그가 지금 고통에서 벗어나기 위해 빨리 목숨이 다하기를!"이라고 하는 것은 진정한 연민이 아니다. 그것은 분노와 함께하는 잘못된 행위(byapada duccarita)이다.[186]

진정한 연민은 고통받는 사람이나 존재에 대한 고귀한 연민의 마음가짐이다. 단지 말로만 "그 사람이 고통에서 벗어나기를!"이라고 되뇌는 것은 진정한 연민이 아니다.

같이 기뻐함(Muditā)을 보내는 방법

같이 기뻐함(muditā)은 다른 이들의 성공, 번영 그리고 성취에 대해 함께 기뻐함이다. 이것은 진정으로 다른 이가 자신들의 부, 지위, 번영, 행복, 명예 등을 지속해서 누리기를 바라는 것이다. 같이 기뻐함을 전하는 방법은 빠알리어로 다음과 같이 암송한다. "야타랏다 삼빳띠또 마 위갓찬뚜(Yathāladdha sampattito mā vigacchantu)." 이것의 의미는 '그들이 성취한 성공이나 행복을 잃지 않기를!'이다. 이처럼 사람들의 행복과 번영을 보면 같이 기뻐함을 보내야 한다. 뜻을 새기지 않고 입으로만 염송한다면 진정한 같이 기뻐함이 아니다.

평정심(Upekkhā) 보내기

평정심(upekkhā)은 치우침 없이 바르게 보는 것이다. 평정심을 보

---

186 단지 현재 상황을 싫어해서 다른 상황이 펼쳐지기를 바라는 마음은 성냄이다. 고통에 빠진 이들을 대상으로 온전히 연민이라는 선한 마음부수가 생겨나게 하는 일은 쉽지 않다. 단지 고통을 벗어나서 평안하기를 바라는 마음을 지녀야 한다.

낼 때는 다음과 같이 새겨야 한다. "업이 자신의 재산입니다. 업에 의해서 좋고 나쁜 것이 생겨납니다."

즉 평정심을 보낼 때는 다음과 같이 숙고해야 한다. "내가 그의 행복을 위해 자애를 보내어도 그가 좋은 업을 지었어야 그가 행복할 것이다. 내가 그를 위해 연민을 보내더라도 그가 선업을 가지고 있어야 그가 고통에서 벗어날 것이다. 내가 그의 번영에 대해서 기뻐하고 그가 자신의 번영을 잃지 않기를 바라더라도 그가 좋은 업을 지니고 있어야 그 번영과 그의 삶을 유지할 수 있을 것이다. 그러므로 나는 그에 대해 관여하지 않는다. 그는 자신의 업을 자신의 재산으로 가진다."

이들 네 가지 고귀한 마음의 상태(the four Brahma vihāra)는 각각 다른 마음의 전달이다. 자애는 모든 존재를 향해 자애와 사랑을 전한다. 연민은 힘든 상황에서 어려움을 겪는 이들을 향해 연민과 동정을 전한다. 같이 기뻐함은 성공을 성취한 이를 대상으로 하여 그에 대해 같이 기뻐함을 전한다. 평정심은 모든 존재가 업에 구속된다고 보고 그들에 대해 평정을 전한다.

그러므로 사무량심은 모든 존재나 한 개인을 향해 동시에 보내서는 안 된다.[187] 만약 여러분이 자애의 마음을 효과적으로 보내

---

187 자, 비, 희, 사의 마음을 함께 보내서는 안 된다는 말이다. 자애를 보낼 때는 자애만,

기 위해서는 빠알리어 혹은 자국어로 다음과 같이 염송해야 한다. "위험으로부터 자유롭기를, 근심에서 벗어나기를, 고통에서 벗어나기를, 행복하게 살아가기를!"[188] 자애의 문구는 정성껏 마음을 집중해서 염송한다.[189]

이와 같은 방식으로 고통받는 존재들에게 연민을 보낼 때도 빠알리어나 자국어로 하면 된다. 빠알리어를 이해하지 못하면서 그냥 염송하거나, 자국어로 하더라도 진정성이 없으면 별다른 효과가 없다. 요즘 불자들은 대부분 형식적인 의식에 많이 빠져 있다. 그러므로 다음 세대에게 본보기가 되기 위해서는 더욱더 경건하고 충실한 불자가 되어야 하겠다.[190]

12 · 13 · 14. 세 가지 절제(Viratī)

세 가지 절제(viratī)라는 마음부수를 공부하려면 우선 열 가지

같이 기뻐함을 보낼 때는 같이 기뻐함만을 상대방에게 보내야 한다. 자, 비, 희, 사는 각기 다른 대상과 상황에서 생겨나는 정신법이다.

188 "아웨라 혼뚜, 아뱌빳자 혼뚜, 아니가 혼뚜, 수키 앗따낭 빠리하란뚜.(averā hontu, abyāpajjhā hontu, anīghā hontu, sukhī attānaṁ pariharantu.)"

189 자애의 문구는 단지 염송하는 데 그치는 것이 아니다. 그 말을 염송하면서 그 의미 즉 자애의 마음을 상대방에게 진정으로 보내야 한다.

190 자애 수행이 좋다고 하니 말로만 자애의 문구를 해서는 안 된다. 보여 주는 형식이 아닌, 지하철을 이용하며 잠깐이라도 다른 존재에 대해 자애의 마음을 전하는 것이 진정한 자애 수행이 된다.

악행(duccarita)에 대해서 알아야 한다. 이 책에서는 이 내용에 대해서 깊게 다루지 않겠다. 열 가지 악행은 다시 두 가지로 나누어 볼 수 있다. 하나는 생계와 관련된 것이고 다른 하나는 그렇지 않다. 예를 들어 돈을 뺏기 위해 살인을 하고, 청부살인을 하고, 생계를 유지하기 위해 사냥꾼이나 어부가 되는 것 등이 생계와 관련된다. 화나 미움으로 인해 생명을 빼앗는 악행은 생계와 관련되지 않는다. 이처럼 다른 악행들도 두 가지 경우로 나누어 볼 수 있다.[191]

법정에서 허위 증언을 하거나, 바르지 않은 주장을 지지하거나, 허위나 거짓말로 수입을 얻는 것들은 생계와 관련한 불선한 행위들이다. 어떤 것을 얻으려는 의도 없이 거짓말, 거친 말, 꾸며대는 말을 하는 것은 생계와 관련되지 않는 말로 하는 악행(vacī duccarita)이다.

절제(Virati)

몸으로 짓는 악행(kāya duccarita)과 말로 짓는 악행(vacī duccarita)을 삼가는 것을 절제(virati)라고 한다. 만약 거짓말을 할 수 있는 상황에 거짓말을 삼가면 그것이 생계와 관련되지 않으면 바른 말 절제(sammāvācā viratī)라고 한다. 하지만 이 경우에 그것이 생계와 관련이

---

191 열 가지 악행은 살생, 도둑질, 삿된 음행, 거짓말, 이간하는 말, 거친 말, 쓸데없는 말, 탐애, 분노, 사견이다. 이러한 악행은 크게 생계와 관련하여 짓거나, 그것과 상관없이 짓는 경우로 나누어 볼 수 있다.

있다면 바른 생계 절제(sammā ājīva viratī)라고 한다.[192]

생명체를 죽일 수 있는 상황에서 살생을 삼간다면 바른 행위 절제(sammā kammanta viratī)라고 한다. 하지만 이 경우가 생계와 관련하여 생겨나면 바른 생계 절제라고 한다.

절제에 속하지 않는 여타의 선행

세 가지 절제에 속하지 않는 다른 선행들이 있다. 그들은 이러한 절제의 마음부수와 결합하지 않는 선행이다. 계를 지키기 위해 빠알리어로 '빠나띠빠다 웨라마니 식카빠당 사마디야미(Pāṇātipātā veramaṇi sikkhāpadaṁ samādiyāmi).'[193]라고 염송하며 좋은 말을 하는 경우는 절제의 상황이 아니라면 바른 말(sammāvācā)에 해당한다.[194] 이들은 아름다운 마음부수들에 속한다.

승단에 공양 올리고 부처님께 예경드리며 부처님 가르침을 듣는 것 등은 절제의 상황이 아니라면 바른 행위(sammā kammanta)라

---

192 상인은 정당한 범위를 넘어서서 거짓말로 이윤을 추구하는 때도 있다. 예를 들어 원산지나 중량을 속이는 경우이다. 자신이 수입한 물건을 판매하는데 누군가 '이것은 국산품이 맞나요?'라고 물었을 때 수입품이라고 바로 말하며 거짓말을 삼갈 때 바른 생계 절제이다. 생계와 관련 없이 거짓말을 삼가면 바른 말 절제이다.

193 '살아 있는 생명을 해치는 것을 삼가는 계목을 받아 지니겠습니다.'라는 의미이다. 오계의 첫 번째 불살생을 의미한다. 다른 계목을 암송하는 것도 다 같이 바른 말에 해당한다. 빠알리어가 아닌 우리말로 염송하여도 바른 말에 해당한다.

194 나쁜 일을 할 상황에서 하지 않을 때 절제가 생겨난다. 모기가 성가시게 날아다녀도 죽이지 않고 내쫓아 버리면 절제가 생겨난다. 단지 그런 상황이 아니어도 '살생을 하지 않겠습니다.'라고 하는 것은 절제가 아닌 바른 말을 실천하는 것이다.

할 수 있다. 이러한 바른 행위도 유익한 마음부수들에 속한다. 거래와 장사와 같은 상업은 절제의 경우가 아니면 바른 생계(sammā ājīva)라 할 수 있다. 여기서처럼 절제와 관련된 상황이 아니라면 절제라는 마음부수라고 해서는 안 된다. 그것들은 단지 유익한 마음부수들이라고 알아야 한다.[195]

세 가지 행위에 있어서 절제

세 가지 절제는 다시 세 가지 측면으로 나뉜다. 그들은 (1) 지계(持戒) 절제(samādāna viratī) (2) 직면 절제(sampatta viratī) (3) 근절 절제(samuccheda viratī)이다. 첫 번째로 지계 절제는 계를 준수함에 의한 절제이다. 예를 들어 소를 죽일 상황에서 오계를 받았기에 죽이지 않고 살려 주면 오계의 첫 번째 불살생 항목을 잘 지닌 것이기에 지계 절제(samādāna viratī, samādāna=계의 준수 + viratī=절제)에 해당한다.

한때 어떤 재가자가 스님을 찾아뵙고 오계를 받아 지니고는 자신의 소를 찾기 위해 들판으로 갔다. 언덕을 오르는 중에 큰 구렁이가 그의 발목을 휘감았다. 그는 자신의 칼로 뱀을 죽이려 하였으나 좀 전에 스님께 오계를 받은 것을 떠올리고 살생을 하지 않았다. 그와 같은 지계의 힘에 의해 뱀은 그 사람에게 해를 끼치지 않고 사라졌다. 이 일화는 그 남자가 계를 받아 지니고 절제를 하

---

195 세 가지 절제는 절제의 상황에서, 즉 악행을 저지를 기회가 있음에도 하지 아니할 때 생겨난다. 절제의 상황이 아니라면 단순히 유익한 마음부수라고 알아야 한다.

였기에 지계 절제에 해당한다. 그러므로 계를 받는 순간이나 받고 난 이후의 절제를 지계 절제라고 한다.

어떠한 일을 마주하여 생겨나는 절제는 직면 절제라 한다. 예를 들면 옛날에 스리랑카에서 짝까나(Cakkana)라는 청년이 병든 어머니를 돌보고 있었다. 의사는 신선한 토끼 고기가 어머니의 완쾌에 도움이 된다고 하였다. 그래서 그 청년은 토끼를 잡으려고 나섰다. 논에서 토끼 작은 놈을 잡아서 죽이려 할 때 겁에 질린 토끼를 보고 연민심이 생겨나서 풀어 주었다.

집에 돌아와서 어머님께 그 일을 말씀드리고 다음과 같이 말하였다. "내가 성장해서 옳고 그름을 분간할 수 있을 시기부터 지금까지 나는 살해의 의도로 생명을 해친 적이 없습니다." 이와 같은 확신에 차고 고귀하며 진실한 선언으로 어머니의 병은 나았다.[196] 이 경우에 그 청년은 이전에 계를 지닌다는 생각이 없었다. 단지 그가 토끼를 잡아 죽이려 할 때 연민심이 생겨나 살생을 하지 않은 것이다. 이러한 경우를 직면 절제라 한다. (sampatta viratī, sampatta=도달하다, 마주치다 + viratī=절제)

도의 마음과[197] 결합한 절제는 근절 절제라 한다. 근절 절제는

---

196 초기불교의 가르침에서 진실한 말은 힘을 가진다. 초기불교에서 특정한 권능을 가진다는 보호경도 이러한 진실의 서언에 기초한다. 임산부의 순산을 기원하는 앙굴리말라 보호경이 있다. 이 경에서 앙굴리말라 존자는 "내가 성자로 태어난 이후에 즉 깨달음을 성취하고 나서는 어떠한 생명도 의도를 가지고 해한 적이 없다."라는 진실의 서언을 한다. 이 말이 진실됨으로 인해 보호의 권능이 생겨난다.

197 도의 마음은 깨달음을 성취하는 순간에 마음이라고 보면 된다. 깨달음을 처음 성취할

잠재된 번뇌를 완전히 뿌리 뽑는 형식으로 생겨난다. 도의 마음이 생겨날 때, 정신적 불선법을 모두 잘라내는 절제이다. (samuccheda viratī, samuccheda=잠재된 정신적 불선법을 모두 잘라내는 + viratī=절제) 이런 식으로, 세 가지 절제는 다시 세 가지로 나누어진다.[198]

결론

여기까지가 우리 마음에 영향을 주는 선한 마음부수들(kusala cetasika)에 관한 것이다. 우리의 마음을 더럽히는 불선한 마음부수들(akusala cetasika)에 대해서는 제2장에서 다뤘다. 그러므로 이제 우리는 선하거나 불선한 마음부수들 가운데 어떤 것들이 주로 마음 속에서 생겨나는지 숙고해 보아야 한다.

선한 마음부수들은 그것에 반대되는 것들 즉 가짜 믿음, 가짜 사띠, 가짜 양심, 가짜 수치심 등이 있음을 알았다. 하지만 불선한 마음부수들은 그것들과 반대되는 선한 정신법이 없음을 알 수 있

때 수다원 도의 마음이 한 차례 생겨나고, 이어서 그것의 결과 마음인 과의 마음 즉 수다원 과의 마음이 생겨난다. 도의 마음은 불선법을 제거하는 마음이고, 과의 마음은 불선법이 제거된 상태의 결과 마음이다. 상위의 도와 과의 마음, 즉 사다함, 아나함 과 아라한 도와 과의 마음도 이와 같다.

198 절제에는 1) 바른 말 절제 2) 바른 생계 절제 3) 바른 행위 절제가 있다. 이 세 가지 절제는 다시 1)지계 절제 2) 직면 절제 3) 근절 절제로 세분된다.

다.[199] 그러므로 여러분은 여러분 마음속에 선과 불선의 정신법이 혼재하여 생겨나거나 단지 불선한 정신법이 생겨남을 알아야 한다.[200]

이제 당신은 불선한 생각과 불선한 마음부수들 그리고 악한 행위들은 생과 사의 연속이라 불리는 윤회의 원인임을 알 수 있다. 지능과 지혜를 갖춘 한 사람으로서 생각해 보라. 만약 당신이 선업을 얼마 짓지 않고 악행을 많이 짓다 보면 열반의 실현은 불가능하다. 당신이 아무리 그것을 바라고 기원해도 가능하지 않다.

여러분께 당부드리니 부디 자존감을 지닌 진정 고귀한 사회의 일원이 되기를 바란다. 남에게 보여 주기 위해 선한 척하는 것이 아닌 진정 선한 이가 되라.

나 또한 스스로 다가올 모든 미래생에서 고귀하고 결점 없는 청정한 마음을 기르고 악습, 속임수, 허풍을 완전히 버리려고 한다. 내가 아는 이들, 벗들, 바른 법을 실천하는 모든 이들이 진정한 덕을 갖춘 이들이 되기를!

---

199 선한 혹은 아름다운 마음부수인 믿음, 알아차림, 양심 등은 그와 상반되는 거짓된 믿음 등이 존재한다. 하지만 불선한 마음부수인 탐욕, 성냄 등은 선한 탐욕 혹은 진정한 성냄 등으로 존재하지 아니한다.

200 대부분의 사람들에게는 불선한 마음 상태가 더 많이 생겨난다.

선한 마음부수

제4장

선한 마음과 불선한 마음
모두에 결합하는 마음부수

선과 불선 마음에 공통적으로 결합할 수 있는 마음부수는 다음과 같다.

1. 감각접촉(Phassa)

2. 느낌(Vedanā)

3. 인식(Saññā)

4. 의도(Cetanā)

5. 하나됨(Ekaggata)

6. 생명기능(Jīvitindriya)

7. 마음기울임(Manasikāra)

8. 일으킨 생각(Vitakka)

9. 지속적 고찰(Vicāra)

10. 결심(Adhimokkha)

11. 정진(Vīriya)

12. 희열(Pīti)

13. 열의(Chanda)

이들 마음부수들은 선한 마음 혹은 불선한 마음과 결합할 수 있는 것들이다.[201]

---

201 이들 13가지 마음부수들은 선한 마음에서 일어날 수도 있고, 불선한 마음에서도 생겨날 수 있다. 이전에 살펴본 불선한 마음부수들은 불선한 마음에서만 생겨나고 선

1. 감각접촉(Phassa)

감각접촉은 마음과 대상이 닿음을 말한다. 여기서 닿는다고 하여 손이나 육체가 닿듯 두 대상이 물리적으로 부딪치는 것이 아니라 마음과 대상이 접촉하는 것이다. 감각접촉은 일종의 '닿음'인데 마음과 대상이 만날 때 감각접촉은 실제 접촉하는 것처럼 보인다. 때에 따라서 그러한 정신적 접촉이 육체적 접촉에서처럼 분명하게 인지될 수도 있다.[202]

좀 더 상세히 설명하면, 건강한 사람은 어떤 소년이 레몬을 먹는 것을 보면 입안에 침이 고인다. 소심한 이는 어떤 사람이 싸우는 것을 보면 무서움에 떤다. 청소년기의 학생들은 또래 이성의 소리만 들어도 마음이 콩닥거린다. 이런 예에서 마음은 레몬 등과 '접촉'을 하여 침을 흘리고 무서움에 떨기도 한다. 이러한 형태의 접촉이 '감각접촉'의 특성이다.[203]

감각접촉은 유익한 대상과 해로운 대상 모두와 접촉한다. 선한

한 마음에서는 생겨나지 않는다. 선한 마음부수들 역시 선한 마음에서만 생겨나고 불선한 마음에서는 생겨나지 않는다. 하지만 이번 장에서 살펴볼 13가지는 선한 마음과 불선한 마음 어디에도 생겨날 수 있다.

202 이곳에서 설명하는 감각접촉은 정신적인 것이다. 물리적 접촉이나 부딪침처럼 눈에 보이거나 몸으로 감지되는 것이 아니다. 마음과 대상을 묶어 주는 정신의 법임을 잊어서는 안 된다.

203 이처럼 감각접촉은 정신적인 것이다. 손뼉을 치듯 물질적으로 부딪치는 것을 의미하는 것이 아니다. 레몬의 예에서와 마찬가지로 자신이 레몬을 먹지 않아도 다른 이가 먹는 것만 보아도 이미 정신적으로는 레몬과 접촉한 것이다.

마음과 불선한 마음 어디에도 결합할 수 있는 공통 마음부수이다. 마치 소금이 적당히 들어가면 감칠맛이 나는 좋은 요리가 되고, 잘못되면 짜서 먹지도 못하게 되는 것처럼 감각접촉은 선한 마음과 불선한 마음 어디에도 결합될 수 있다. 이어서 다룰 느낌(vedanā)과 같은 마음부수들도 역시 선하고 불선한 마음 둘 다에 결합할 수 있다.

> 감각접촉의 마음부수는 선과 불선으로 나눌 수 없는 과보의 마음(vipāka citta)이나 작용만 하는 마음(kiriya citta)에도 생겨난다.[204]

2. 느낌(Vedanā)

다음 마음부수는 느낌을 나타내는 웨다나(vedanā)이다. 앞서 마음을 설명할 때 형색과 같은 여섯 가지 대상에 대해 말했다. 이들 여섯 가지 대상 각각은 원하는 대상, 원하지 않는 대상, 중립의 대상으로 나누어진다. 사람들이 원하고 바라던 대상은 원하는

---

204 과보의 마음은 행위의 결과로 받는 마음이고, 작용만 하는 마음은 단지 작용하고 결과를 낳지 않는 마음이다. 이러한 마음들에도 감각접촉은 있다.

선한 마음과 불선한 마음 모두에 결합하는 마음부수

대상[205]이다. 여기에는 아름다운 모습, 달콤한 소리, 좋은 향기, 맛난 음식, 좋은 촉감, 멋진 명칭, 훌륭한 건물 등이 모두 포함된다.

대부분 사람이 원하지 않고 싫어하는 대상은 원하지 않는 대상[206]이다. 여기에는 추한 모습, 거슬리는 소리, 역한 냄새, 맛없는 음식, 달갑지 않은 접촉, 나쁜 명칭, 불결한 건물 등이 포함된다. 좋지도 나쁘지도 않은 대상은 중립대상(iṭṭhamajjhattārammaṇa)[207]이라고 한다. 이러한 대상에는 예쁘지도 추하지도 않은 모습 등이 포함된다.

느낌은 다음의 다섯 가지이다.

(1) 즐거움, 육체적 즐거움(sukha)

(2) 고통, 육체적 고통(dukkha)

(3) 기쁨, 정신적 기쁨(somanassa)

(4) 불만족, 정신적 불만족(domanassa)

(5) 중립, 평온(upekkhā)

---

205 [iṭṭhārammaṇa, iṭṭhā=원하는, 좋아하는 + arammaṇa=대상]

206 [aniṭṭhārammaṇa, aniṭṭhā=원하지 않는 + arammaṇa=대상]

207 iṭṭhamajjhattārammaṇa는 [iṭṭhā=원하는 + majjhatta=중립의 + arammaṇa=대상]으로 나누어 볼 수 있다. 직역하면 원하는 대상이지만 그렇게 좋아할 만한 대상은 아닌 것이 된다. 적당히 원하는 대상이거나, 나쁜 대상은 아니지만 그렇게 바라고 원하던 대상이 아닌 것을 말한다.

좋은 풍미가 있는 것은 원하는 대상이다. 그 좋은 맛을 즐기는 것이 즐거운 느낌(sukha vedanā, sukha=즐거운 + vedanā=느낌)이다. 그것은 또한 기쁜 느낌(somanassa vedanā, somanassa=기쁜 + vedanā=느낌)이라 불린다. 왜냐하면 사람들은 좋은 맛을 느낄 때 기쁨에 겨워하기 때문이다. 이러한 기쁜 느낌은 자신이 바라던 형색 대상이나 소리 대상 등을 즐길 때 분명하다. 기쁜 느낌은 귀의처가 되는 경이로운 부처님과 같은 대상을 보았을 때도 분명해진다.[208]

나쁜 맛을 지닌 대상은 원하지 않는 것이다. 나쁜 맛을 경험하는 것을 괴로운 느낌(dukkhā vedanā, dukkhā=괴로운 + vedanā=느낌)이라 한다. 그것은 또한 불만족 느낌(domanassa vedanā)이라 한다. 슬픔, 비탄, 괴로움, 불만족, 절망이라 불리는 성냄(dosa)이라는 마음부수와 결합하는 괴로운 느낌과 불만족 느낌의 특성들은 이전 장에서 설명하였다.

몸의 접촉으로 생겨나는 육체적 즐거움(sukha)과 괴로움(dukkhā)이 있다. 눈, 귀, 코, 혀와 마음과 관련한 정신적 즐거움과 괴로움은 정신적 기쁨(somanassa)과 정신적 불만족(domanassa)이라고 한다.

중립적 대상에는 명확하게 좋거나 싫다고 할 만한 것이 없다. 그러한 대상을 즐기는 느낌은 중립의 느낌(upekkhā vedanā)이라 불린

---

208 느낌은 선한 마음과 불선한 마음 어디에도 생겨날 수 있다. 부처님을 보고 기쁨에 차서 예경드리면 선한 마음이 되고, 보석을 보고 기쁨으로 탐착심이 생겨나면 불선한 마음이 된다.

선한 마음과 불선한 마음 모두에 결합하는 마음부수

다. 중립 느낌은 대상의 맛을 경험하거나 느끼는 것이 분명하지 않기 때문에, 이것의 즐김과 경험을 대부분의 사람은 잘 알지 못한다.[209] 하지만 우리가 일상에서 앉고 서고 혹은 가고 오고 하며 많은 대상을 경험할 때, 맛을 분명히 경험하지 않는 중립 느낌이 많이 생겨난다.

느낌은 유익한 정신법과 관계된 대상 혹은 불선한 정신법과 관계된 대상 둘 다의 맛을 경험한다. 느낌은 좋은 대상과 나쁜 대상 둘 다 경험할 수 있기에 주의가 요구된다. 사람들이 "나는 감각적 쾌락을 즐긴다." 혹은 "나는 부처님 가르침의 맛을 즐긴다."라고 할 때 둘 다 느낌이 있다.[210]

3. 인식(Saññā)

인식은 표식을 만들거나 지각하는 것이다. 표식을 만드는 것은

---

209 즐거운 느낌과 괴로운 느낌은 그 느낌이 생겨날 때 분명하다. 하지만 중립 느낌은 즐거운 느낌과 괴로운 느낌이 없는 정도로 생겨나기에 분명히 알기 어렵다.

210 느낌은 선하거나 불선한 마음에 다 생겨날 수 있는 마음부수이다. 감각적 쾌락과 함께하는 느낌은 불선한 마음에서 생겨난다. 부처님 가르침을 만나 가지는 느낌은 선한 마음이다. 좋은 대상을 만나더라도 선한 마음과 불선한 마음 둘 다 생겨날 수 있다. 부처님과 같은 좋은 대상을 만나면 불교도는 신심을 일으키며 좋은 마음이 생겨난다. 하지만 부처님과 같은 좋은 대상을 만나도 이교도는 화를 내어 불만족의 느낌이 생겨나기도 한다.

우둔하고 아는 것이 적은 이들에게 분명하다. 어린아이들이 말을 배울 때 "여기는 너의 아빠이고, 여기는 너의 엄마야."라고 들으면 애들은 '아빠와 엄마'라고 기억에 저장한다. 또한 아이들이 비행기를 보면 날개가 달리고 하늘을 나는 큰 물체는 '비행기'라는 인식을 가진다. 자신들이 가 보지 않은 낯선 곳을 가면 처음 보는 모든 것들에 주목한다. 이처럼 모든 이에게 인식은 다양하게 작용한다.

인식은 두 가지 이점이 있다. 어린아이들이 어떤 이를 자신의 아버지라고 인식하면 그때부터 이 사람은 나의 아버지라고 알게 된다. 이후로는 계속 이 사람은 나의 아버지라고 기억한다. 그러므로 인식은 두 가지 목적을 지니게 된다.[211]

인식은 단지 무엇이 옳은가를 아는 지혜(paññā)와는 다르다. 하지만 인식은 무엇이 옳음이고 그름인지에 대한 관념을 만든다. 그릇된 인식으로 인해 사람들은 나무 그루터기를 밤에 보면 귀신으로 여긴다. 이것이 잘못된 지각이다. 사람들이 그릇된 것을 옳다고 믿고, 비도덕적인 것을 도덕적이라고 잘못 믿는 것은 다름 아닌 사견과 인식에 의해서이다. 그릇되게 아는 것에 대한 강한 인식을 지닌 이는 그것을 바로잡기가 매우 힘들다.[212]

---

211 인식은 처음 어떤 이에 대해 아버지라고 지각을 가지게 하고, 이후로는 그 사람에 대해 그러한 지각을 계속 이어가게 한다.

212 독일 나치 시대에 유대인에 대한 그릇된 인식이 생겨났다. 잘못된 인식은 많은 해악을 끼치고 바로잡기도 힘들다.

선한 마음과 불선한 마음 모두에 결합하는 마음부수

인식의 다양성

그릇된 것을 옳다고 여기는 인식의 범위는 매우 넓다. 그러한 생각에는 사견과 갈애뿐만 아니라 그릇된 것을 옳다고 여기는 인식도 함께한다. 이러한 잘못된 생각은 기나긴 윤회 속에서 중생을 헤매게 한다.[213] 예를 들면 사람들은 배설물을 보면 역겹게 여긴다. 하지만 구더기나 벌레들은 배설물을 보고 좋은 음식으로 여긴다. 또 다른 예로는 독수리나 까마귀가 부패된 시체를 즐겨 먹는 것을 들 수 있다.

오직 부처님들과 아라한 성인들이 모든 현상의 실재적이고 바른 특성을 보고 아신다. 이러한 성인들만이 모든 감각적 쾌락에 대해 혐오스럽고 역겨운 것으로 바르게 아신다. 부처님께서는 모든 감각적 쾌락을 상스럽고 저급하며 세속인들이 추구하는 통속적인 것이라 하셨고, 거룩한 성자들이 추구할 바가 아니고 유익하지 않다고 천명하셨다.

모든 거룩한 성자들은 기꺼이 모든 형태의 감각적 쾌락을 여의셨다. 하지만 많은 이들이 여전히 부처님의 가르침을 따르지 않고, 갖가지 감각적 쾌락을 찾아 헤맨다. 그러한 잘못된 인식은 윤회의 고통만 오래 지속시킬 것이다.

---

213 사견을 가진 자는 바른 법에 대해 신심을 일으키지 않고, 자신의 사견에 집착하고, 그릇된 인식이 형성되어 살아가기에 윤회에서 벗어나기 어렵다.

사띠로 잘못 아는 인식

자신이 지은 덕스러운 행위를 떠올리는 것은 좋은 인식뿐만 아니라 사띠 덕분이기도 하지만 진정한 사띠는 단지 선행과 연결된다.[214] 하지만 그릇된 인식과 가짜 사띠 역시 있다. 자신의 첫사랑을 오랫동안 떠올리는 것은 불선이다. 이것은 진정한 사띠가 아니다. 이것은 사띠처럼 여겨지지만 단순한 인식의 기능이다.[215] 앞서 그릇된 사띠의 기능에 대해서 설명했으니 참고하기 바란다.

4. 의도 (Cetanā)

의도는 마음과 함께 생겨난 모든 마음부수들을 통섭(統攝)하는 정신법이다. 상세히 설명하면, 마음이 어떤 대상을 취할 때 감각접촉은 대상과 접촉한다. 이때 느낌은 그 대상을 경험하고 즐긴다. 인식은 그 대상에 대한 표식을 만든다. 이때 여러 마음부수들 즉 하나됨(ekaggatā), 생명기능(jīvitindriya), 마음기울임(manasikāra) 등이 마음과 함께 생겨나 그들의 역할을 하지만 이 부분은 뒤에서 다시

---

214 사띠는 아름다운 반드시(sabhana sādhāraṇā)라는 마음부수이다. 즉 사띠는 항상 선한(kusala) 마음부수이다. 사띠는 항시 아름다운 마음 즉 선한 마음과 결합한다. 다시 말하면 사띠라는 마음부수가 생겨나면 항상 그 마음은 선한 마음이 된다. 사띠가 있으면 불선한 마음이 생겨날 수 없다는 말이다.

215 사띠에 기억의 의미도 있지만 기억한다고 모두 사띠는 아니다. 연인을 기억하는 것은 탐애라는 불선한 마음부수이다. 사띠는 항시 선법과 결합한다.

선한 마음과 불선한 마음 모두에 결합하는 마음부수

다루겠다.

마음이 어떤 대상을 취하면 아름다운 마음부수인 믿음이나 사띠가 함께할 수도 있고, 불선한 마음부수인 탐욕이나 성냄이 포함될 수도 있다.[216] 마음이 마음부수와 함께 생겨나 대상을 취할 때 어떠한 마음부수라도 뒤처지거나 자신의 역할을 수행하지 않는 마음부수는 없다. 마음과 함께 생겨나는 모든 마음부수들은 대상을 확실히 취하며 그 대상에 모두 달라붙는 듯한다. 마음과 마음부수가 한 대상에 함께 머무르게 격려하는 형태로 생겨나는 통섭의 힘은 다름 아닌 의도가 한다.

좀 더 설명하면, 마음과 마음부수들이 대상을 취할 때, 어느 하나의 정신법도 뒤처지지 않고 함께 작동하며 연합한다. 이러한 연합에서 마음은 대통령이고, 의도는 국무총리이다. 연합에서 국무총리는 대개 이런저런 일들로 인해 매우 바쁘다. 국무총리는 연합의 모임을 위해 자신의 맡은 바 임무를 성실히 이행하면서, 다른 이들이 개별적 임무를 게을리하지 않도록 격려한다.[217] 이것은

---

216 마음부수들은 단독이 아닌 다른 마음부수들과 함께 생긴다. 하지만 아름다운 마음부수와 불선한 마음부수가 함께 생겨나지는 않는다. 아름다운 마음부수는 그것들끼리만, 불선한 마음부수는 다른 불선한 마음부수들과 생겨난다. 즉 사띠라는 마음부수와 탐욕이라는 마음부수는 동시에 생겨날 수 없다.

217 국무총리는 자신이 처리해야 할 고유 업무가 있다. 또한 각 부처 장관들의 업무에 대해서도 그 임무를 잘 이행하도록 통섭해야 하는 이중적 지위가 있다. 학교에서 반장이 자신의 공부도 하면서 다른 반원들을 공부하도록 격려하는 것과 같다. 이런 역할을 의도가 한다.

의도가 자신의 역할을 하면서 다른 마음부수들을 격려하는 형태와 같다.

그러므로 국무총리는 다른 장관들이 행해야 하는 의무보다 하나를 더 실천해야 한다. 의도도 이처럼 자신의 고유 임무를 수행하면서, 마음과 다른 마음부수들을 통섭하는 노력을 하여야 한다. 이것으로 인해 마음과 마음부수들이 자신의 역할을 하면서 대상에 밀착하여 달라붙는 것처럼 되는 것이다. 의도는 전장에서 군대 지휘관에 비유될 수도 있다.[218]

그러므로 의지 혹은 내적 충동인 의도가 미약하면, 마음도 약하고 다른 마음부수들도 약하다. 하지만 그 의도가 강력하고 열성적이면 마음도 강하고 함께하는 다른 마음부수들도 또한 강력하다. 마음과 마음부수들이 강력하고 열성적이면 육체도 역시 민첩하고 활동적으로 된다. 그러므로 어떤 대상이 드러나더라도 그것을 취하는 기능에서는 의도가 으뜸이다.[219]

의도가 업이다

어떤 한 남자가 악당들에게 맞아서 죽임을 당했다고 하자. 이 잔학한 행동에서 대부분 악당의 폭력과 공격은 죽음에 이를 만큼

---

218 군대 지휘관은 자신의 고유한 업무도 있고, 여러 부대원을 격려하고 다스리는 임무가 있다. 지휘관은 자기 일을 하면서 다른 부대원들을 통섭해야 한다.

219 의도가 대상을 강력히 취하면 다른 정신법들도 그에 따른다. 의도는 자기 일을 하면서 다른 정신법들을 고무하기 때문이다.

강하지 않고 미약한 정도이다. 악당들 가운데 그 남자를 해하려는 강력한 의도를 지닌 한 녀석이 잔인하게 계속 주먹을 날려 그 남자를 죽음에 이르게 한다. 이때 강한 의지를 지니고 잔인하게 폭행을 한 그 한 사람이 바로 주범이 된다.

이처럼 마음과 마음부수들은 함께 일어나 집합체로서 선행과 악행을 짓는다. 보시하거나 계를 잘 지키는 등의 선행을 하고, 다른 이의 생명을 빼앗는 등의 악행도 짓는다. 이러한 행위를 할 때 의도가 가장 강력하고 왕성하게 작동한다. 한 개체의 의식 흐름에 있어서 의도의 잠재력만이 남는다. 그러므로 행위에 대한 책임을 물을 수 있는 하나의 법을 찾는다면 그것은 바로 의도이다.

이런 연유로 부처님께서 의도에 대해 말씀하시기를, "비구들이여, 나는 의도가 업이라고 설한다."[220]라고 하셨다. 이러한 부처님의 가르침에 따라 의도에 대해 다음처럼 알아야 한다. 의도가 힘차면 업 역시 강력하고, 의도가 미약하다면 업도 약하다.[221]

---

220 "Cetanāhaṁ bhikkhave kammaṁ vadāmi." 업에 관한 주요한 가르침으로 여러 경전에 등장한다. "비구들이여, 의도가 업이라고 나는 말하노니 의도한 뒤 몸과 말과 마음으로 업을 짓는다." 대림 스님(2007), 제4권, 262.

221 강력한 선업, 예를 들어 사마타 수행을 하여 색계 선정을 성취하는 것도 강력한 선업이라 할 수 있다. 이러한 선업으로 삼매에 들고, 색계 천상에 태어나는 과보도 생겨난다. 부모를 죽이는 오무간업과 같은 강력한 악업을 지으면 악처에 태어나 큰 고통을 받을 것이다. 반대로 선업과 악업이 미약하면 그 결과도 약하다. 선업 의도가 약하면 재생의 과보가 생겨나기 어렵고 단지 좋은 조건으로 작용하는 데 그친다. 악업도 미미한 탐욕, 성냄, 해태, 혼침 등과 결합한 것은 중대한 악과(惡果)를 생겨나게 하지는 않는다.

5. 하나됨(Ekaggatā)

하나됨(ekaggatā)은 고요하고 확고한 상태이다. 그것은 집중 (samādhi)이라고도 불린다. 마음이 대상을 취할 때 '하나됨'이라는 마음부수의 도움으로 그 대상을 반복하여 오래 취할 수 있다. 말 하자면, 하나됨은 바람 한 점 없을 때의 고요한 촛불처럼 대상에 고요히 잘 집중한다.

수행을 할 때, 마음이 한 대상에 지속해서 오래 머물게 되면 사 람들은 "선정을 얻었다." 혹은 "선정력이 좋아졌다."라고 한다. 이처 럼 어느 정도의 선정력을 얻게 되면 그는 몸과 말과 마음의 고요 함과 굳건함을 성취한다. 그는 바르게 되어 행동이나 일에 있어 혼 란스럽지 않다. 하지만 그는 한 대상에 너무 몰두한 나머지 특정 대상에 사로잡힐 수도 있다.

6. 생명기능(Jīvitindriya)

모든 마음(citta)과 마음부수(cetasika)를 통틀어 정신(nāma)이라고 한다. 정신을 지속시키는 생명력이나 근본을 생명기능(jīvitindriya)이 라고 한다. 모든 마음과 마음부수들은 이 생명기능으로 인해 활 발히 기능한다. 이 생명기능이 없다면 마음은 전혀 기능할 수 없 다. 간략히 말하자면, 생명기능은 업에 따라 생겨나는 마음과 마음부수들을 지속해서 일어나게 해 준다.

여기서는 정신을 다루고 있지만, 물질의 요소 가운데 생명기능을 담당하는 것이 있는데 그것은 물질 생명기능(rūpa jīvitindriya)이라고 한다. 정신과 물질의 생명력을 담당하는 것에 정신 생명기능(nāma jīvitindriya)과 물질 생명기능(rūpa jīvitindriya)이 있다. 이 둘이 결합하여서 한 존재의 생명을 형성한다. 이 둘을 넘어서서 영원한 영혼이나 자아와 같은 것은 없다. 자아(atta)는 어디에서도 전혀 발견되지 않는다.

7. 마음기울임(Manasikāra)

주의를 기울이는 것을 마음기울임(manasikāra)이라 한다. 이것의 기능은 어떤 것을 마음에 불러일으키는 것이다. 하지만 이것은 외부의 감각 대상을 마음에 실제로 가져오는 것은 아니다. 마음기울임이 지닌 주의력에 의해서 하나 혹은 여러 대상이 마음에 지속적으로 현존하는 것을 의미한다. 그래서 비유적으로 마음기울임이 어떤 것을 마음속으로 불러온다고 하였다.[222]

---

222 마음기울임은 마음을 대상에 가게 하는 마음부수이다. 마음이 대상을 향해 잘 가게 함을 여기서는 마음에 불러온다거나 마음에 불러일으킨다고 하였다.

마음이 생겨날 때 항시 함께하는 7가지 마음부수

감각접촉에서 마음기울임까지의 이들 7가지 마음부수는 모든 형태의 마음속에 항시 함께한다. 이와는 달리 다른 마음부수들 즉 믿음, 사띠, 탐욕, 성냄 등과 같은 마음부수들은 대상에 따라 적절히 생겨난다. 이때에도 이들 7가지 마음부수는 항시 함께한다. 느낌이라는 마음부수는 감각을 느낄 때 가장 두드러진다. 인식이라는 마음부수는 어떤 것을 기억할 때 가장 지배적이다. 당신이 선행 혹은 악행을 행할 때 의도가 지배적이다. 당신이 어떤 것에 집중할 때는 하나됨이 현저하다.[223] 나머지 감각접촉, 생명기능, 마음기울임은 결코 지배적이지 못하다.[224]

8. 일으킨 생각(Vitakka)

일으킨 생각은 생각하거나 계획하는 것이다. 세 가지 나쁜 일으

---

223 마음이 생겨나면 마음부수도 항시 함께 생겨난다. 그 가운데 여기서 7가지 마음부수는 모든 마음에 항시 함께한다. 항시 생겨난다고 해서 그 지배적인 힘이 같다는 것이 아니다. 어느 마음에서는 느낌이라는 마음부수가 강하고, 또 다른 마음에서는 의도가 지배적이라는 말이다.

224 특정 마음이 일어날 때 느낌, 인식, 의도, 하나됨은 여러 마음부수들 가운데 두드러지고 지배적으로 작용할 수 있는데, 감각접촉, 생명기능, 마음기울임은 지배적으로 작용할 수 없고, 다른 마음부수들에 비해 두드러지게 작용할 수 없다.

선한 마음과 불선한 마음 모두에 결합하는 마음부수

킨 생각은 다음과 같다.[225]

(1) 감각 일으킨 생각(Kāma Vitakka)

    = 감각적 쾌락에 대한 생각

(2) 분노 일으킨 생각(Byāpāda Vitakka)

    = 분노로 가득 찬 생각

(3) 해악 일으킨 생각(Vihimsā Vitakka)

    = 다른 이를 괴롭히고 해를 끼치려는 생각

세 가지 좋은 일으킨 생각은 다음과 같다.

(1) 출리 일으킨 생각(Nekkhamma Vitakka)

    = 출리에 관한 생각

(2) 분노 없음 일으킨 생각(Abyāpāda Vitakka)

    = 자애에 관한 생각

(3) 해악 없음 일으킨 생각(Avihimsā Vitakka)

    = 연민에 관한 생각

---

225 여기서는 선·불선에 공통되는 마음부수를 배우고 있다. 그렇다면 일으킨 생각이라
는 마음부수도 선한 마음과 결합하는, 즉 선한(좋은) 일으킨 생각이 있고, 불선한 마
음과 결합하는 즉 불선한(나쁜) 일으킨 생각이 생겨날 수 있다. 아래의 선·불선 마
음부수들도 이와 같다.

감각 일으킨 생각과 출리 일으킨 생각

여러분이 육체적 아름다움이나 달콤한 소리와 같은 감각적 즐거움을 추구하고 즐길 때, 물질적 부를 추구하고 가지려 할 때, 당신의 마음은 탐욕과 결합된 감각 일으킨 생각(kāma vitakka)이 생겨난다.

하지만 출가 수행자가 되거나, 보시를 하거나, 포살을 준수하거나, 수행을 하는 등의 자제와 버림과 관련된 생각을 하면 그것은 출리 일으킨 생각(nekkhamma vitakka)이다. 이러한 생각들은 탐욕의 취착으로부터 벗어나는 것이기 때문이다.

분노 일으킨 생각과 분노 없음 일으킨 생각

분노는 다른 이를 해하거나 파괴하려는 나쁜 생각을 말한다. 성냄과 결합된 생각을 분노 일으킨 생각(byāpāda vitakka)이라 한다. 성냄이나 해악의 의도와 반대되는 것은 자애(mettā)를 의미한다. 다른 이가 잘되기를 바라고 도우려는 생각이 분노 없음 일으킨 생각(abyāpāda vitakka)을 형성한다.

해악 일으킨 생각과 해악 없음 일으킨 생각

해악(vihiṁsā)은 나쁜 생각, 성냄, 학대, 다른 이를 괴롭히고 못살게 구는 것이다. 분노로 인해서 다른 이를 괴롭히거나 죽이려 하고, 여러 수단으로 해를 끼치려는 생각이나 계획을 하는 것을 해악 일으킨 생각(vihiṁsā vitakka)이라 한다. 이와는 달리 해악 없음 일

선한 마음과 불선한 마음 모두에 결합하는 마음부수

으킨 생각은 성냄(dosa)의 반대인 연민(karuṇā)을 의미한다. 다른 이를 고통으로부터 구제하려는 생각이 해악 없음 일으킨 생각(avi-hiṃsā vitakka)이다. 해악 일으킨 생각이 불선한 것이고, 해악 없음 일으킨 생각이 선법인 것은 너무나 분명하다.

지금까지 세 가지 나쁜 일으킨 생각과 좋은 일으킨 생각을 살펴보았다. 이들 가운데 세 가지 나쁜 일으킨 생각은 생겨나지 않게 누르고, 세 가지 좋은 일으킨 생각은 많이 생겨나게 하여야 한다.[226]

9. 지속적 고찰(Vicāra)

위짜라(vicāra)는 한 대상에 대해 마음을 계속해서 기울이는 것이다. 비록 일으킨 생각이 마음을 대상으로 이끌지만, 그 대상에 계속 고정적으로 오래 머물지는 못한다. 하지만 지속적 고찰은 일으킨 생각으로 인해 이르게 된 대상을 취해서 유지한다. 지속적 고찰은 대상이 떠나가지 않게 반복적으로 마음을 기울이는 것이

---

226 선·불선에 공통하는 마음부수는 되도록 선한 마음부수가 생겨나도록 노력해야 한다. 감각 일으킨 생각보다는 출리 일으킨 생각을 일으키고, 분노 일으킨 생각보다는 분노 없음 일으킨 생각을 일으키고, 해악 일으킨 생각보다는 해악 없음 일으킨 생각을 생겨나게 해야 한다. 한 마음부수가 선하게 생겨나면 그때의 마음과 다른 마음부수도 역시 선한 정신법들이 생겨난다.

다. 이것은 마치 그 대상을 계속해서 문지르는 것과 같다.[227]

10. 결심(Adhimokkha)

어떤 것을 행하려고 결정하는 마음부수를 결심(adhimokkha)이라고 한다. 무언가를 하고자 하거나 그만두는 것, 혹은 선과 불선 가운데 하나를 선택하는 것은 다 이 결심이 하는 것이다. 이 결심이라는 마음부수가 보시와 지계[228]와 같은 선행을 하거나 살생과 같은 악행을 하는 것을 결정한다. 잘못된 것에 속아서 그릇된 것을 믿는 것은 믿음이라는 마음부수의 작용이 아니다.[229] 그것은 잘못된 거짓을 그릇되게 믿게 하는 결정이라는 마음부수가 하는 것이다.

---

227 예를 들어 거울을 닦으려 할 때 처음 수건을 거울에 가지고 가서 닿는 것은 일으킨 생각에 비견할 수 있고, 계속해서 문지르며 닦는 것은 지속적 고찰에 해당한다. 이처럼 일으킨 생각이 대상에 닿고, 지속적 고찰이 그 대상을 반복해서 취한다.

228 계를 잘 지키는 것이다. 재가자는 기본적으로 오계를 준수해야 한다. 항시 오계를 어기지 않으려 하고, 굳건히 계를 지키려 하는 것을 결심이라는 마음부수가 행한다.

229 부처님 당시에도 외도가 많이 있었고 현재도 많은 잘못된 가르침이 존재한다. 그러한 가르침을 따르는 것을 일상적으로 그것에 대한 믿음을 가진다고 표현하지만 아비담마의 가르침에서 그것은 믿음이라는 마음부수의 작용이 아니다. 아비담마에서 믿음이라는 마음부수는 항시 선법이다. 잘못된 것을 옳다고 따르는 것은 결심이라는 마음부수의 작용이다.

11. 정진(Vīriya)

정진(vīriya)은 노력과 분발을 의미한다. 근면한 사람은 확실하게 노력을 기울이며 자신의 목표를 성취하기 위해 과감하다. 정진이 부족한 이는 게으르고 결단력이 없으며 변명만 너저분히 늘어놓는다. 이처럼 일을 꺼리는 이들은 책임도 지지 않으려 한다. 무언가 하자고 하면 너무 이르다, 너무 늦었다, 너무 춥다, 너무 덥다, 너무 허기진다, 너무 배가 부르다 등의 변명만 늘어놓는다. 일하지 않음은 해태(thīna)와 혼침(middha)에 의해 생겨난다. 이 두 마음부수는 정진의 마음부수와는 정반대의 불선한 정신법이다.

정진력을 갖춘 이는 어떠한 어려움이나 역경에도 주저함이 없다. 목표의 성취를 위해서는 목숨도 두려워하지 않는다. 예를 들어 부처님이 자나까(Janakā) 왕자로서 보살행을 닦을 때, 배를 타고 가던 중 배가 난파되었다. 용감하게 배에서 내려 쉼 없이 헤엄을 쳤고 선신(善神)의 도움으로 구조되었다.

그 배에 타고 있던 다른 모든 이들은 두려움에 떨거나, 자신이 믿고 있던 신들에게 기도만 올리다가 죽어 갔다. 그 모든 이들은 물고기와 상어의 밥이 되었지만, 자나까 왕자는 7일간 불굴의 노력으로 헤엄을 치고 그 상황에서도 포살계를 준수하였다. 이러한 것이 어려움에 직면하여 꿋꿋이 난관을 헤쳐 나가는 정진을 보여

주는 것이다.[230]

건강 돌보기

정진의 이로움은 일상에서 분명히 드러난다. 일상에서 규칙적으로 걷고 뛰기, 적절한 식이요법, 개인 위생 관리, 영양소 섭취, 필요한 약품의 복용 등은 정진이 가져오는 좋은 습관이다. 이들 모두 노력 없이는 불가능하다. 인내심을 지니고 게으르지 않은 사람만이 건강한 습관을 잘 유지할 수가 있다.

생계 유지

상업과 무역에서도, 정진력을 갖춘 이가 단연 앞서 나간다. 게으른 이들은 모든 면에 있어 항시 뒤처진다. 예를 들어 미얀마에서 활동하고 있는 외국 상인들을 보면 잘 알 수 있다. 그들은 아침 일찍 일어나 가게를 깨끗이 하고, 단정히 차려입고서 규칙적으로 가게 문을 연다. 이와 달리 대부분의 미얀마 상인은 그때까지 깨어나지도 않았다. 부스스한 얼굴로 늦게 깨어난다. 이렇게 하여 장사가 잘될 수가 있겠는가? 이러한 게으른 사람들이 어찌 번영할 수 있겠는가?[231]

---

230 일화에서 자나까 왕자가 7일간 끊임없이 수영하며 어려움을 극복하는 것에는 정진이라는 마음부수가 분명히 드러난다. 계속해서 노력이 이어지도록 정진이라는 마음부수가 생겨나 도운 것이다.

231 미얀마 사람들은 좋게 보면 느긋하고 달리 보면 게을러 보인다. 대부분 자기 일에 그

선한 마음과 불선한 마음 모두에 결합하는 마음부수

미얀마 여성의 정진

미얀마에서는 여성들이 사업 분야에서 두드러진 역할을 한다. 대부분의 가게 주인은 여성들이다. 시장이나 가게에서 여성들이 남성들보다 더 활동적이다. 그들은 생활비를 벌어서 자식들과 일자리를 못 구한 남성들까지 책임진다. 남성들의 게으름이 미얀마 경제가 성장하지 못하는 한 요인이다. 미얀마가 현재 이 정도의 경제적 위치를 유지하는 것도 여성들의 노력 때문이다. 남성과 여성이 서로 같이 노력을 기울인다면 미얀마는 어느 때보다도 번영스러운 시기를 맞을 것이다.

교육에 있어서의 정진

애석하게도 미얀마 남성들은 경제 분야에서 게으른 것처럼 교육에서도 게으르다. 시험을 치게 되면 대개 결과가 여성이 뛰어나다. 고등교육에 있어서도 남성들은 여성들에 비해 성공적이지 못하다. 이러한 결과들은 남학생들이 대개 게으르고 나태하기 때문이다. 부모 형제들이 그들이 잘되기를 바라며 온 집안이 도움을 주어도, 그들은 하라는 공부는 하지 않고 빈둥대며 허송세월한다. 이 모든 것이 남학생들에게 정진이 부족하기 때문이다.

렇게 열성적이지 않은 면이 있다. 이 책을 쓰신 자나까 사야도께서 미얀마 국민들을 고무하기 위해 이런 말씀을 하신 것 같다. 미얀마 국민이 좀 게으른 부분은 국민성이라 보기는 어렵다. 아무리 노력해도 성공하기 어려운 정치 상황과 사회 현실도 한몫한다.

나이가 스무 살쯤 되면 대학에 들어가게 되지만 그때도 역시 그들은 학업의 성취가 별로 없다. 역사를 보면 따빈 쉐 티 왕(King Tabin shwe thi), 베인 나웅 왕(King Bayin naung), 민 예 쪼 수와 왕자(Prince Min ye kyaw swa)는 아주 젊은 나이에 많은 업적을 성취하여서 국민들이 모두 존경한다.[232] 하지만 오늘날 젊은 남성들은 왜 그렇게 부지런하거나 용감하지 못한 것인가? 지금의 젊은 남성들이여, 선조들을 본받아 스스로 용기와 정진을 갖추려 힘을 쓰라!

승단에 있어서 교육 수준도 재가자들처럼 만족스럽지 못하다. 과거에는 승가 교육을 통해 승단 자체 내에서 학승, 유식한 저술가, 유능한 법사들을 길러냈다. 많이 배우고 지혜로운 스님들이 항시 많은 이들에게 훌륭한 스승이 되었다. 그들 가운데 몇 분은 왕실의 조언자도 되었다.[233] 하지만 오늘날 승가 교육 개혁은 단지 시대를 좇아가기도 힘들다.

이런 상황에서 스님들이 재가자들의 훌륭한 스승으로서 자리매김할 날이 다시 올 수 있을까? 현재는 그러한 노력이 눈에 띄지 않는다. 존경받을 만한 스님들도 급격히 줄고 있다. 절에서는 배우려는 사람이나 도움을 주려는 사람들을 구하지도 않는다. 이런저런

---

232 미얀마에서 존경받는 왕과 왕자들이다.

233 우리 승단의 위상도 많이 실추되었다. 역사적으로 보면 신라와 고려 시대에는 스님들의 지위가 상당했다. 사회를 이끄는 리더로서의 위상도 갖추었다. 조선시대에는 불교가 억압받는 시기였지만 여전히 훌륭한 스승들이 많이 존재하였다.

선한 마음과 불선한 마음 모두에 결합하는 마음부수

일들로 인해서 부처님의 가르침이 매년 쇠퇴해 간다.[234] 이러한 쇠퇴의 원인들에 대해서는 더 이상 여기서 언급하지 않겠다.

요약하면, 우리가 당면하고 있는 경제, 사회, 보건, 교육의 영역에서 결핍은 정진이 부족하기 때문이다. 우리 부처님을 보라! 부처님께서 일체지(sabbaññuta ñāṇa)를 얻고 붓다가 되신 것은 그분의 특별한 정진 때문이었다. 심지어 부처님께서는 깨달음을 이루어 붓다가 되신 이후에도 45년이라는 세월 동안 부지런히 법을 가르치셨다. 부처님은 모든 존재에게 항시 다음과 같이 가르치셨다.

> "진리를 아는 것이 첫 번째이고, 바른길을 따라 수행하는 것이 두 번째이다. 이 둘을 위해서 정진은 언제나 요구된다. 참된 사람은 항시 부지런하여야 한다. 현명한 이는 게을러서는 아니 된다."[235]

우리 자신을 개혁하자

오늘날, 소위 미얀마의 불자라는 사람들이 정진의 이익에 대한

---

234 우리나라도 마찬가지로 수행력을 갖추고, 많이 배웠고, 법을 널리 전할 훌륭한 스님들이 많이 줄어들고 있다. 법을 배우려는 사람들도 적다. 많은 출가자가 나오고, 그들에 대한 승가 교육도 잘 이루어져서 스님들이 이 시대의 진정한 스승으로 자리하기를 바란다.

235 "Vāyametheva puriso Na nibbindeyya paṇḍito." 이 말씀은 자따까에 나오는데 전재성 박사는 "사람은 정진을 행해야 한다. 현자라면 포기하지 말아야 한다."라고 번역했다. 전재성 역(2023), 101.

부처님의 거룩한 가르침을 무시하는 경향이 있다. 반면에 다른 가르침을 따르는 이들은 열심히 일하고 많은 수확을 하여 풍요로운 삶을 누린다. 사실 이들은 불자가 아니라도 정진과 관련한 부처님의 훈계를 잘 따르고 있다 할 것이다. 그래서 그들은 부처님의 가르침에 일치되게 큰 부를 얻고 영향력 있는 사람이 된다. 하지만 우리 불자들은 과거의 영광에만 매달려 현재 실질적인 것을 획득하지 못한다.

우리는 지난 역사의 업적에만 매몰되어 있다.[236] 우리들은 선진화된 나라를 이루기 위해 열심히 일하여야 한다. 지금이 우리들의 삶에 대한 태도를 근면, 성실하게 바꿀 가장 좋은 시기이다. 아래의 부처님 말씀을 항시 떠올려야 할 것이다.

"정진을 갖춘 자, 실패는 없으리."[237]

지금까지 정진의 중요성에 관해 말했다. 여러분께 다시 한번 말하지만, 여기에서 정진은 '지혜를 갖춘 정진'이지 '지혜를 갖추지 않은 공허하고 쓸모없는 노력'을 의미하는 것이 아니다.

---

236 과거 찬란했던 역사에 자부심을 가지는 것은 좋으나 그것에만 빠져 현실 적용성이 떨어진다면 문제이다. 우리나라 불자들도 과거 불교의 영광과 업적에만 매몰되어 있지는 않은지 되돌아보아야 한다.

237 "Viriyavato kiṁ nāma kammaṁ na sijjhati." 비구 일창 담마간다(2018), 21.

선한 마음과 불선한 마음 모두에 결합하는 마음부수

12. 희열(Pīti)

희열은 기쁨 혹은 만족의 느낌이다. 이것은 실제로 즐거움을 경험하는 것은 아니다. 이것은 단지 만족의 정신적 요소이다. 예를 들어 목마른 자가 드디어 물을 마실 수 있다고 듣거나 보게 된 상태의 마음이다. 목마른 자가 물을 발견하면 희열을 경험한다. 물을 보고서 실제 그 물을 마시게 되면 그때는 행복한 느낌(sukha vedanā)을 경험한다.[238] 희열은 이와 같은 특성을 지니며 행복과 구별된다.

희열은 아주 매력적인 사람을 만나거나 대화를 나눌 때, 멋진 음악을 듣거나 훌륭한 가르침을 들을 때, 몸에 전율을 일으킬 정도로 생겨나기도 한다. 옛적에 한 임산부가 있었다. 그녀의 가족들은 모두 절의 탑돌이 행사에 참여하러 떠났고 그녀는 홀로 남아 있었다. 그녀는 탑돌이 행사가 열리는 산꼭대기의 높은 사원에 참석해서 직접 탑에 예경하고 싶었다. 그래서 그녀는 두 손을 모으고 부처님의 공덕에 마음을 집중하였다. 그녀가 부처님에 대한 예경심으로 가득 차 있을 때 그녀의 마음은 희열로 넘쳐 났다. 그 희열로 인해 그녀의 몸은 공중으로 떠올라 탑돌이 행사가 열리는 산

---

238 희열과 행복의 느낌은 비슷하게 보이지만 이처럼 다르다. 희열은 목마른 자가 물을 마신 상태는 아니지만 마실 가능성 하나로 기쁨이 생겨난 경우이다. 희열은 느낌과 독립한 그 자체로 하나의 마음부수이고, 행복은 느낌이라는 마음부수에 속한다.

정상의 탑 앞에 이르게 된다.[239]

희열은 무언가를 보시하는 등의 공덕을 행할 때도 생겨날 수 있다. 또한 희열은 어떤 사람이 음식을 맛있게 잘 먹고 있는 것을 볼 때도 생겨난다. 어떤 경우에 희열은 상당히 강력해서 갈애(taṇhā)와 결합한 정신적 기쁨(somanassa)이 되기도 한다. 이럴 때 그의 용모는 환하게 빛나고 신체는 경쾌하고 날렵해진다.

적절한 정진을 지니고 있으면 언젠가 목표를 달성한다는 것은 너무나 당연하다. 그때 그는 자신의 성취를 돌아보고 성공의 축복을 만끽하며 희열을 경험한다. 부처님께서 보리수 아래에서 모든 번뇌를 제거하고 깨달음을 이루셨을 때를 떠올려 보라. 일체지를 얻은 부처님은 희열로 가득 차서 자신이 깨달음을 성취하였던 그 승리 보좌를 7일간 눈 한 번 깜박거리지 않고 바라보고 서 계셨다. 사띠 확립 수행에 전념하는 이도 자신의 수행을 지속하려는 희열을 오랫동안 경험한다. 이러한 것들은 정진을 갖춘 근면한 이와 현자들의 고귀한 희열이다.

13. 열의 (Chanda)

진지한 바람은 열의라 불리는 정신적 요소이다. 열의는 취착이

---

239 희열이라는 정신법은 자신의 몸을 들어 올릴 만큼 강력하게 생겨나기도 한다.

선한 마음과 불선한 마음 모두에 결합하는 마음부수

나 가지려 함이 없기에 탐욕과는 다르다. 열의는 단지 무언가 하려는 의지이거나, 모든 존재에서 빈번히 생겨나는 것들을 획득하려는 것이다. 어린아이가 엄마에게 가고자 할 때 자신의 팔을 뻗쳐서 자신이 가고자 하는 의지를 드러낸다. 여행을 떠나고자 하는 것, 보고자 하는 것, 먹으려 하는 것, 잡으려 하는 것, 이해하려는 것 등의 모든 것들이 열의에 속한다.

어떤 이가 열반을 실현하기를 바라거나, 훌륭한 부처님의 제자가 되기를 원하거나, 부처님의 상수제자가 되기를 바라거나, 붓다, 왕, 부자, 천신, 브라만, 출가자 등이 되기를 바라거나, 보시를 하고자 하거나, 계를 잘 준수하려 하거나, 선행을 하려고 하는 등의 모든 바람도 열의에 속하는 것이다. 물론 그러한 열의에도 미약하거나 강력한 정도의 차이는 존재한다. 왜냐하면 보살의 열의가 매우 강력했기 때문이다. 그는 바라밀을 완성하기 위하여 최대의 노력을 발휘하였고 마침내 깨달음을 성취하여 여래(Tathāgata)가 되었다.

아주 높은 곳에 솟구쳐 이르려는 진지한 열망이 없는 이는 정진력을 갖추어 적절한 노력을 하지 않는다. 간절한 열의를 일으키기 위해서는 우리는 먼저 노력이 가져다주는 유익함에 대해 생각해야 한다. 어떤 보상 혹은 격려가 있을 때 힘찬 노력의 추진력이 생겨난다. 열의의 첫 시작을 희망(āsā)이라 한다.[240] 우리의 열망은 단순

---

240 어떤 일에 대한 열의가 생겨나려면 우선 '그 일을 하면 무언가 좋을 것이다.'라는 생각 혹은 희망이 있어야 한다는 것이다.

히 원하고 기원하는 것만으로 이루어지지 않음을 알게 된다. 이것이 실질적 결과를 낳게 하는 근면한 노력으로 이끈다.[241]

당신이 만달레이에서 양곤[242]까지 여행을 하고자 한다고 하자. 단지 그렇게 바라기만 하여서는 어디에도 이를 수 없다. 그 여행을 위해서는 여행 경비를 지불해야 한다. 그래서 당신은 첫째, 얼마간의 돈이 있어야 한다. 돈을 얻는 것은 노력(vīriya)이다.[243] 열반을 실현하려 하고 아라한과를 얻으려 하거나 깨달음을 성취하려 한다면 그에 합당한 바라밀을 열심히 닦아야 한다. 그것도 아주 열정과 활력을 가지고 그 결과에 이를 정도로 닦아야 한다.

오늘날 사회에서 가장 정점에 있는 이들은 막강한 힘과 능력을 갖추고 하늘에서 뚝 떨어진 천신들이 아니다. 그들은 노력을 통하여 자신의 바람을 채운 사람들이다.

인간으로 태어나는 것은 어려운 일이다. 그러나 당신 스스로가 향상하려는 열의가 없고, 게으르고 의욕도 없으며 무능하다면 동물과 다를 게 뭐가 있겠는가. 확고한 열의를 갖춘다면 당신은 이번 생에 번영의 열쇠를 찾을 것이고, 열반에 이르는 바른길도 찾을 것

---

241 열의는 단지 하고자 함이다. 열의가 있다고 결과가 생기는 것은 아니다. 단지 바라고 만 있어서는 어떠한 결과도 없다. 그러므로 열의를 가지고 노력하여야 한다.

242 만달레이는 미얀마 북부의 도시이고 양곤은 남쪽에 있는 도시이다. 우리나라로 보면 서울과 부산 정도이다.

243 여행을 가고자 하는 바람만으로는 그 장소에 갈 수 없다. 여행을 위해 여행 경비를 마련하는 등 여러 준비를 하고 그곳을 향해 나아가야 한다.

이다. 당신이 올바른 기대와 열의를 매일 계발한다면 최상의 결과가 따를 것이다.

진지한 열의를 갖춘 자는 모든 것이 가능하다.
근면한 노력이 따르는 진지한 열의는 행복을 낳는
다.[244]

결론

여기까지 13가지 마음부수에 대한 설명을 마치려 한다. 앞서 설명한 13가지 마음부수는 음식을 싱겁게 하거나 짜게 하는 소금과도 같다. 이 13가지 마음부수들은 선한 마음과 불선한 마음 모두에 결합할 수 있다.[245] 이 책을 읽는 독자들은 선업의 길에서 최상의 열의와 정진, 진지한 의도를 계발하기를 바란다. 나도 또한 다가올 모든 생에서 바른 열의와 정진을 지닌 선행을 닦기를 서원한다. 내가 아는 모든 이들도 항시 선한 의지와 바른 열의 그리고 불

---

244 "Chandavato kiṁ nāma kammaṁ sijjhati. Āsā phalavatī sukhā."

245 선한 마음에만 결합하는 마음부수가 있고 불선한 마음에만 결합하는 마음부수가 있다. 13가지 마음부수는 둘 다와 결합할 수가 있다. 즉 선한 마음부수가 될 수도 있고 불선한 마음부수가 될 수도 있다는 말이다. 결심을 예로 들면 깨달음을 이루겠다는 선하고 굳은 결심도 있고, 많은 이들을 파멸하겠다는 극악한 결심도 생겨날 수 있다.

굴의 노력을 기울이기를!

마음부수는 경우에 따라 선한 마음 혹은 불선한 마음과 결합할 수 있다. 마음부수들이 마음에 영향을 미친다. 그러므로 게으르거나 정신을 놓고 살아가지 말아야 한다. 열반을 실현하는 그때까지 항시 자신을 굳은 의지로 일깨워야 한다. 선업의 열의를 지속적으로 일으킨다면 당신의 마음에서 모든 유익한 마음부수들이 계발될 것이다.[246]

---

246 공덕이 되고, 열반의 실현에 도움이 되는 선업 열의(kusala chanda)를 항시 지니고 있으면 다른 모든 유익한 마음부수들이 함께 마음에 생겨난다. 선업을 짓겠다는 열의를 항시 지녀서 선한 마음부수가 많이 생겨나도록 해야 한다.

선한 마음과 불선한 마음 모두에 결합하는 마음부수

제5장

기질

앞서 제1장부터 제4장까지 우리는 마음과 마음부수들의 특성에 관해 살펴보았다. 선하고 불신한 마음은 단지 이번 생과 관련이 있는 것이 아니고, 과거 여러 생을 거치며 축적된 특성이나 성향과도 관련이 있다. 이전 생에 좋은 특성을 많이 갖춘 이들은 이번 생에도 역시 좋은 성향을 지닌 이가 된다. 그리고 과거생에 못된 특성만 쌓아서 마음이 비뚤어진 사람들은 이번 생에 길들이기가 힘들다.[247]

우리들이 만약 현명한 이들과 가까이한다면 자신의 나쁜 성향을 제어할 수가 있을 것이다. 하지만 현자들과 가까이하지 않고 내 방식대로 살아가다 보면 헤아릴 수 없는 과거생으로부터 쌓아온 나쁜 습성들이 다시 생겨나 우리를 지배한다. 염료가 열을 가하지 않고 내버려 두면 굳어 버리듯, 현명한 이와 가까이하지 않으면 우리의 도덕은 무너진다.

예를 들어 개의 굽어진 꼬리를 부드럽게 해서 바로 펼치려고 원통에 기름을 붓고 12년간 두었다고 하자. 당신이 그렇게 노력을 기울여도 원통만 걷어 내면 개의 꼬리는 원래대로 돌아간다. 습관은 자신의 성향을 강하고 엄격하게 따른다. 예를 들면 당신이 개를 아무리 잘 조련해도 개는 낡은 신발을 보면 물어뜯으며 장난치

---

247 불교에서는 윤회를 말한다. 그 윤회의 기간은 헤아릴 수가 없을 정도로 오래되었다고 한다. 그 기나긴 세월 동안 우리는 많은 행위를 지었다. 육도를 윤회하며 다양한 존재로서 여러 업을 지은 것이 지금 자신의 성향에 영향을 미친다.

기질

려 한다. 그렇게 하지는 않아도 최소한 신발에 코를 킁킁거리며 냄새를 맡고 관심을 보인다. 이처럼 나쁜 성향의 사람은 자신의 말과 행동에 있어서 비천하다.

성인과 현자가 나쁜 성향의 사람을 도와서 고귀한 성품을 갖추게 하여도 종종 나쁜 성향과 특성은 사라지지 않고 드러난다. 자신의 뿌리 깊은 성향은 제거할 수가 없다. 그러므로 자신의 성향을 잘 살피고, 그것과 결합된 여러 가지 것들에 대해 잘 관찰하여야 한다. 이 책을 읽고 있는 당신은 어떠한 기질이나 특성을 갖춘 사람인가?

기질(Carita)

기질(carita)은 사람들의 행동 양식에 있어서 뚜렷하게 드러나는 특성이다. 기질에는 6가지 유형이 있다.

1. 탐하는 기질(Rāga Carita)   = 탐욕스럽고 열정적이다.
2. 성내는 기질(Dosa Carita)   = 화를 잘 낸다.
3. 어리석은 기질(Moha Carita)   = 미혹하다.
4. 믿는 기질(Saddhā Carita)   = 믿음이 강하다.
5. 지적인 기질(Buddhi Carita)   = 지적이다.
6. 사색적인 기질(Vitakka Carita) = 깊이 숙고한다.

6가지 유형 가운데 앞의 세 가지는 나쁜 것이고, 뒤의 세 가지는 좋은 것이다. 사람들은 이 유형 가운데 어느 하나 혹은 두세 가지가 혼합된 기질을 가진다.

어떻게 기질을 알 수 있는가

그 사람의 기질을 파악하기 위해서는 그 사람의 동작과 움직임, 삶의 방식, 선호하는 음식, 행동 양식 등을 주의 깊게 관찰하면 된다. 탐하는 기질과 믿는 기질은 공통되는 부분이 많다. 성내는 기질과 지적인 기질에도 공통되는 특성이 발견된다. 어리석은 기질과 사색적인 기질도 그 특성에서는 유사하다.

탐하는 기질과 믿는 기질

이 두 기질을 갖춘 이들은 대개 점잖고 공손하다. 이들은 대개 깨끗하고 깔끔하며 정돈을 잘한다. 달콤하고 향기로운 것을 좋아하고 부드러운 음식을 선호한다. 이런 공통점에도 불구하고 둘의 차이점은 크다.

탐하는 기질의 사람은 오욕락을 즐기는 것에 집착한다. 그는 약삭빠르며 교활하고, 자만심이 강하고 탐욕스럽다. 이와는 달리 믿는 기질의 사람은 보다 진실되고 정직하다. 그는 본래 관대하여 자선을 행한다. 믿는 기질의 사람은 대개 종교적이어서 삼보를 공경하고 법문 듣기를 즐긴다.

탐하는 기질과 믿는 기질의 사람들 모두가 세련되고 화려한 것을 좋아한다.[248] 하지만 차이점을 보면 탐하는 기질의 사람은 탐욕스럽고 인색하고 욕망이 강하고 교활하다. 반면에 믿는 기질의 사람은 개방적이고 관대하고 헌신적이고 정직하고 종교적이다.

성내는 기질과 지적인 기질

이 두 기질을 가진 이는 품행이 상스럽고 버릇이 없다. 이들은 단정하지 않고 깔끔하지도 않다. 이들은 신맛, 짠맛, 쓴맛 등 자극적인 음식을 좋아한다. 불쾌한 광경이나 소리를 참지 못한다. 대화할 때도 거칠고, 악의에 차고 폭력적이고, 분노에 찬 말로 응대한다. 성내는 기질과 지적인 기질이 우세한 사람들은 이와 같은 공통적 특성을 지닌다. 이러한 특성들은 스스로가 잘 다스리기 전까지는 제2의 천성이 되어 나타난다.

이러한 비슷한 면도 있지만 두 기질 사이에는 차이점도 많다. 성내는 기질의 사람은 악의, 복수심, 시기, 질투, 비방, 자만, 완고함을 보인다. 지적인 기질의 사람은 이런 면에서는 성내는 기질의 사람과 반대이다. 그들은 악의나 질투와는 거리가 멀고 좋게 충고를 하면 잘 받아들인다. 모든 일을 할 때에 알아차림과 지혜를 지니고 한다. 윤회와 재생에 대해 잘 이해해서 바라밀을 완성하기 위

---

248 탐하는 기질과 믿는 기질의 사람들은 대상을 밀어내지 않고 취하는 쪽이다. 탐하는 기질은 자기 것으로 하려는 성향이 강하고, 믿는 기질은 대상을 버리지 않고 확고하게 믿음을 둔다.

해 선행하기를 좋아한다.

성내는 기질의 사람은 행동이 상스럽고 깔끔하지 않으며 막된 행동을 한다. 자극적인 음식을 좋아하고 듣기 싫은 소리나 추한 모습에 거칠게 반응한다. 지적인 기질의 사람은 성내는 기질의 사람이 가지는 악한 특성은 가지지 않는다. 그들은 현명한 이들에게 항시 배우려 하고 일반적으로 주의 깊다. 그들은 대개 현명하고 덕스러운 행을 좋아한다.[249]

어리석은 기질과 사색적인 기질

어리석은 기질의 사람은 무지, 미혹하며 잘 잊는다. 그는 대개 당황해하고 혼란스럽다. 옳고 그름이나 선과 악도 잘 구분하지 못한다. 그는 스스로 결단을 내리지 못해서 어떤 이를 비난하거나 칭찬할 때 다른 이들이 주장하는 바에 따라간다. 그러므로 그는 사띠와 지혜가 없어서 게으름, 나태, 의심으로 시간을 허비한다. 그는 실로 해태와 혼침에 빠져 살아간다.

어리석은 기질의 사람처럼, 사색적인 기질의 사람 또한 확정적이지 않고 의심을 품고 살아간다. 그들은 게으르고 정상적인 행위를

---

249 "성냄이 사실이 아닌 허물만 찾듯이 통찰지는 사실인 허물만 찾는다. 성냄이 중생을 비방하는 형태로 일어나듯이 통찰지는 상카라들을 비방하는 형태로 일어난다. 그러므로 지적 기질을 가진 자는 성내는 기질을 가진 자와 비슷하다." 대림 스님 역 (2004), 제1권, 300. 성냄과 지혜는 대상에 대해 살피고 찾아내려 한다는 점에서 닮아 있다.

잘하지 못한다. 자신과 비슷한 이들과 함께하는 것을 좋아한다. 또한 쓸데없는 수다 떨기와 사색과 공상을 좋아해서 별 쓸모없는 사람이 되어 시간만 허비한다.

어리석음이 강한 사람은 일반적으로 게으르고 혼란스럽고 미혹하다. 그들은 덕스러움과 악, 그리고 그릇된 것과 바른 것을 구분하지 못한다. 판단력이 부족하고 사띠와 지혜가 없다. 사색적인 사람을 보면 그들은 매우 게으르기에 도덕적인 행위를 잘하지 못한다. 자신의 금 같은 시간을 수다 떠느라 허비하고 실제적인 일을 전혀 하지 않는다.[250]

기질의 기원

기질은 사람마다 다르다. 사람들은 외모, 태도, 습관, 경향에 있어 각기 다르다. 기질이 다르게 나타남은 다음과 같다. 만약 어떤 사람이 이전 생에서 그의 행동이 탐욕에 가장 많이 영향을 받았다면, 업과 과보는 탐하는 기질의 사람으로 나타난다. 만약 이전 생에 그의 행위에 있어 성냄이 많았으면 현생은 성내는 기질로 드러

---

250 "우치(어리석음)가 혼란으로 인해서 정립이 없는 상태인 것처럼, 사유(사색)는 여러 가지 유형의 추리로 인해서 정립이 없는 상태이기 때문이다. 우치가 탐구의 부족으로 동요하는 상태인 것처럼, 사유가 가벼운 추리로 동요하는 상태이기 때문이다. 그러므로 우치적 성향의 사람은 사유적 성향의 사람과 유사하다." 전재성 역(2018), 305. 전재성 박사는 여섯 가지 기질을 탐욕적 성향의 사람, 분노적 성향의 사람, 우치적 성향의 사람, 신앙적 성향의 사람, 지성적 성향의 사람, 사유적 성향의 사람으로 옮겨 적고 있다.

난다. 만약 이전 생에서 어리석음이 그의 업을 둘러쌌으면 지금은 어리석은 기질의 사람이 될 것이다.

또 어떤 사람이 이전 생에 지혜를 사랑하고 그것과 관련된 공덕을 많이 지었다면 지적인 기질을 가진 사람으로 태어날 것이다. 이처럼 믿음과 관련된 행위나 숙고와 관련된 행위를 많이 지었으면 똑같이 믿는 기질이나 사색적인 기질의 사람이 될 것이다. 그러므로 우리는 과거생의 업이 금생의 기질에 있어 주된 원인이 됨을 알 수 있다. 그러기에 우리는 미래생에 훌륭한 기질을 갖추기 위해서 믿음과 지혜가 함께하는 공덕행을 많이 닦아야 한다.[251]

훈습, 경향(Vāsanā)

나쁜 것과 관련된 경향은 번뇌들의 힘이고, 좋은 것과 관련된 경향은 바른 열의(sammāchanda)라고 불린다. 이러한 경향은 모든 존재의 마음 상속에 내재한다. 그러므로 당신이 이전 생에 탐욕과 함께하는 행위를 많이 지었다면, 당신의 경향은 태생적으로 탐욕적으로 된다. 만약 당신이 이번 생에도 이러한 나쁜 경향을 버리지 못하면 탐하는 기질이나 경향은 다가올 생에까지 이어져 지배할 것이다. 성내고, 어리석고, 사색하는 기질도 마찬가지이다.[252]

---

251 과거, 현재, 미래는 연관되어 있다. 과거생의 행위들은 현재 생에 과보를 낳고, 현재의 행위는 미래에 결과를 낳는다.

252 현재 나의 기질과 경향을 살피면 과거생의 자신의 업과 경향성에 대해 알 수 있다. 자신의 잘못된 경향을 줄이고, 좋은 습관과 경향을 계발한다면 현재에는 물론 미래생에

만약 당신이 현재 지혜의 기질을 지니고 태어났고 또한 그 지혜를 최대한 계발한다면 당신은 온전히 지혜의 경향을 갖춘 이가 된다. 이러한 경향성으로 당신은 다가올 생에도 지혜를 온전히 갖춘 이로 태어날 것이다. 붓다를 열망하는 이는 지혜가 지배적 조건이 되어 붓다를 이루고, 사리뿟다 존자처럼 지혜 제일의 제자가 되기를 서원하여 이루는 것은 여러 생을 거치며 닦아 온 이러한 경향 때문이다. 그러므로 여기서 중요한 점은 우리는 이번 생에 나쁜 행위들은 버리고 덕스럽고 고귀한 경향을 닦아야 한다는 것이다.²⁵³

탐하는 기질의 사람은 자신의 기질을 바꾸기 위해 모든 대상을 역겹고 혐오스럽게 보아야 한다. 그렇게 한다면 탐욕의 성향은 점차 줄어들고 마침내 완전히 사라질 것이다. 성내는 기질의 사람은 자애 수행(mettā bhāvanā)을 지속해서 하여야 한다. 자애의 마음은 성냄의 불길을 꺼 버릴 수 있는 서늘한 요소와 같다. 어리석은 기질의 사람은 무지를 벗겨 내기 위해 지혜로운 이를 가까이하고 많이 물어야 한다. 그리고 들숨 날숨(ānāpāna) 관찰 수행을 규칙적으로 행해야 한다.

이처럼 지혜로운 이를 찾아가 많이 배우고 질문을 하게 되면 앎이 증가하고 어리석음의 경향은 사라져 버릴 것이다. 만약 어떤 이

도 좋은 기질과 경향을 갖출 것이다.

253 부처님과 사리뿟다 존자와 같은 성자가 되는 것은 하루아침에 이루어지지 않는다. 수많은 세월 동안 나쁜 행위와 마음을 버리고, 선행을 닦고 좋은 경향을 만들었기에 가능하다.

가 믿음과 지혜와 같은 좋은 특성을 이미 갖추고 있고 그것을 더욱더 계발시키면 그는 그러한 좋은 특성들에 의해 기쁘고 만족을 얻는다.[254]

이제 기질과 관련한 논의를 마치려 한다. 여기에서 설한 대로 모든 이들이 좋은 기질을 갖추기를 바란다. 나와 관련한 모든 이들이 지금 생에서뿐만 아니라 다가올 생에서도 나쁜 성향을 몰아내고 좋은 기질을 기르기를 바란다. 지혜의 기질이 나의 마음 상속에서 항시 머물기를 바란다. 그리고 나에게 있는 믿는 기질이 근거 있고 올바른 곳에 믿음을 두기를 바란다.

---

254 좋은 특성과 경향은 더욱더 계발시켜야 한다. 그러한 특성들은 많은 유익함을 가져온다.

제6장

열 가지 선행의 기초

이 장을 학습하기 위해서 여러분은 열 가지 악행(duccarita), 불선업 궤도(akusala kammapatha)²⁵⁵, 열 가지 선행(succarita), 선업 궤도(kusala kammapatha), 그리고 열 가지 공덕행의 기초(puñña kiriya vatthu)에 관해 알아야 한다. 이들 가운데 악행과 선행에 관련하여서는 이미 여러 책과 나의『라따나 곤이(Ratana Gon-yi)』²⁵⁶에서 많이 언급했다. 그러므로 여기에서 그것들에 관한 설명은 하지 않고 공덕행의 열 가지 기초에 관해 상세히 설명하겠다.

공덕행의 열 가지 토대(Ten Puñña Kiriya Vatthu)

공덕(puñña)의 의미는 마음을 정화하는 것으로 선행을 의미한다. 행(kiriya)은 '행해져야 하는 것'이라는 의미가 있다. 토대(vatthu)는 번영과 행복의 기초라는 의미가 있다. 그러므로 번영과 행복의 기초가 되기에 확실히 행해져야 하는 것들을 열 가지 공덕행 토대라 한다.

열 가지 공덕행 토대는 다음과 같다.

---

255 열 가지 악행을 범했을 때 각각에 해당하는 구성요건이 갖추어지면 악처 중 어느 한 곳에 재생연결의 과보를 확실하게 줄 수 있기에 불선업 궤도라고 한다. 비구 일창 담마간다(2021), 212 재인용.

256 이 책에 대해 담마간다 스님은 삼보의 덕목을 설명한 저자의 책이라고 설명한다.

1. 보시(Dāna)　　　　　　　　= 베푸는 것

2. 지계(Sīla)　　　　　　　　 = 계를 잘 지키는 것

3. 수행(Bhāvanā)　　　　　　 = 수행의 실천

4. 공경(Appacāyana)　　　　　= 다른 이들을 공경하는 것

5. 소임(Veyyāvacca)　　　　　= 봉사와 도움을 주는 것

6. 회향(Pattidāna)　　　　　　= 공덕을 나눔

7. 회향 기뻐함(Pattānumodana) = 회향에 기뻐함[257]

8. 청법(Dhamma savana)　　　= 가르침을 듣는 것

9. 설법(Dhamma desanā)　　　= 가르침을 다른 이에게 전하는 것

10. 올곧은 믿음(Diṭṭhijukamma) = 바른 믿음

1. 보시(Dāna)

보시는 다른 이에게 주고 베푸는 것이다. 다음과 같은 두 가지 보시가 있다.

　(1) 의도 보시(Cetanā Dāna)

　(2) 물건 보시(Vatthu Dāna)

257　회향 기뻐함(pattānumodana)은 회향해 준 공덕 몫에 대해 '사두'라고 외치며 기뻐하는 것이다. 비구 일창 담마간다(2021), 120 재인용.

스님들의 필수품이나 가사, 거주처 등을 제공하는 것을 물건 보시(vatthu dāna)라 한다. 이런 선행을 할 때 생겨나는 선한 의지를 의도(cetanā)라 한다. 선행을 하면 현생과 다음 생에 좋은 과보를 가져온다고 한다. 이것은 제공된 물건 때문이 아니고 그 선한 의도 때문이다. 물건에 대해 기꺼이 보시하겠다는 그 마음의 자세가 다음 생에 좋은 과보를 가져온다. 만약 보시가 좋고 훌륭하다면 의도 또한 그러하다.

좀 더 설명하면, 만약 스님들께 공양을 올릴 때, 보시자는 그가 올리는 음식물과 보시물을 올리는 스님들에 대한 분명한 알아차림이 있다. 이때 보시자의 마음 상속에 지속적으로 의도의 흐름이 생겨난다. 이러한 의도는 매우 빠른 속도로 이어서 생겨나서는 사라지지만 완전히 사라지지는 않는다. 그 의도에 의해 생겨난 힘은[258] 다음에 언제라도 적절하게 결과를 내기 위해 잠재되어 있다.[259]

> 업의 힘이 정신과 물질의 연속에 어떻게 잠재되어 머무는가에 대해서는 업을 다루는 곳에서 다시 설명하겠다.

---

258 좋은 의도와 나쁜 의도가 있다. 모든 의도는 힘이 있고, 그것은 조건이 갖추어지면 결과를 낳는다.

259 의도가 잠재되어 있다고 해서 어느 장소에 저장된다는 것은 아니다. 의도 즉 업은 특정한 마음이나 그 마음 아래에 저장된 것이 아니다. 업은 특정 장소에 저장되지는 않으나 조건이 갖추어지면 며칠 혹은 몇 년이 지나도 결과를 만들어 낸다는 의미이다.

열 가지 선행의 기초

좀 더 생각하여야 할 것은, 마음은 손가락 한 번 튕기는 사이에 1조 번 이상 생겨날 수 있다는 것이다.[260] 만약 스님들께 공양을 올리는 행사에 참여해서 깨끗한 보시의 의도를 낸다면, 그때 생겨나는 의도는 수를 헤아릴 수 없을 만큼 막대하다.[261]

보시하는 물건과 보시 받는 이가 보시의 업을 더 크게 한다

보시 올리는 물품과 보시를 받는 이가 보시자를 다음 생에 따라와서 결과를 낳지는 않지만, 보시물과 보시를 받는 이는 보시자에게 강한 의도를 촉진시키는 요소이다.[262] 예를 들어 승단(saṃgha)을 위해 특별히 준비된 공양물은 강력한 의도를 불러일으키고, 반면에 일반적 공양물은 그 의도가 상대적으로 약하다. 다시 공양 받는 이를 살펴보면, 고귀하고 훌륭한 이가 보시를 받게 되면 강

---

260 1초에 1조 번 이상의 마음이 생겨났다가 사라진다고 한다. 마음은 직선처럼 계속 이어져 생겨나는 것이 아니고, 한마음이 일어나서 사라지면 뒤의 마음이 연이어 꼬리에 꼬리를 물고 생겨난다. 너무나 빠르게 생겨나고 사라져서 계속 이어져 있는 것처럼 여긴다. 그래서 『앙굿따라 니까야』에 다음과 같은 말씀이 있다. "비구들이여, 이것과 다른 어떤 단 하나의 법도 이렇듯 빨리 변하는 것을 나는 보지 못하나니, 그것은 바로 마음이다." 대림 스님 역(2006), 제1권, 87.

261 업은 의도라고 부처님이 말씀하셨다. 1초에 1조 번 이상의 마음이 생길 때, 그 모든 마음에는 의도가 있다. 스님들께 보시하는 행사에 참여하게 되면 그 행사는 대략 두세 시간 지속된다. 그때 보시자가 계속 보시의 의도를 내거나, 불교 수행을 실천할 때 선업의 의도를 지닌다면 그 선업 의도는 헤아릴 수 없이 많이 생겨난다.

262 보시를 실천할 때 자신이 만 원을 보시했으니 다음 생에 내가 만 원을 받는다거나, 갑에게 보시했으니 다음 생에 갑이 나에게 갚는 것처럼 생겨나지 않는다. 하지만 보시하는 물건과 그 대상은 보시 선업에 여러 가지 영향을 미친다.

한 의도를 생겨나게 하고, 일반인이 보시를 받는다면 그 의도는 약하다.[263] 이처럼 보시물과 보시 받는 이는 보시하는 이의 마음에 강력한 의도가 생겨나도록 관여한다.

보시물의 많고 적음

보시물의 양에 따라서 보시를 하는 의지가 다를 수 있다. 아주 풍부한 보시를 하기 위한 지극한 노력의 경우에는 보시의 강한 의도가 생겨난다. 단지 소량의 보시만 하는 것은 자연적으로 적은 노력이 따르고, 이에 상응하는 의도 역시 상대적으로 미약하다. 대량의 보시를 위해 준비를 할 때는 앞부분 의도(pubba cetanā, 보시를 행하기 이전의 의도)는 자연히 막대할 것이다. 그러므로 대량의 보시와 소량의 보시를 할 때 의도를 비교하면 당연히 대량의 보시를 할 때 생겨나는 의도가 더 수승하다. 그러므로 대량과 소량의 보시는 과보에 있어서 다르다. 왜냐하면 각각의 경우에 보시하려는 의도가 지속되는 기간도 다르기 때문이다.[264]

만약 베풂이 크고 후하면 그 의도 또한 그와 같다. 보시를 실

---

263 자신이 존경하는 훌륭한 스님에게 공양을 올리려고 한다면 보시자에게 생겨나는 보시의 의도는 강력할 것이다. 하지만 대상이 일반인이거나 동물이라면 보시의 의도는 그처럼 강력하지는 못하다.

264 대량의 보시를 하려면 그 준비 기간도 길고 여러 일이 많기에 그 기간에 생겨나는 보시의 의도는 당연히 많고 수승하다 할 수 있다. 예를 들어 한 사람의 스님에게 공양을 올리기 위해 준비하는 것보다 큰 절에 거주하는 많은 대중에게 공양을 올린다면, 그 기간도 길고 준비하는 내내 선업 의도가 지속되기에 수승하다고 할 수 있다.

제 행할 때 생겨나는 베푸는 의도(muñca cetanā, 실제 보시를 할 때 생겨나
는 의도)도 보시의 양에 비례한다. 보시를 행하고 나서 생겨나는 뒷
부분 의도(apara cetana, 보시를 행하고 난 뒤에 생겨나는 의도)도 당신이 행한
보시를 거듭 생각할 때마다 그 보시의 양에 따라 비례한다. 그러
한 마음의 상태는 일반적으로 생겨나는 형태로 알아야 한다.[265]

풍성한 보시이나 변변찮은 의도

어떤 보시자들은 공양음식, 거주처, 의복 등을 건성으로 마지
못해 보시한다. 그러한 경우에는 비록 보시물이 많고 풍부하다고
해도 그들의 의도는 많고 풍부하다 할 수 없다. 그들은 미약한 의
도로 선행을 하였기에 그에 따르는 진정한 기쁨을 느끼지 않는다.
그러므로 보시물의 양이나 질만으로 보시자의 관대함이 결정되지
않는다.[266]

한때 둣타가마니 아바야(Dutthagamani Abhaya) 왕이 임종에 다다
랐을 때, 그는 이전에 아주 거대한 마하쩨띠(Mahāceti) 탑을 조성한
것에 기쁨이 생겨나지 않았다. 대신 숲에 머무는 한 수행자에게

---

265 여기에서 보듯 보시를 할 때 의도는 세 부분으로 나누어 볼 수 있다. 첫째, 보시를 하
기 전과 둘째, 보시하는 순간과, 마지막으로 보시를 하고 난 뒤이다. 보시의 양이 많고
후하다면 이 세 부분에서 선업 의도는 더 크다.

266 앞서 보시물이 많고 크다면 보시를 행하는 선업 의도는 대체로 크다고 했다. 하지만
보시물이 크다고 하더라도 의도가 약하다면 그 선업은 수승한 것이 못 된다. 예를 들
어 부자가 많은 재물을 보시할 때 흔쾌히 하지 않고 우쭐대는 마음으로 보시를 행하
면 선행이 크다고 할 수 없다.

한 끼의 공양을 올린 작은 공덕을 떠올리고 큰 기쁨이 생겨났다. 이렇게 생겨난 강력한 선업 의도가 그를 도솔천(Tusitā)의 천신으로 태어나게 했다. 그러므로 재생으로 이끄는 것은 보시물의 양이나 질이 아닌, 보시를 할 때 생겨난 의도라는 것을 명심해야 한다. 수승한 보시를 결정짓는 것은 보시물보다 의도(cetanā)가 더 중요하다.[267]

보시는 씨 뿌리는 것과 유사하다

보시를 받는 자는 밭과 같으며
보시자는 농부이다.
보시물은 뿌려진 씨앗과 같고
미래에 생겨날 과보는 열매와 같다.

아귀사(餓鬼事, Peta Vatthu)[268]경에 이르기를, "보시를 받는 이는 땅과 같고, 보시자는 농부와 같다. 보시물은 뿌려진 씨앗과 같고, 윤회를 통해 이후에 생겨나는 여러 결과는 나무에서 생겨나는 과실

---

267 보시물의 양과 질이 훌륭하고 의도가 훌륭하다면 최상의 보시라 할 것이다. 하지만 수승한 보시를 결정하는 가장 중요한 요소는 의도이다. 아무리 크고 많은 보시물이라도 마지못해 보시한다면, 작은 보시물이라도 아낌없이 진정으로 하는 보시의 공덕에 미치지 못한다.

268 아귀사는 악행을 지은 이들이 그 과보로 아귀로 태어나 고통받는 것을 다루는 소부 (Khuddaka Nikāya)에 속하는 경전이다. 네 개의 품(vagga)으로 나누어 51가지의 일화가 소개되고 있다. U Ko Lay(1998), 177.

과 같다."라고 하였다. 경전의 말씀을 좀 더 살펴보도록 하자.

(1) 농사를 지을 때, 토양이 비옥하냐 황폐하냐에 따라서 산출이 결정된다. 이처럼 보시 받는 이의 진실성과 고귀함이 보시의 선업 과보를 결정짓는다.[269]

(2) 뿌려진 씨앗이 우수하면 식물의 성장과 생산이 좋아지듯이, 보시물이 바른 생계에 의해 획득한 것이거나 풍성하다면 과보도 커진다.[270]

(3) 농사에 숙련되고 부지런한 농부에게 수확이 많듯이, 보시자도 보시의 결과에 대해 지혜롭게 잘 알아야 하며, 보시할 때 흡족한 마음을 지니고 진정으로 한다면 그 과보가 크다.[271]

(4) 농부들이 수확을 많이 하려면 씨 뿌리기 전에 밭을 일구고 갈아야 한다. 마찬가지로 보시자도 직접 보시를 하기 이전에

---

269 좋은 토양에 씨를 뿌리면 수확이 많듯이, 훌륭한 이에게 올린 보시는 공덕이 크다.

270 보시물은 씨앗과 같다고 했다. 씨앗이 좋으면 열매가 좋다. 보시물이 좋다면 즉 청정하고 훌륭하다면 보시의 과보도 좋다.

271 보시자는 보시 행위의 결과에 대한 분명한 앎을 지니고 하는 것이 좋다. 선업 결과에 대한 믿음을 지니고 선행을 하라는 것이다. 또한 보시를 할 때 진정으로 흔쾌히 하여야 한다.

보시하려는 앞부분 의도(pubba cetanā)가 있어야 한다. 보시의 결과도 이러한 앞부분 의도의 강약에 영향을 받는다.[272]

(5) 농부는 작물이 잘 자라기 위해 자신의 경작지에 잡초도 뽑고 적절하게 물도 주어야 한다. 같은 방식으로, 보시자도 자신에 행한 보시를 떠올리고 그 공덕행에 대해 흡족한 마음을 지녀야 한다. 보시자의 이러한 뒷부분 의도(apara cetanā)도 보시 선업 과보를 결정한다.[273]

(6) 만약 농부가 부주의해서 새싹이나 묘목을 상하게 하면 그들의 노력은 결실을 보기 힘들다. 이처럼 만약 보시자가 보시하고서 후회한다면 그들은 자신의 미약한 뒷부분 의도(apara cetanā)로 인해서 좋은 과보를 얻기 어렵다.[274]

---

272 보시할 당시의 의도뿐만 아니라, 보시하기 이전의 의도도 중요하다. 농부가 미리 밭을 갈듯이, 보시자도 보시 이전의 의도를 잘 갖추어야 한다. 보시 전에 미리 흡족하고 진정한 마음으로 보시하려는 의도가 결과를 크게 한다는 말이다.

273 보시를 행하고 나서 자신의 행위에 대해서 기뻐하고, '참으로 보시를 잘했구나.'라고 여기면 그 결과가 크다. 자신의 선행을 떠올려 흔쾌히 기뻐하는 것으로 공덕을 크게 할 수 있다.

274 다른 이에게 보시를 행하고 돌아서서 '그때 하지 말 것을' 혹은 '너무 많이 했나?' 등의 마음을 내게 되면 좋은 결과를 얻지 못한다. 바로 앞에서 뒷부분 의도가 좋으면 과보도 더 좋아진다고 했다. 이처럼 보시는 보시 당시의 의도도 중요하고 보시 이전과 이후의 의도도 역시 중요하다.

(7) 토지와 씨앗이 모두 다 좋다고 하여도, 파종도 적절한 시기에 하고 추수도 적절한 시기에 이루어져야만 수확이 좋다. 이처럼 보시도 가장 필요한 이에게 행하여야 하고, 적당한 시간과 장소에서 하여야 한다. 이렇게 행하는 보시가 가장 좋은 결과를 가져온다.

아귀사경에 보시와 관련해서 이와 같은 자세한 가르침과 안내가 있다. 그러므로 보시를 할 때, 보시 받는 이도 정확하게 잘 선택하여야 하고, 적절한 시간과 장소 역시 중요하다. 보시할 때도 더없이 기쁘고 행복한 마음과 흡족한 의도로 하여야 한다.[275] 더구나 보시는 세간의 부를 얻기 위해서 행해져서는 안 된다. 그러한 바람은 탐욕과 갈애로 연결되어 있기 때문이다. 보시할 때 당신의 의도는 최대한 맑고 순수하여야 한다.[276]

보시를 받는 이도 과보를 결정한다

아귀사경에 보시를 받는 이는 씨를 뿌리는 경작지와 같다고 나온다. 경작지는 일반적으로 세 등급으로 나눌 수 있는데, 가장 비

---

275 가난한 이에게 보시할 때, 기쁜 마음으로 상대를 위하는 마음으로 하여야 한다. 마치 '가난해 보이니 이거라도 가지세요.'와 같이 우쭐하거나 귀찮은 마음을 내어서 행한 보시는 좋은 과보를 가져오기 어렵다.

276 이 보시를 행하면 다른 사람에게 평판이 좋아질 거로 생각하거나, '이러한 보시나 자선을 행하면 언젠가 다른 보상이 주어질 것이야.'라고 생각해서 하는 보시는 선한 의도가 적고 갈애와 탐욕이라는 불선 의도가 많이 생겨나서 좋은 과보가 미약하다.

옥한 곳, 중간 정도의 곳, 황폐지이다. 마찬가지로 보시를 받는 이도 각각 등급이 있다. 만약 경작지에 잡초가 없으면 수확이 좋다. 이처럼 만약 보시 받는 이가 탐·진·치가 없는 이라면 보시자가 받는 과보는 더없이 크다. 또 다른 측면에서 농사를 지을 때 거름과 비료가 충분히 있으면 농지에서 수확이 많은 것처럼, 보시 받는 이가 공덕과 지혜를 갖춘 이라면 보시자는 큰 과보를 얻게 된다.[277]

승단 보시(Saṁghika Dāna)

승단 보시(saṁghika dāna)는 승단(saṁghika)이나 스님들께 공양과 필수품을 올리는 것을 의미한다. 만약 당신이 어떤 모임에 천 원을 보시하면 그 모임 구성원은 누구라도 그 천 원에 대해 보시 받을 자격이 있게 된다. 마찬가지로 밥 한 그릇이나 가사 한 벌이라도 승단에 올린다면, 승단에 속한 스님들은 누구라도 그 공양을 받을 수 있게 된다. 각처에 있는 승단에 보시하기 위해 전 세계를 돌아다닐 필요가 없다. 승단에 속하는 스님 어느 한 분께 공양을 올려도 그것은 자연히 승단에 보시하는 것과 같다. 승단의 모든 구성원은 그러한 공양에 대해서 보시 받을 자격이 있다. 구성원 모두는 그러한 공양을 함께 나눌 수 있다.[278]

---

277 농지에 생겨나는 잡초는 마음에 생겨나는 번뇌에 비유했고, 작물이 잘 자라는 데 필요한 거름과 비료는 마음에 생겨나는 덕스러움과 지혜에 비유했다.

278 우리나라에서는 특정한 스님이나 절에 공양을 많이 올리고, 승단 보시를 잘 행하지 않는다. 승단 보시의 공덕이 특정한 스님에게 올리는 공양보다 훨씬 크다는 점을 잘

승단 보시자의 마음가짐

승단 보시를 할 때, 보시자의 마음은 바로 승단을 향해야 한다. 비록 당신이 말로는 "승단에 보시합니다."라고 하여도, 당신 마음이 특별한 스님이나 절을 염두에 두고 있으면 승단 보시는 될 수가 없다. 탁발하는 스님을 만나서 공양을 올리고, 승단에서 지정한 스님에게 공양을 올리는 것은 승단 보시가 된다. 보시자의 마음은 항시 전체 승단에 공양을 올린다는 마음을 지녀야 한다.[279]

공양을 올릴 때 마음가짐

부처님을 향한 굳건한 믿음을 지니고, 불법이 오래 머물기를 바라고, 부처님 가르침이 순수하게 잘 전승되기를 바라는 신심 있는 불자라면 승단에 규칙적인 공양을 올려야 한다.[280] 또한 승단 보시를 바라는 불자라면 공양물을 올리려고 준비를 마쳤을 때, 특정한 스님을 떠올리면 안 된다. 예를 들어서 "이분이 나의 스승이신 큰스님이시다. 이분은 내가 존경하는 스님이시다."처럼 특정한 스님에 대한 집착을 버리고, 공양을 올릴 때 전체 승단으로 마음을

알아야 하겠다.

279 부처님의 출가 제자인 승단에 공양 올린다는 마음을 지녀야 한다. 비록 공양을 올릴 때 한 스님이나 특정 절에서 받을지라도 그것은 한 개인이나 특정 사찰이 아닌 전체 승단의 구성원으로서 받는 것이다.

280 상좌부 불교에서는 아직 탁발 전통이 남아 있다. 불자들은 부처님과 그 가르침 그리고 승단이 잘 유지되도록 아침마다 승가에 공양을 올린다.

향해야 한다. 혹은 말로써 "이 공양을 승단에 올립니다(Saṁghassa demi)."라고 할 때도 그의 마음은 전체 승단을 염두에 두고 있어야 한다. 이처럼 보시자가 앞선 요건을 갖추고, "나는 이것을 승단에 공양 올립니다."라고 말하고 공양 올리면 그것이 진정한 승단 보시가 된다.[281]

공양청도 승단 보시가 될 수 있다

어떤 보시자가 승단 보시를 하기 위해 가까운 사원을 찾아간다. 보시자는 주지스님을 찾아뵙고 "주지스님, 제가 내일 아침 6시에 저희 집에서 공양을 올리고 싶습니다. 자비로운 마음으로 스님한 분께 공양을 올릴 수 있게 보내주십시오."라고 청한다.

> 승단 보시를 하려는 마음으로 공양청을 할 때는 "그 스님을 포함해서 몇 분이 오십시오." 혹은 "주지스님을 포함해서 몇 분이 오십시오."라고 해서는 안 된다.[282]

보시자가 내일 공양물을 준비하는 중에도 항시 마음은 전체 승

---

281 특정한 스님에게 공양을 올릴 때도 마음을 전체 승단으로 기울이며 '이 공양물을 전체 승단에 공양 올립니다.'라고 생각하며 행하면 승단 공양이 되어 공덕이 커진다.

282 승단 보시는 특정한 스님이 아닌 승단 전체에 공양을 올리는 것이어서, 공양을 올릴 때 '스님도 포함해서 함께 오세요.'라고 하면 특정한 개인이 지정되어서 승단 보시가 되지 못한다.

단을 향해야 하고 특정한 스님이나 절을 염두에 두어서는 안 된다. 이것을 잊지 않기 위해서 자주 "이 공양을 승단에 올립니다."라고 떠올리고 말해야 한다.

다음날에 공양을 받기 위해 스님이 오셨을 때, 그 스님이 사미 스님이거나 출가한 지 얼마 되지 않은 스님이라 할지라도 싫은 내색이나 마음을 가져서는 안 된다. 항시 승단 보시를 올릴 때는 "이 공양물은 특정한 스님을 위한 공양이 아니고 전체 승단을 대상으로 올리는 것이다."라고 생각해야 한다. 공양물을 올릴 때도 존경심을 담아 공경스럽게 하여야 한다.

이와는 달리 공양청을 받으러 온 스님이 덕망 있는 주지스님이라고 해서 너무 기뻐해서도 안 된다. 이때도 역시 보시자는 '이 공양은 주지스님을 위해서 올리는 것이 아닌, 이 스님이 속하신 전체 승단에 올리는 공양이다.'라고 여겨야 한다. 그러므로 보시자가 보시할 때 전체 승단을 향해 마음을 기울일 수 있어야만, 승단에서 지정한 한 분의 스님에게 공양을 올려도 승단 보시가 될 수 있다. 단지 한 분께 공양 올려도 전체 승단에 공양을 올리는 것이 된다.

보시자의 선한 의도

한때 모든 신도와 보시자들이 싫어하는 한 스님이 공양청을 받는 스님으로 승단에서 지정받았다. 이때에도 보시자는 마음을 전체 승단으로 기울이면서 싫은 마음을 내지 않았다. 그는 그 부도덕한 스님에게 정성을 다해 공양과 필수품을 올렸다. 그는 그 스님을 부처님 대하듯이 도착하였을 때 발을 씻겨 드리고, 일산이 드리워진 좋은 자리에 방석을 깔고 앉게 하였다. 이처럼 그 보시자의 마음은 전체 승단을 향해 있었기에, 비록 보시 받는 이가 부도덕한 스님이었어도 그 공양은 훌륭한 승단 보시가 될 수 있었다.

좀 더 논의해야 할 부분이 있다. 앞서 얘기한 그 부도덕한 스님이 그러한 공양을 받고 '나도 이제 나를 따르는 헌신적 신도가 생겼구나.'라고 여겼다. 그리고서 오후에 그 부도덕한 스님은 자신의 절을 고치기 위해 그 보시자를 찾아가서 연장을 빌려 달라고 했다. 그러자 그 보시자는 아침과는 다르게 그 스님을 공손하게 대하지 않았다. 그는 연장을 발로 툭 차며 "여기 있으니 가져가 쓰려면 쓰시오."라고 말했다.

아침에 공양 올릴 때와 오후의 태도가 다른 것을 본 이웃은 그 이유를 물었다. 그는 말하기를 "내가 아침에 공양 올릴 때의 공경스러운 마음은 특정한 스님을 대상으로 한 것이 아니고 전체 승단을 염두에 두고 한 것이다. 하지만 오후에 내가 불경하게 그 부도덕한 스님을 대한 것은 그 스님을 대상으로 한 것이다. 그 나쁜 스님 개인에게는 내가 귀의하거나 존경하고 싶은 마음이 없다."라고 답했다.[283] 여기서 알 수 있는 것은 당신이 공양을 올릴 때 항시 마

---

283 부처님 가르침이 오래 머물기 위해서는 승단에 공양을 올리며 보호해야 한다. 하지만 개개의 부도덕한 스님에게는 그가 행실이 나쁘기에 공양을 올리지 않아도 되고, 공양을 올린다면 승단을 떠올리고 승단 전체에 보시하는 마음을 내어야 한다. 전체 승단과 스님 개인은 구분해야 한다.

음은 전체 승단을 향해 보시한다고 하여야 한다. 그렇게 마음을 기울여야 승단 보시가 된다.

보시에 따른 결과는 어떻게 달라지는가

만약 당신이 공양을 한두 스님 혹은 몇몇 스님에게 올릴 때, 그들을 개별적으로 구분하여 보시하면 개인 보시(puggalika dāna)가 된다. 이렇게 보시를 하면 천 명의 스님에게 보시하여도 단지 개인 보시에 지나지 않는다. 부처님이나 벽지불(Pacceka Buddha)에게 올리는 특별한 보시를 제외하고는 승단 보시가 가장 수승하다.

승단 보시라고 하면 거기에는 아라한 성인도 당연히 포함된다. 개인 보시에서는 아라한 성인에게 할 수도 있지만 그렇지 않을 경우가 더 많다. 그러므로 개인 보시에서는 보시 받는 이가 공덕을 갖춘 분인지 살펴야 하지만 승단 보시에서는 전체 스님들이 다 포함되기에 자연히 공덕 높은 분께 공양을 올릴 수 있다.[284] 이처럼 승단 보시는 개인 보시에 비해 더 강력하고 공덕이 크다.

부처님께 직접 올리는 공양

부처님 재세 시에는 신도들이 부처님에게 개별적으로 직접 공

---

284 승단 보시는 전체 승단을 대상으로 한다. 전체 승단에는 아라한 성인을 비롯해 많은 공덕을 갖춘 스님들이 계신다. 그러므로 승단 보시를 하게 되면 승단에서 가장 높은 공덕을 갖춘 스님에게도 공양을 올리는 것이 된다.

양을 올릴 특별한 기회를 가질 수 있었다. 하지만 오늘날에는 부처님이 계시지 않으니 그렇게는 할 수가 없다. 그러므로 우리는 여러 책으로부터 부처님에게 어떻게 하면 공경스럽게 공양을 올릴 수 있는지에 대해 배워야 한다.

먼저 한 스님이 충분히 드실 수 있는 공양을 준비해서 불상 앞에 둔다. 만약 주위에 불상을 모신 곳이 없으면 마음속으로라도 부처님을 떠올리고 공양을 올린다. 이때 당신의 의도(cetanā)를 부처님에게 직접 올리는 것처럼 지녀야 한다.

그렇게 공양을 올리고 나서는, 그 공양물은 사원이나 탑을 돌보고 지키는 일을 맡은 이에게 보시하여야 한다. 그 사람이 스님이든 재가자이든 상관이 없다. 탑이나 사원을 돌보는 이가 포살계(uposatha sīla)를 지키는 이라면 다른 일을 하기 전이라도 정오가 가까우면 그 공양물을 먹을 수 있다.[285]

아주 성대한 공양 의식에서 어떤 사람이 부처님을 대표로 하는 승단에 공양을 올리고 싶다면, 앞서 부처님에게 공양 올리는 방식으로 하면 된다.[286] 부처님에게 가사를 공양 올리고 싶을 때도 같

---

285 포살계를 지니는 이는 8계를 준수한다. 8계 가운데 오후 불식계가 있다. 공양을 먹을 수 있는 시간은 동이 트고 나서 정오까지이다. 그러므로 포살계를 지니는 이는 정오 이전에 점심 식사를 마쳐야 한다. 포살계를 지키는 이가 공양을 받고 시간이 정오가 임박하면 일에 앞서 식사를 먼저 해도 된다는 것이다.

286 부처님의 사리를 안치한 탑이나 불상 앞에서 승단을 초청하여 "부처님을 위시하여 승가에 보시합니다."라고 보시하면 부처님을 포함한 승가 보시에 해당한다. 비구 일창 담마간다(2021), 109.

은 마음가짐으로 하여야 한다. 불탑을 수호하는 스님이라면 그러한 가사를 받아 사용할 자격이 있다. 주의할 것은 불탑이나 불상에 올린 공양물, 즉 초, 향, 꽃, 청정수 등이 어지러이 널려 있으면 안 된다. 보시를 올릴 때는 정갈하게 하여야 한다. 그렇게 하여야 이 생에서 혹은 다음 어느 생에서 좋은 과보를 받는다. 이렇게 공덕을 행한다면 당신의 미래생은 결함 없고 깨끗할 것이다.

먼 거리에서 예경 올리는 방법

대개 많은 불자가 절이나 탑을 매일 방문하기가 어려워서 자신의 집에서 불상을 모시고 예불하고 공양도 올린다. 이것이 공덕이 되는지는 의견이 분분하다. 하지만 앞서 행위에 있어서 의도가 가장 중요하다고 했기에 집에서 올리는 예경도 큰 공덕이 된다.[287] 만약 예경을 드릴 때 직접 부처님께 하듯이 한다면 그것은 진정한 선한 의도(kusala cetanā)가 된다. 이처럼 선한 의도를 지니고 하는 행위에 왜 공덕이 없겠는가?

108겁 이전에 앗타닷시 부처님(Atthadassi Buddha)이 정각을 이루셨다. 어느 날 한 재가자가 그 부처님과 아라한 제자가 신통으로 공중을 떠다니는 것을 보고 멀리서 꽃과 향을 올렸다. 이 하나의 선행으로 그는 수천 년간이나 사악처에 태어나지 않았고, 고따마

---

287 부처님께 예경드리는 것은 꼭 큰 법당을 찾아서 드려야 하는 것은 아니다. 자신의 집에 정갈한 공간을 만들고 부처님을 모셔서 매일 예경을 드리는 것도 큰 공덕이 된다.

부처님 당시에 태어나 아라한이 되었다. 그 스님의 이름은 데사뿌자까 장로(Desapujaka Thera)이다.

세 가지 의도

모든 형태의 보시는 다음과 같은 세 가지 의도를 지닌다.

(1) 앞부분 의도(pubba cetanā) : 보시하기 전에 일으키는 의도
(2) 베푸는 의도(muñca cetanā) : 실제 보시를 할 때 생겨나는 의도
(3) 뒷부분 의도(apara cetanā) : 보시하고 난 이후에 생겨나는 의도

[1] 앞부분 의도(Pubba Cetanā)

보시하기 이전에 보시물을 구하고 준비할 때 생겨나는 선한 의도가 앞부분 의도(pubba cetanā)이다. 보시할 때 주의할 점은 다음과 같은 자만과 아만이 있어서는 안 된다. 예를 들어 "내가 이 탑을 다 세운 사람이야. 내가 이 절을 지을 때 많은 보시를 했어. 내가 오늘 공양을 낸 바로 그 사람이야."처럼 우쭐대서는 안 된다. 그리고 보시를 하려고 준비하는 도중에 당신과 가족들은 다투거나 분쟁이 있어서는 안 된다. 또 보시하려고 마음먹었으면 주저함이 없어야 한다.[288] 보시를 준비하는 동안 기쁘고 행복한 마음으로 행

---

288 보시를 준비하는 도중에 기쁜 마음이 생겨나야 하고, 분노와 인색 등과 같은 불선한 마음이 생겨나서는 안 된다. 보시하려고 했다가 할지 말지 주저하지 말라는 것이다.

하면, 앞부분 의도가 계속 이어져 나머지 부분도 다 좋은 결과를 낳는다.

[2] 베푸는 의도(Muñca Cetanā)

베푼다(muñca)라는 말의 원래 의미는 버리고 놓아 주는 것이다. 그러므로 어떤 이가 자신의 물건을 다른 이에게 주고 보시할 때 생겨나는 의도가 베푸는 의도(muñca cetanā)이다. 또한 음식물을 나눠 줄 때 보시 받는 이에게 그 음식을 나눠 주면서 생겨나는 의도와 승단에 보시할 때 생겨나는 의도, 그리고 보시를 하면서 "나는 보시합니다."라고 말하는 그 순간 생겨나는 의도가 베푸는 의도(muñca cetanā)이다.

가장 청정한 베풂이 되기 위해 보시자는 앞서 앞부분 의도에서 말한 것처럼 불선한 마음이 생겨나지 않게 하여야 하고, 보시를 받는 이에 대한 애착도 둬서는 안 된다. 보시하고 나서 보시 받는 이에게 보답을 기대하지 않고 혼쾌히 보시하면 그 베풂의 의도는 청정하다고 한다.

[3] 뒷부분 의도(Apara Cetanā)

보시를 다 마치고 나서 생겨나는 의도가 세 번째 뒷부분 의도(apara cetanā)이다. 이것은 자신의 공덕행을 기뻐하며 공덕행의 성취에 대해 흡족해 하는 것이다. 여러분이 보시를 행하고 그 행위에 대해 기뻐하고 그 일을 자주 회상하며 다시 이 좋은 보시행을 하려고 생각한다. 이러한 것들이 뒷부분 의도가 힘차게 생겨나는 형태이다.

하지만 뒷부분 의도가 좋게 생겨나고 난 이후에도 퇴색되는 일이 있다. 예를 들어 보시하고 자신의 재산이 줄었다고 아까워하거나, 보시하고 보시 받은 이가 마음에 들지 않아 불쾌한 마음을 내는 경우이다. 이런 상황에서 당신은 '내가 이 보시를 하지 않았어야 했어.'라고 생각할 수 있다. 이렇게 된다면 당신의 뒷부분 의도만 나쁘게 되는 것이 아니라 화(dosa)라는 불선한 마음을 일으키는 것이 된다.[289]

주의할 것

절을 짓거나 탑을 조성하는 데 보시하는 것은 최상의 보시이다. 이러한 보시보다 덜 수승한 것은 공양이나 가사를 보시하는 것, 혹은 가난한 이에게 음식이나 물 등을 나눠 주는 것이다. 가장 수승한 보시를 하려면 장애가 많이 생겨나서 쉽지가 않다. 그러한 장애는 외부적 요인도 있고, 자신 내부에서도 생겨난다.

그러므로 최상의 보시를 하려면 당신 혼자 계획으로만 하지 말

---

289 보시를 하고 그 보시한 것을 후회하고 불쾌해 하면 분노라는 불선법이 생겨난다. 보시를 받은 스님이 계행과 수행을 실천하지 않아 괜히 보시했다고 불쾌해 하면 보시자에게 그것 또한 성냄이라는 불선법이 된다. 이것을 막기 위해서 승단 보시를 하든지 아니면 보시 받을 이가 공덕과 훌륭한 성품을 갖추었는지 잘 살펴 보시하여야 한다.

고, 친구들과 많이 배운 스승님들에게 조언을 구해야 한다. 이렇게 한다면 당신의 보시를 받을 적절하고 훌륭한 이를 찾을 수 있을 것이다. 사소한 보시를 할 때는 보시 받는 이가 그리 중요하지 않다. 동물에게 먹이를 줘도 공덕이 있기 때문이다.[290]

보시할 때 가장 중요한 요인은 올바른 태도를 지니는 것이다. 가능하다면 승단 보시를 하는 것이 좋다. 보시하려고 했으면 보시물에 대한 애착은 버려야 한다. 보시하려고 준비해 둔 물건에 대해서는 완전한 버림과 포기의 마음을 지녀야 한다. 이러한 마음가짐을 지니면 무집착 보시자(muttacāgī)[291]가 된다.

그러므로 모든 보시자는 보시 받는 이에 대해 집착하지 말아야 한다. 공양물에 대한 애착심도 버리고, 세간과 천상의 번영을 바라거나 기원하지 마라. 진정한 불자라면 '보시의 공덕으로 열반을 실현하기를!'이라고 원을 세워야 한다. 이렇게 하는 것이 가장 이상적인 보시이다.

선행의 구분

마음부수를 논하는 장에서 이미 탐욕 없음(alobha), 성냄 없음

---

290 모든 보시에 공덕이 있다. 공덕의 크고 적음을 생각하지 않는다면 보시 받는 이가 중요하지 않다. 자신의 보시가 공덕이 크기를 바라는 이는 훌륭한 대상에 보시하는 것이 좋다. 동물보다는 사람에게 보시하고, 사람 가운데 공덕을 갖춘 이에게 보시하면 과보가 더 좋다.

291 대상에 대한 애착심을 버리고 자유로운 마음을 지녀 보시를 자주 실천하는 자이다.

(adosa), 어리석음 없음(amoha)에 대해서 살폈다. 이것들을 뿌리(hetu) 혹은 원인이라고 한다.[292] 나무의 뿌리가 전체 나무를 활기차게 하듯이, 이러한 뿌리라는 정신법은 상응하는 마음과 마음부수들을 성장시키고 발전시킨다. 그러므로 선한 마음(kusala citta)은 두 가지 형식으로 나누어 볼 수 있다.

(1) 두 개의 뿌리를 지닌 선한 마음(dvihetuka kusala citta) : 탐욕 없음과 성냄 없음이라는 두 개의 뿌리를 가진 선한 마음
(2) 세 개의 뿌리를 지닌 선한 마음(tihetuka kusala citta) : 탐욕 없음, 성냄 없음, 어리석음 없음이라는 세 개의 뿌리를 가진 선한 마음

[1] 두 개의 뿌리를 지닌 선한 마음(Dvihetuka Kusala Citta)

어떤 이가 탐욕 없음과 성냄 없음이 함께하는 선한 마음을 지니면, 그의 마음을 두 개의 뿌리를 지닌 선한 마음(dvihetuka kusala citta)이라 한다. 열 가지 공덕행 가운데 바른 견해는 업과 그 결과에 대한 믿음과 앎을 말한다. 이러한 지혜는 업 자산 지혜

---

292 뿌리라고 번역한 '헤뚜(hetu)'를 대림·각묵 스님은 '원인'으로 번역한다. 헤뚜는 나무의 뿌리에 비유되기에 본서에서는 '뿌리'로 번역한다. 나무에 뿌리가 있어서 여러 가지 것들이 생성되듯이, 우리에게 탐·진·치 등과 같은 뿌리가 있다면 그에 따르는 행위도 그 뿌리를 바탕으로 생겨난다. Ledi Sayadaw(2004), 64-66.

(kammasakatā ñāṇa)²⁹³라고도 한다.

　업과 그 결과에 대해 알지 못하는 어린아이나 어리석은 사람이 보시를 행하고 나서 어떤 기쁨을 느낀다. 하지만 이러한 기쁨은 업 자산 지혜와 결합된 것이 아니다. 그때 그 사람의 선한 마음에는 어리석음 없음(amoha)이 존재하지 않는다.²⁹⁴ 이때는 단지 탐욕 없음과 성냄 없음이라는 두 가지 뿌리만 존재한다. 이러한 마음을 두 개의 뿌리를 지닌 선한 마음이라 한다.

　오늘날 많은 불자가 업과 그 결과에 대한 바른 앎이 없이 보시하고 공양을 올린다. 그러한 선행은 두 개의 뿌리를 지닌 선한 마음이 된다. 많이 배운 이라도 선행을 아무 생각 없이 형식적으로 행하면 그 선업도 그처럼 된다.²⁹⁵ 핵심을 말하자면, 지혜 없이 행한 모든 선행은 두 가지 뿌리를 지닌 선행(dvihetuka kusala)이 된다.²⁹⁶

293　업 자산 지혜는 "선업과 불선업이라는 업만이 태어나는 생마다 항상 따라다니는 자신의 진정한 재산이다. 업만이 자신에게 항상 남겨지는 유산이다. 업만이 근본 원인이다. 업만이 자신의 진정한 친구, 권속이다. 업만이 진정한 의지처이다. 선행과 악행을 행한다면 그것에 따라 과보를 받을 것이다."라고 바르게 아는 지혜를 뜻한다. 비구 일창 담마간다(2017), 428 참조.

294　어리석음 없음이라는 정신법은 지혜를 의미하기도 한다.

295　지혜를 갖춘 이라도 선업을 행할 때 지혜를 갖추지 아니하고 건성으로 혹은 관행적으로 행하면 두 가지 뿌리의 선업이 된다.

296　두 가지 뿌리를 가진 선한 마음은 세 가지 뿌리를 가진 선한 마음에 비해 낮은 마음이다. 두 가지 뿌리로 재생하게 되면 그 생에 선정도 얻지 못하고, 도와 과의 지혜도 생겨나지 않는다.

[2] 세 개의 뿌리를 지닌 선한 마음(Tihetuka Kusala Citta)

탐욕 없음과 성냄 없음, 그리고 어리석음 없음이라는 세 가지 뿌리가 함께하면 세 개의 뿌리를 지닌 선한 마음이 된다. 업 자산 지혜와 함께 행하여진 선행이 세 개의 뿌리를 지닌 선한 마음이 된다.[297]

오늘날 많이 배운 불자들이 선한 의지를 갖추고 자신의 부모 형제를 위하고, 불·법·승 삼보를 위해 선행을 한다. 이들의 마음은 자신들의 선행이 윤회 속에서 좋은 결과를 낳을 것이라는 분명한 앎과 함께하기에 세 개의 뿌리를 지닌 선행이 된다.[298]

예를 들면 어떤 이가 다음처럼 위빳사나 지혜를 갖추고 보시를 한다. "이 물건들은 진실로 물질의 모임들에 지나지 않는다. 그리고 그들은 무상(anicca)하고, 괴롭고(dukkhā), 무아(anatta)이다." 이러한 마음은 두말할 나위 없이 최상의 세 개의 뿌리를 지닌 선한 마음이다. 그러므로 연장자와 부모들은 젊은이들에게 업과 업의 결과에 대해 가르쳐야 한다. 또한 선행을 실천하기 전과 공덕을 회향하기 전에 무상, 고, 무아에 대한 기본적 이해가 생겨나도록 가르

---

297 욕계 유익한 마음들 가운데 지혜와 결합된(ñāṇasampayuttaṁ) 마음을 말한다.

298 자신이 선행을 실천하고 그 실천은 좋은 결과를 가져온다는 것에 대한 믿음과 앎을 가지는 것이 지혜를 갖춘 선행이다. 이것은 선행의 대가를 바라는 것과는 다르다. 자신의 행위에 대한 분명한 앎을 지니는 것을 말한다. 예를 들어 부모가 어린아이를 보고 훌륭한 스님에게 보시하라고 하면 그들은 부모가 시키는 대로 한다. 아이들의 이런 선행은 스스로 행위에 대한 의미를 알지 못하고 하는 선행이어서 두 가지 원인을 가진 선행이 된다.

처야 한다.

수승(Ukkattha)하고 열등(Omaka)한 선업

빠알리어 웃깟타(ukkattha)는 수승하다는 의미이고, 오마까 (omaka)는 저열하다는 의미이다. 두 가지 뿌리와 세 가지 뿌리의 마음 둘 다, 앞부분 의도나 뒷부분 의도가 선하게 생겨나면 그 선행은 수승한 선행(ukkattha kusala)이라 한다. 만약 그때 불선한 정신법과 함께 생겨나면 저열한 선행(omaka kusala)이라 한다.[299]

선한 정신법 혹은 불선한 정신법과 함께한다는 것은 그러한 정신법들이 선행에 직접 연관을 가졌을 때를 말한다. 만약 선하고 불선한 정신법이 선행과 직접 연결되어 있지 않으면 그 선행에 대해 선 혹은 불선과 함께한다고 할 수 없다.[300]

어떤 신도가 최상의 보시를 하기 이전에 그의 채무자와 크게 다투고 그를 고소까지 하였다. 이는 분명하게 성냄이라는 불선법 (dosa akusala)이다. 하지만 그의 분노가 보시에 전혀 영향을 주지 않

---

299 보시하기 전이나 하고 난 후에 흡족해 하고, 다른 애착심을 품지 않으면 수승한 보시행이 된다. 보시하기 전에 아까워하고, 하고 난 후에 후회 등을 한다면 열등한 보시행이 된다.

300 선하고 불선한 정신법과 함께한다는 것은, 예를 들어 보시를 할 때 그 보시와 직접 관련하여 그 전과 후에 '어떤 정신법이 생겨나는가?'라는 의미이다. 이때 보시 전에 불선한 마음이 생겨나도 그 보시행과 직접적 관련이 없으면 그러한 불선 마음은 그 보시행에 영향을 주지 않는다. 물론 앞선 불선 마음은 불선업이 되겠지만 뒤의 보시행은 구분해서 보아야 한다는 것이다.

고,[301] 그가 보시를 한 후에 기쁘고 흡족했다면, 그에게 생겨난 성 냄이라는 불선법은 그가 행한 보시라는 선법에 전혀 영향을 미치지 못한다.

요약하면 다음과 같다. 세 가지 뿌리를 가진 수승한 것의 의미는 앞부분 의도와 뒷부분 의도가 좋은 상태로 선행을 한 경우를 말한다. 만약 이들 의도 가운데 하나라도 빠지게 되면 그것은 세 가지 뿌리를 가진 열등한 선행(tihetuka omaka kusala)이 된다.[302] 만약 앞부분 의도와 뒷부분 의도 모두 좋은 상태가 아니면 두말할 필요 없이 세 가지 뿌리를 가진 열등한 선행이 된다.

두 가지 뿌리의 수승한 보시와 두 가지 뿌리의 열등한 보시도 이처럼 알아야 한다. 보시뿐만 아니라 지계(sīla)와 같은 선행의 경우도 마찬가지이다. 두 가지 뿌리와 세 가지 뿌리로 나누어지고, 또한 각 뿌리도 앞부분 의도, 실행 당시의 의도, 뒷부분 의도로 나누어진다. 각각의 경우에도 역시 수승한 것과 열등한 것으로 또 나누어 볼 수 있다.

첫째, 업과 업의 결과에 대한 앎을 지니고 행하는 선행은 세 가

---

301 보시를 행하기 전에 화를 내었지만 그렇다고 그 보시가 바로 열등하게 되지는 않는다. 보시를 하려고 준비할 때 보시자가 그 화에서 벗어나 보시만을 떠올리고 흡족하고 정성스럽게 보시하였다고 하면 그 보시의 앞부분 의도는 좋은 것이다. 보시자가 직전에 화를 낸 것은 그 자체가 불선업이 되고 이후 그 보시에는 영향을 주지 않는다.

302 보시를 하기 전에도 좋은 의도를 지니고, 보시하고 나서도 흡족해 하는 등의 좋은 의도를 지녀야 수승한 것이 되고, 하나라도 빠지면 열등한 것이 된다.

지 뿌리를 가진 선행이 된다.

둘째, 그러한 앎이 없다면 두 가지 뿌리를 가진 선행이 된다.

셋째, 만약 선행이 앞부분 의도와 뒷부분 의도가 선한 마음으로 생겨나면 수승한 선업이 된다.

넷째, 앞부분 의도와 뒷부분 의도 가운데 하나라도 불선한 마음으로 생겨나면 열등한 선업이 된다.

보시의 또 다른 구분 - 첫째

보시는 다시 세 가지로 나누어 볼 수 있다.

(1) 열등한 보시(Hīna Dāna)

(2) 중간 보시(Majjhima Dāna)

(3) 뛰어난 보시(Paṇīta Dāna)

이러한 구분은 보시물에 따른 것이다. 만약 보시물이 보시자의 형편과 비교하여 적은 것이라면 그것은 열등한 보시가 된다. 만약 보시물이 보시자의 형편에 적당하면 그것은 중간 보시가 된다. 만약 보시자의 형편을 넘어서서 보시한다면 그것을 뛰어난 보시라고 한다.

다른 방식으로, 보시는 다시 세 가지로 구분되는데 노예 보시(dāsa dāna), 친구 보시(sahāya dāna), 군주 보시(sāmi dāna)이다. 열등한 보시는 노예 보시라고도 알려지는데 그것은 노예 계급처럼 열등한 것이기 때문이다. 중간 보시는 친구 보시라고 알려지는데 친구와 같은 등급의 보시이기 때문이다. 수승한 보시는 군주 보시라고 하는데 군주와 같은 계층의 수승한 보시이기 때문이다.

보시의 또 다른 구분 - 둘째

보시할 때 만약 열의, 노력, 의도가 미약하면 열등한 보시(hīna dāna)가 된다. 열의, 노력, 의도가 중간 정도이면 중간 보시(majjhima dāna)이고, 강력하고 활기차다면 뛰어난 보시(paṇīta dāna)라 한다.

보시의 또 다른 구분 - 셋째

만약 보시자가 보시를 할 때 "저 사람이 저 탑 혹은 절을 짓는데 큰 보시를 한 사람이야."라는 칭찬이나 명성을 얻기 위해 하면 열등한 보시가 된다. 보시하는 이유가 미래생에 좋은 과보를 바라고 행하면 중간 보시라 한다. 보시할 때 미래의 어떤 이익을 바라지 아니하고, 단지 덕을 갖추고 지혜로운 자라면 당연히 실천해야 한다는 선한 의지로 하면 뛰어난 보시라 한다.

선행은 미래의 어떤 보상을 바라고 하는 것보다 어떠한 보상도 바라지 아니하고 행하는 것이 더 수승하다. 다른 이의 번영을 바라는 사심 없고 이타적인 선의(善意)는 오직 보살과 같은 고

결한 분들께 생겨나는 마음이다.[303]

보시의 또 다른 구분 - 넷째

세간의 부귀를 바라고 하는 보시는 열등한 보시이다. 윤회에서 벗어나고자 보시를 실천하면 중간 보시이다. 보살이 보시 바라밀을 성취하기 위해서 모든 존재를 윤회의 고통에서 벗어나게 하고자 실천하는 위대한 보시를 뛰어난 보시라고 한다. 이처럼 보시자의 마음 상태에 따라 다양한 층위의 보시가 있다.

지계 등의 다른 선행들도 보시의 설명에서처럼 다양한 층위의 선행이 있다고 알아야 한다.[304]

보시의 이익

보시로 생겨나는 유익한 결과는 너무나 많다. 작은 동물에게 먹이 하나 주는 선행도 백 생 동안 장수, 미모, 번영, 힘, 지혜를 가져다준다. 인간 세상과 천상계에 태어난 이가 그 생에서 보시를 실천하면 다른 존재들보다 더 뛰어난 삶을 살아간다.

깟사빠 부처님(Kassapa Buddha) 당시에 친구 사이인 두 스님이 있

---

303 온전히 자신의 공덕을 타인에게 회향하는 마음을 지니는 것은 일반 범부가 지니기 어렵다. 보살은 모든 중생의 이익을 위해 선행을 실천한다.

304 보시의 경우처럼 지계 선행에도 열등한 것, 중간 것 그리고 수승한 지계로 나누어 볼 수 있다.

었다. 두 스님 가운데 한 분은 관대하였고, 다른 이는 그렇지 못했다. 두 스님은 계를 잘 지녔기에 고따마 부처님 시대까지 인간이나 천신의 몸을 받았다. 관대했던 한 스님은 그렇지 못한 다른 스님보다 태어나는 세상마다 항시 지위가 높았다. 두 분의 마지막 생에[305] 꼬살라 왕의 궁전에 사람으로 재생하였다. 그 관대하였던 스님은 왕자로 태어났고, 다른 스님은 장관의 아들로 태어났다. 왕자는 왕족이 사용하는 흰 일산 아래 금 요람에서 자랐고, 장관의 아들은 나무 요람에서 잤다. 비록 두 사람은 모두 열반을 실현하였지만 태어나는 세상마다 두 사람이 누렸던 이익은 매우 달랐다.[306]

보시를 하게 되면 윤회가 길어지는가

어떤 이들은 보시하게 되면 더 오래 윤회한다는 잘못된 믿음을 가지고 있다. 앞의 두 스님의 일화에서 자선을 잘 베풀던 스님이 열반을 실현함에는 늦지 않음을 이미 보았다.[307] 그러므로 보시를 하면 윤회가 길어진다는 것은 맞지 않는 말이다. 엄격히 말하면,

---

305 마지막 생이라 한 것은 그 생에 두 스님이 아라한을 이루어 다시는 다른 존재로 재생하지 않는다는 것을 의미한다.

306 두 스님은 계행을 잘 지켜 악처에 태어나지 않고 선처에 재생하였다. 두 분은 모두 열심히 정진하여서 아라한을 이루셨지만 한 분의 성품은 다른 분보다 관대하였기에 그 분이 누리는 그 생의 이익은 더 컸다는 점을 나타낸다.

307 앞의 일화에서 두 스님은 계행을 잘 지키고 수행도 잘하였다. 두 분의 차이는 한 분은 보시를 잘하고 다른 분은 그렇지 않다는 점이다. 이러한 차이가 있었지만, 열반의 실현은 같은 생에 이루어졌다. 보시가 열반의 장애가 되지 않는다는 것이다.

보시자의 순수하지 않은 마음이 재생의 원인이 된다. 보시한 후에 보시자가 인간계와 천상계의 영화를 누리려는 탐욕의 마음을 지닌다. 이러한 마음이 윤회를 더 길게 한다.

또 다른 이들은 부처님은 태어나는 생마다 보시를 실천하여서 윤회에서 오래 머물렀다고 그릇되게 말한다. 이러한 주장은 터무니없다. 실로 한량없는 부처님이 보시 바라밀로 인해 정각을 성취하셨고 그렇지 못한 중생들은 삶과 죽음의 흐름에서 계속 허덕이고 있다. 부처님들께서는 훨씬 많은 보시행을 실천하셨는데, 우리가 조금 행하는 이 보시가 윤회를 불러온다고 할 수 있겠는가?[308] 전례 없는 보시행을 실천한 보살이었던 웻산따라(Vessantara)는 단지 두 생을 지나고 나서 성불을 한다. 그러므로 보시가 윤회를 길게 한다는 것은 전혀 근거가 없는 말이다.

우리는 이제 보시가 윤회를 길게 한다는 것은 잘못된 주장이라는 것을 알았다. 그러나 보시할 때 갈애로 더럽혀진 마음은 우리에게 지대한 영향을 주고 그것이 윤회를 길게 하는 원인이 된다. 모든 보살은 단지 일체지(sabbaññuta ñāṇa)를 갖추기 위해 노력하고, 모든 바라밀을 완성하기 위해서 윤회 속에 있는 것이다. 보살은 붓

---

308 모든 부처님은 보시 바라밀을 닦으신다. 그 실천은 중생들의 보시행을 훨씬 넘어선다. 그러한 보시의 실천으로 그 많은 부처님이 정각을 이루셨는데 보시가 윤회를 더 길게 한다고 할 수 있을까? 중생들은 부처님들의 보시 바라밀에 비하면 아주 적은 보시를 한다. 그런데도 아직 윤회에서 벗어나지 못하고 있다. 보시가 윤회를 길게 한다고 해서는 안 된다.

다를 이루기 위해서 수많은 생을 지나며 지혜를 갖추어야 한다. 적절한 비유를 들면 망고 과일을 들 수 있다. 잘 익은 망고 과일을 얻기 위해서는 여러 가지 조건이 다 갖추어져 잘 자라고 충분히 익어야만 가능하다.[309]

두 가지 형태의 선행

윤회에서 벗어나고 선행을 하는 것이 아니고, 인간계와 천상계의 영화를 누리기 위한 선행은 윤전 서원 선행(vaṭṭanissita kusala)이다. 반면 열반을 실현하고자 행하는 선행은 탈윤전 서원 선행(vi-vaṭṭanissita kusala)[310]이라고 한다. 이 둘 가운데 윤전 서원 선행은 그것이 보시 혹은 지계 어떠한 것이라도 윤회 속에서 고통만 늘어나게 한다. 한편 모든 형태의 탈윤전 서원 선행은 당신을 윤회에서 벗어나게 하고 열반을 실현하는 쪽으로 나아가게 한다.[311]

---

309 망고가 숙성되어야 열매가 이루어지듯, 보살도 수많은 바라밀을 닦고 구족하였기에 일체지를 얻고 붓다를 이루는 것이다.

310 태어나고 죽음을 반복하는 것을 윤전(vaṭṭa)이라 한다. 세간의 영화를 바라고 하는 선행은 윤전을 계속 가져오므로 윤전 선행이 되고, 윤전의 그침인 열반을 위해 선행을 하면 탈윤전 선행이 된다.

311 여기서 선행 자체를 부정하는 것은 아니다. 예를 들면 수행을 하여도 어떤 이는 세간의 명성을 얻기 위해서 수행을 하는 이도 있고, 진실로 윤회에서 벗어나고 열반을 실현하기 위해 하는 이도 있다. 세간의 이익을 바라고 하는 선행은 좋은 과보는 받겠지만 그 역시 윤회 속에서 고통만 길게 할 뿐이다. 더 수승한 선행은 윤전을 그치고자 실천하는 선행이다.

어떻게 보시는 바라밀의 완성을 돕는가

관대한 보시자는 미래생에 부를 갖추고 태어나서 풍족한 삶을 살아간다. 타인에게 후덕하고 탈윤전 서원 선행을 실천한 부유한 이는 계나 포살을 잘 준수할 수 있다. 가난하고 빈천한 이들은 먹고살기 어려워 계를 받아 지키기도 힘들다. 교육을 받는 것도 부자가 여러모로 유리하다. 비싼 사교육을 받을 수도 있고 무상 교육을 받아도 부유한 집안 아이들이 더 주목을 받는다. 그러므로 이전 생에 보시를 많이 행한 사람은 교육을 받음에도 많은 혜택을 받는다.

부유한 사람은 인욕을 실천하기에도 좋다. 부유한 이는 상대방이 좀 무례하거나 모욕을 주어도 스스로 의지도 강하고 자존감도 높아서 그냥 지나칠 수 있다. 하지만 가난한 이가 모욕을 당하면 자신이 가난해서 그런 부당하고 모욕적인 일들을 당하는 것이라고 여겨 강력히 반응한다.

부자는 여러 사람에게 자비와 자선을 실천하여 많은 이들에게 존경을 받는다. 가난한 이는 다른 이들로부터 사랑과 존경을 받지 못하는 경우가 많다. 그들은 다른 사람들에게 자비로운 마음을 가지기보다 분노와 허영만 키운다. 그러므로 보시는 인욕(khanti)이나 자애(mettā)와 같은 다른 바라밀행을 완성하는 것에도 도움을 준다.

요즘 세상에 가난한 이가 약속을 지키기는 어렵다. 보시는 어떤 이가 정직하고 약속을 잘 지키는 데에 도움을 준다. 보시가 없다면 바라밀행을 완성한다는 것은 어렵다. 이런 이유로 해서 모든 보살이 보시 바라밀을 첫째로 완성한다. 우리 고따마 부처님께서도 보시 바라밀을 선두로 해서 다른 모든 바라밀을 구족하셨다. 보살이 수메다(Sumedha) 행자였을 때에도 보시 바라밀을 첫 번째로 충족하셨다. 웻산따라(Vessantara) 왕으로 태어나서는 모든 바라밀의 완성으로 보시 바라밀을 실천하셨다.[312]

보시행을 실천하지 않아도 되는 이

보시행을 실천하지 않아도 되는 계층의 사람들이 있다. 그들은 바로 이번 생에 윤회에서 벗어나기 위해 열심히 정진하는 수행자들이다. 그들은 자신의 모든 시간을 사마타와 위빳사나 수행에 몰두한다. 만약 그들이 보시를 실천하는 데 시간을 빼앗기면 그것은 시간과 노력의 낭비가 된다. 이러한 수행자들은 바로 곧 해탈을 얻음에 모든 마음을 고정하고 있어서 보시를 꼭 실천해야 하는 것은 아니다. 그들은 주야로 근면하게 수행을 실행하여야 한다.

보시행을 열심히 실천하는 한 스님이 나의 스승이셨던 마하 간다용(Mahā Gandhayon) 사야도의 지도 하에 수행하러 왔다. 어느 날

---

312 보시는 다른 바라밀을 완성하는 것에 많은 도움을 주기에 가장 중요하다. 십바라밀을 말할 때 보시가 그 첫 번째이다. 보살이 행하는 보시 선업 공덕의 힘으로 태어나는 생마다 여러 가지 바라밀을 실천할 수 있다. 먼 길 떠나는 여행자에게 여행 자금이 필요하듯, 몇 겁의 생을 지나며 바라밀을 실천해야 하는 보살에게 그 여정의 여행 자금은 보시행의 선업 공덕이 된다. 비구 일창 담마간다(2012), 90-91 참조.

아침 사야도는 그 비구가 부처님께 올릴 꽃을 따고 있는 것을 보았다. 사야도는 그 비구를 불러 다음과 같이 훈계하였다. "부처님께 꽃 공양은 다음에 하여도 되니 그대가 수행할 때는 수행에만 전념하라."

마하 간다용 사야도 본인도 바로 이번 생에 윤회에서 벗어나고자 하는 굳은 결의를 지니고 밤낮으로 수행에만 전념하고 계셨다. 나는 사야도께서 깨달음을 성취하셨는지는 알 수가 없다. 마하 간다용 사야도는 모든 시간을 동굴에 머물며 수행에만 전념하셨다. 하지만 사야도 역시 보시를 하는 것을 잊어버리시지 않았다. 사야도가 홀로 정진하시던 동굴을 나올 때는 자신에게 주어진 공양물을 다른 비구 스님들에게 다 나눠 주셨다.

그러므로 이번 생에 깨달음을 성취하고자 열심히 정진하는 이는 보시행을 닦을 필요가 없다.[313] 하지만 근면히 정진하는 수행의 시기가 아니라면 다른 모든 이가 실천하듯 자신도 보시행을 실천해야 한다.

보시의 기쁨

보시행은 진실로 기쁜 것이다. 관대하고 잘 베푸는 사람은 항시

---

313 수행자의 본분은 열심히 정진하는 것이다. 수행 중에 따로 시간을 내어 보시 등의 선행을 닦을 필요는 없다. 수행의 시간 외에 보시를 실천할 상황에서는 또한 흔쾌히 보시를 하여야 한다.

가난하고 궁핍한 사람들을 보면 연민심을 가진다. 이것은 모든 존재에 대한 자애의 마음에서 나온다. 그렇게 실천하고 나서는 이미 부유하고 성공한 이들에 대하여 같이 기뻐함(mudita)을 닦아야 한다.[314] 이렇게 실천하는 이의 얼굴은 보름달처럼 빛나고 용모는 고요하고 상서롭다.

이러한 보시를 받은 이는 답례로 보시자에게 자애의 마음을 지니고 행복을 기원할 것이다. 보시자의 번영이 커질수록 보시 받은 이의 같이 기뻐함도 커진다.[315] 그러므로 한 번의 보시행이 거룩한 머묾(brahmavihāra)[316]이 생겨나도록 이끈다. 이처럼 훌륭하고 뛰어난 보시는 자애, 연민 그리고 같이 기뻐함으로 이끌고 더불어 수행으로까지 나아가게 한다.[317]

---

314 모든 존재의 번영을 바라는 자애를 실천하고, 어려움에 처한 이들이 그 어려움에서 벗어나기를 바라는 연민을 닦고 나서는 이미 번영을 성취한 이들에 대한 같이 기뻐함을 실천하라는 것이다.

315 같이 기뻐함은 타인의 번영에 대해 기뻐함이다. 보시 받은 이는 보시자가 번영하기를 바라고, 보시자가 번영함을 보고 함께 기뻐함이 생겨난다는 것이다.

316 거룩한 머묾은 자애, 연민, 함께 기뻐함, 평온이라는 네 가지 거룩한 마음가짐 혹은 사무량심을 의미한다. 이들 마음은 범천들이 흠 없는 마음으로 살듯이 사무량심을 닦는 이들도 범천들과 동등하게 되어 머물기 때문에 거룩한 머묾이라고 한다. 대림 스님(2004), 제2권, 182.

317 보시는 자애를 바탕으로 해서 부족한 이들에게 나눔을 실천한다. 힘겨운 이들에게 연민을 실천하는 것이다. 보시 받은 이가 번영을 하면 그 번영에 함께 기뻐함이 생겨나고, 보시자가 번영하여도 보시 받은 이들에게는 함께 기뻐함이 생겨난다.

잘 베푸는 이가 부자이다

자신의 생계에 대해 전혀 걱정이 없을 정도의 부자는 많지 않다. 생활이 어렵고 궁핍한 사람들이 훨씬 더 많다. 가난한 이들은 이전 생에서 보시행을 잘 실천하지 않은 이들이라 할 수 있다. 이에 반해 부유한 이들은 이전 생에서 많은 베풂을 실천한 이들이다.

부유한 이들은 이번 생에 풍요로움에 만족하며 그쳐야 하는가? 물론 아니다. 왜냐하면 이번 생에 누리는 그들의 풍요가 다음 생까지 이어지지는 않기 때문이다. 그들이 이번 생을 마치면 그들의 부는 자신들의 것이 아니다. 그러므로 부자는 어느 정도는 상속인에게 물려주고 나머지는 힘든 이들에게 나누어 주어야 한다. 그렇게 하여야만 그들은 다음 생뿐만 아니라 열반을 성취하는 그 마지막 생까지 풍요를 누릴 수 있다.

다음의 격언이 있다. "이전 생에 보시를 많이 행한 자는 이번 생이 풍요롭다. 이번 생에 보시를 많이 행하는 자는 다가올 생이 풍요롭다." 사실 물질적 풍요는 잠시 머물다 간다. 풍요는 단지 이 생에서 그친다. 우리는 자신의 소유물에 대해서 '내 것'이라고 여기지 말고, '이것은 필요한 모든 이들을 위한 것이다.'라고 새겨야 한다. 우리는 자신의 부를 필요한 이들과 함께 나누는 것에 주저함이 없어야 한다.

부자는 강과 같다

관대한 부자는 『로까니띠(Lokanīti)』[318]에서 언급한 것처럼 강, 나무, 비에 비유될 수 있다. 비록 강은 어마한 양의 물을 지니고 있어도 자신은 한 방울의 물도 취하지 않는다. 강은 오직 다른 이들에게 편익을 제공해 준다. 사람들은 강을 찾아서 씻고, 목욕하고, 마시기도 한다. 이는 마치 나무가 자신에게서 생겨난 과실을 스스로 취하지 않는 것과 같다. 나무는 자신에게 생겨난 과실을 사람들에게 내어 준다. 비는 호수나 우물에만 떨어지는 것이 아니라 척박한 평원과 사막에도 떨어진다.

이처럼 올바른 부자는 부를 축적함에 자신만을 위하지 않고 필요한 사람을 돕기 위해서 행한다. 올바른 부자들은 자신들이 가진 것을 가난한 이들의 복지를 위해 베푼다. 이들이 보시를 베풀 때는 우물과 같은 명망 있는 큰 스승들께만 하는 것이 아니라 황무지와 같은 가난한 이들에게도 한다.[319]

앞서 우리는 보시가 자애, 연민, 같이 기뻐함이라는 거룩한 마음 상태를 높여 주는 것을 살펴보았다. 보시는 사람의 용모를 밝고 흡족하게 한다. 너그러운 이는 이번 생에서 선업을 짓는 것이고, 다음 생에서도 번영을 누린다. 보시의 공덕은 너무나 강력하여

---

318 담마간다 스님의 설명에 의하면 미얀마에서 전승되어 온 부처님 가르침과 관련된 내용을 엮은 책이라고 한다.

319 비가 강이나 황무지를 가리지 않고 내리듯이, 부자들도 덕이 높은 스님들과 가난한 이들 모두에게 보시한다.

서 생명 있는 존재가 열반에 이르는 빠른 길이다.[320]

그러므로 우리가 부처님 가르침에 따라 8계, 10계 혹은 생계 제 8계(ājīvaṭṭhamaka sīla)[321]를 지니고, 용모를 단정히 해서 자애, 연민, 그리고 같이 기뻐함이라는 고결한 마음가짐을 닦는 것이 어찌 기쁜 일이 아니겠는가? 열반을 성취하려는 굳은 결의로 "이러한 (보시행의) 실천으로 늙음, 병듦, 죽음이라는 고통에서 벗어나기를!"[322] 이라고 서원을 세우며 보시행을 실천하여야 한다. 보시 받는 이가 좋은 사람이건 나쁜 사람이건 상관하지 않고 누구에게나 기쁜 마음으로 보시를 하여야 한다. 이렇게 실천하는 보시행이 어떻게 윤회를 길게 한다고 할 수 있는가? 보시행이야말로 열반을 성취하는 지름길이다.

보시 없이는 어떤 것도 성취할 수 없다

보시가 가져오는 많은 이익과 관련하여 설명하였지만, 아직도

---

320 바로 이번 생에 열반을 실현하고자 열심히 정진하는 수행자라면 보시보다 수행에 매진하여야 한다. 그렇지 않다면 보시를 실천하고 그 공덕행을 기반으로 정진하여 열반에 이르러야 한다.

321 생계 제8계는 삿된 생계를 삼가고 바른 생계를 지니는 것이 여덟 번째 나오는 계라는 뜻이다. 이것은 일반적인 5계와 크게 다르지 않다. 5계의 네 번째까지는 계목이 같고, 다섯 번째는 이간질하는 말을 삼가는 계, 여섯 번째는 거친 말을 삼가는 계, 일곱 번째는 잡담을 삼가는 계, 마지막 여덟 번째는 삿된 생계를 삼가는 계로 생계 제8계가 구성된다.

322 "Addhā imāya paṭipattiyā jarāmaraṇamhā parimuccissāmi." 원문에 나오는 빠알리어를 각주에 적었다. 이러한 서원 혹은 발원은 상좌부 발원문에 주로 나온다. 전재성 역(2016), 693.

못다 한 부분이 많다. 보시의 이익에 대해서 하나하나 이야기하자면 또 다른 책이 필요할 성도이다. 만약 어떤 사람이 다른 사악한 사람들의 주장에 따라 보시를 실천하지 않는다면, 사회적 유대관계는 깨지고 자애는 사라질 것이다.

부유한 이는 더는 가난한 이들과 나누지 않으려 할 것이다. 그들은 다른 이들의 삶에는 관심을 두지 않고 "저 사람들이 다 죽어간다고, 그게 나와 무슨 상관이야."라고 자신만 생각할 것이다. 보시가 사라진 인간성은 사실 야만적이라 할 수 있다. 그리고 마음이 무례해지면 끝내 신체적 폭력으로 이어진다.

우리 부처님이 모든 부와 권력 그리고 왕좌까지 버리고 깨달음을 얻어 여래가 되신 것도 수많은 보시자들의 도움으로 성취하신 것이다. 붓다가 되시고 나서도 당시 부유하였던 아나타삔디까(Anāthapiṇḍika), 위사카(Visākhā), 빔비사라(Bimbisāra) 왕 등의 후원을 받아 거룩한 법을 전하고 거룩한 승단을 구성하셨다. 이와 같은 후덕한 보시자들이 없었다면 부처님의 가르침은 물론이고 부처님도 우리가 알 수 없었을 것이다.

이것은 비단 우리 고따마 부처님에게만 적용되는 것은 아니다. 이전에도 수많은 부처님이 계셨고 그분들도 이 세상에 보시행이 없었다면 일체지를 성취하지 못하였을 것이다.[323] 그러므로 나는

---

323 일체지를 성취하려는 보살들도 많은 보시를 하지만, 보살이 바라밀을 행할 때 역시 다른 이들로부터 많은 도움을 받는다. 즉 그들의 보시가 없다면 바라밀과 수행의 실

다음과 같은 간절한 서원을 발해 본다. "세상에 누구라도, 지금부터 언제까지라도 보시의 수승한 공덕을 비난하거나 무시하는 이가 없기를!"

베풀고 나눔이 가져다주는 이익을 일일이 나열하기란 불가능하다. 보시가 없었다면 부처님이 출현하셔서 우리에게 열반의 길을 보여 줄 수도 없었다. 잊지 말아야 할 것은 세상의 출중한 사람들과 천상계의 빛나는 존재들 모두는 다 이 보시행을 실천하여서 된 것이고, 가난하고 궁핍한 자들은 이 나눔을 실천하지 못하였기 때문이다.[324] 그러므로 윤회의 굴레에서 벗어나고자 하는 모든 이들은 이 보시행을 열심히 실천해야 한다.

2. 계(Sīla)

일반적으로 "지계가 보시보다 더 덕스럽다."라고 말한다. 이 말에 쉽게 확신을 하기는 어렵다. 하지만 위의 말에는 숨겨진 중요한 의미가 있다. 이것을 완전히 이해하려면 심사숙고를 하여야 한다. 이 세상에서 고통과 비탄으로부터 사람들을 지키는 것은 고결한

천은 불가능하다.

324 이번 생에 자신이 궁핍하다면 이전 생에 자신이 보시행을 잘 실천하지 못한 것이 하나의 원인이 될 수 있다.

행위이다.[325] 다른 이의 복지와 번영을 고양하는 것 또한 고결한 행위이다. 보시는 다른 존재의 번영에 도움 을 준다. 지계는 다른 이들을 고통과 비탄으로부터 지켜 준다.

> 여기에서 말하는 계는 5계를 준수하거나 생계 제8계를 준수하는 것이다. 8계나 10계의 준수에 관해서는 이후 다른 측면에서 살펴볼 것이다.

보시의 기능

사람은 자신의 행위로 인해 결과를 받는다. 어떤 사람이 자신의 업에 의해 가난으로 고통받고 있다고 하자. 이 가난한 이에게 도움을 주는 것을 보시라 할 수 있다. 출가자 스님들은 진정한 의미에서 가난한 이들은 아니다. 하지만 그들은 네 가지 필수품[326]에 의지하여 살아가야 하기에 누군가의 도움이 있어야 한다. 그러므로 스님들께 공양 올리고 필수품을 제공하는 것 역시 보시에 해당한다고 하겠다.

어떤 스님들과 주지스님들은 많은 공양물을 받고 잘 대접받는

---

325 세상에 고통과 비탄이 있지만 그래도 이 세상이 움직이는 것은 고결한 행위 즉 선한 행위 때문이다. 세상 모두가 탐진치에 빠져 대립하고 투쟁한다면 한순간이라도 세상이 존재할 수 없을 것이다.

326 네 가지 필수품은 출가 생활에 필요한 네 가지 물질 품목을 말한다. 여기에는 1) 가사 2) 탁발음식 3) 거주처 4) 약품이 포함된다. 출가 수행자의 수행 정진을 위해 최소한 요구되는 필수적인 품목이다.

다. 하지만 당신이 그들에게 여전히 필요한 무언가를 제공하면 이것 역시 부족한 이를 돕는 것이다. 설령 그들이 부족함을 느끼지 않는 것을 제공하여도 도움이 필요한 이를 돕는 것이 된다. 왜냐하면 그 보시 받은 이들은 대개 자신이 받은 공양물을 다른 필요한 스님이나 재가자들에게 나누어 주기 때문이다.

당신이 몇 사람을 돕든지 간에 보시는 고결하고 공덕이 되는 행위이다. 보시의 공덕에 대해서 잘 이해하는 사람은 보시가 진정으로 바르고 선한 행위임을 알게 될 것이다.

살아 있는 생명 해치지 않기(Pāṇātipātā virati)

계(sīla)의 기능 가운데 하나는 다른 존재를 고통으로부터 보호하는 것이다. 오계의 첫 번째는 살아 있는 모든 존재를 해치지 않는 것이다. 이 첫 번째 계를 준수하지 않아서 발생하는 끔찍한 결과를 떠올려 보라. 수도 없이 희생되는 수많은 존재의 비통함을 생각해 보라.

불살생 계를 지키지 않아 죽임을 당하는 수많은 물고기와 소와 닭 등을 떠올려 보라. 또한 끊임없이 들려오는 살인 뉴스는 이 세상을 피로 물들이며 전쟁으로도 이어진다. 불살생 계가 지켜지지 않으면 한 개인은 물론 지구의 모든 이들에게 크나큰 재앙을 가져올 것이 명백하다.[327]

---

327 어떠한 이유나 목적에 의해서도 살생을 해서는 안 된다. 하지만 지구촌에 끊이지 않

불살생 계를 잘 지킨다면 당신은 한 존재, 더 나아가 둘, 셋, 아니 수많은 존재를 살리는 것이 된다. 계는 모든 존재의 안녕을 가져오고 자애와 연민 그리고 같이 기뻐함을 증대시킨다. 이렇게 한다면 세상은 모든 존재가 행복하고 평화롭게 살아갈 수 있는 좀더 살기 좋은 곳이 될 것이다.

기쁨의 크기

이제 여러분은 보시와 불살생 계의 준수로 얻는 이익을 살펴보고는 보시보다는 계가 더욱더 공덕이 된다고 확신할 것이다. 어떤 물건을 받은 사람이 느끼는 기쁨과 죽을 상황에서 살게 되어 느끼는 기쁨을 비교하면 잘 알 수 있다. 죽을 뻔한 사람이 살게 되어 느끼는 기쁨이 앞선 이보다 수백 배는 더 크다. 마찬가지로 굶주린 사람이 음식을 얻어 생긴 기쁨과 사형 선고를 받았던 이가 면제를 받아 얻는 기쁨도 크게 다르다. 당연히 후자가 느끼는 기쁨이 훨씬 크다.

주지 않는 다른 이의 물건을 가지지 않기(Adinnādāna Virati)

자신의 물건을 도둑이나 강도에게 빼앗기면 사람들은 엄청난 괴로움을 겪는다. 광활한 영토의 군주와 그 왕족들 그리고 그 국민

는 전쟁 소식은 생명의 소중함을 너무나 경시한 행위이다. 어떠한 명목에 의해서도 전쟁은 정당화되지 않는다.

역시도 자신들의 영토가 침범당하고 정복당하면 큰 고통을 받는다. 나라를 빼앗긴 국민은 이제 더는 영토의 자원을 제대로 사용하지 못하기에 계속 더 가난해져만 간다. 그러므로 훔치고 강탈하는 것은 그것을 당한 사람에게는 더없는 고통이요 비극이다. 만약 사람들이 다른 이의 물건을 탐하지 않는다면 앞서 말한 고통은 이 세상에서 사라질 것이다. 그러므로 다른 이의 물건을 훔치지 않는 계율의 준수는 모든 사람의 고통을 제거하고 사람들에게 심신의 평화를 가져다준다.[328]

삿된 음행 하지 않기(Kāmesu Micchācāra Virati)

일반 범부들은 대개 감각적 즐거움(kāmaguṇa)을 매우 좋아한다. 특별히 그들은 육체적 혹은 접촉의 즐거움에 빠진다. 지각 있는 자라면 자신의 감각적 즐거움의 원천 즉 배우자를 다른 이에게 빼앗기고 싶어하지 않는다. 모든 남자는 배우자에 대해 엄청나게 집착하고, 그녀를 지키는 데 모든 것을 건다.

그는 자신의 배우자를 위해서 어느 정도 재산의 손실도 감내할 수 있지만, 자신의 배우자에 대한 어떠한 부정적 행위도 참지 못한다. 그러므로 삿된 음행을 삼가는 계는 다른 이에게 고통과 괴로움을 주지 않는다.[329] 불륜이나 성적 범죄를 삼가는 것은 이 세상

---

328 계를 잘 지키면 자신도 좋고 타인에게도 즐거움을 준다.
329 계를 지키는 것은 자신의 도덕성을 훼손하지 않기 위해서 준수하지만, 남에게 마음의

에 사는 모든 이에게 평화와 고요를 가져다주는 것이다.

거짓말을 삼가는 계(Musāvāda Virati)

누군가에게 속고 사기당하거나 혹은 거짓말을 듣게 되면 분노 등이 생겨나 고통을 받는다. 속으면 좋을 리 없다. 어떤 거짓말쟁이는 자신의 분야에 통달해서 심지어 온 나라를 속이기도 한다. 오늘날 많은 종교 지도자들이 자신이 절대적 진리의 전달자라고 주장한다. 그것으로 인해 많은 사람이 잘못된 꾐에 빠져 마침내 크나큰 곤경에 빠지기도 한다.[330] 그러므로 거짓말을 삼가는 계도 사람들을 고통으로부터 지켜 준다.

> 불교 내에서도 잘못된 믿음을 전파하는 사이비 종교인들이 있다. 그리고 배우지 못한 이들은 안타깝게 이런 사람들을 추앙하며 따른다. 이 점은 깊이 생각해 보아야 한다.[331]

상처나 피해를 주지 않기 위해서도 지계는 필요하다.

330 많은 종교 지도자들이 여러 가지로 사람들을 현혹한다. 자신을 구원자라고 하거나 깨달은 자라고 주장하기도 한다. 사람들의 병을 고쳐 준다고 속이기도 하고, 자신이 모든 것을 다 해낼 수 있는 것처럼 거짓말을 해 댄다. 이러한 거짓말과 사기에 속아 많은 이들이 재산을 잃는 등 많은 어려움에 빠진다.

331 불교 내에서도 부처님 가르침이 아닌 외도의 가르침이나, 정법이 아닌 사법이 나돌고 있다. 부처님 가르침에 밝지 않은 이들은 이러한 사이비 주장에 현혹되어 잘못된 길로 인도된다. 올바른 불교 신자들은 믿음과 지혜를 균형 있게 갖추어야 한다.

정신을 흐리게 하는 약물을 취하지 않기(Surāpāna Virati)

정신을 흐리게 하는 술 등을 많이 마시는 사람들 역시 다음 생에 나쁜 과보로 고통을 당한다. 그러나 자기 혼자 좋아서 술을 마시는 사람들은 다른 이에게 피해는 주지 않아서 좀 나은 편이다. 하지만 대부분 술 마시는 이들은 술을 마시고 취해서 다른 계율을 파하기 십상이다. 그들은 술에 취해 다투고, 죽이고, 훔치고, 거짓말을 한다.

술을 비유하자면 범죄 단체의 우두머리와 같다. 두목 스스로는 어떤 범죄를 저지르지 않고 다른 부하들에게 나쁜 일을 시키듯, 술이나 중독성 약물은 그것에 빠진 이들이 절제하지 못하고 다른 나쁜 일을 저지르게 한다. 그들은 살인, 성폭행, 방화, 도둑질 등도 주저하지 않는다.[332]

만성적으로 술을 마시는 자는 자신도 잃어버리고 가족들에게도 고통을 안긴다. 더 나아가 이러한 알코올 중독은 주변의 많은 이들에게도 폐를 끼친다. 그러므로 술이나 중독성 약물을 금하는 계를 지키는 이들은 이 세상을 그러한 혼란과 괴로움에서 벗어나게 한다.

지금까지 오계를 준수함으로 생겨나는 이익을 잘 배웠다. 이제 같은 방식으로 바른 생계가 가져다주는 유익함에 대해 알아야 한

---

332 평상시 온순한 이도 술을 마시면 술기운에 다른 나쁜 일을 저지르곤 한다. 이것은 마치 술이 그 사람을 부하 부리듯 하는 것을 비유하여 술을 두목이라 하였다.

다. 앞서 우리는 오계를 준수하는 것이 세상을 근심과 고뇌에서 구하는 것이라고 배웠다. 그렇다면 여러분은 지계가 보시보다 더 뛰어남을 알 수 있을 것이다. 이런 점에서 여러분 개개인 모두가 오계를 준수하려고 주의를 기울여야 한다. 이 글을 읽는 모든 이들이 오계를 잘 준수하고 자애와 연민의 마음을 모든 존재에게 넓게 펼치기를!

포살계(Uposatha Sīla)의 준수

포살계는 모든 음행을 삼가는 거룩한 실천과 정오 이후에 음식을 취하지 않는 계로서 앞서 다른 이들에게 고통과 고뇌를 주지 않는 오계와는 성격이 다르다. 포살계는 자신의 마음을 거룩하고 훌륭하게 지니기 위해 수지한다. 좀 더 설명하면 포살계 가운데 남에게 잘 보이려고 하는 것이 아니고 진정 자신의 마음을 청정히 하기 위해 지극하게 준수하는 것을 성자의 포살(ariya uposatha sīla)이라 한다.

> 다양한 종류의 포살[333]과 어떻게 그들을 준수하는지는 『라따나 곤이(Ratana Gon-yi)』라는 책에서 설명하였다.

---

333 포살계는 단순히 팔계를 잘 지키는 것이 아니다. 그것을 지키는 의도와 방법에 따라 다양한 포살계가 있다.

성자의 포살을 준수하는 이들은 그 계를 받아 지니고는 불·법·
승 삼보의 공덕을 새기거나, 자신의 보시나 계에 대해 거듭 새겨야
한다. 이렇게 실천함으로써 그들은 자신에게 탐·진·치와 자만
을 비롯한 다른 불선법들이 점차 생겨나지 않음을 알 수 있다.

그들의 마음은 날마다 더 청정하고 고귀해진다. 그러므로 포살
계는 단순히 계가 아니라 수행의 측면을 지닌다. 그것은 살생을 삼
가는 것을 첫 번째로 하는 기본적 계인 오계처럼 당연히 절제를
포함한다. 그러므로 포살계는 오계보다 더 뛰어나고 고귀한 실천
이다.[334]

3. 수행(Bhāvanā)

수행(bhāvanā)은 마음의 계발 혹은 경작[335]을 의미한다. 그것은
당신의 마음을 청정히 하는 마음의 일(manokamma)이라 할 수 있

---

334 포살계를 지니는 이는 당연히 오계를 준수하여야 한다. 포살계를 준수하려면 오계에
더하여 자신을 청정하게 하는 팔계의 항목을 준수해야 한다. 오계와 다른 점은 팔계
에서는 사음을 삼가는 것이 아니고 일체 음행을 삼가야 한다. 더하여 정오 이후에 음
식물을 취하지 않고, 가무나 공연 관람, 화장 등을 삼간다. 그리고 높고 넓은 침상을
쓸 수 없다.

335 수행은 종종 농사에 비유된다. 농사를 잘 짓기 위해 잡초는 제거하고 종자는 잘 키워
야 하듯, 수행도 잡초 같은 불선한 정신법은 제거하고, 종자가 되는 유익한 정신법은
잘 기르고 증대시켜야 한다.

다.[336] 당신이 모든 존재의 번영을 바라고 그들에 대해 자애의 마음을 펼칠 때 그것은 자애 수행(mettā bhāvanā)이 된다. 이때 당신은 먼저 마음에 자애를 지니고 그것을 더욱 계발하여 마음 전체를 자애로 충만하게 채워야 한다.

당신의 마음에 자애가 넘쳐 날 때, 의지할 곳 없고 가난한 이들에 대한 연민이 생겨날 것이다. 이렇게 되면 당신은 가난한 이들에 대한 연민의 마음을 발산하게 된다. 이것이 연민 수행(karuṇā bhāvanā)이다. 그대는 이제 가난하고 곤궁한 이들의 고통을 경감시키려는 강한 의욕이 생겨난다.

이처럼 그대의 마음에서 자애와 연민이 넘쳐 나기에 이제 풍요로운 이들에 대한 같이 기뻐함(muditā)이 생겨난다. 이때 당신은 번영하는 이들에 대한 진정한 이타적 기쁨을 느낀다. 이것이 같이 기뻐함 수행(muditā bhāvanā)이다. 지금까지 설명한 자·비·희라는 이 세 가지 수행은 일상에서 선한 마음을 지닌 모든 이들이 계발시킬 수 있다.[337]

부처님을 계속 떠올리는 수행(Buddhānussati Kammaṭṭhāna)

부처님의 공덕을 거듭 생각하는 수행(불수념, 佛隨念)을 행하기에

---

336 수행은 육체나 물질의 계발이 아닌 마음 혹은 정신의 계발이다.

337 자애라는 선한 마음이 일어나므로 연민과 같이 기뻐함도 따라서 생겨난다. 선한 마음을 조건으로 선한 마음이 생겨난다. 반대로 최악의 상황은 악한 마음을 조건으로 악한 마음이 생겨나는 경우이다. 어느 것이 좋은 결과를 가져올지는 너무나 명백하다.

앞서 그대는 세 가지 부분에 대해 깊이 숙고하여야 한다.

(1) 지나간 과거 원인의 수승함
(2) 결과의 수승함
(3) 모든 존재에게 이익을 줌

(1) 과거 원인의 수승함

여기서 원인이라는 말은 과거 수많은 생에서의 바라밀(pāramī)의 완성을 의미한다. 부처님이 보살행을 닦을 때 불굴의 정진으로 바라밀을 닦고 공덕행을 지었다. 수많은 윤회 속에서 그분의 고귀한 실천은 자신을 위함이 아니었다. 그것은 모든 존재를 윤회의 고통에서 벗어나게 하고자 함이었다. 예를 들어 한때 웻산따라(Vessantara) 왕으로 재생하였던 보살의 보시 바라밀을 떠올릴 수 있다.[338]

대부분의 사람은 자신이 대단한 자선가라고 칭송을 받으려고 보시를 한다. 그들은 자신이 대단한 일을 했다고 여기고 보시 받은 이들이 자신들에게 감사해 하며 그 표시를 하여야 한다고 생각한다. 그들은 그 보시로 인해 좋은 세상에 재생하기를 기대한다. 그들은 건성으로 '보시도 했으니 열반을 성취할 거야.'라고 생각한다.

앞서 언급한 웻산따라 왕의 경우에, 그가 태어나자마자 자신의

---

338 우리 부처님이 보살로 계실 때 한때 웻산따라 왕으로 태어났다. 그때 왕으로 태어난 보살은 큰 보시 바라밀을 실천하였다. 왕의 보시 부분은 아래에 나온다.

손바닥을 펴서 어머님께 무언가 보시할 거리를 달라고 하였다. 그는 갓 태어난 어린아이였지만 어떠한 이기적인 의도가 없었다. 그는 여러 생을 거치며 그러했듯이 단지 보시하려는 진실된 의도만 있었다.

따라서 그는 자신의 장신구와 의복들을 친구들에게 나누어 주었다. 그가 왕이 되어서는 여러 나눔의 장을 열어 많은 이들에게 매일 음식을 나누어 주었다. 그가 매일 기부하는 양은 엄청났다. 그는 가난한 이들이 좋은 옷과 음식을 보시 받고 기뻐하는 것을 보고 자신도 행복했다.

이러한 일을 행하였어도 그는 어떠한 명예나 좋은 재생을 바라지 않았다. 그에게는 단지 다른 이를 돕겠다는 마음뿐이었다. 부자는 가난한 이를 도와야 하는 것이 의무라고 여겼다. 궁핍한 이들을 돕겠다는 그의 열의는 진실로 대단하였다.

그는 국민의 격한 소동을 초래하는 왕궁의 흰 코끼리를 줘 버렸다.[339] 웻산따라 왕은 일체지(sabbaññuta ñāṇa)를 얻겠다는 바람 이외에는 어떠한 것에도 관심을 두지 않았다. 어떠한 이들은 일체지를 증득하겠다는 그의 목표 역시 개인적 성취에 지나지 않는 것이

---

339 웻산따라 왕에게는 빳짜야라는 흰 코끼리가 있었다. 왕이 태어날 때 함께 태어난 상서로운 코끼리였다. 이웃 나라에 기근이 들었는데 그 코끼리가 비를 불러올 수 있다고 여기고 그 나라 대신들이 웻산따라 왕에게 코끼리를 요구했다. 보시를 즐기던 왕은 기꺼이 그것을 넘겨주었고 이를 안 국민은 이에 반대하며 소란을 일으켰다. 전재성 (2023). 2638-2733 참조.

라고 이야기한다.

하지만 그에게 일체지를 얻는다는 것은 몹시 힘든 일이었다. 그는 자신의 법을 전하기 위해 갖가지 상황에서도 꺾이지 않고 수천 마일을 유행하였다. 그러므로 일체지를 얻음은 자신의 개인적 목적 달성을 위한 것이 아니라 고통받는 모든 존재를 위한 것이었다.

웻산따라 왕으로서 마지막 최상 단계의 바라밀을 완성하기 위해서 그는 자기 아들, 딸과 왕비까지도 보시하였다. 이것이야말로 그가 모든 존재를 위한 선의와 이기심을 여의었다는 것을 보여 주는 분명한 증거가 된다.[340] 좀 더 살펴보면, 멋진 부인 그리고 훌륭한 자식들과 함께하는 삶은 인간계와 천상계에서 누리는 최상의 기쁨이라 할 수 있다. 아내와 자식이 없다면 온 우주를 다스리는 권능이 있다고 해도 행복하지는 않을 것이다.

하지만 보살이었던 웻산따라 왕은 자신의 목숨과도 같은 사랑하는 처자식을 모두 내어 주었다. 이처럼 비교할 수 없는 버림은 자신의 명예나 부를 위해서가 아닌 모든 존재를 고통에서 건질 일체지를 얻기 위해서였다.

그러한 고귀하고 이타적 목표를 지니고 보살은 수많은 생을 거치며 지계와 인욕을 실천하기 위하여 자신의 목숨까지도 바쳤다.

---

340 보살의 보시 바라밀은 범부의 바라밀과는 차원이 다르다. 모든 중생의 이익을 위해 바라밀을 실천하는 보살은 자신의 가족과 자신의 목숨까지도 보시를 행한다. 이러한 바라밀을 범부의 지혜로 헤아려 판단해서는 안 된다.

또한 여러 가지 바라밀을 완성하기 위하여 자신의 목숨까지 버리며 다른 이의 목숨을 구하였다. 이처럼 그가 과거생에 행하였던 고귀한 행위와 바라밀이 이번 세상에 붓다를 이루는 원인과 조건이 되었다.

(2) 결과의 수승함

보살의 고귀한 행위와 바라밀이 있었기에 그 결과는 당연히 좋고 고귀한 것이다. 붓다로서 이 세상에 오셨을 때 그는 가장 우아하고 품위 있는 용모와 최상의 지혜, 최고의 힘 그리고 가장 뛰어난 통찰지를 갖추게 된 것이다. 그러므로 수행자가 불수념을 닦을 때 부처님 과거생의 선행과 바라밀의 결과인 부처님의 공덕에 대해 잘 새겨야 한다.

(3) 중생들이 누리는 이익들

보살이 행한 바라밀과 고귀한 행위로 부처님은 최상의 과보를 받으시고 마침내 일체지를 증득하신다. 붓다가 되신 이후에도 그 최상의 깨달음에 자족하며 지내지 않으셨다. 부처님은 45년이라는 세월 동안 모든 계층의 인간들에게 그들의 안녕과 이익을 위해 성스러운 법을 전하셨다. 심지어 부처님이 대반열반(mahāparinibbāna)에 드시려는 찰나에도 제자들을 향해 다음과 같이 훈계하셨다.

"비구들이여, 이제 그대들에게 당부하노니 모든 조건

지어진 것들은 사라지는 성품을 가졌으니 불방일로
열심히 정진하여 성취하라."[341]

부처님의 가르침은 고통에서 벗어나 윤회의 종식으로 나아가는
길을 보여 주고 계신다. 그러므로 우리는 부처님 생애에 있어 세
가지 위대한 특성에 대해 지극한 마음으로 명상해야 한다. 그 세
가지는 좋은 원인, 위대한 결과, 중생들에게 생겨나는 유익함이다.
그렇게 하면 당신은 '부처님에 대한 확고한 신심을 일으키고 있구
나.' 하고 알게 될 것이다.

그리고 부처님에 대해 다음과 같이 말하면서 귀의하게 된다.
"부처님만이 나의 귀의처이니 다른 귀의처는 없습니다."[342] 따라서
부처님에 대한 완전한 앎을 바탕으로 당신의 헌신과 신심은 결실
을 맺고 그대의 마음 상속에서 이어질 것이다.[343] 이것이 불수념에
대한 간략한 설명이다.

그러므로 당신의 마음 상속에서 자애나 불수념 등을 계속 계발
시키는 것은 일반적으로 수행(bhāvanā)이라 할 수 있다. 이러한 수

---

341 "Handa dāni bhikkhave amantayāmi vo, vayadhammā saṅkhārā, appamādena
   sampādetha." DN. II, 156.

342 "Buddho me saraṇaṁ aññaṁ natthi."

343 부처님을 거듭 떠올리는 불수념은 상좌부의 염불 수행이라 할 수 있다. 불수념은 부
   처님의 공덕을 거듭 떠올리는 것이다. 그렇게 하려면 우선 부처님의 공덕에 대해 잘
   알아야 한다. 그 공덕을 잘 알고 거듭 떠올리면 부처님에 대한 신심과 헌신은 커지고
   또한 계속해서 생겨난다.

행은 일상에서 지속해서 행할 수 있다. 당신의 선택 하에 자애 수
행이나 불수념 어느 것이라도 시작할 수 있다. 좀 더 진지하고 지
속적인 수행을 하려는 이는 『청정도론(Visuddhimagga)』[344]과 같은 책
을 참고하면 좋다.

4. 공경(Appacāyana)

공경(appacāyana)은 나보다 나이, 지계, 고결함, 지혜, 공덕 등이
뛰어나신 분들을 존경하는 것이다. 존경을 표한다는 것은 부모님
이나 친척들에게 예를 표하고, 어른이 있으면 좌석과 길을 내어 주
고, 머리 숙여 겸손히 예를 표하고, 스님들께 합장 예경하고, 모자
를 벗고 관습에 따라 예를 올리는 모든 것들이다. 예를 표한다고
하지만 권력가에게 잘 보이려고 혹은 두려워서 마지못해서 하는
예경은 진정한 공경이 아니다. 그것은 진실하지 않은 것이고 가식
적이다. 그런 예경은 속임수(māyā)에 지나지 않는다.

---

344 『청정도론』은 붓다고사 스님의 수행과 관련한 주석서이다. 빠알리 경전에서 수행과 관
련한 내용을 모아 계·정·혜의 순서로 정리한 책으로 상좌부 수행의 대표적 지침서
이다.

생각해 볼 거리

경례나 절은 대개 존경을 나타낸다. 미얀마에서 어떤 사람들은 길에서 스님을 뵈면 자신이 들고 있던 물건을 내려놓고 길에서 절을 올린다. 어떤 이들은 자신이 새 옷을 차려입었어도 흙길에 무릎을 꿇고 예를 올린다. 또 어떤 이들은 스님이나 연장자를 뵈면 길이나 기차역 플랫폼에서도 무릎 꿇어 예를 드린다.[345] 이런 처신들은 진정한 마음으로 행해지면 비난할 게 아니다. 하지만 요즘같이 사람들이 붐비고 바쁜 세상에 간단히 예를 표하고 공경의 말 몇 마디 전하는 것도 공경을 표시함에는 충분하다. 스님을 뵈었다고 길에서 절을 올리거나 번잡한 장소에서 다른 사람들이 다 보는데 굳이 정식으로 예를 다할 필요는 없다.

5. 봉사(Veyyāvacca)

봉사(veyyāvacca)는 남을 돕거나 편익을 제공하는 것을 말한다. 봉사는 흔쾌한 마음으로 행해야 한다. 그렇게 하여야만 봉사자도 마음이 불편함 없이 편안하고 그 도움도 가치가 있게 된다. 우리는 노약자를 도와야 한다. 혹 나이 드신 분들이 무거운 짐을 나르거

---

345 흔한 예는 아니지만, 미얀마에서는 스님 혹은 자신의 부모님을 밖에서 뵙는 경우에 길바닥에서 바로 예를 올리는 경우가 있다.

나 할 때 도움을 주어야 한다. 그러므로 다른 이에게 자발적으로 도움을 주는 모든 것을 봉사 선행(veyyāvacca kusala)이라 할 수 있다.

만약 당신이 선의(善意)와 다른 이를 돕겠다는 진실한 의도가 있다면 실제로 그 행위를 하는 자보다 공덕이 더 클 수도 있다. 예를 들면 부처님 당시에 빠야시(Pāyāsi)라는 장관이 있었는데 외도의 가르침을 따르고 있었다. 하지만 꾸마라 깟사빠(Kumāra Kassapa) 존자의 가르침을 듣고는 부처님 법을 따르는 제자가 되었다.

빠야시는 규칙적으로 스님들께 공양도 올리고 자선을 했다. 하지만 그는 그것을 직접 하지는 않았다. 그는 자선을 실천할 때 시종인 웃따라(Uttara)에게 시켜 스님들께 공양을 올리게 하였다. 웃따라는 장관이 시켜서 하는 일이었지만 성심성의껏 하였다. 장관과 시종이 죽어서 재생을 하였는데 장관은 욕계의 가장 낮은 천상 세계인 사대왕천(Cātumahārājika)에 태어났고, 시종은 그보다 더 높은 33천(Tāvatiṃsa)에 태어났다.[346]

---

346 남을 돕거나 자선을 행할 때 꼭 자신의 물건을 나누어 주어야 하는 것은 아니다. 일화의 경우처럼 다른 사람이 시켜서 하는 경우도 자기 마음을 다해서 정성껏 하는 경우라면 공덕이 크다. 건성으로 하는 수백만의 보시보다 진심을 담은 물 한 잔의 공양이 더 수승하다.

6. 공덕 회향(Pattidāna)

공덕 회향(pattidāna)은 자신의 공덕이나 선행을 다른 이와 함께 나누는 것이다. 공덕 회향이라 옮긴 빳띠다나(pattidāna)는 'patti(자신이 성취한 것, 얻은 것)'와 'dāna(나누다, 주다)'의 합성어이다. 보시의 경우에 있어서 보시자는 자신의 행위로 좋은 과보를 받는다는 건 분명하다. 더구나 자신이 얻은 공덕을 다른 이와 함께하고자 하는 그 마음은 실로 더 수승한 마음이다.

만약 공덕을 지었으면 "내가 지은 이 공덕을 회향하니 들을 수 있는 이 모두 듣고 내가 얻은 이 공덕만큼 그대들도 공덕을 누리기를!"이라고 회향을 하여야 한다. 이러한 공덕 회향은 공덕을 짓는 것과는 별개의 또 다른 좋은 일이다.

> 어떤 보시자는 말로만 "나의 공덕을 함께 나눕니다."라고 건성으로 한다. 이처럼 진심을 담지 않은 형식적 회향은 여기서 말하는 공덕 회향이 아니다.

한때 어떤 사람이 아들의 출가를 기념하여 돈을 빌려서 성대한 잔치를 열었다.[347] 그는 잔치를 열면 많은 이들이 축의금을 낼 것

---

347 미얀마에서는 대부분의 남자들이 일생에 한 번 출가한다. 출가하면 경축 행사를 한다. 이때 의식을 치르는데 여유가 있는 이들은 성대하게 한다.

으로 여겼으나 자신이 지출한 경비보다 적은 축의금이 들어왔다. 행사를 다 마치고 회향을 해야 하는 시간이 되었다. 그때 그는 마음속으로 내가 얼마를 쓰고, 들어온 돈은 얼마인지를 계산하고 있었다.

그러자 곁에 있던 사람이 그에게 공덕 회향의 시간이니 어서 하라고 알려 줬다. 회향의 시간이니 "내가 오늘 행한 보시의 공덕을 여러분과 함께합니다."라고 해야 하는데, 그는 당시 이 잔치를 괜히 열어서 '내가 손해를 보게 되었구나.'라고 생각하였다. 그래서 그는 큰 소리로 "나는 완전히 망했다!"라고 외치게 되었다.[348]

공덕은 나누어도 줄지 않는다

선행을 하고 그 공덕을 나누면 혹여 공덕이 줄지 않을까 염려하는 이도 있다. 하지만 잊지 말아야 할 것은 공덕은 당신의 의도에 따라서 얻어진다. 당신이 진실하고 선한 의도로 보시를 하면 선행이 된다. 선행을 하면 그것은 공덕을 지은 것이다. 더 나아가 성취한 공덕을 다른 이와 함께 나눈다면 관대함의 공덕은 더 추가된다. 공덕을 회향하면 그 공덕이 준다는 것은 아무런 근거가 없다.

---

348 공덕 회향은 "공덕을 회향합니다."라는 말이 중요한 것이 아니다. 진정한 의도를 가지고 자신의 공덕을 다른 이와 함께하겠다는 선한 의도를 지녀야 한다. 잔치를 연 그 사람은 많은 이들에게 음식을 나누고 출가 공덕을 함께 나누려는 게 아니라 잔치를 열어 이익을 보겠다는 심산이었다. 그 나쁜 의도에 압도되어 회향한다는 말도 제대로 못 하게 된 것이다.

열 가지 선행의 기초

공덕을 나누는 것은 촛불 하나로 다른 초에 불을 붙이는 것과 같다. 처음 초에는 물론 성냥 등을 이용해서 불을 붙인다. 하지만 그 첫 번째 초는 다른 여러 초에 불을 옮겨 붙일 수 있다. 첫 번째 초를 가지고 아무리 많은 초에 불을 옮겨 붙여도 그 불빛이 줄어들지 않는다. 오히려 옮겨 붙인 초를 다 모아 놓으면 그 밝기는 훨씬 빛날 것이다. 계를 잘 지니거나 수행을 실천한 선업 공덕도 나눈다면 그 역시 공덕 회향(pattidāna)이 된다.

7. 공덕 회향에 기뻐함(Pattānumodāna)

보시자가 자신의 공덕을 회향할 때 같이 기뻐해 주는 것이 공덕 회향에 기뻐함(pattānumodāna)이다. 어떤 이가 자신이 성취한 공덕을 회향할 때, 당신은 그것을 진실로 기뻐하며 '사두(sādhu)'[349]를 세 번 말해야 한다. 다른 이의 선행에 대해 기쁨을 지니는 것은 훌륭한 일이다. 그것은 사무량심의 하나인 같이 기뻐함(muditā)의 특성을 지닌다. 하지만 진정한 공덕 회향에 기뻐함을 성취하는 것은 어렵다.

타인의 공덕에 대해 진정 함께 기뻐하는 마음 없이 단지 습관적

---

349 사두(sādhu)는 '그것이 잘 되었다'라는 의미를 지닌다. '훌륭하다' 혹은 '좋다'라는 의미를 지니기도 한다.

으로 되뇌는 '사두'는 진정한 공덕 회향에 기뻐함이 아니다. 그것은 단지 형식적인 행동에 지나지 않는다. 그리고 어떤 경우에는 다른 이의 공덕행에 대하여 진정으로 기뻐하지 않는 이도 있다. 같이 기뻐함 대신에 시기나 질투(issā)를 일으키는 이도 있다.

공덕 회향에 기뻐함의 즉각적 이익

많은 사람이 돌아가신 분들을 기리며 자선이나 공양을 올리기도 한다. 만약 악처에 재생한 조상들이 그곳에서 기쁘게 공덕 회향을 받게 되면 그들은 즉시 그 고통에서 벗어나게 된다.[350] 경전에 따르면, 스님들께 공양을 올리고 조상들을 위해서 회향하며 '사두'라는 말을 하면 즉시 조상들은 굶주림에서 벗어나게 된다고 한다. 만약 옷이나 가사 등을 공양 올리고 '사두'를 부르며 회향하게 되면 조상들은 헐벗지 않고 즉시 옷을 잘 차려입게 된다.

공양 올릴 때 가장 중요한 것은 그 보시를 받는 이가 공양 받을 만한 이어야 한다는 점이다. 어느 때 한 유족이 조상을 위해 행실이 좋지 않은 스님(dussīla bhikkhu)을 초청해서 공양을 올렸다. 공덕 회향을 세 번이나 하였어도 아귀로 태어난 조상은 회향의 이익을 받지 못했다.

---

350 악처에 재생한 조상에게 회향하면 공덕을 함께 나눈다고 하는데 엄격히 말하면 악처 가운데 아귀계에 재생한 조상들이 그 대상이다. 대림 스님(2007), 제6권, 454-460 참조.

그래서 조상인 그 아귀는 그의 친지들에게 "그 사악한 스님이 나의 공덕 회향의 몫을 훔쳐 간다."라고 외쳤다. 그래서 친지들은 다시 덕 있는 스님을 초청해서 공양을 올렸다. 그러자 아귀로 태어난 조상은 자신의 공덕 회향 몫을 받고 악처에서 벗어나게 되었다.

『닷키나 위방가 숫따(Dakkhiṇāvibhaṅga Sutta)』[351]의 주석서를 참고하라.

위의 예에서 우리는 교훈을 얻을 수 있다. 우리가 먼저 간 친구나 친지를 위해 자선을 할 때, 우리는 먼저 자신의 고뇌와 슬픔을 떨쳐 버려야 한다. 그런 다음 스님들에게 음식, 가사, 우산, 신발, 거주처 등을 올려야 한다.

조상을 위해 절을 지어 보시하게 되면 조상은 거주처를 얻게 된다.

공양을 올릴 때 우리는 계율을 청정하게 잘 지니는 스님을 초청해서 올리거나, 출가자 전체를 대상으로 하는 승단 보시(saṁghika

---

351 이 경은 『맛지마 니까야』 142번째 보시의 분석 경이다. 보시의 대상에 따른 공덕을 다루고 있는 경이다. 대림 스님 옮김(2012), 제4권, 519-531 참조.

dāna)³⁵²를 행해야 한다. 이러한 보시를 행하기 이전에 우리는 먼저 조상님들을 공덕 회향을 하는 곳으로 초청하여야 한다. 우리가 조상을 떠올리며 공양을 올리고 회향하면 그 조상들은 그곳에 참석할 수 있는 이라면 그곳에 올 수 있다.³⁵³ 그렇게 조상을 초청하고 뚜렷하고 큰 소리로 조상의 이름을 부르며 그 공덕을 회향하여야 한다.

오늘날의 회향 의식

오늘날 대부분 사람은 그들 가족과의 사별 이후 조상을 기리기 위한 행사에 덕망 높은 스님을 모시는 것을 중요하게 생각하지 않는다. 또한 사별로 인한 고뇌와 슬픔을 제거하려고도 하지 않는다. 단지 관례로 하는 일이니 하지 않으면 다른 이들에게 비난을 받을까 두려워 형식적 의례를 치른다. 장례 의식에 스님을 초청해 형식적으로 공양 올리거나 심지어 돈을 주기도 한다.³⁵⁴ 이러한 것들은 그들의 진심에서 우러나온 것이 아니고 다른 이에게 보여 주기식의 형식적 행사에 그친다. 이렇게 건성으로 의식을 치르고 조

---

352 승단 보시는 앞서 보았듯이, 한 개인의 스님에게 공양을 올리더라도 마음속으로 전체 승단을 생각하며 '승단 전체에 이 공양을 올립니다.'라고 생각하며 올리는 것을 말한다.

353 경전에서는 아귀계에 떨어진 조상들은 그곳에 참석하여 그 공덕 회향의 이익을 누릴 수 있다고 한다.

354 남방 상좌부 불교에서는 원래 스님들이 직접 돈을 받지 못한다. 장례 의식에 스님을 초청해서 돈을 드리는 것은 율법상 바르지 않다.

상들께 자신이 지은 공덕을 회향한다고 말한다.

이처럼 장례식장에서 울며불며 슬퍼하면서 공덕 회향을 하는 것보다, 집에서 슬픔을 가라앉히고 고요히 공양 올리는 것이 훨씬 낫다. 하지만 장례식장에서 슬픔과 탄식을 가라앉히고 진정으로 공양 올리고 선행을 실천하면 그 역시 공덕이 있다.

> 이 부분과 관련하여 더 상세히 알고 싶은 독자들은 "부처님 가르침의 미래(The Future of the Sāsana)"를 참조하기 바란다.

공덕 회향의 수혜자는 누구일까

공덕을 회향하면 그 주변에 모인 아귀로 태어난 조상들이 그 이익을 받는다. 만약 조상들이 다른 인간이나 동물로 태어났다면 그 회향의 효력이 미치지 못한다. 또한 아귀로 태어났다고 하여도 그 회향 장소에서 먼 외딴 숲에 머무는 조상이라면 그 공덕 회향의 이익을 받지 못한다. 하지만 조상들 가운데 그 누구라도 아귀로 태어난 이가 그곳에 참석하고 있다면 그 조상은 그 회향의 이익을 누리고 좋은 세계에 재생할 수 있다.[355] 그러므로 죽은 조상을

---

355 만약 돌아가신 부모님을 기리며 선행을 하고 그 선행 공덕을 회향하였다고 하자. 그 부모가 다른 사람 혹은 축생계에 태어났다면 그 회향은 그들에게 미치지 못한다. 부모가 아귀계에 재생하였을 때에만 공덕이 미친다. 하지만 우리들의 앞선 조상은 부모님만이 아니다. 수많은 조상 가운데에는 아귀계에 재생한 나의 조상들이 있을 수 있다. 그러므로 내가 조상들을 위해 공덕 회향을 하면 조상 가운데 아귀계에 재생한 나의 조상들이 그 회향의 이익을 받게 된다.

기리며 행하는 선행과 회향은 공덕이 되는 것이고 유족들은 그것을 꼭 실천해야 한다.

8. 청법(Dhamma Savana)

청법(dhamma savana)은 부처님의 가르침을 듣는 것이다. 부처님 가르침을 들음에는 다음과 같은 다섯 가지 이익이 있다.

(1) 새로운 지식을 얻는다.
(2) 이미 알고 있던 것도 더 분명히 안다.
(3) 회의론과 의심을 해결한다.
(4) 바른 믿음을 얻는다.
(5) 신심과 지혜의 계발을 통해 마음을 맑힌다.

청법의 잘못된 방법

위에서 언급한 청법의 다섯 가지 이익의 관점에서 법을 들음은 진실된 청법이다. 하지만 어떤 이는 단지 법을 설하는 이와 친분이 있기에 법을 듣는다. 어떤 이는 재미있는 잡사나 농담을 즐기거나, 법을 듣지 않으면 다른 사람에게 눈치가 보여서 듣거나, 설법자가 얼마나 잘하는지 보려고 법을 듣기도 한다. 이와 같은 저열한 의도로 법을 들으면 어떠한 이익도 얻지 못한다.

열 가지 선행의 기초

한때 어떤 사람이 작은 배를 타고 강을 건너려 하였다. 뱃사공은 그 배가 조금 새고 있다고 경고하였다. 그 사람은 배 안에 있는 물이 새어서 강으로 흘러 나간다고 생각했다. 그래서 별것 아니라고 여겼다. 잠시 시간이 흐르자 그는 자신이 앉아 있는 의자에 물이 차서 바지가 젖고 있음을 알아챘다. 그는 놀라서 소리쳤다. "이 배는 새는 것이 아닙니다. 오히려 물이 들어차고 있습니다."

법을 듣는 주된 목적은 우리들의 불선한 생각들이 빠져나가게 하는 데 있다. 우리는 불선한 생각들이 마음속으로 흘러 들어오지 못하게 매우 주의를 기울여야 한다.[356]

읽기의 이익

오늘날 우리에게 지혜와 지식을 전해 주는 많은 책이 있다. 불교 국가인 미얀마의 서점에는 불교 전문서적이 수백 권이 된다. 이러한 책들을 여러분들이 읽게 되면 법을 듣는 것과 같은 이익을 얻는다. 그러므로 불법(佛法)에 관한 책을 읽는 것이 현시대 다른 담화를 듣는 것보다 이익이 훨씬 크다. 당신이 책을 읽지 못한다면 다른 이에게 읽어 달라고 해서 들으면 된다. 이렇게 하는 것도 역시 법을 듣는 것과 같다.

---

356 불선한 생각들이 우리 마음을 더럽히는 것을 배에 강물이 들어차는 것으로 비유하였다.

여러분께 이익되는 책들을 권한다면 다음과 같은 것이 좋다. 『Jinattha Pakāsanī』, 『Buddhavaṁsa』, 『550개의 전생담(Jātaka)』, 『Saṁvega Vatthu Dīpanī』와 훌륭하신 스님들이 저술하신 다른 책들도 좋다.[357]

9. 설법(Dhamma Desanā)

설법(dhamma desanā)은 부처님의 가르침을 널리 전하는 것이다. 법에 대한 공경심을 지니고 다른 이에게 진리를 전하겠다는 마음으로 설법하면 다른 어떤 보시보다 뛰어나다. 부처님께서도 "모든 보시 가운데에서 법 보시가 가장 뛰어나다."[358]라고 하셨다.

설법이 진정한 선행이 되려면 설법자는 설법의 대가나 선물을 바라지 말아야 한다. 설법해서 명예를 얻고자 하거나 아만심이 생겨나서도 안 된다. 만약 설법자가 그러한 마음을 낸다면, 물질적 획득에 대한 탐욕이 설법의 공덕을 줄이고 타락시킨다. 이러한 설법자는 수백만의 가치가 나가는 백단향을 상해 버린 식초 한 주전자와 바꾸는 어리석은 이라 할 수 있다.

---

357 이 책은 미얀마 불자들을 위해 쓰여진 책이다. 여기에 언급된 도서들도 빠알리 경전들과 미얀마어로 된 불교 서적들이다.

358 "Sabbadānaṁ Dhammadānaṁ jināti." 전재성(2008), 703 참조.

어리석은 이가 수백만의 가치가 있는 백단향을 상한 식초와 바꾸듯이, 비천한 설법자는 최고로 귀한 법을 얼마 안 되는 물질의 획득을 위해 설한다.[359]

설법자의 자격

자격을 갖춘 설법자는 일반적 강연자가 아니다. 훌륭한 설법자라면 맑고 힘 있는 음성을 지녀야 한다. 또한 그는 청법자가 분명하게 이해하도록 법을 잘 설하는 능력을 갖추어야 한다. 이러한 설법자를 찾기는 쉽지 않다. 목장에 천 마리의 암소가 있어도 그중 하나가 훌륭한 수송아지를 낳는 것처럼, 수천의 어머니가 있어도 한 사람의 위대한 설법자를 낳기 어렵다. 실로 위대한 설법자 한 분 얻기가 너무도 어렵다.

부적절한 억양의 불이익

법사들은 부처님 법을 암송할 때 자신들 이전 생에서의 높고 거룩한 선업을 숙고한 뒤, 분명하고 단호한 목소리로 법을 설해야 한다. 설법을 멋지게 하려고 부적절한 강세, 억양 혹은 발성을 의도적으로 시도해서는 안 된다.[360]

---

359 설법의 공덕은 무량하다. 공경스럽게 단지 진리의 가르침을 전하고자 설법한다면 그 공덕은 실로 무량하다. 세속의 물질적 이익을 위해 설법을 하지 말라는 가르침이다.

360 상좌부 불교의 경전은 빠알리어로 전승된다. 빠알리어는 문자는 전해지지 않고 소리로 전해져 온다. 소리로 전승된 빠알리 경전이기에 그 경전의 발음을 정확히 하지 않

부처님께서도 법을 설할 때 멋있게 보이려 노래 부르듯 하거나 발성을 기이하게 꾸미는 것의 폐해를 지적하셨다. 그것들이 가져다주는 불이익은 다음과 같다.

(1) 법을 설하는 이가 자신의 목소리에 대해 집착심을 지니게 된다.
(2) 법을 듣는 이는 설법자의 음성에서 탐욕에 찬 즐거움을 찾게 된다.
(3) 설법자는 재가자처럼 노래 부르듯 한다고 비난받는다.
(4) 설법자는 감미로운 목소리를 내려고 애를 써서 집중을 놓친다.
(5) 후대의 승려들이 앞선 이들의 이러한 부적절한 설법이나 독경을 따라 하게 된다.

근래에 이들 폐해가 종종 드러나고 있다. 젊은 스님들이 앞서 잘못된 설법을 따라 하고 있다. 독실한 이들은 그러한 사이비 설법자의 법문에는 거의 참석하지 않는다. 설법에 참여하더라도 그러한 사이비 설법은 귀담아듣지 않는다. 법문 듣기를 즐기는 잘 배운 이들도 그러한 저속한 설법가의 법문을 듣고 있노라면 창피함을 느낀다.[361]

고 자신이 멋대로 하는 것을 금한다.

361 부처님이 가르치시지 않은 내용을 가르치는 설법자, 경전과 다른 황당한 주장을 하는 설법자, 교학과 수행의 성취 없음에도 자신을 추켜세우는 설법자 등을 만나면, 부처님 가르침을 잘 배운 이들은 그들을 보고 되레 창피함을 느끼고 안타까워한다.

법을 설하는 이라면 고귀한 법을 설할 때 노래 부르듯 흥얼거리며 품위를 잃어서는 안 된다. 그처럼 설법하는 것을 부끄럽게 여겨야 한다.[362]

설법의 단순한 방식

설법은 법당에 많은 대중을 모아 놓고 행하여야만 하는 것은 아니다. 한두 사람을 위해서라도 법에 관해 설하고, 설법자가 그 대가를 바라지 않고 행하면 그것이 진정한 설법이 된다. 신도들을 훈계하고, 학문을 전수하고, 자연 과학 기술을 가르치고, 부처님의 가르침을 읽고 새기는 이 모든 것이 법(진리)을 설하고 전하는 것이다. 오늘날의 출가자들은 훌륭한 설법자가 되기 위해 스스로 노력하여야 하며, 바르게 읽고 쓰며 대중에게 잘 전하는 법을 학습하여야 한다.[363]

---

362 상좌부 빠알리 경은 운율도 있고 억양도 존재한다. 하지만 다른 이가 듣기 좋게 자신이 제멋대로 바꾸어서 노래처럼 흥얼거리지 말아야 한다. 한두 사람 그런 이가 나오면 그 숫자는 눈덩이처럼 불어나서 원래 전승되던 가르침은 훼손되고 소멸될 것이다.

363 대중에게 가르침을 전하기 위해서 연설법이나 그 외의 여러 학문에 대해서도 교양을 갖추어야 한다.

10. 올곧은 믿음(Diṭṭhijukamma)

옳고 바르게 믿는 것을 올곧은 믿음(diṭṭhijukamma, diṭṭhi=견해, 믿음 + ujukamma=바르다)이라고 한다. 믿음이라는 것은 자신의 지혜에 기초하여 대상들을 바라보는 견해라 할 수 있다. 그러한 견해가 올바를 때는 바른 견해(sammādiṭṭhi)라고 한다. 바르지 못한 믿음은 삿된 믿음 혹은 삿된 견해(micchadiṭṭhi)라고 한다. 좀 더 이해를 돕기 위해서 먼저 아래의 내용을 깊이 숙고해 보라.

(1) 선행과 불선행
(2) 선행과 불선행에 따르는 선한 과보와 불선한 과보
(3) 자신의 선행과 불선행에 따른 현재와 다음 생의 존재
(4) 천신과 범천들[364]
(5) 고귀한 길을 실천하여 성취한 선정과 신통지 혹은 아라한과를 성취한 분

이러한 것들을 숙고하고 난 뒤에 만일 여러분이 이와 같은 것이 실재한다고 안다면 당신은 바른 견해(sammādiṭṭhi)를 지녔다고 할 수

---

364 불교에서 신들은 창조의 신이 아니다. 천신과 범천들도 그에 따른 선업이 있었기에 그러한 과보가 맺어진 것이다.

열 가지 선행의 기초

있다.[365] 이것을 올곧은 믿음(diṭṭhijukamma) 혹은 업 자산 지혜(kam-massakatā ñāṇa, kamma=행위 + saka=자산, 자신의 소유, ta=~인, ~것, ñāṇa=지혜)라고 한다. 업 자산 지혜라는 것은 자신이 지은 선행과 불선행이 자신에게 생겨나는 결과 혹은 자산임을 분명히 아는 것을 말한다.[366]

앞서 말한 다섯 가지에 대해 전부 혹은 하나라도 실재하지 않는 것으로 생각한다면 당신은 사견(micchadiṭṭhi)을 지닌 자이다. 업과 업의 결과에 대한 믿음이 없기에, 사람들은 동물들이 그들의 업의 결과로 된 존재임을 알지 못한다. 이런 이유로 사람들은 어떠한 뉘우침도 없이 다른 존재의 생명을 해치는 데 주저함이 없다.[367]

업의 결과로 인한 이번 생과 다음 생이 있음을 믿지 않기에 그들은 이 세상과 존재들이 어떠한 절대자에 의해 창조되었다는 그릇된 믿음을 가진다. 우리들은 이와 관련하여 역사적으로 실존하셨던 부처님에 관해 충분한 증거를 제시할 수 있다. 하지만 절대자라고 불리는 존재에 있어 그러한 다른 어떤 증거가 있는가?[368]

---

365 이 세상에 선행과 불선행이 있다고 안다. 그러한 선행과 불선행에 따른 과보가 있다고 안다. 그러한 과보로 여러 존재가 있게 된다고 안다. 이러한 것들에 대해 바르게 알고 믿는 것이 올곧은 믿음이다.

366 내가 지은 업이 곧 나의 자산이다. 좋은 행위를 해야만 좋은 결과를 얻는다. 나의 선행은 누가 가져가지 못하고, 나의 악행도 누가 없애 주지 못한다.

367 업과 그 결과로 사람 혹은 동물로 태어난다. 지금의 동물들이 사람으로 재생할 수도 있고, 우리도 악업을 지으면 동물로 태어난다. 사람과 동물이 고정되어 정해진 게 아니다. 우리가 쉽게 죽이는 파리 한 마리도 이전 생의 인간이었을 수 있고, 나의 동료거나 가족이었을 수도 있다.

368 부처님은 아소카 왕의 석주나, 인도나 스리랑카의 역사서에서 그 실존을 증명할 수가

불자(佛子, Buddhist)의 의미

올곧은 믿음이 또한 바른 견해라고 할 수 있다. 하지만 바른 견해를 가진 모든 이들이 불자라고 할 수는 없다. 힌두교도들도 역시 업과 업의 결과에 대한 믿음을 가지고 있다. 그런 견해를 가지고 있어도 그들을 불교 신자라고 부르지는 않는다. 단지 불·법·승 삼보에 귀의하는 이들이 진정한 불교 신자라고 할 수 있다.

자신이 불자라면 다음과 같이 선언해야 한다. "나는 부처님과 가르침 그리고 승단에 귀의합니다." 이와 같은 귀의는 빠알리어나 혹은 각자의 언어로 하여도 된다. 삼보에 귀의한 후에 비로소 자신을 불자라고 할 수 있다. 어린아이들은 삼보에 귀의한다는 것에 관한 분명한 앎이 없을 수도 있다. 이럴 때도 전통에 따라 삼보에 예를 표하고 헌신한다면 그들을 불자라고 볼 수 있다.

『라따나 곤이(Ratana Gon-yi)』를 참조하라.

어떻게 올곧은 믿음을 가지는가

정견(sammādiṭṭhi)과 업 자산 지혜(kammassakatā ñāṇa)는 올곧은 믿음(diṭṭhijukamma)과 동의어이다. 당신이 스스로 업과 업의 결과 그리고 과거나 미래 존재의 실재에 관해 숙고할 때 올곧은 믿음을 얻

있다. 하지만 절대자라는 그 존재의 실존에 대해서는 어떤 증명도 가능하지 않다.

게 된다. 당신이 보시나 지계와 같은 선행을 실천할 때 이런 선행이 내생에 좋은 결과를 가져올 것이라는 믿음을 지니면 올곧은 믿음을 계발하는 것이다. 보시나 지계뿐만 아니라 다른 어떠한 선행을 할 때도 마찬가지이다. 모든 선행이 가져오는 이익은 올곧은 믿음을 갖추고 행하였을 때 더욱 커진다.[369]

사십 가지 선행

이러한 선행들은 그것을 실제로 행해야만 공덕행이 되는 것은 아니다. 다른 이에게 선행을 권유하고, 다른 이에게 선행이 낳는 좋은 결과를 설명하고, 다른 이가 선행 지음을 보고 기뻐하는 것, 이 모든 것들이 공덕이 되는 행위이다. 이전에 십선행(ten puñña kiriya vatthu)에 대해서 설명하였는데 이것들은 다시 네 가지 요소로 나누어 볼 수 있다.

(1) 실제로 선행을 하는 것
(2) 다른 이에게 선행을 장려하는 것
(3) 선행의 공덕과 결과에 관해 설명하는 것

---

369 선행은 좋은 결과를 낳고, 악행은 나쁜 결과를 낳는다는 믿음을 지니고 선행을 실천하고 악행은 삼가야 한다. 이것은 어떠한 결과를 바라고 하라는 것이 아니다. 업과 업의 결과에 대한 믿음을 지니고 선행을 실천하는 것이 믿음을 지니지 않고 그냥 하는 것보다 더 낫다는 것이다. 그러한 믿음을 지니는 것이 지혜를 갖추고 선행을 실천하는 것이다.

(4) 다른 이의 선행에 기뻐하는 것

이처럼 십선행을 네 가지 요소로 나누어 보면 그것들은 모두 사십 가지 선행(forty puñña kiriya vatthu)이 된다.

결론

이번 장에서는 선한 마음과 선한 의도로 행한 십선행에 대해 상세하게 설명하였다. 선행에는 공덕이 따른다. 이러한 공덕을 얻기 위해 이 책을 보는 모든 이들이 좀 더 선행을 많이 짓겠다는 마음을 지녔으면 한다. 내가 아는 모든 이들이 최상의 축복인 열반을 실현하기 위해 흔쾌히 선행을 실천하기를 바란다.

나 자신이 보시(dāna), 지계(sīla), 수행(bhāvanā)의 토대 위에 군건히 설 수 있기를! 나 자신이 열반으로 이끄는 선행을 지음에 주저함이 없기를! 나 자신이 불제자의 마지막 목표인 열반의 실현을 위해 다섯 가지 힘이라 불리는 믿음(saddhā), 정진(vīriya), 집중(samādhi), 사띠(sati), 지혜(paññā)를 잘 계발하기를!

제7장

업

업을 의미하는 깜마(kamma)는 행위나 행동을 의미한다. 행위에는 마음, 말, 신체적 행위가 있다.[370] 여러분의 사지(四肢)로 행하는 것은 신체적 행위(身業)가 된다. 예를 들면 다른 생명을 해하거나 보시를 실천하는 것들이다.

구업(口業)은 여러분이 소리 내는 말이다. 다른 이를 시켜서 하는 것, 예를 들면 "저 동물을 죽여라." 혹은 "스님에게 공양을 올려라."라고 말을 하는 것이 구업이 된다. 다른 이에게 권유하고, 거짓말하고, 가르치는 것도 구업에 속한다.

의업(意業)은 몸이나 입으로 짓는 것이 아닌 우리의 마음에 생겨난 생각들을 의미한다. 마음속으로 '저 사람이 가진 재산을 내가 다 차지할 수 있다면…'이라고 나쁜 생각들을 떠올리는 것이 의업이 된다. 연민, 동정, 공감, 같이 기뻐함, 수행 등이 의업에 속한다.

업에 책임을 물을 수 있는 것

세 가지 형태의 업은 자동적으로 일어나지 않는다. 예를 들어 살해를 할 때 손은 칼을 단단히 부여잡는다. 칼로써 상대를 해칠 때 그것을 초래하거나 촉발하는 힘이 있어야 한다. 어떠한 말을 할 때도 그것을 촉발하는 힘이 있어야 한다. 당신이 잠들어 있을 때도 생각은 끊어지지 않지만, 의업은 생겨나지 않는다.[371]

---

370 이 세 가지 행위를 보통 신(身), 구(口), 의(意) 삼업(三業)이라고 한다.

371 아주 깊은 잠에 빠져 있을 때도 바왕가라는 형태의 마음이 계속 생겨나고 사라진다. 하

이러한 것들로부터 알 수 있는 것은 신·구·의 삼업에는 기본적인 마음 외에 어떠한 힘 혹은 영향력이 작용해야 함을 알 수 있다.[372] 모든 범죄에는 항시 범인이 존재하는 것처럼, 삼업을 일으키는 것에는 어떠한 힘 혹은 영향력이 작용한다.

의도가 바로 그 원인이라 할 수 있다. 의도(Cetanā)가 업(Kamma)이다

삼업을 촉발하는 것은 다름 아닌 마음과 함께 생겨나는 의도이다. 의도라는 마음부수는 다른 모든 마음부수들보다 바쁘고 활기차다. 의도가 당신이 어떤 행위를 하도록 부추기고, 모든 업 형성의 완성에 있어 주된 역할을 하기에[373] 의도는 일반적으로 업(kamma)이라고 불린다.

> 마음(citta)과 마음부수(cetasika)들 가운데 의도(cetanā)의 두드러짐과 모든 업 행위에 있어서 책임을 지는 의도의 지위에 관해서는 앞서 마음부수를 다룰 때 의도를 설명하면서 상술(詳述)하였다.[374]

지만 이런 마음을 의업이라고 하지 않는다. 마음의 어떤 의지가 존재하지 않기 때문이다. 즉 바왕가 마음은 특정 행위를 촉발하는 마음이 아닌, 결과로서 생겨나는 마음이다.

372 마음 혹은 의식과 업을 일으키는 힘 혹은 원동력은 다르다. 업을 촉발하는 것은 의식과는 다른 정신법이다.

373 어떤 행위의 주된 책임을 묻는다고 한다면 의도에게 물을 수 있다는 것이다. 의도만이 업을 형성하는 것은 아니지만 업 형성에 가장 강력하고 활발한 역할을 의도가 한다는 뜻이다.

374 마음은 여러 마음부수들과 함께 생겨난다. 여러 마음부수들 가운데 의도가 가지는

대상을 분명히 알지 못하는 마음

경험상 당신은 어떤 마음과 마음부수는 현저하고 분명하지만 그렇지 않은 것도 있음을 안다. 어떤 마음들은 분명하지 않고 잘 드러나지 않는다. 예컨대 여러분들이 잠들어 있을 때는 심상속이 지속되고 있어도 그 마음이 잘 드러나지 않는다.[375] 당신이 완전히 깨어 있다 하더라도 주의를 기울이지 않고 보고, 듣고, 냄새 맡고, 닿으면, 눈 의식이나 귀 의식 등이 일어나더라도 대상을 분명히 알지 못한다.[376] 당신이 주의를 기울이지 않고 이것저것 생각할 때에도 그 대상과 마음은 분명히 드러나지 않는다.[377] 이러한 것들은 몸과 말의 행위가 생겨나게 하는 선 혹은 불선 의도 때문이다. 마음과 함께 생겨나는 의도의 힘이 약하다면 그 행위에 따른 결과도 없다. 특정 행위를 완성하지만 자극 혹은 충동의 힘이 없는 의도

특출함과 통섭적 지위에 관해서 앞에서 살펴보았다.

375 마음은 일련의 과정을 통해서 생겨나는데 이를 심상속(마음이 이어져 흐름)이라 한다. 깊은 잠에 빠지면 바왕가라는 마음 즉 바왕가 형태로 심상속이 생겨난다. 이러한 형태는 마음은 생겨나지만, 그 마음이 분명하지도 않고 잘 드러나지도 않는다.

376 일상에서 깨어 있을 때 의식은 계속 생겨난다. 의식이 생겨나도 분명하지 않은 경우도 많다. 아이들이 놀이에 빠지면 부모가 불러도 잘 듣지 못하는 경우와 같다. 길을 걸어 갈 때 눈으로 보며 안식이 생겨나지만, 주의를 기울이지 않으면 아는 사람도 그냥 지나칠 수 있는 것과 같다.

377 알아차림이 없이 생겨나는 망상은 자신이 무슨 생각을 하는지도 모른다는 말이다. 간혹 초보 위빳사나 수행자는 수행을 시작하면 망상이 더 많아진다고 느낀다. 이것은 망상이 많아지는 것이 아니고 전에는 일어나는지도 모르는 망상을 알아차리게 되어서 생기는 경우가 많다.

들도 일상에서는 많이 일어난다.[378]

현저한 불선 의도(Akusala Cetanā)

당신이 어떤 이를 죽이려 할 때, 성냄 속행 마음(dosa javana citta)과 의도(cetanā) 역시 매우 강하며 압도적이다. 당신의 생각은 살인을 실행하기 위한 계획으로 가득 찬다. 이것은 마치 당신이 감각적 즐거움의 불선한 생각으로 압도되었을 때 탐욕 혹은 갈애가 마음 속에서 계발되고 몸도 자극받고 들썩이는 것과 같다.[379] 이때에는 행위와 말과 생각이 불선행에 빠져 있고 내면에 있는 의도 역시 매우 강력하고 사악하다. 불선 속행 의도(akusala javana cetanā)라고 알려진 이러한 사악한 의도들은 매우 활발하며 자극적이다. 이러한 불선 의도 속행들을 일반적 생각들과 잘 비교해 보면 좀 더 분명하게 잘 알 수 있다.[380]

---

378 마음이 일어날 때 항시 일어나는 마음부수 가운데 하나가 의도이다. 이처럼 모든 마음에 의도가 있지만, 그 모든 의도가 업이 되지는 않는다. 과보 마음과 작용만 하는 마음에 있는 의도는 업이 되지 않는다. 의도가 업에 이르지 않을 만큼 미약하게 생겨날 때도 업이 되지 않는다.

379 죽이려는 마음에는 살해나 상대를 파괴하려는 의도가 분명하다. 이때에 성냄이라는 마음부수 역시 분명하다. 이처럼 탐욕에 뿌리박은 마음이 생겨나면 대상을 취하려는 의도와 탐욕이 강하게 생겨난다.

380 일상적으로 일어나는 마음에서 의도는 크게 드러나지 않는다. 하지만 화를 내거나 훔치려 하는 등의 불선한 마음에서 의도는 좀 더 분명하게 드러난다.

현저한 선 의도(Kusala Cetanā)

선 의도(kusala cetanā)라 불리는 도덕적이고 덕스러운 의도는 당신이 보시를 행하거나, 포살계를 준수하거나, 연장자를 돌보거나, 법에 관해서 논의하거나, 수행하거나, 비도덕적인 행위를 삼갈 때 분명히 작동한다. 이러한 선 속행 의도(kusala javana cetanā)는 매우 강력하고 역동적이어서 당신의 행위, 말 그리고 생각들 역시 마찬가지로 활발하고 역동적으로 된다.[381]

무더기[382]의 연속에서 오래 지속되는 업 결과의 힘

이처럼 현저한 불선 혹은 선 속행 의도를 합쳐 업이라 한다. 그것들은 생성되었다가 사라지지만 그들의 힘, 영향력, 속성은 사라지지 않는다. 그것들은 마치 무더기의 상속에 박혀 있는 것처럼[383] 잔존하여 지금 혹은 다음에 결과를 낳는다. 무더기의 상속에서 헤아릴 수 없이 많은 마음의 단위가 끊임없이 일어났다가 사라진

---

381 일상에서 무언가를 보고 듣고 하는 마음이 아니라, 계를 준수하려고 하거나 보시를 하려고 하는 마음에서는 의도가 강하게 생겨난다. 마치 남에게 주는 것을 주저할 때 누군가 어서 베풀라고 격려하는 것처럼 의도가 강하게 생겨난다는 것이다. 이러한 강한 의도가 없다면 보시나 지계와 같은 선행을 실천하기 어렵다.

382 불교에서 나라고 할 만한 것은 없다. 나라고 불리는 것, 그것은 어떠한 무더기의 조합일 뿐이다. 이러한 무더기는 크게 나누면 정신·물질의 무더기이고, 달리 말하면 색·수·상·행·식의 오온 무더기이다.

383 업은 어떤 장소에 저장되어 있는 것이 아니다. 여기서는 비유를 든 것이다. 업은 여기 혹은 저기에 있다고 할 수 없지만, 조건이 갖추어지면 결과를 낳는다. 업은 이 오온 어디에 저장되어 있지는 않지만, 오온에 속해 있는 것처럼 사라지지 않고 조건이 되면 결과를 낳는다.

다.[384] 이러한 것들 가운데 미약하고 뚜렷하지 않은 마음 혹은 의도는 전혀 영향력을 남기지 않지만, 강력하고 분명한 의도들은 상속에서 그들의 잠재력을 남긴다. 예를 들면 보통의 일반 부모의 자식들은 부모님이 돌아가신 후에 그들의 영향력을 오래 느끼지 못하지만 뛰어난 부모의 자식들은 그 영향력을 오래 느끼는 것과 같다. 유명하고 존귀한 부모님이 돌아가셨을 때, 그들의 자식들은 돌아가신 부모님의 생전에 강력했던 영향력 아래 놓이게 된다.[385]

업력은 무더기의 연속에서 계속 이어진다

과실나무 씨앗은 그 씨앗에 맞는 꽃과 열매를 맺게 하는 유전자의 힘이 있다. 과실을 맺는 유전자의 힘은 항시 상존한다. 즉 그 나무가 묘목일 때나 싹을 틔울 때, 완전히 성장한 나무이거나 열매나 씨앗의 상태일 때에도 항시 상존한다.[386] 하지만 그러한 유전적 힘이 이러한 것이라고 확실하게 우리는 묘사할 수 없다.[387] 이와 유사하게 오온의 연속에서도 마찬가지로, 물질과 정신은 죽음의

---

384 자신 혹은 개인이라 불리는 이 오온의 무더기에서 끊임없이 마음이 생겨나고 사라진다는 말이다.

385 앞선 오온에서 생성된 업이 뒤에 생성된 오온에게 미치는 영향을 부모가 아이에게 영향을 미치는 것으로 묘사하고 있다.

386 사과나무 씨앗을 심으면 사과나무가 되어 사과가 열린다. 이러한 힘은 씨앗에도 있고, 다 자란 나무에도 있다. 나무의 성장 과정 전체에서 사과나무의 속성은 계속 지니고 있다.

387 사과나무 씨앗에서 이 부분으로 인해 사과가 생겨난다고 하거나 여기에 사과가 들어 있다고 분명히 가리킬 수 없다는 말이다.

마음이 일어나기 전까지 지속적으로 생겨났다가 사라진다.[388] 업력도 죽음을 맞이할 때까지 항시 우리를 바짝 뒤쫓는다. 심지어 죽음 이후에도 업력은 다음 존재에서 결과를 주기 위해 계속 이어진다. 이러한 잠재력은 재생연결 때부터 시작해서 다음 생까지 이어지고 그 연결은 그다음, 그다음 생을 계속 전전한다.[389]

> 여기서 언급하고 있는 업력의 작용이라는 것은 과거 행위의 역동적 힘을 나타내는 것이지 어떤 물질적인 것을 말하지는 않는다.[390]

행위자가 그 결과를 바로 받는다

존재들은 재생을 거듭하며 새로운 존재로 태어남을 알았다. 이전 생에서 무명(avijjā)과 갈애(taṇhā)로 지은 행위의 업력이 한 존재를 다음 존재로 몰아간다. 새로운 존재라는 것은 다른 곳이 아닌

---

388 나라고 불리는 이 오온 무더기 혹은 존재는 재생연결식을 시작으로 하고 죽음의 마음을 그 끝으로 한다.

389 업력 혹은 업이 이곳에 있다고 지정하여 말할 수 없다. 업은 어디에 저장되어 있지는 않지만 사라지지 않고 조건이 갖추어지면 수백 생 이후라도 결과를 준다.

390 업은 의도이고 의도는 정신이다. 정신은 물질처럼 눈으로 볼 수 있는 것은 아니지만 어떤 힘을 지니고 있다. 의도는 행위 당시에 다른 마음부수와 물질법에 영향을 주고, 그것은 다른 시간에 조건이 갖추어지면 결과를 낳는다.

바로 과거생으로부터 온다.[391] 이번 생에서 자신의 의도가 사라지자마자 그 의도의 영향 즉 결과는 그것이 온전히 실현될 때까지 자신의 상속을 따른다.[392]

그러므로 선한 행위에 따르는 좋은 결과는 그 행위자를 보호하듯 따르는데, 마치 그림자가 사물을 따르듯 한다. 불선한 행위에는 나쁜 결과가 그 행위자를 응징할 기회를 노리며 지속해서 따르는데 수레바퀴가 황소를 따르듯 한다. 그러므로 우리는 악한 행위의 나쁜 결과는 다른 누가 아닌 그 행위자에게 다시 돌아옴을 알아야 한다.

그렇기에 다음과 같이 말할 수는 없다. "이번 생에 나는 즐기며 살자. 다음 생에는 다른 누군가가 고통받을 거야." 우리는 모두 자신의 잘못되고 사악한 행위에 대해 스스로 직접 책임을 져야 한다. 이번 생의 잘못된 행위로 인한 나쁜 결과로 고통받아야 하는 것은 다른 누가 아닌 여러분 자신임을 알아야 한다.[393]

---

391 과거에 있던 것이 그대로 이전되어 온다는 것은 아니다. 과거의 업력이 이번 생의 결과를 낳는다는 말이다. 창조주와 같은 어떤 존재가 지금의 나를 만든 것이 아니다. 또 아무런 원인 없이 존재가 생겨나지도 않는다. 자신의 행위가 또 다른 나라는 존재를 만든다.

392 행위자가 의도를 가지고 어떤 행위를 하면 그것의 결과는 언젠가 생겨난다. 행위자가 재생을 거듭하여 수백 생을 지나도 사라지지 않고 결과를 가져온다.

393 이번 생의 행위가 다음 생에서 결과를 낳아도 그것은 이전 나의 행위로 인해 내가 결과를 받는 것이다. 이것은 나라고 하는 자아가 있어 그 결과를 받는 것을 의미하지 않는다. 이전 생의 오온 무더기가 업을 짓고 그것을 조건으로 해서 또 다른 오온 혹은 무더기가 생겨나서 결과를 받는다.

동일한 업 효력

자따까에는 두 사람이 어떤 행위를 같이 행하고 그들의 다음 생에서 같은 과보를 받는 것이 나온다. 보시를 함께 하거나 계를 같이 준수하여 같이 좋은 결과를 받기도 하고, 둘이 꼭 행위를 함께 하지 않아도 남편과 아내로 태어나 남편은 돈을 벌고 아내는 그 돈으로 보시를 실천하면 그들 모두 좋은 과보를 얻는다.

그 두 사람이 선행을 함께 실천하고 서로 좋은 벗이 되고 찬사 받기를 원할 수 있다. 이러한 선한 열의는 바른 열의(sammā chanda)이다. 하지만 서로가 개인적인 친밀 관계로 인한 애착은 바르지 못한 열의로서 갈애 열의(taṇhā chanda)라고 한다.

이러한 두 가지 열망은 선행을 하기 전후에 일어날 수 있다. 그러한 공덕행이 결과를 줄 때 이전 생에 그들이 가졌던 바른 열의 혹은 갈애 열의가 충족되어 좋은 과보를 함께 즐기기를 원한다.[394] 이러한 경우를 종종 '동일한 업의 효과'라고 부른다.

동일한 업의 효과를 즐기는 예는 부처님이 보살이었을 때 그 부인과의 삶에서 알 수 있다. 그 부부는 서로 고귀한 행을 실천하고 다시 배우자가 되기를 서원했다. 예를 들면 우리 고따마 부처님의 전신이신 보살과 야소다라(Yasodharā)의 관계, 마하깟사빠(Mahākass-apa) 존자와 밧다(Bhaddā)의 관계, 마하깝삐나(Mahākappina) 왕과 아

---

394 예를 들어 이번 생에 부부로서 같이 계를 잘 지키고 보시도 함께 행하고, 다음 생에 또다시 부부로 태어나서 함께 과보를 누리고자 한다는 것이다.

노자(Anojā) 왕비의 관계 등이 바라밀행을 닦는 수많은 생 동안에 배우자로 살았다.

이들과 함께 사리뿟다(Sāriputta) 존자, 목갈라나(Moggallāna) 존자, 아누룻다(Anurudha) 존자, 라훌라(Rāhula) 존자, 장로녀(theri) 였던 케마(Khema), 웁빨라완나(Uppalavaṇṇā), 부처님의 숙모이자 유모였던 고따미(Gotamī) 그리고 숫도다나(Suddhodāna) 대왕 등이 이전 생에서 그들과 함께 선행을 실천한 가까운 사이였던 이들이다.[395]

불선업으로 맺어진 동반자

위의 예와는 달리 불선행을 실천하는 동반자도 역시 있다. 유익하지 않은 행위를 함께 지으면 나쁜 결과의 상태로 재생한다. 한때 어느 부부가 배가 난파되어 한 섬에 이르렀다. 섬에서 먹을 것도 없고 배가 고파서 부부는 새를 함께 잡아먹었다. 이 과보로 부부는 지옥에 재생하여 함께 고통을 받았다. 그리고 부부는 고따마 부처님 당시에 우떼나 왕의 아들인 보디 왕자와 그 배우자로 태어났다. 그들은 과거생에 함께 새를 잡아먹은 과보로 아이를 낳을수 없어서 자식이 없었다.[396]

---

395 선행을 함께 실천하여 부부로 다시 태어나거나 가까운 친척 등으로 재생하는 예도 있다.

396 배가 난파되어 무인도에 살면서 짐승을 잡아먹은 것은 살기 위해 어쩔 수 없었다고 할 수 있다. 하지만 다른 생명을 죽인 살해의 업은 그대로 악업으로 남는다. 행위자가 동물을 죽이려 할 때는 살해의 의도를 가지고 분노로써 죽이기 때문이다.

만약에 아내나 남편 중 누구라도 새를 죽이지 말자고 하였다면, 그 사람은 출산이 가능한 상태가 되었을 것이다. 하지만 부부가 함께 잘못된 행위를 하였기에 자식을 가지지 못하는 고통을 받았다. 함께 지은 불선행은 미래생에 동일한 나쁜 결과를 낳는다. 부부의 경우에 한쪽은 다른 배우자가 악행을 하려 하면 못 하게 말려야 한다. 그렇지 않으면 그들은 함께 나쁜 결과를 받으며 고통받을 것이다.

선행의 결과가 구성원 전체에게 미치는 경우

선행으로 인한 유익한 결과를 집단으로 함께 받는 경우는 그 구성원 전체가 함께 이전 생에서 선행을 실천한 가족, 공동체 혹은 사회 등에서 나타난다. 예를 들면 스리랑카 바띠까(Bhātika) 왕의 통치 시기에 소고기를 먹은 사람은 벌금을 내야 했다. 벌금을 낼 형편이 안 되는 사람은 궁궐에서 청소부로 일해야 했다.

청소부 가운데 아름다운 소녀가 있었고 왕은 그녀와 사랑에 빠졌다. 그래서 그녀는 사마데위(Sāmadevī)라고 불리었고 왕의 시중을 드는 하녀가 되었다. 그녀의 친척들은 처벌을 면제받았고 왕실 사람에 따르는 대접을 받았다. 이것이 구성원 가운데 한 사람의 선업 결과 때문에 구성원 전체가 유익한 결과를 함께 누리는 예이다.

어떤 사람들은 여기에서 구성원 개개인이 선업 결과를 가져야 한다고 주장할 수 있다. 하지만 여기서 사마데위의 과거 선업의

업

> 유익한 결과가 없었다면 구성원의 이전 업들은 매우 미약하여
> 서 결과를 창출할 수 없었다.[397]

불선업의 간접적 결과

때때로 과거의 불선행은 다른 이에게 간접적으로 나쁜 결과를 초래하기도 한다. 깟사빠 부처님 당시에 한 아라한 성인이 한 주지스님이 주석하는 절에 머무르기 위해 왔다. 그 절의 부유한 신도는 방문한 아라한 스님께 큰 존경심을 표하였고 그것을 본 주지는 질투가 생겼다. 신도는 주지와 아라한 스님 두 분을 아침 공양에 초대하였지만 주지는 질투가 생겨나서 혼자만 신도의 집으로 갔다. 주지는 아라한 스님이 아침 일찍 일어나지 못하게 절에 있는 종을 손가락 끝으로 살짝만 쳤다.[398] 이렇게 하고 나서는 신도에게 "객 스님이 잠자는 것에 너무 빠져서 내가 깨울 수가 없었다."라고 꾸며댔다.

> 그의 말과 행동에는 인색(macchariya)이 드러난다.

---

397 사마데위가 전생에 여러 바라밀을 실천하여서 선업을 많이 지었기에 그의 가족들이 유익한 과보를 받게 되었다.

398 옛날에는 시계가 없어서 절에서 소임을 맡은 스님이 종 등을 쳐서 시간을 알렸다. 우리나라에서도 새벽에 목탁을 치며 도량석을 돌면서 사중의 대중을 깨우고, 공양 시간이 되면 목탁을 쳐서 알리기도 한다.

하지만 신도는 주지의 생각을 간파하였고 아라한 스님을 위해 한 발우의 음식을 별도로 공양 올렸다. 주지는 그 공양물을 보자 질투심이 생겨서 오는 길가에 버렸다. 주지는 만약 객 스님이 이런 좋은 공양을 받으면 자신의 절에 평생 머무를지도 모른다고 생각하였다.

하지만 아라한이었던 객 스님은 주지의 마음을 알고서 그가 도착하기 전에 신통을 써서 공중으로 날아가 버렸다. 주지는 객 스님이 떠난 것을 알고는 후회, 근심, 비애가 생겨났다. 그는 자신의 도를 넘은 이기심으로 인해 아라한 스님에게 아주 부당한 일을 저질렀다. 그는 심신의 극심한 후회로 인해 죽게 되고 지옥에 떨어졌다.

지옥에서 고통을 받고 난 이후에 그는 오백 생을 아귀로 태어났고, 또 다른 오백 생을 개로 살아야 했으며, 그러한 생에서 먹을 것을 제대로 얻지 못하고 굶주려야 했다.

고따마 부처님 당시에는 그가 어느 어촌의 가난한 여인의 태에 들었다. 그의 지난 불선업이 너무나 강해서 그 어촌 전체가 가난을 겪어야 했다. 그리고 그 마을은 일곱 번의 큰 화재와 왕의 처벌로 고통받았다.

마을 사람들은 재앙이 계속 이어지자 이 모든 불운을 몰고오는 것이 태중의 아이를 가진 그 가족 때문이라고 여기고 그들을 쫓아버렸다. 아이 엄마는 그 애를 낳아 몇 년간 돌보다가 동냥 그릇 하나 쥐어 주고는 그를 버렸다.

일곱 살이 된 그는 구걸 중에 사리뿟다(Sāriputta) 존자를 만나 사미(sāmaṇera)계를 받는다. 그는 승단에 잘 머무르며 로사까 띳사 (Losaka Tissa)라는 이름으로 비구계를 받았다. 그 후로 그는 열심히 사마타와 위빳사나를 닦았다. 이전 생에 그는 주지로 있으며 계를 잘 준수하였기에 그 생에 아라한 성인이 된다.

아라한 성인이 되어서도 그의 이전 생의 악행이 너무나 큰 것 이었기에 그는 많은 고통을 겪는다.[399] 그는 탁발을 하여도 충분 한 공양을 한 번도 얻지 못했다. 사리뿟다 존자가 로사까 띳사 스님을 딱하게 여겨서 같이 탁발을 나갔다. 하지만 사리뿟다 존자도 공양을 받지 못하여 혼자 공양을 받기 위해 다시 탁발을 나가야 했다.

사리뿟다 존자는 공양을 받고 보시자에게 로사까 띳사 장로에 게도 공양을 올리라고 청했다. 공양물을 장로에게 올리러 가던 하인은 도중에 그것을 다 먹어 버렸다. 사리뿟다 존자는 여전히 로사까 띳사 장로가 음식 공양을 받지 못하게 된 것을 알고는 네 가지 달콤한 것[400]을 담은 발우를 꼬살라 왕으로부터 받았다. 사리뿟다 존자는 발우가 사라지지 않게 손에 쥐고서 그 음식을 로사

---

399 이전 생에 주지로 있으면서 객 스님이 공양청을 못 받게 한 것은 큰 불선업이다. 더욱 이 그 스님이 아라한 성인이셨기에 그 불선업은 더욱 큰 것이라 할 수 있다. 이러한 불 선 과보는 아라한 성인이 되어도 생존하는 동안은 그 결과를 받는다. 아라한 성인이 열반에 들게 되면 더 이상 받을 과보도 존재하지 않는다.

400 네 가지 달콤한 것이라고 한 것은 버터, 기름, 꿀, 당밀 등을 섞은 것이다.

까 떳사 장로에게 먹였다. 로사까 떳사 장로는 그제서야 음식을 충분히 먹을 수 있었고 그 후 바로 그곳에서 대열반에 들었다.

이 일화에서 알 수 있듯이 깟사빠 부처님 당시에 한 사람의 잘못된 행위로 인해 그 사람이 어촌에 태어났을 때 마을 전체가 피해를 보았다. 심지어 로사까 떳사 장로의 과거 잘못된 행위로 인해 그의 스승인 사리뿟다 존자 역시도 음식을 얻지 못했다. 악행의 결과는 행위자뿐만 아니라 그와 관계된 이들에게도 간접적으로 나쁜 결과를 낳는다. 그 증거는 위의 예에서 충분히 드러났다.

이러한 악행의 결과는 한 생에서 그치지 아니하고 행위자의 존재 연속에서 이어진다. 그러므로 여러분 모두는 윤회 속에서 번영을 생각하고, 간접적인 나쁜 과보의 고통을 겪지 않기 위해 스스로 자신을 잘 살펴야 한다. 불선한 이라면 그들이 친지들이라고 해도 물리적으로는 어쩔 수 없어도 마음으로는 거리를 두어야 한다. 이렇게 하여야만 불선한 행위들이 미치는 악영향에서 벗어나서 다가올 존재계에는 공덕을 갖춘 이가 될 수 있을 것이다.

다른 이들에게 생겨난 과보

어떤 이들은 자신이 하지 않은 행위에 대해서 행위자를 대신해 불운하게도 나쁜 과보를 겪는 이들도 있다. 이런 경우에 행위자는 어떠한 보호[401]로 인해 나쁜 과보를 받는 것을 면하게 되고 행위자와 가까운 이, 예를 들어 그의 부모, 스승, 자식, 하인, 제자 혹은 신도가 그를 대신해 고통을 겪기도 한다. 이러한 것을 보고 사람들은 "그 불쌍한 사람이 업의 희생자가 되었다."라고 한다. 실제 악행을 저지른 자는 자신의 불선행 과보를 면했지만, 대신 과보를 받는 그 불쌍한 사람에 대해 미안한 마음을 느끼고 가슴 아파한다. 이렇게 본다면 불선 과보로 겪는 고통에서 자유로운 이는 없다고 해야 한다.

같은 업, 다른 결과

이 세상에는 나쁘고 사악한 이들도 있지만 선하고 덕스러운 이들도 있다. 선한 사람과 나쁜 사람이 똑같이 사소한 잘못을 저질렀다고 가정해 보자. 선한 사람은 자신이 가지고 있던 선업이 그 사소한 잘못을 압도하여 큰 고통을 받지 않는다. 하지만 나쁜 사

---

401 "점성학의 관점에서 보면, 만약 어떤 악행을 저지른 자가 행운의 별자리를 갖게 되면 그는 그 나쁜 결과를 피하게 된다. 대신 그 나쁜 결과는 다른 친지나 가족에게 돌아간다고 한다." 본서에 나오는 내용이지만 각주로 처리하였다. 여기에 나오는 내용의 근거는 분명하지 않다.

람은 자신을 보호해 줄 선업이 없기에 나쁜 과보를 온전히 받게
된다.

예를 들면 한밤중에 어느 부잣집 아들과 마약 중독자가 닭을
훔치기 위해 어슬렁거리고 있었다. 부잣집 아들은 실제 닭을 훔쳐
달아나다가 주인에게 잡혔다. 주인은 닭을 훔친 이가 부잣집 아들
인 것을 알고는 감히 그를 도둑으로 고소할 수 없어서 풀어 주었
다. 심지어 그 아이에게 미안하다고까지 했다. 하지만 마약 중독자
를 도둑으로 고소하여 감옥에 보냈다.

만약 당신이 한 숟가락의 소금을 강물에 풀어도 물맛은 그대로
이다. 마찬가지로 당신이 이전에 많은 선업을 지었다면 사소한 잘
못을 범해도 그것이 확연하게 나쁜 결과를 가져오지는 않는다. 하
지만 만약 당신이 한 숟가락의 소금을 물컵에 부으면 물맛은 짜게
된다. 이 같은 방식으로, 당신이 지어 놓은 선업이 거의 없다면 악
업이 그대 선업을 무력하게 한다.[402]

선업과 불선업은 서로 대응할 수 있다. 사소한 불선은 아주 많
은 선업을 방해할 수 없다. 하지만 당신이 작은 선업을 지니고 있
으면 작은 악행이라도 당신의 선업을 헛되고 무력하게 할 수 있다.
올바른 이가 되기 위한 도덕적 교훈은 가능한 한 선행을 많이 짓

---

402 선업을 많이 지은 이는 악업을 하나 지어도 그 악업이 별다른 효과를 미치지 못한다.
부자에게 몇만 원의 손실은 피해로 여겨지지 않는 것과 같다. 하지만 악업을 많이 지
은 이에게 작은 선업은 큰 이익을 주지 못한다. 긴 가뭄을 잠깐의 가랑비로는 벗어날
수 없는 것과 같다.

고, 최대한 선업을 많이 닦으라는 것이다.

성취(Sampatti)와 불성취(Vipatti)

조건들이 충분하고 곧 효력이 생겨날 수 있는 것을 성취(sampatti)라고 한다. 하지만 조건이 결핍된 경우를 불성취(vipatti)[403]라고 한다. 수없는 생을 거치는 윤회 속에서 모든 지각 있는 존재들은 헤아릴 수 없는 정신적 속행(javana citta)[404]을 쌓으며 많은 업(業, kamma)을 지었다. 이러한 행위들은 반드시 미래에 그 결과를 낳는다. 그들은 당장 결과를 생겨나게 하지는 않지만 소멸되지 않고 미래 적당한 시기에 적당한 조건들이 생성되기까지 기다리고 있다. 윤회 속에서 모든 존재에게 네 가지 성취 조건과 불성취 조건이 있다. 성취 조건에서 선업은 좋은 결과를 낳기 위한 기회를 갖고, 반면 불성취 조건에서 불선업은 나쁜 결과를 낳는 주요한 역할을 한다.

---

403 삼빳디는 성취로, 위빳디는 불성취로 번역한다. 불성취로 번역한 위빳디는 '불행', '불운', '불성취' 등의 의미를 지닌다. 불선행을 하면 자신이 이루고자 한 바를 얻은 듯하나 실제 얻지 못한다. 예를 들어 탐욕으로 다른 이의 물건을 훔치면 후에 자신의 재산에 더 큰 손실을 가져오고, 상대방에게 화를 내면 이긴 듯하나 후에 더 괴로운 과보를 가져오기에 실제에서는 불성취라 한다.

404 속행 마음(javana citta)은 의도적인 행위가 개입되는 곳으로서 유익하거나 해로운 마음이 일어나는 찰나들이다. 마음의 진행 과정 중 속행 과정에서 업을 짓는다. 대림ㆍ각묵 스님(2018), 제1권, 337-338 참조.

네 가지 성취 조건

1. 태어날 곳 성취(Gati Sampatti)

   = 선처에 태어나는 것

2. 외모 성취(Upadhi Sampatti)

   = 신체와 용모가 수려하고 아름다움

3. 시기 성취(Kāla Sampatti)

   = 적절한 시기에 태어남

4. 수단 성취(Payoga Sampatti)

   = 여러 수단, 도구, 지식, 근면함 등을 지님

네 가지 불성취 조건

1. 태어날 곳 불성취(Gati Vipatti)

   = 악처에 태어나는 것

2. 외모 불성취(Upadhi Vipatti)

   = 신체와 외모가 훌륭하지 않음

3. 시기 불성취(Kāla Vipatti)

   = 적절하지 않은 불운한 시기에 태어남

4. 수단 불성취(Payoga Vipatti)

   = 수단이나 도구, 지식, 근면함이 없음

업

1. 태어날 곳 성취(Gati Sampatti)와 불성취(Gati Vipatti)

(1) 태어날 곳 성취(Gati Sampatti)

선처 세상에 속하는 인간계나 천상계를 태어날 곳 성취라고 한다. 그러한 선처에 태어나면 그들의 선업이 좋은 결과를 낳도록 기회를 제공한다. 인간계에서는 고통으로부터 완전히 자유롭지는 못하고, 천상계에서는 고통이 거의 없다. 선처에 태어난 존재들은 즐길 만한 감각적 대상들을 향유하며 지낸다. 이처럼 선처에 태어난, 즉 태어날 곳의 성취를 이룬 이들은 그들이 지은 과거의 불선행의 결과로부터 보호받는다.[405] 그들의 지난 악업은 나쁜 과보를 생산할 기회를 잘 얻지 못한다.

비록 인간계가 고통으로부터 자유롭지는 못해도 태어날 곳 성취를 이룬 곳이다. 인간계는 사악처와 비교한다면 훨씬 고통이 적고 행복이 크기 때문이다. 인간계는 좋지 않은 감각적 대상과 만날 기회는 적고 좋은 감각적 대상들과 대면할 기회는 크기에 선업 과보가 더 생겨나기 쉽다.

(2) 태어날 곳 불성취(Gati Vipatti)

태어날 곳 불성취는 지옥, 축생, 아귀, 아수라계와 같은 사악처

---

405 선처 중생들이 이전의 악업으로부터 완전히 보호받는다는 것이 아니다. 선처에서 생겨나는 과보는 주로 전생에 지은 선업 과보들이 많이 생겨난다는 것이다.

에 재생하는 것을 의미한다. 지옥이나 아귀 중생들은 항시 큰 고통을 받고 굶주린다. 그러므로 그들은 지속해서 악업에 따르는 나쁜 과보에 드러나 있다. 그들의 삶은 항시 나쁜 과보를 생산하는 과거 악행의 영향으로 비참하다.

지옥이나 아귀 중생들과 비교하면 덜 비참하지만, 동물들도 굶주림과 목마름으로 고통받는다. 그들은 지속해서 땡볕과 비바람에 견뎌야 하고 사냥꾼과 포식자들의 위협으로 고통받는다. 이러한 고통은 존재들이 악업이 나쁜 과보를 맺을 때 어떻게 고통을 겪어야 하는지를 잘 보여 준다.

작은 곤충들은 인간이나 차에 밟혀서 매일 죽어 간다. 비록 이들 존재가 과거에 선업을 지었더라도 악처에 재생하였기에 그 선업이 그들을 구하지 못한다. 악처에서는 지난날 악행이 결과를 맺기에 더 쉽기 때문이다.[406] 이것을 태어날 곳의 불성취라고 한다.

---

406 축생 가운데 집에서 기르는 애완견 등의 삶은 거의 인간의 삶에 비견된다. 이러한 애완견 등은 재생연결은 좋지 않지만 뿌리 없는 유익한 과보의 마음들(kusalavipāka ahetuka cittāni)이 많이 생겨난다고 보아야 한다. 하지만 대부분 축생의 삶은 괴롭고 비참하다.

2. 외모 성취(Upadhi Sampatti)와 외모 불성취(Upadhi Vipatti)

[1] 외모 성취(Upadhi Sampatti)

인간처럼 태어날 곳의 성취를 이룬 존재들은 용모가 뛰어난 외모 성취를 가지는 것은 중요하다. 만약 어떤 이가 외모 성취를 가졌다면 그가 궁핍하거나 낮은 계층에 속하더라도 다른 이의 도움을 받고 인생에서 성공할 기회를 가진다. 과거 선업은 그 결과를 낳을 기회를 얻게 될 것이다.

용모가 수려한 것도 하나의 자산이다. 앞서 보았듯이 가난한 소녀였던 사마데위가 왕의 총애를 받아 근접 시중을 들게 된 것도 그녀의 외모 성취 때문이었다. 심슨 부인(Mrs. Simpson)이 에드워드 왕 8세(King Edward Ⅷ)의 마음을 얻게 된 것도 바로 그녀의 외모 성취 때문이었다.

인간뿐만 아니라 태어날 곳 불성취를 얻은 동물과 같은 존재도 외형이 뛰어나면 보호, 좋은 음식, 의지처를 얻을 수 있다. 잘생긴 새, 사랑스러운 개, 멋진 물고기 등은 부자들의 집에서 애완동물로 키워진다.[407] 그러므로 좋은 용모와 외형을 갖춘 외모 성취는 중요하고 이익도 크다.

---

407 부잣집의 애완견도 역시 축생의 몸이기에 악처에 재생한 것이고 태어난 곳 불성취에 속한다. 하지만 외모가 좋다면 외모 성취는 이룬 것이다.

[2] 외모 불성취(Upadhi Vipatti)

못생기고 기형인 동물 등은 태어날 곳과 외모 모두 불성취를 얻은 것이다.[408] 그들의 지난날 선행은 이러한 조건에서는 결실을 맺지 못한다. 인간은 태어날 곳의 성취를 얻었지만, 그가 만약 추하고 기형이라면 자신의 선업 과보를 받기 어렵다.[409] 심지어 유망한 고위층 사람이라도 그들의 용모가 아름답지 못하면 다른 이의 추앙을 얻지 못한다.

예를 들어 아름다운 공주였던 빠바와띠(Pabhāvatī)는 용모가 추한 왕 꾸사(Kusa)와 만나 얘기하는 것을 거부하였다. 외모 불성취는 악업이 나쁜 과보를 생산하도록 돕는다.[410] 왕이었지만 용모가 볼품없었던 꾸사 왕은 아름다운 공주의 사랑과 연민심을 얻으려고 요리사, 도공, 직조공처럼 일해야 했다. 남녀 가운데 한 사람의 외모가 못생기면 한쪽은 배우자가 아니라 하인처럼 보일 것이다. 이러한 것들이 외모 불성취의 장애이다.

---

408 일단 동물로 태어나면 악처에 재생한 것이어서 태어날 곳 불성취에 속한다. 동물로서 태어나 모양이 볼품없다면 외모 불성취까지 얻은 것이 된다.

409 인간계는 선처에 속한다. 인간으로 태어나면 태어날 곳의 성취를 얻은 것이다. 하지만 외모가 안 좋으면 외모 불성취에 속하고 이때 선업 과보보다 불선업 과보가 많이 생겨날 수 있다.

410 외모 불성취를 얻은 이는 자신이 지은 악업이 조건이 되어 결과를 낳기가 쉽다. 이때 자신이 지은 선업은 조건이 되기 어려워, 선업 과보는 생겨나지 않고 불선업 과보가 많이 생겨난다.

3. 시기 성취(Kāla Sampatti)와 시기 불성취(Kāla Vipatti)

[1] 시기 성취(Kāla Sampatti)

고귀하고 현명한 이가 통치하는 시기에 태어남을 시기 성취(kāla sampatti)라 한다. 국민의 복지와 번영 그리고 보건과 교육을 챙기는 현명한 통치자가 있다면 선업 과보가 결과를 맺기에 좋은 때이다.[411] 이렇게 된다면 사람들은 자신의 행복한 삶을 누릴 수 있다. 그들은 걱정과 근심 없이 평안한 삶을 살아간다. 그러한 시대가 시기 성취이다. 이러한 시대에는 과거 불선행으로 인한 굶주림과 결핍이 과보를 맺기 어렵다. 모든 형태의 불선업이 시기 성취의 시대에는 결과를 낳기 어렵다.

[2] 시기 불성취(Kāla Vipatti)

무능하고 사악한 지도자가 다스리는 시대를 시기 불성취라고 한다. 전쟁이 발발하거나 온 나라가 혼란에 휩싸인 시대도 시기 불성취라고 한다. 이러한 시기는 불선업이 결과를 낳기에 좋은 때이다. 이러한 시기에는 사람들이 가난과 굶주림으로 고통받는다. 시기 불성취의 시대에는 선업을 많이 지은 이도 자신들의 선업 과보를 누리기가 힘들다. 사람들은 재앙 속에서 지내고 병든 이들도

---

411 우리가 선업을 많이 지었다고 하더라도 그것이 결과를 낳을 조건을 갖추어야 한다. 적정한 조건이 갖추어지지 않으면 선업을 많이 지었더라도 당장 결과를 낳기 어렵다.

제대로 치료를 받지 못하고 죽을 수밖에 없다. 이러한 것들이 시기 불성취가 가져오는 해악이다.

4. 수단 성취(Payoga Sampatti)와 수단 불성취(Payoga Vipatti)

[1] 수단 성취(Payoga Sampatti)

수단 성취라는 것은 사띠, 정진, 지혜가 함께 결합하여 생겨나는 결과이다. 여기서 지혜라고 한 것은 정사유와 같은 해악 없는 지혜를 의미한다. 알아차림, 노력, 깨어 있음, 통찰, 지혜, 앎, 새김과 같은 것들이 수단 성취에 포함된다. 천신과 범천의 세상에서는 수단 성취가 그렇게 중요하지 않다. 하지만 인간계에서는 가장 중요한 것이 된다.

인간계에서는 불선업이 즉시 결과를 낳을 만큼 강력하지는 않다. 지난날의 행위로 과보가 생겨나기 위해서는 수단 성취를 갖추었는가 혹은 갖추지 못하였는가에 따라 다르다. 또한 수단 성취의 정도에 따라서 그 과보도 달라진다.[412]

여기서 말하고자 하는 바는 사람들의 번영과 행복에 있어서 지

---

412 수단 성취 즉 어떤 이가 사띠, 정진, 지혜 등을 항시 지니면 지난날 악업의 과보는 발생하기 어렵고 선업은 그 결과를 낳기가 쉽다. 이러한 수단 성취가 강력하다면 선업 과보가 열매를 맺기가 쉬워진다.

난날의 선업에만 의존하여서는 안 된다는 것이다. 번영과 행복을 원한다면 바로 이 생에서 노력이 함께 따라야 한다. 이러한 수단 성취는 과거 선업이 바른 방향으로 나아가도록 하는 길잡이가 된다.

물론 과거의 선행으로 현재에 복권에 당첨되거나 보물을 캐거나 하는 등의 좋은 과보가 생기기도 한다. 하지만 이런 경우는 그리 흔치 않다. 장사나 거래의 번창은 과거 선업 과보가 사분의 일 정도 작용하고, 나머지 사분의 삼은 이번 생의 수단 성취 덕분이다.[413]

수단 성취는 불선업을 막을 수 있다

불선업은 두 가지 등급으로 나누어 볼 수 있다.

(1) 강력하거나 중한 업
(2) 미약하거나 경한 업

수단 성취는 첫 번째 강력하거나 중한 업의 과보를 막을 수는 없다. 하지만 어느 정도는 해악을 중화시킬 수 있다. 예를 들어 아

---

413 일의 성공을 위해서는 자신의 선업도 중요하지만, 수단 성취를 갖추는 것이 더 중요하다. 수단 성취에는 여러 가지가 있다. 지혜롭게 사유하고 노력을 아끼지 않는 것 등이 모두 수단 성취에 속한다.

자따삿뚜(Ajātasattu) 왕[414]은 자신의 아버지를 살해하였다. 부친 살해라는 이 중업(重業)[415]으로 인해 그는 아비(Avīci) 지옥[416]에 떨어져 고통을 받아야만 했다. 그가 지은 죄가 너무나 크기에 그가 아무리 노력하여 수단 성취를 이루어도 그의 악업 과보를 막을 수는 없었다.

하지만 그의 참회와 부처님에 대한 헌신은 그를 상대적으로 덜 참혹한 웃사다(Ussada) 지옥[417]에 태어나게 하였다. 최악의 중업(garu akusala kamma)이라도 강력한 수단 성취가 완화시킬 수 있다. 그러므로 만약 당신의 악행이 아자따삿뚜의 악업처럼 무겁지 않다면 당신은 그 악업 과보가 생겨나지 않게 하거나 약화시킬 수 있다.

만약 당신이 스승에게 무례를 범하거나, 부모님과 연장자 분들께 불경하거나, 공덕이 많은 이들을 비방하는 등의 악행을 지었다면 알아차림과 진정한 참회로 악업 과보가 생겨남을 막을 수 있

---

414 부처님 당시 아자따삿뚜 왕은 자신의 아버지 빔비사라 왕을 살해하고 왕위에 오른다. 후에 그는 크게 참회하고 부처님께 귀의하고 삼보의 든든한 후원자가 된다.

415 대표적인 중업(重業)이 오무간업이다. 다섯 가지 무간업을 지으면 무간 지옥에 떨어진다고 한다. 그 다섯 가지 무간업은 ① 아버지를 살해하는 것 ② 어머니를 살해하는 것 ③ 아라한을 살해하는 것 ④ 부처님 몸에 피를 내는 것 ⑤ 승가를 분열하게 하는 것이다. 대림·각묵 스님(2018), 제1권, 500. 오무간업 가운데 네 번째는 '부처님 몸에 피가 고이도록 하는 것'이라고 한다. 즉 부처님 몸에 피멍이 들게 하는 것을 말한다. 비구 일창 담마간다(2021), 144.

416 아비 지옥은 무간(無間) 지옥이라고도 한다. 극심한 고통이 단 한순간도 끊이지 않고 지속되기에 무간지옥이라고 한다. 강종미(2009), 제2권, 114.

417 웃사다(ussada)는 '많다'는 뜻이다. 무간지옥 근처의 상대적으로 고통이 적은 소지옥을 말한다. 강종미(2009), 제2권, 114.

다. 나쁜 과보를 받지 않기 위해서 악행을 저지른 분들을 찾아뵙고 직접 예를 표하고 용서를 구해야 한다. 그분들이 돌아가셨다면 묘지를 찾아서 절을 올리고 용서를 구해야 한다. 이러한 수단 성취를 갖추면 당신이 받아야만 할 나쁜 과보를 면할 수 있다.

이처럼 작거나 미약한 악업은 지금 이곳에서 행한 더 큰 선업으로 저지할 수 있다. 출가자의 경우 계율을 어겼더라도 그것이 미약한 것이라면 부처님이 율장에서 설해 놓으신 대로 참회하면 청정하게 된다. 심지어 조금 중대할 수 있는 악업의 과보도 수단 성취에 의해 그 발생을 막을 수 있다.

수단 성취는 번영을 가져온다

삼보에 대한 믿음을 지니지 않은 이들도 과거생에 선행을 많이 지었다면 공덕을 쌓았다 할 수 있다. 그들의 견문, 인내, 부지런함 등은 칭찬받을 일이다. 그들은 개인적 행복을 추구하면서 국가를 수호하기 위해 과학과 기술 분야에서 큰 노력을 기울인다. 이러한 노력이 경제 번영과 사회 발전을 가져온다는 것에 대해서는 누구도 부인하지 못할 것이다. 비록 몇몇 불자들 중에는 그들의 노력이 불선행이라고 비난하는 이도 있기는 하다.

부와 번영을 위해 우리나라를 찾은 외국인들을 보면 그들은 빈틈없고, 열심히 일하고, 기술도 좋고, 지적이고 영리하다는 것을 알 수 있다. 그들의 일 처리 능력은 우리보다 한 수 위다. 선견지명을 지니고 그들 회사의 적절한 장소를 선택한다. 왜냐하면 그들은

우리보다 폭넓은 지식과 경험이 있기 때문이다.[418]

뛰어난 수단 성취를 갖추었기에 그들의 지난 선업은 그 결과를 맺기에 좋은 기회를 얻고 그들은 급속히 부를 성취한다. 만약 우리 불교를 신봉하는 미얀마 국민이 정진과 노력의 길을 따른다면 우리도 그들처럼 번영과 진보를 이룰 것이다.[419] 우리 모두 우리나라의 발전을 위해서 수단 성취와 함께 지식과 경험을 추구해야 할 것이다.

수단 성취를 통한 건강

이 세상에 태어난 인간들에게는 건강을 가져오는 선업과, 질병을 가져오는 악업 모두가 동반한다. 건강을 이루기 위한 수단 성취에는 건강 수칙을 잘 따르는 것, 철저한 개인 위생, 규칙적인 운동, 충분한 수면과 휴식 그리고 적절한 치료를 들 수 있다. 이러한 수단 성취를 지닌 자는 그들의 과거 선업이 결실을 보고 육체적 웰빙도 증대시킨다.

그러므로 수단 성취야말로 선업이 결실을 보는 데 있어 가장 주요한 요인이 된다. 수단 성취로 인해 사람들은 지식을 얻고, 좋은

---

418 모든 외국인이 이처럼 뛰어나다고 할 수는 없다. 여기서 저자는 미얀마 국민이 수단 성취를 갖추라는 취지로 외국인들의 좋은 점을 드러내고 있다.

419 역자가 미얀마에 있을 때 그 나라의 국민이 좀 게으르다는 생각을 가졌었다. 여기에는 여러 가지 이유가 있을 수 있겠지만 그 나라의 정치 문제가 가장 크지 않을까 생각한다. 지금도 미얀마는 군사 쿠데타로 계속 내전이 이어지고 있어 정치적 불안이 심하다. 이런 불안정한 상황 속에서 많은 국민이 의욕을 잃은 채 살아가고 있다.

업

배우자를 얻고, 좋은 친구와 스승을 만나고, 부와 좋은 지위를 획득한다. 또한 그것은 열반으로 나아가는 바라밀의 성취에 있어서 도움을 준다. 수단 성취의 요소 가운데 첫 번째는 지혜이다. 두 번째가 사띠이고 세 번째는 노력이다.

[2] 수단 불성취(Payoga Vipatti)

해태, 혼침, 지혜 없음, 잘 잊음, 시기, 질투, 화를 잘 냄, 아만심 같은 것들은 모두 수단 불성취이다. 이것들은 성공과 번영에 걸림돌이 된다. 존재의 연속에 있어서, 과보가 확실한 중대한 악업들은 이미 결과를 맺고 있다. 비록 모든 이들이 이러한 중업을 지닌다고 할 수는 없다. 하지만 비교적 가벼운 악업은 수단 불성취가 생겨나 과보를 생성하기를 기다리며 모든 이들에게 항시 현존한다.[420]

예를 들어 좋은 가정의 아이들은 좋은 교육을 받고, 바른 생계를 지니고, 오계도 잘 준수하며 좋은 삶을 누린다. 이와 같은 유익한 행위들은 자신이 지은 과거 악업이 과보를 생산하는 것을 방해한다. 만약 그 아이들이 게으르고, 규율도 따르지 않고, 삿된 생계

---

420 무거운 악업은 수단 불성취 없이도 바로 결과를 낳고, 상대적으로 경미한 악업은 수단 불성취와 함께 그 과보를 생겨나게 한다는 말이다. 중업을 지은 이는 적지만 가벼운 악업은 대부분의 사람이 다 갖고 있다. 이러한 악업은 수단 불성취가 생겨나면 그 결과를 낳을 조건을 얻게 된다. 그러므로 항시 수단 불성취를 버리고 수단 성취를 이루어 가야 하겠다.

를 지니고, 오계도 준수하지 않는다면 그들은 수단 불성취를 계발하는 것이다. 이렇게 되면 그들이 지은 과거 불선업이 과보를 맺을 기회를 잡게 된다.

요약하면, 매우 강력한 선업·불선업은 제쳐 두고, 일반적인 업은 어떤 것이라도 그것이 좋고 나쁜 결과를 낳는 것은 수단 성취 혹은 수단 불성취에 달려 있다. 수단 성취를 갖춘 이들은 단지 선업이 우세하고 불선업은 결과를 낳을 기회를 잡지 못한다. 반대로 수단 불성취를 이룬 이는 선업은 설 자리를 잃고 단지 불선업이 우세하다. 자신의 불선업에 의해 삶이 황폐하게 된 이들은 수단 불성취가 활성화되어서 그런 것이다. 이러한 이들은 거의 모든 공동체에서 찾아볼 수 있다.[421]

성취 조건의 변화 가능성

네 가지 성취(vipatti) 조건들 가운데 어떤 것들은 교정될 수 있고 어떤 것들은 그렇지 못하다. 우리가 태어난 장소에 대해서 우리가 할 수 있는 것은 없다. 이것은 달리 말하면 태어날 곳의 성취와 관

---

421 불선업을 많이 지은 이도 이번 생에 수단 성취를 갖추면 불선업이 결과를 낳기 어렵다. 불선업을 많이 지은 이가 수단 불성취까지 갖추면 그의 삶은 실패와 고통으로 가득할 것이다.

런하여서는 수정할 수 없다는 것이다.[422] 하지만 어떤 성취 조건들은 개량되거나 수정될 수도 있다. 예를 들어 만약 당신이 가난하고 무지한 환경에 태어났다면 적절한 처소(patirūpa desa)로 옮겨 갈 수 있다.

많은 외국인이 부를 얻기 위해 우리나라로 옮겨 오는 것을 보면 알 수 있다. 같은 이유로 북쪽 지역에 거주하는 이들이 남쪽 지역으로 이주하기도 한다.[423] 학자들도 역시 좀 더 나은 교육환경을 찾아 옮기기도 한다. 하지만 이런 상황에도 당신은 다른 장소에서 성공하기 위해 지혜와 노력과 같은 기본적 자질을 갖추어야 한다. 이러한 것들이 갖추어지지 아니한다면 단지 장소를 옮기는 것은 아무런 실익이 없다.

외모 성취와 외모 불성취의 경우, 신체적 외관은 태어나면서 주어지기에 바뀌지 않는다.[424] 하지만 적절하고 깔끔한 의복은 당신의 외모를 돋보이게 한다. 깔끔하고 세련된 복장이 가져다주는 영향력은 도시인과 시골 사람들을 보면 알 수 있다.

---

422 이번 생에 악처에 재생한 이들은 그것을 벗어날 수 없다. 이번 생에 축생이 인간이 되고, 지옥 중생이 인간으로 될 수는 없다. 이렇게 하려면 이번 생을 다하고 다음 생에서 태어날 곳 성취를 이루어야 한다.

423 미얀마는 남쪽 지방에 큰 도시가 많다. 우리나라로 보면 사람들이 서울과 경기 지역으로 몰리는 현상과 비슷하다고 하겠다.

424 요즘 성형 기술의 발달로 외모 성취도 후천적 노력으로 바뀌는 경우가 있다. 이런 경우는 외모 불성취를 얻은 이가 수단 성취로 어느 정도의 외모 성취를 이룬 경우라고 볼 수 있다.

어머니들은 여러 가지 방식으로 어린아이들의 골격 구조를 튼튼히 하고, 작은 신체 결함을 교정할 수 있다. 어떤 경우에는 추한 외모나 사지의 불균형도 적절한 관심과 수단을 통해 개선될 수 있다. 아기들의 건강도 적절한 식단으로 잘 유지할 수 있다. 무지하고 부주의한 엄마들은 유아들의 건강을 해치고 신체 불균형을 가져온다. 수단 성취가 없을 때 불선업이 과보를 낳게 한다. 수단 성취는 지혜, 지식, 바른 노력, 어떤 결함을 교정할 수 있는 유익한 수단들을 포함한다.

시기 불성취의 경우에 그와 관련된 조건을 바꾸기는 어렵다. 단지 통치자만이 그러한 조건들을 바꿀 여지가 있다. 그렇지만 전 세계적 혼란의 시기를 제외하고 사람들은 유능하고 훌륭한 통치자가 있는 곳으로 옮겨 갈 수 있다. 마을이나 공동체의 지도자나 절의 주지스님과 같이 한 지역을 맡은 이는 그 지역 안에서는 그들의 힘으로 어느 정도 개선할 수 있다.[425] 위의 설명에서 여러분은 세 가지 성취 조건들 즉 태어날 곳, 외모, 시기라는 성취 조건들이 한정적으로 개선되고 교정될 수 있다는 것을 알 수 있다.

교정이 가장 쉬운 것이 수단이라는 조건이다. 만약 당신이 게으르다면 그때 스스로가 근면하게 바뀌면 된다. 또한 만약 당신이

---

425 시기 불성취는 나쁜 시기에 태어나는 것을 말한다. 예를 들어 폭군이나 무능한 지도자가 나라를 다스리는 시기에 태어나는 경우이다. 이러한 경우에도 자신의 지역 지도자가 유능하다면 어느 정도는 시기 불성취가 가져오는 나쁜 상황을 면할 수 있다.

부주의하다면 자신을 좀 더 주의 깊게 바꾸면 된다. 만약 당신이 다혈질이라면 스스로가 인내를 실천하여 자애롭고 상냥한 사람이 될 수 있다.

만약 당신이 허영심이 많다면 아만심을 제거하여 변할 수 있다. 만약 당신이 지식과 교육이 부족하다면 현명한 이에게 배워서 얼마 지나지 않아 지식과 지혜를 쌓을 수 있다. 자신을 개선하고 자신의 결점을 교정해 나가는 이는 단지 이번 생뿐만 아니라 앞으로 이어지는 수많은 생에서 이익을 얻을 것이다.

항시 업에만 의존하지 마라

이 세상에 다음과 같은 4대 종교가 있는데 불교, 힌두교, 기독교, 이슬람교이다. 불교와 힌두교는 업과 그 결과에 대해 믿는다. 기독교와 이슬람교는 창조주에 대한 믿음이 있다. 창조주에 대한 믿음과 관련하여서는 여기서 상세히 다루지 않겠다. 이 책을 읽는 독자들이라면 창조주에 대한 믿음은 잘못된 것이라고 분명히 알 것이다.[426]

과거의 업이나 행위 그리고 그것의 결과만이 존재들의 운명을 결정한다는 것 역시 사견의 하나이고 그러한 사견을 과거행 결정원인 사견(pubbekatahetu diṭṭhi)이라고 한다. 이것은 모든 존재가 경험

---

426 이 세상을 특정 존재가 창조했다고 믿는 것은 무지에서 비롯한 잘못된 믿음 혹은 사견이라고 불교에서 말한다.

하는 모든 좋거나 나쁜 결과들은 오직 과거 존재에서 행했던 좋고 나쁜 행위로부터 온다고 주장하기에 잘못된 견해이다.[427]

그러므로 과거 업만이 이번 생을 결정한다고 믿는 불자들은 과거행 결정 원인 사건에 떨어진 이들이다. 항시 네 가지 성취와 불성취를 마음에 새긴다면 여러분은 과거의 좋고 나쁜 업들의 결과가 여러분을 항시 따르고 있다는 것을 분명히 알 수 있다.[428] 악행의 결과가 드러나는 것은 불성취라는 조건이 우세할 때 성취된다. 그리고 과거 선행의 과보도 성취 조건이 무르익었을 때 발생한다. 이것이 바른 믿음이고 바른 견해이다.[429]

여러분이 과거에 나쁜 행위를 지었다 할지라도, 부지런히 수단 성취를 계발한다면 과거 불선행은 나쁜 결과를 낳지 못할 것이다. 만약 이번 생에 당신이 보시와 지계 등의 바라밀을 실천한다면 선처에 태어날 것이다. 만약 당신이 태어나는 모든 세상에서 수단 성취를 완성해 간다면 당신은 영원히 태어날 곳의 성취(gati sampatti)를 누릴 것이다.[430] 그렇게 된다면 당신의 악업은 열반을 성취하는 그

---

427 이러한 주장은 결정론과 같은 사견이 될 수 있다.

428 업과 그것의 결과 발생은 여러 조건에 의해 생겨난다.

429 과거업이 분명히 결과를 낳으려면 현재 그것에 따르는 또 다른 조건이 있어야 한다. 이러한 조건 가운데 하나가 앞서 살폈던 네 가지 성취와 불성취이다. 나쁜 과보는 과거 악행과 현재 불성취라는 조건이 만나 생겨난다. 좋은 과보는 과거 선행과 현재 성취라는 조건이 만나 생겨난다. 어느 하나가 유일 원인이 되지는 못한다.

430 태어나는 세상마다 지혜, 사띠, 정진과 같은 수단 성취를 이루어 간다면 이어지는 재생은 인간계와 천상계 같은 선처가 될 것이다.

날까지 당신에게 해를 끼칠 기회를 잃어버린다.

그러므로 당신이 볼 수도 없고 회상할 수도 없는 지난날 악업에 대해 염려하지 마라. 이번 생에서 바른 번영을 누려라. 자신을 개선하고 최상의 수단 성취를 계발한다면 당신은 윤회의 흐름 속에서 진보만이 있을 것이다.

유사 효과

선업과 불선업은 그에 상응하거나 그것에 따르는 결과를 낳는다. 생명을 해친 이는 다음 생에서 자신도 죽임을 당하거나 질병으로 고통받는다.

『라따나 곤이(Ratana Gon-yi)』를 참조하라.

보시의 유사한 효과

보시에는 관대한 것, 공양 올리는 것, 자선을 베푸는 것, 다른 이를 돕는 모든 것이 해당된다. 보시의 과보는 보시자가 다음 생에 더욱더 부유하게 되는 것이다. 하지만 보시자가 좋은 뒷부분 의도

(apara cetanā)를 가지지 못했다면, 즉 보시를 행하고 나서 아까워하거나 후회한다면 당신은 다음 생에서 부를 얻어도 행복하지 않다. 당신이 부자여도 일상을 궁핍하게 지낼 것이다.

어떤 부자의 이야기

고따마 부처님 시대 이전에 한 부자가 살았다. 어느 날 벽지불(Paccheka Buddha)이 탁발을 위해 그 부자의 집 문 앞에 이르렀다. 그 부자는 하인을 시켜서 그 벽지불에게 공양을 올리라고 시켰다. 그런 후에 그는 공양을 올린 것이 괜히 음식을 낭비한 일이라고 생각하였다. 그는 좋은 뒷부분 의도(apara cetanā)를 가지지 못했고 행복하지도 않았다.

그는 죽어서 고따마 부처님 시대에 공양을 올린 공덕으로 부자로 태어났다. 하지만 그가 공양 올릴 때 뒷부분 의도가 좋지 않았기에 그는 부유한 삶을 누린다고 전혀 느끼지 못했다. 그는 허름한 옷을 입고 거칠고 쉰 음식을 먹었다. 그는 부자였지만 거지처럼 살았다. 상속자가 없던 그가 죽게 되자 그의 재산은 왕에게 모두 몰수당하였다.

이 부자의 일화를 잘 숙고하라. 오늘날에도 자신의 부를 누리지 못하는 인색한 사람들이 있다. 그들은 좋은 옷을 입고 좋은 음식을 먹으면서도 누리는 마음을 가지지 못한다. 이렇게 아끼면서 만약 그들이 자신의 돈과 가진 것을 가난하고 필요한 이에게 베푼다면, 그 절약은 좋은 것이 된다. 단지 아끼고 인색한 것은 나쁘다.

그들은 다음 생에 그 인색으로 인한 나쁜 과보를 받게 된다. 그들의 삶은 비참한 부자로 막을 내릴 것이다.[431]

최상의 실천

부자는 그의 지위와 부에 따라 살아야 함을 명심하라. 그는 안락한 삶을 살고, 상속을 위해 일정 부분을 남기고, 또한 타인에게 많이 베풀어야 한다. 이렇게 하여야만 그가 이번 생도 유익하고 다음 생도 좋은 과보를 가져오는 값진 삶을 산다고 할 것이다.

디뻬인(Dipeyin) 사야도는 다음과 같이 훈계하였다. "음식은 먹으면 배설물이 된다. 보라, 저 많은 재산도 그 사람이 죽게 되면 그를 따르지 않고 그냥 남게 된다. 인간계라는 가치 있는 세상에 머물 때, 선업의 서원목(wishing tree)[432]을 심어라. 소득의 어느 정도는 잘 소비해라. 하지만 얼마간의 상속분을 남기고, 일정 부분 자선을 행하라. 이것이 덕을 갖춘 이의 실천이다."[433]

---

431 부자이면서도 자신의 재산을 제대로 쓰지도 못하고 궁핍하게 산다는 의미이다.

432 인간으로 살아가면서 선업을 많이 행하고 바른 서원을 세우는 것이 인간 세상에 선업의 서원목을 심는 것이다.

433 부자는 자신의 재산을 자신을 위해서 써도 된다. 하지만 오직 자신만을 위해서 쓴다면 좋지 않다. 부자는 자신도 어느 정도 풍족한 삶을 누리고 상속도 남기며 다른 이를 위해서도 베풀어야 한다.

지계의 유사 효과

오계나 포살을 준수하는 것이 모든 존재에게 번영을 가져온다. 지계를 실천하는 이라면 근심과 걱정 없이 평안한 삶을 살 수 있다. 지계의 좋은 결과로서 부를 얻는다고는 할 수 없지만, 마음의 평안을 얻게 되는 것은 확실하다.

보시는 미래생에 부를 가져오고
지계는 신체의 건강과 마음의 평화를 가져온다.
(Dānato bhogavā, Sīlato sukhitā.)

수행(Bhāvanā)의 유사 효과

명상 주제를 받아 수행하고자 하는 자는 숲속 한적한 곳에서 홀로 정진하여야 한다. 당신이 선정을 얻기 위하여 수행할 때, 먼저 감각적 즐거움의 허물을 분명히 알고 보아야만 선정을 얻을 것이다. 당신이 도(magga)와 과(phala)[434]를 얻기 위하여 수행한다면, 수많은 생을 거치며 정신(nāma)과 물질(rūpa)의 무더기에 대한 혐오

---

434 도와 과를 얻는다는 것은 열반을 실현한다는 것이고 달리 말하면 깨닫는다는 것이다.

와 역겨움을 계발하여야 한다.

수행하여 선정을 얻으면 당신은 여성 배우자를 갈구하지 않는 범천에 태어날 것이다.[435] 그곳에서 당신은 홀로 자애(mettā), 연민(karuṇā), 같이 기뻐함(muditā)을 닦으며 지낼 것이다. 존엄하고 평화로운 수행자처럼 큰 천상의 궁전에서 지낼 것이다.

하지만 당신이 이미 도와 과를 얻었다면,[436] 당신은 그 멋진 천상의 궁전뿐만 아니라 자신의 정신과 물질에 대한 애착심을 가지지 않는다. 도와 과를 얻은 이는 정신과 물질에 대해 즐기고 애착하는 마음을 버렸기 때문이다. 그러므로 당신이 열반에 이르면 정신과 물질과는 전혀 관련이 없는 한 요소가 남을 것이다.

보시, 지계, 수행과 같은 여러 선행은 그에 상응하는 과보를 가져온다. 모든 선업은 유익한 결과를 낳는다. 그러므로 만약 여러분이 열반을 실현하겠다는 고귀한 목표가 있다면, 먼저 악한 생각을 버려야 한다. 그리고 생을 더해 가며 할 수 있는 한 최대로 선행을 실천하며 고귀한 길을 걸어 나가야 한다.

---

435 선정을 얻어 범천에 태어난 이는 성 욕구와 같은 거친 감각적 욕망이 잠재워진다.

436 선정을 얻은 이 가운데 범부의 상태에 있는 자가 있고, 도와 과를 얻은, 즉 깨달음을 성취한 이도 있다. 깨달음을 얻은 자 가운데 아라한이 아닌 성인은 범천에 재생하기도 한다.

결론

업과 그것의 힘과 결과에 대한 설명을 마친다. 이 책을 저술하는 나의 선행으로, 모든 독자가 업과 그 결과에 대한 분명한 앎을 지니고 진실한 믿음이 생겨나기를 바란다. 나와 내가 아는 모든 이들이 다가올 미래생에 바른 믿음을 획득하고 열반의 실현을 위해 정진하기를!

제8장

죽음에 임박하여 생겨나는
마음 진행 과정

앞선 장에서 규칙적으로 진행되는 마음의 형식과 업의 특성에 관해 다루었다. 사람들은 선과 불선의 생각과 유익하거나 유익하지 않은 행동으로 채워진다.[437] 이러한 삶이 이루어지다가 죽음이 임박하면 그는 자신이 가진 부와 소유물과 사랑하는 이들을 남겨두고 영원히 떠나야 한다. 그러므로 우리는 죽음에 임박하여 생겨나는 마음과 죽음을 어떻게 맞이해야 하는지에 대해 잘 알아야 한다.

죽음의 네 가지 원인

죽음이 생겨남에는 다음의 네 가지 원인이 있다.

1. 수명이 다하는 것
2. 업의 힘이 다하는 것
3. 수명과 업의 힘, 둘 다 다하는 것
4. 단절하는 업(upacchedaka kamma)이 개입하는 불시의 죽음

죽음이 생겨나는 네 가지 원인은 등불의 불꽃이 소멸하는 것에

---

437 일상에서 주로 일어나는 마음이 욕계 아름다운 마음들과 욕계 해로운 마음들이다. 이러한 마음들은 정해진 인식 과정에 따라 생겨나서 사라진다.

죽음에 임박하여 생겨나는 마음 진행 과정

비유될 수 있다. 각각의 비유는 다음과 같다.

1. 연료가 다함
2. 심지가 다 타 버림
3. 연료와 심지, 둘 다 다함
4. 외부에서 갑작스러운 바람이 불거나 누군가 의도적으로 불을 꺼 버림

1. 수명이 다하는 것

존재계에 따라 그들의 수명은 각기 다르다. 인간 세상에는 그 당시의 업에 따라 수명이 달라진다. 만약 증겁의 시대라면 인간의 수명 역시 무한대로 증가하고 반면에 감겁의 시대에는 열 살까지 줄어든다. 우리 고따마 부처님이 이 땅에 출현하셨을 당시는 인간의 최대 평균 수명이 100세였다. 오늘날은 대략 75세이다.[438] 일반적인 업을 지닌 이들은 이 평균 수명을 초과하지 못한다. 특별히 강력한 선업을 지니고 태어난 이들은 75세 이상을 살 수도 있다. 그들의 장수는 지난 선업과 좋은 약 덕분이다.

고따마 부처님 당시에 마하깟사빠(Mahākassapa) 존자, 아난다(Ānanda) 존자, 부처님께 절을 지어 보시한 위사카(Visākhā)는 120세까지 살았고, 바꿀라 마하테라(Bākula Mahāthera) 존자는 160세까지

---

438 현재 평균 수명은 각 나라별로 다르다. 우리나라는 약 80세 정도가 된다.

살았다. 이러한 분들은 아주 특별히 고귀한 선업을 지었던 분들이다. 이와 같은 특별한 선업을 지니지 못한 이들은 75세를 넘기기 어렵다. 이런 형태의 죽음을 '일반적 수명이 다함'이라고 한다. 이것을 비유하면 아직 심지가 남아 있지만 기름이 다하여 등불이 꺼지는 경우와 같다.

2. 업의 힘이 다하여 죽음을 맞이함

한 사람의 삶을 지탱하는 업력은 그 사람의 태생부터 그 힘이 다할 때까지 이어진다. 주요한 생명 지지 업을 강화하는 또 다른 업들이 있고, 이 업이 다하면 개인은 기대 수명이 다하지 않아도 죽음을 맞이한다. 그래서 만약 어떤 이의 수명이 75세라 하더라도 업력이 50에 소멸하면 죽음을 맞이한다. 이것을 비유하면 등잔불에 기름이 남아 있더라도 심지가 타 버려 불이 꺼지는 것과 같다.

3. 앞선 두 가지 원인이 함께 생겨나 죽음을 맞이함

어떤 존재들은 수명이 다하거나 업력이 다해서 죽음을 맞이하는데 이는 마치 등잔불의 기름과 심지가 동시에 다 소멸하여 불이 꺼지는 것과 같다. 그러므로 어떤 이는 업력이 자신의 수명까지 지지한다면 75세까지 살 수 있다. 여기까지의 경우는 때에 따른 죽음(kāla maraṇa)[439]이라고 불린다.

---

439 적절한 시기가 되어 죽음을 맞는 경우이다. 뒤에 나오는 불시의 죽음과는 대별된다.

4. 불시의 죽음

단절(upacchedaka) 죽음이라는 것은 불시에 혹은 급작스러운 죽음을 말한다. 어떤 존재들은 그들의 수명과 업력이 허용되어서 자신의 수명을 잘 누릴 수 있다. 하지만 과거에 행했던 불선행이 불시에 결과를 낳으면 그로 인해 어떤 이들은 불시에 죽음을 맞이한다.

이러한 형태의 죽음을 쉽게 비유하면 등불에 심지와 연료가 충분히 남아 있어도 세찬 바람이 불거나 누군가 고의로 불을 혹 불어 버리면 그 등잔불이 꺼지게 되는 것과 같다. 그러한 죽음은 단절업(upacchedaka kamma)에 의한 죽음이라고 알려진다. 이러한 단절업의 발생은 과거의 강력한 불선업의 직접적 개입 때문에 생겨난다.

목갈라나(Moggallāna) 존자는 전생에 어머니를 살해한 적이 있었다. 이러한 중대한 악업으로 인해 존자는 반열반(parinibbāna)에 들기 전 오백 명의 강도들로부터 공격을 받는 과보를 받아야 했다. 빔비사라(Bimbisāra) 왕은 전생에 불탑에 신발을 신고 돌아다녔다. 이러한 악업으로 인해 그는 자기 아들의 발바닥에 가격을 당하여 죽음을 맞는다.

사마와띠(Sāmāvatī)와 그녀의 시종들은 전생에 벽지불이 선정에 들어 계시던 수풀에 불을 놓았다. 풀이 다 타고 난 후에야 자신들이 벽지불이 계신 곳에 불을 지른 것을 알게 되었다. 그들은 자신들의 잘못을 숨기려고 벽지불 계신 곳에 나무를 더 모아 와서는 다시 불을 지르고 떠났다. 그들은 '벽지불이 이제 다 타 버렸을 거야.'라고 생각했다. 하지만 과선정에 든 벽지불에게 어떠한 해를 끼칠 수는 없었다.

벽지불은 7일이 흐른 뒤에 과선정에서 출정하여 어떠한 해도 입지 않고 그 자리를 떠났다. 이러한 악업은 조건이 무르익어서 결과를 생기게 하였고 그들은 불시에 불에 타서 죽게 되었다. 이것들이 아주 중한 악업이 불시의 죽음을 초래하는 예들이다.

몇몇 중한 악업은 바로 과보를 가져온다. 두시(Dūsī)라는 마라는 깟사빠(Kassapa) 부처님[440] 상수제자의 머리에 돌을 던졌다. 난다(Nanda)라는 악귀는 사리뿟따(Sāriputta) 존자의 삭발을 마친 머리를 내리쳤다. 보살행을 닦던 칸띠와디(Khantivādī)라는 은둔자는 깔라부(Kalābu) 왕의 명령에 의해 죽임을 당하였다. 이와 같은 중한 악업을 지은 두시, 난다, 깔라부 왕은 그들의 악업에 의해 그 생에서 바로 땅으로 빨려 들어가는 과보를 받았다.

그들의 악업이 너무나 무겁고 극악하여서 바로 과보가 생겨난 것이다. 이처럼 부모님, 연장자, 공덕이 뛰어난 분들을 모욕하고 욕보이면 그 악업의 과보로 고통을 받게 된다. 이러한 악업으로 그들은 자신들의 수명을 다 마치지 못하고 불시의 죽음(akāla maraṇa)을 맞게 된다.

---

440 깟사빠 부처님은 과거 칠불 가운데 한 분이시다.

급작스러운 죽음의 예

모든 존재의 정신과 물질의 연속에는 과거의 악업이 따른다. 이들 악업의 힘 그 자체는 존재를 죽음에 이를 만큼 결과를 만들지 못한다. 하지만 이들 악행을 지은 이들은 자신을 어떻게 돌보아야 하는지에 관한 앎과 지혜가 없어서 자신들의 건강과 삶에 방일하다. 이때 이들 업력이 그 사람에게 위험이 생겨나거나 죽음에 이르게 하는 기회를 잡게 된다.[441] 만약 악인이 전에 다른 이를 굶기거나 고문하고, 때리고, 태우고, 물에 빠트리고, 괴롭혔다면 자신도 그러한 경우를 맞이하게 된다.

다른 사람을 지독하게 괴롭혔던 사람들은 천식, 나병, 중증 장애 등 만성 질환으로 고통받고, 비참하고 불행한 삶을 살다가 병으로 죽게 된다. 자신의 삶에서 방일함이 과거 악업의 과보를 불러온다.[442]

이전의 현명한 이들은 다음과 같은 말들을 남겼다. "삶은 지혜와 통찰력으로 보호된다. 재앙은 한순간에 야기된다. 자신의 인생이 위험에 처하는 것은 한 조각의 불량 음식에 의해서다. 어리석음이 호랑이가 다니는 길로 인도하여 행운도 막아설 수 없는 위험을 자초한다. 자신을 구하지도 못하는 업을 믿고 불길에 뛰어들지 마

---

441 악업의 과보도 현재 조건이 성숙되어야 생겨난다. 과거의 악업과 현재의 방일함이 좋지 않은 결과를 만든다.

442 반대로 악업이 있어도 앞서 배운 수단 성취를 이룬다면 악업이 결과를 낳기 어렵다.

라."

옛 현자의 말씀이 의미하는 바는 무엇인가? 모든 이들은 축적된 지난 업력이 있다. 그 업력이 강하지 않다면 그것 자체로 과보를 생성할 수 없다. 만약 어떤 이가 자신의 삶에 조심하고, 사띠를 지니고, 주의를 기울인다면 악업은 나쁜 결과를 만들기 어렵다.

단절업은 방일하고 부주의한 이들에게 발생한다. 그러므로 후대의 자손들을 향한 현자의 훈계와 진지한 조언은 다름 아니라 죽음은 코앞에 서 있고, 자신을 잘 돌보지 않는 부주의하고 방일한 이들을 집어삼킨다는 것이다.

네 가지 죽음의 원인에 대한 설명을 마치며 다시 강조하면, 요즘 대부분의 사람들이 부주의하게 살아가기에 불시의 죽음이 빈번히 발생한다. 삶에서 방일함은 급작스러운 죽음의 주원인이다.[443] 자신의 수명을 온전히 다 살고자 하는 이는 사띠와 지혜로 자신의 삶을 잘 보호해야 한다.

최후 순간의 중요성

사람이 죽음에 인접하게 됨은 앞서 말한 네 가지 원인 가운데

---

[443] 단절업에 의한 예기치 못한 갑작스러운 죽음도 원인이 있다는 것이다. 사띠를 지니지 않는 이에게 이러한 불시의 죽음이 기회를 얻게 된다.

하나 때문이다. 죽음이 임박하여서 한 삼십 분 정도 유익한 마음 차례를 가지는 것이 중요하다. 만약 이러한 유익한 생각들이 마지막 숨까지 이어진다면 그 존재는 좋은 세상에 재생하게 될 것이다.[444]

만약 어떤 이가 죽음 직전에 불선한 마음 속행을 지니면 그는 분명히 악처에 재생하게 된다. 경주마에게 마지막 바퀴가 중요하듯이 좋은 재생을 바라는 이에게 죽음 직전 순간이 중요하다. 임종을 맞이하는 이가 선 혹은 불선 마음을 가지는 것은 그의 마음이 직면하는 여러 대상에 의존한다.

세 가지 대상들

죽음 직전에 다음과 같은 세 가지 대상들을 직면한다.

1. 업(Kamma)

2. 업 표상(Kamma Nimitta)

3. 태어날 곳의 표상(Gati Nimitta)

---

444 한 존재가 좋은 재생을 얻기 위해서 임종에 이르러 그가 좋은 마음을 지니게 하는 것이 중요하다. 초기불교에서는 한 존재의 죽음 이후에 특별한 천도의 효력은 인정되지 아니한다. 좋은 천도는 임종 이전에 그가 행한 선행을 상기시켜 주거나, 경을 독송해 주거나 삼보에 대한 신심을 일으키게 하는 것이다.

여기서 업이라는 것은 이전에 행했던 선 혹은 불선한 행위나 행위 당시의 의도(cetanā)를 의미한다. 업 표상이라는 것은 선 혹은 불선 행위를 할 때 사용되었던 기구나 도구를 의미한다. 태어날 곳의 표상은 죽어서 재생하게 될 세상이나 거주처와 관련된 영상을 의미한다.

1. 업이 대상으로 드러나는 경우

과거의 업이나 행위들은 그것이 바로 직전이거나, 삼십 분이나 한 시간 전이거나, 몇 생 이전이거나, 몇 겁 이전 것이라도 재생연결에 결과를 주려 할 때는 임종에 다다른 이의 마음에 현재 일어나듯 생겨난다.[445] 이전의 업이 그 대상으로 생겨남과 관련하여서, 그 업이 보시나 지계와 같은 것이라면 그것이 꿈을 꾸듯 하거나 바로 지금 여기에서 행하는 것처럼 생겨난다. 그러므로 선업이 드러남에는 두 가지 종류가 있다.[446]

불선행과 관련하여서는 만약 다른 사람을 살해하는 업이라면, 살해 당시를 기억하는 것처럼 드러나거나 살해를 하고 있는 것처럼 나타난다. 그러므로 불선업도 마찬가지로 두 가지 형태로 나타

---

445 자신이 지은 업은 가령 몇천 년 이전의 것이라도 그것이 조건이 되면 죽어 가는 이에게 업 표상으로 드러난다. 이때 업 표상은 과거가 아니라 현재 직접 그 업을 행하듯 드러난다. 몇만 년 이전의 행위도 재생연결 과보를 주려 할 때 바로 그때 영향을 미친다. 즉 몇만 년 전의 일을 회상하듯 생겨나지 않고 현재 시점으로 생겨난다는 것이다.
446 그 업을 회상하는 형태로 드러나거나, 자신이 직접 그 행위를 하는 듯 드러난다.

난다. 선업이건 불선업이건 그것이 죽음 직전 대상으로 드러나는 방식은 같다.

2. 업 표상이 대상으로 드러나는 경우

다른 사람을 죽였던 자라면 죽음에 직면하여 그가 살인에 사용하였던 무기 즉 칼, 단검, 올가미, 몽둥이 등이 대상으로 드러날 수 있다. 도살자는 거대한 소뼈 무더기가 표상으로 드러나기도 한다. 다른 불선행을 한 이들 즉 절도나 간음 등을 행한 이들은 자신의 불선행에 상응하는 영상을 본다.

절이나 탑을 건립하는 등의 선행을 지은 이들은 죽음 직전에 절이나 탑을 표상으로 볼 것이다. 혹은 그들은 자신들의 절이나 탑 불사에 동참한 선행과 관련하여 보시하였던 가사, 발우, 꽃, 등불, 향 등을 볼 수 있다.[447] 지계나 수행을 많이 한 이들은 염주, 정갈한 옷, 수행처, 숲속 수행처 등이 표상으로 드러난다. 독실한 불교 신자라면 자신의 신행 생활과 관련한 표상이 드러난다.[448]

---

447 미얀마에서는 불사에 동참하기 위해 직접 헌금을 하기도 하지만 가사와 같은 스님들의 필수품을 많이 공양 올린다. 우리나라는 주로 돈을 직접 보시한다. 이때 이 선업이 죽음 직전 업의 표상으로 나타나면 당연히 자신이 보시한 돈이나 귀중품 등이 표상으로 나타날 수 있다.

448 불자라면 법회에 참여하여 예배드린 불보살님의 형상이나 초나 향 같은 표상이 나타날 수 있다.

3. 태어날 곳의 표상이 드러나는 경우

죽음에 직면하여 그 자신이 태어날 세상과 관련하여 전조 영상이 드러난다. 만약 천상계에 재생할 이라면 천상의 요정, 궁전, 정원 등을 본다. 만약 인간으로 재생할 이라면 다음 생의 어머니 자궁이 붉은색 벽처럼 드러난다. 만약 지옥에 떨어질 이라면 검은 개, 지옥 불이나 지옥의 옥졸들을 보게 된다. 아귀계에 태어날 이라면 자신들이 거주하게 될 큰 숲, 산, 강물, 바닷가 등이 표상으로 드러난다.

죽음에 임박한 자의 얼굴 표정

죽음에 이른 자의 표정은 그 사람의 다음 생을 나타낸다. 만약 그의 얼굴이 맑고 밝다면 그는 분명히 선처에 태어날 것이다. 하지만 표정이 우울하고 슬퍼 보이고 경직되었다면 그의 다음 생은 악처로 이어질 것이다.

> 어떤 이들은 과거 자신이 감각적 욕망을 즐길 때 황홀경에 빠져 웃음을 짓기도 한다.[449] 이러한 웃음은 좋은 재생을 가져오는 표정이 아니다.

---

449 도박, 음주, 음행 등 여러 감각적 욕망을 즐기던 때를 떠올려 기억하는 이들은 그 쾌락을 떠올려 웃음 짓기도 한다. 이것은 불선행의 기쁨으로 좋은 재생을 가져오지 못한다.

중얼거림에 의한 표지

죽음에 직면한 이들은 자신도 모르게 알 수도 없는 말을 중얼대거나 속삭인다. 아라한 소나(Sona) 장로의 아버지는 젊은 시절에 사냥꾼이었는데 나이가 들어 출가하여 스님이 되었다. 그에게 죽음의 시간이 다가왔을 때 그는 검은 개가 자신을 쫓아오는 것이 죽음의 표상으로 떠올랐다. 그는 계속해서 다음과 같이 소리쳤다. "오, 나의 아들아! 저 개들을 쫓아 버려라."

아라한이었던 소나 장로는 이 말을 듣고 자신의 아버지에게 나쁜 표상이 드러나서 지옥에 재생할 것이라고 알았다. 그는 서둘러 꽃을 가져와 불탑에 올렸다. 그리고 죽어 가는 아버지의 침상을 불탑으로 향하게 하고 말하였다. "오, 노승이여! 기뻐하소서. 내가 당신을 대신하여 불탑에 꽃을 올렸습니다." 죽어 가던 아버지는 잠시 정신을 차리고 부처님을 떠올리며 꽃을 올리고는 다시 정신을 잃었다.

다시 죽음이 다다르자 그에게 표상으로 천상의 선녀가 보였다. 그러자 그는 "오, 아들아! 저들에게 앉을 자리를 마련해 주어라. 너의 새어머니 되실 분들이 오시고 있다."라고 중얼거렸다. 그러자 소나 장로는 '오, 이제 천상계의 표상이 드러났구나.'라고 생각하였다. 그리고 나서 노승은 죽어 천상계에 태어났다.[450]

---

450 소나 장로는 아라한이셨고, 그의 아버지는 출가하였으나 아직 깨달음을 얻지 못한 범부였다. 아버지가 죽음이 임박하여 자신이 지었던 불선업의 표상이 드러난 것을 안

태어날 곳 표상의 다른 경우

죽음에 다다른 어떤 이들은 자신들이 다음에 태어날 곳의 실제적 장면들을 보기도 한다. 고따마 부처님 당시에, 갑부였던 난디야(Nandiya)의 아내 레와띠(Revati)는 아주 오만하고 성질도 나빴다. 그녀는 부처님에 대한 믿음도 없었고 부처님의 제자들을 보면 욕설을 내뱉었다.

하지만 그녀의 남편은 독실한 불교 신자였다. 그녀의 남편은 죽어서 천신이 되었다. 아내인 레와띠가 죽음에 다다랐을 때 지옥옥졸 두 명이 그녀를 끌고 남편인 난디야가 거주하는 천상계로 데려가 그곳의 즐거움을 보여 주었다. 그리고 다시 그녀를 자신의 악행에 대한 과보를 받을 지옥으로 끌고 내려갔다.

부처님 당시에 독실한 재가 신자였던 담미까(Dhammika)는 삼보에 대한 신심이 대단하였다. 그는 여러 재가 신자들과 함께 도덕적 삶을 살았다. 그는 죽음이 다가오는 순간에도 스님들을 초청해 법문을 들었다. 죽음에 다다른 그에게 여섯 대의 천상 마차가 그를 천상계로 데려가기 위해 기다리고 있는 것이 표상으로 나타났다. 그는 여섯 대의 마차에 탄 천신들이 서로 자신의 마차에 그를 태우려고 경쟁하는 것을 보고 들었다. 그는 죽음을 맞이하고 뚜시

소나 장로가 아버지를 대신해 부처님께 꽃 공양을 올리는 선업을 행하였다. 이 선업이 조건이 되어 그 아버지였던 늙은 스님은 천상계에 태어난다. 죽음 직전의 마음이 얼마나 중요한가가 잘 나타나고 있다.

따(Tusitā)[451] 마차에 태워져서 그곳에 태어났다.

이처럼 선업을 지은 이들과는 달리 중대한 악업을 지은 자들은 그들의 악업 때문에 바로 땅으로 빨려 들어가서는 아비 지옥의 뜨거운 불길의 고통을 바로 받았다. 이처럼 태어날 곳의 표상은 다양하다. 지금 시대에도 임종을 맞이하는 사람들의 경우 음악을 듣거나 향기를 맡는 경우가 있고 심지어 그 옆에서 임종을 지켜보는 이 가운데 그러한 체험을 하는 이도 있다. 이와 같은 업, 업의 표상 그리고 태어날 곳의 표상은 일반적으로 자신이 지은 업 가운데 결과를 낳을 기회를 가진 하나의 업력에 의해 나타나게 된다.[452]

좋은 표상이 드러나도록 돕는 것

보통 사람이 건강이 안 좋아져서 천천히 자연스러운 죽음을 맞이할 때, 주위의 스승, 친구, 친지들은 그 사람에게 좋은 표상이 드러나도록 도울 수 있다.[453] 임종을 맞이하는 이가 회복 가능성이

---

451 뚜시따 천상은 도솔천(兜率天)을 말한다. Tusitā는 '만족'을 나타내는 단어이다. 도솔천은 그만큼 기쁨이 넘쳐 나는 곳이다. 모든 부처님이 인간 세상에 오시기 전에 머무시는 곳이고 지금은 미륵보살이 거주하는 곳이다. 대림 · 각묵 스님(2018), 제1권, 473 참조.

452 자신이 지은 여러 업 가운데 다음 재생에 영향을 줄 하나의 업이 조건을 갖추면 임종에 다다른 이에게 표상이 드러나서 과보를 맺는다. 과보가 생겨나는 형태는 자신이 지은 업, 업의 표상과 태어날 곳의 표상 가운데 하나가 표상으로 드러나서 재생을 결정한다.

453 앞에서 본 단절업의 작용에 의한 불시의 죽음에는 주변인들이 도울 길이 없다. 보통의 임종에는 임종 전에 주변인들이 도움을 줄 수 있다.

없을 때, 주위 사람들은 그 사람의 방과 주변을 깨끗이 하고 부처님을 떠올리며 꽃을 올린다. 밤에 그 전체 방을 환하게 하여야 한다. 그리고 죽음에 다다른 이에게 꽃과 초를 당신의 이름으로 부처님께 공양 올렸다고 전하고 큰 선업을 지었으니 기뻐하라고 말해 준다. 또한 그 사람의 정신이 온전하다면 보호경(Paritta)[454]을 독송해도 좋다.

죽어 가는 환자를 낙담케 하거나 주위 사람들이 슬피 울어서는 안 된다. 경전을 독송하고 삼보 전에 환자를 대신해 공양 올리는 것을 꼭 죽음이 임박하여 실행하라는 것은 아니다. 환자가 죽기 며칠 전이라도 미리 실천하는 것이 좋다. 그렇게 하면 죽어 가는 환자가 상당히 오랫동안 부처님의 경전 독송을 듣고 향기로운 꽃 냄새도 맡으며 부처님과 법에 대한 선행의 마음으로 채워질 것이다.

죽음의 순간이 점점 다가올 때, 그 사람이 빛과 꽃을 보고, 향내음을 맡고, 경전 가르침을 듣는다면 그 죽음 인식 과정은 이들 대상이 사라지기 전에 일어날 것이다.[455] 죽음 직전에 이러한 선행에 대한 유익한 생각들로 인해서 그는 선처에 태어날 것이다. 그러

---

454 보호경(paritta)은 그 경을 독송하거나 듣는 이에게 위험과 재난 등으로부터 보호해 주는 경이다. 11개의 보호경이 『대 보호경(The Great Paritta)』으로 알려져 많이 독송된다. U Silananda Sayadaw(2000), 1-2.

455 죽음 인식 과정에서 표상이 드러난다고 했다. 죽음 직전에 좋은 대상들을 떠올리고 있으면 이것이 바로 죽음의 표상으로 이어질 가능성이 크다.

므로 죽어 가는 이가 정신을 한 대상으로 모을 수 있다면 그를 위해 주변의 스승, 친구, 친지들은 좋은 대상이 드러나도록 도와야 한다.[456] 앞에서 설명한 소나 존자가 죽어 가는 아버지를 위해 나쁜 표상을 버리고 좋은 표상이 드러나도록 도운 일화를 새기길 바란다.

어떻게 재생연결식이 일어나는가

한 생에서 죽음의 마음이 일어나고 나면 연이어 재생연결식이 새로운 생에서 이어진다. 죽음의 마음과 재생연결식은 상호 관련되어 있다. 두 마음 사이에는 어떠한 간극도 없다.[457] 새로운 생의 재생은 즉각적으로 일어난다. 만약 인간계에서 사람이 죽으면 즉시 다른 세상에 재생하게 된다. 그 세상이 지옥이든 천상이든 마찬가지이다.[458] 죽음 이후에 바로 재생연결식은 생겨나고 새로운

---

456 임종에 다다른 이가 아직 정신이 온전하다면 경전을 독송해 주고, 그를 대신해 삼보전에 공양도 올리어서 임종자의 마음이 선한 마음들로 이어질 수 있게 도와야 한다.

457 생의 마지막인 죽음의 마음이 일어났다 멸하면 바로 새로운 생의 첫 마음인 재생연결식이 생겨난다. 두 마음 사이에 어떠한 간극도 없다. 이러한 재생을 무간재생(無間再生)이라 할 수 있다. 임인영(2021), 140.

458 인간계에서 죽어 지옥에 재생하면 바로 어떠한 틈이 없이 지옥에 태어난다. 천상에 태어남도 마찬가지이다. 인간계에서 죽어 다시 인간으로 재생하는 경우는 인연이 되는 모태에 바로 착상한다.

개체 혹은 존재를 형성해 간다.

두 가지 사견

죽음과 재생에 관련하여 두 가지 잘못된 믿음에 빠지지 않도록 주의하여야 한다. 두 가지는 다음과 같다.

1. 상견(常見), 영혼 불멸 사견(Sassata Diṭṭhi)
2. 단견(斷見), 단멸 사견(Uccheda Diṭṭhi)

영혼이 있어서 몸 안에 거주하였다가 죽으면 새로운 몸으로 영혼이 옮겨 간다는 믿음이 영혼 불멸 사견(sassata diṭṭhi)이다. (sassata= 영혼은 영원하다 + diṭṭhi=사견)

이전 생에서 정신과 물질은 새로운 생에서 전혀 연속성이 없으며, 한 존재가 죽게 되면 이전 생의 모든 것들은 완전히 소멸하고 어떤 창조자에 의해 새로운 존재가 만들어진다는 믿음을 단멸 사견(uccheda diṭṭhi)이라고 한다. (uccheda=한 생이 끝나면 그 생의 정신과 물질은 완전히 소멸되어 어떠한 연속성도 가지지 않는다. + diṭṭhi=사견)

바른 견해

새로운 세상에 재생하는 존재에게 세 가지 즉 무명(avijja), 갈애(taṇhā), 업(kamma)이 가장 중요하다. 죽음이 임박하면 무명은 다음 생에서 정신과 물질 무더기의 허물을 덮어 버린다. 그리고 나면 갈애가 존재를 갈망한다. 설령 다음 생과 관련하여 나쁘고 두려운 표상이 드러나도 갈애는 그러한 두려움에서 벗어난 좋은 삶을 얻을 수 있다고 여긴다. 그러므로 무명이 오온의 허물을 덮어 실상을 바로 보지 못하게 하고, 갈애가 새로운 생으로 기울고 움켜쥔다. 새로운 생에서는 업력에 의해 재생연결 정신과 물질이 처음에 확립된다.

그러므로 새로운 존재의 재생연결 순간에 정신과 물질은 이전 생의 무명과 갈애 그리고 업으로 인해 생겨난다. 단멸론을 주장하는 이들은 새로운 생의 존재는 이전 생과는 전혀 관련 없이 새롭게, 마치 어떤 창조자가 만들어 내듯 생겨난다고 하지만 이는 바른 견해가 아니다. 영혼 불멸을 주장하는 이들은 이전 생의 영혼이 새로운 생으로 옮겨 간다고 하지만 이 또한 옳지 않다.

이전 생의 정신과 물질이 다음 생으로 옮겨 간다는 억측은 고사하고 지금 이 생에서 생겨나는 정신과 물질도 다른 곳으로 옮겨 가지 않는다. 정신과 물질의 무더기는 생겨나서는 곧 사라진다. 소위 말하는 '불멸의 영혼'이라는 것은 기본적으로 존재하지 않는다.

그러므로 우리는 앞서 설명한 두 가지 사견에 빠지지 않도록 주의하여야 한다. 새로운 생에서 수태 즉 정신과 물질의 생겨남은 이전 생의 무명, 갈애 그리고 업의 결과라고 알아야 한다. 이것이 바른 견해이다.

산에서 소리를 치면 메아리를 듣는다. 이 메아리는 원래 소리가 아니지만 원래 소리와 전혀 관련 없이 독립적이지도 않다. 촛불을 옮기는 경우도 마찬가지로 처음 초에서 불을 붙이면 두 번째 촛불은 첫 번째 촛불 그 자체는 아니지만, 첫 번째 촛불과 완전히 독립적이지도 않다. 마찬가지로 새로운 존재는 이전 생의 존재가 옮겨온 것은 아니지만 그것과 완전히 독립적이지도 않다.[459]

만약 과거 업이 유익한 것이라면 현생도 좋다. 즉 현생의 정신과 물질은 좋은 것이 된다. 과거 업이 유익하지 않다면 현생도 좋지 않다. 금생에서 겪는 좋고 나쁜 경험들은 이전에 행하였던 행위와 이번 생에서의 자신의 지혜와 노력 때문이다.[460]

결론

우리가 일반적으로 "한 사람이 죽었다."라고 하는 것은 그 존재가 '그게 다야. 모든 것이 완전히 끝나 버렸다.'라는 의미가 아니다. 우리는 모두 죽고 나서 다시 태어나야 하기에 좋은 세상에 태어나는 것이 중요하다. 그리고 죽음 직전에 좋은 마음 상태를 유지하는 것은 결코 불가능하지 않다. 죽음에 이른 자가 가능한 한 고통이 적고, 질병이 심하지 않으며, 자신이 죽을 때 옆에서 좋은 재생

---

459 윤회 속에서 이전 생의 어떤 것이 새로운 생으로 넘어가지 않는다. 단지 이전 생의 어떤 것들이 조건이 되어 다음 생의 정신 물질이 생겨난다.

460 이번 생에 경험하는 좋고 나쁜 일들은 과거 업이 한 원인이 되고, 이번 생의 자기 노력과 지혜가 또 다른 원인이 된다.

으로 이끌 선한 친구가 있다면 가능하다.[461]

그러므로 우리는 우리의 마지막 순간을 마냥 기다리는 것이 아니라 미리 스스로 준비해야 한다. 우리는 이 윤회 속에서 열반을 실현하기 전까지 좋은 재생을 받기 위해 스스로가 도덕적인 삶을 살고, 죽음을 예비하도록 하자.

---

461 임종자가 고통이 심하면 주위의 사람이 도우려 해도 도움을 주기 어렵다. 임종자가 의식이 깨어 있으면 주위 사람이 좋은 재생이 연결되도록 도와주어야 한다.

제9장

재생연결

제8장에서 이미 언급했듯이 죽음 이후에는 자신의 업에 따라 새로운 생에서 마음, 마음부수, 물질이 생겨난다. 이처럼 새로운 생에서 첫 번째로 마음, 마음부수, 물질이 생겨나는 것을 재생연결이라 한다. 이것은 이전 생을 마치고 그것을 조건하여 연결된 생성을 의미한다.

네 가지 종류의 재생연결

마음, 마음부수, 물질이 재생연결 순간에 생겨나는 것은 업에 따른 결과이다. 다양한 업에 따라서 네 가지 재생연결이 있다.

1. 화현으로 재생연결(Opapātika Paṭisandhi)
2. 습기로 재생연결(Saṁsedaja Paṭisandhi)
3. 알로 재생연결(Aṇḍaja Paṭisandhi)
4. 태에서 재생연결(Jalābuja Paṭisandhi)

1. 화현으로 재생연결(Opapātika Paṭisandhi; 온전히 성숙된 존재로 재생)

천신, 범천, 지옥 중생, 아귀, 아수라 중생은 태아나 유아기를 거치지 않고 바로 온전히 성장한 존재로 태어난다. 이들 존재는 어머니의 모태에 들었다가 탄생하지 않는다. 재생연결의 마음, 마음부수, 물질이 일어나는 그 순간에 이들은 그들의 거주처 즉 천상 궁전, 숲, 산, 강 혹은 바다에 바로 완전히 성숙한 성인의 모습으로 나타난다.⁴⁶² 현재의 겁이 생성되는 시기에 처음 인간으로 재생하는 이들도 이처럼 화현하여 태어난다. 그들은 모태에 수정되지 않고 바로 인간의 형상을 취하여 태어난다.⁴⁶³ 이것이 화현으로 재생연결하는 경우이다.

2. 습기로 재생연결(Saṁsedaja Paṭisandhi)

어떤 존재들은 태아가 매달려 있을 장소에 재생연결을 한다. 이러한 종류의 재생연결을 하는 존재들은 매우 작은 크기에서부터 점차 성장해 간다. 유충이 부화하거나 썩은 유기물질 안에서 성장한다. 빠두마와띠(Padumavati) 왕비는 연꽃 송이 안에서, 그리고 웰루와띠(Veluvati) 왕비는 대나무 속 공간에 수정되었다. 부처님을 비방하였던 찐짜마나마위까(Ciñcamāṇavikā)는 타마린 나무속에 재생하였다. 대부분의 곤충은 습생에 속하고, 인간이 습생으로 재생하는 경우는 극히 드물다.

---

462 상좌부 불교에서는 죽음 이후 바로 재생이 이어진다. 대승불교의 중유(中有) 이론에 의하면 사람은 죽어서 최대 49일에 이르기까지 다음 태어날 곳이 결정되지 않을 수 있지만, 상좌부 불교에서는 죽음과 재생 사이에 어떠한 간극도 없이 바로 이어진다. 특히 화생의 경우는 죽고 나면 바로 화현하여 몸을 받는다. 천신이 되는 이는 바로 천신의 몸을 받고, 지옥에 가는 이는 죽어 바로 지옥에 재생한다.

463 인간계가 무너지고 다시 생겨날 때 가장 먼저 인간으로 오는 이는 화현 재생연결이다. 즉 그 사람은 모태에 들었다가 출생하는 것이 아니고, 바로 성인의 모습으로 온다는 말이다.

3. 알로 재생연결(Aṇḍaja Paṭisandhi)

새처럼 어미의 모태에 알로 수정되는 경우는 난생에 속한다. 전생담(Jātaka)과 부처님 일대기에 일부 남성이 암컷 뱀신(Naga)과 결혼을 하고 그 여성이 알로 자손을 낳는 이야기가 있다.

4. 태에서 재생연결(Jalābuja Paṭisandhi)

태생은 인간과 다른 포유류 존재들을 포함한다. 이들은 모두 어미의 자궁으로부터 태어난다. 또한 몇몇 저열한 신들 즉 지신(bhumma deva)과 목신(rukkha deva)이 태로 재생연결하는 예도 있다. 난생과 태생을 합쳐서 모태생(gabbha seyyaka, gabbha=모태에 + seyyaka= 드러누워 있는 이)이라고 한다.[464]

재생연결의 세 가지 조건

습생과 화생의 존재들은 부모 없이 태어난다. 그들은 온전히 자신의 업의 힘으로부터 태어난다. 모태생 존재들은 어머니의 모태에 수정되어서 태어난다. 그렇다면 수정은 어떻게 이루어지는가?

임신이 되기 위한 세 가지 조건은 다음과 같다.

---

464 난생과 태생 모두 다 모태에서 자란다. 난생은 알로 태어나고, 태생은 태아로 출생한다.

1. 어머니가 될 이는 최근 월경을 가졌을 것

2. 성적 교섭이 있었을 것

3. 자식으로 태어날 존재가 이전 생에서 죽음을 맞이하였을 것

임신은 대개 부모의 성적 교섭이 있고 난 뒤 7일 혹은 15일 사이에 이루어진다.

특별한 경우

부모 사이에 성적 교섭이 없었음에도 임신이 되는 특이한 예도 있다. 수완나사마(Suvaṇṇasāma) 보살이 태어나는 경우는 특별하였다. 그의 아버지가 월경을 마친 어머니의 배꼽을 어루만졌을 때 그는 입태(入胎)하였다. 짠다빳조따(Candapajjota) 왕의 모친은 월경 후에 지네가 자신의 배꼽 근처를 지나갔다. 이 순간에 그녀는 감각적 즐거움이 생겨났고 그 후 임신이 되었다.

해오라기 새는 몬순 기후가 시작되는 시점에 남쪽에서 불어오는 산들바람에 기쁨을 느끼고 임신이 되었다. 부처님 당시에 어느 비구니는 자신의 전 남편이었던 스님의 가사에 묻은 정액을 삼키고 나서 임신이 되었다. 숲속 은둔자의 정액이 담긴 소변을 마신 암사슴이 임신이 되었고, 그 사슴은 인간인 이시싱가(Isisiṅga)라는 아들을 낳았다. 이러한 경우는 아주 예외적이고 특별한 수태의 경우이다.

투명한 깔랄라(Kalala) 액체

재생연결의 마음과 마음부수가 생겨날 때 아주 미세한 물질도 함께 생겨난다. 이 물질은 '깔랄라(kalala)'라고 하며 아주 투명한 액체이다. 이 투명한 액체는 어린 처녀의 머리카락 끝에 매달린 기름 방울처럼 아주 적은 양이다. 수태의 처음에 생성되는 깔랄라 방울은 과거 자신행의 업력에 의해 형성된 것이다.[465] 이것은 부모님의 정자나 난자가 아니다. 이 깔랄라는 그것들의 도움을 받아 생겨난 또 다른 것이다.

정자와 난자의 도움

깔랄라 방울은 태아의 과거 업에서 생성된 것이지만 임신을 위해서는 부모의 정자와 난자가 필수적으로 결합하여야 한다. 비유하면 깔랄라 방울은 씨앗과 같고, 정자와 난자는 늪이나 습지와 같으며, 과거 업은 농부와 같다. 그러므로 깨끗한 난소(卵巢)에 건강한 정자와 난자가 필수적이다. 그렇지 않으면 태아는 건강하게 성장할 수 없다.

이구아나와 같은 파충류 가운데 붉은 토양에 굴을 파고 사는 것들은 붉고, 검은 토양에 땅을 파고 사는 것들은 검다. 이처럼 태

---

465 인간으로 재생하는 경우에 재생연결 시에 생겨나는 물질은 업에서 생긴 몸, 성, 토대의 세 가지 십원소가 나타난다. 즉 몸의 십원소, 남성 혹은 여성의 십원소 그리고 토대의 십원소가 생겨난다. 대림 · 각묵 스님(2018), 제2권, 86.

아는 완전히 성장하기 위해 의존하는 부모님의 정자와 난자에서 전해지는 유전자를 계승한다. 이런 이유로 부모와 자식은 닮는다. 외관뿐만 아니라 정신력과 성격 그리고 지혜도 전해질 수 있다.

이러한 유사성 혹은 닮음은 태아일 때 유전적인 승계를 하기 때문이다. (온도에서 생성된 물질 혹은 부모 마음을 기인한 온도 생성 물질이 태아에게 전승된다).[466] 또 다른 이유로는 아이들이 가족 구성원으로서 자라나면서 부모의 행동, 정신, 취향 등을 따라 하기 때문이다. 그래서 고결하고 도덕적인 집안에서 태어난 아이는 바르게 되고, 사악하고 비도덕적인 집안에서 태어난 아이는 악인이 된다. 아이들이 바르고 가치 있는 사람으로 성장하기 위해서는 부모 혈통이 고결하여야 한다. 순수하고 건강한 정자와 난자로 생성된 깔랄라는 좋은 자손을 배출할 것이다.

네 종류의 개인

1. 악처 무근 개인(Dugati Ahetuka Puggala)
2. 선처 무근 개인(Sugati Ahetuka Puggala)
3. 두 가지 뿌리를 가진 이(Dvihetuka Puggala)
4. 세 가지 뿌리를 가진 이(Tihetuka Puggala)

---

466 강종미(2009), 제2권, 423 참조.

1. 악처 무근 개인(Dugati Ahetuka Puggala)

어떤 이는 불행하고 비참한 악처(apaya)에 재생한다. 그러한 존재들은 악처 무근 존재라고 한다. 그러한 악처에 재생한 이들은 무탐(alobha), 무진(adosa), 무치(amoha)의 뿌리가 없기 때문이다.

무근 개인은 인간계와 낮은 신들 세계에서도 발견된다. 그들은 선처 무근 존재라고 한다. 이들은 선처에 태어났지만 무탐, 무진, 무치의 뿌리가 재생 시에 함께하지 않기 때문이다.

> 뿌리(hetu) : 뿌리에는 여섯 가지가 있는데 이것들은 선업과 불선업의 도덕적 조건이 된다. 탐욕(lobha), 성냄(dosa), 어리석음(moha)은 불선행에 속하고, 탐욕 없음(alobha), 성냄 없음(adosa), 어리석음 없음(amoha)은 선행에 속한다. 뿌리 없다(ahetuka)는 것은 선행의 뿌리가 없다는 것이고 두 개의 뿌리(dvi hetuka)와 세 개의 뿌리(ti hetuka)는 각각 두 개 그리고 세 개의 선행 뿌리를 가졌음을 뜻한다.

2. 선처 무근 개인(Sugati Ahetuka Puggala)

[1] 인간

인간계에도 몇몇 사람들은 뿌리 없는 재생연결식을 지닌다. 그들은 선처 재생연결식을 가졌지만 탐욕 없음, 성냄 없음, 어리석음 없음이라는 뿌리를 가지지 못한(sugati ahetuka paṭisandhi citta) 이들이다. 그들이 가진 선업은 매우 미약하기에 시각장애인, 언어장애인,

청각장애인이나 바보로 태어난다. 혹은 성이 없는 자나 양성자로
태어나기도 한다.

[2] 저열한 신

신으로 재생하는 이들 가운데 자신의 과거 선행이 미약한 이들
은 선처 무근 재생연결식을 가지고(sugati ahetuka paṭisandhi citta) 힘이
나 거주처가 없이 태어난다. 그들은 지신 혹은 목신과 같은 자신
보다 지위가 높은 신들의 거주처 근처에 빌어 지낸다. 그들은 잘
먹지도 못하고, 살아가기 위해서는 사람들이 먹다 버린 음식에 의
지해서 생존한다. 때로는 음식을 뺏기 위해 여성이나 아이들을 겁
주고 혹은 자신들을 달래려 올린 음식물을 받아먹고 살아간다. 이
들 저열한 신들은 사대왕천(Cātumahārājika) 세상에 속하지만 비천한
삶을 살아간다.

인간계에도 가난한 사람들 가운데 지혜로운 자가 있듯이, 볼
품없는 신들 가운데에도 무근(ahetuka) 중생이 아닌 두 가지 뿌리
(dvihetuka) 또는 세 가지 뿌리(tihetuka)를 지닌 존재들이 있을 수 있
다. 부처님 당시에 몇몇 비열한 천신들 가운데 도와 과를 얻은 이
들도 있다고 한다.[467]

---

467 어떠한 존재이든 도와 과를 얻으려면 세 가지 뿌리를 지녀야만 가능하다. 볼품없는
    천신으로 태어났더라도 그 상태로 도와 과를 얻었다면 그 존재는 재생연결식이 세 가
    지 뿌리를 갖춘 것이다.

3. 두 가지 뿌리를 가진 이(Dvihetuka Puggala)

앞서 보시를 설명하면서 두 가지 뿌리를 가진 수승한 선업
(dvihetuka ukkaṭṭha kusala)과 세 가지 뿌리를 가진 저열한 선업(tihetuka
omaka kusala)에 대해 상세히 다루었다. 어떤 사람들은 자신의 선행
으로 인간이나 천신으로 재생한다. 하지만 이들 공덕행을 어리석
음 없음(지혜)과 함께하지 않았기에 두 가지 뿌리를 가지게 된다. 혹
은 어리석음 없음과 함께 공덕행을 하였어도 의도가 약하거나, 의
도는 강하더라도 선행을 하고 후회하면 두 가지 뿌리가 된다. 이들
은 탐욕 없음과 성냄 없음을 재생연결식(paṭisandhi citta)으로 가지게
된다. 이렇게 되어 이들은 두 가지 뿌리를 가진 이들이 된다.

앞서 이야기한 뿌리 없는 개인과 두 가지 뿌리를 가진 이들의
재생연결식은 미약하여서 선정(jhāna)을 얻거나 도(magga)와 과(pha-
la)를 이번 생에서 성취할 수 없다. 하지만 이들이 열심히 수행하면
그 자체가 세 가지 뿌리를 가진 이로 재생할 수 있는 좋은 원인이
된다. 세 가지 뿌리를 가진 이로 재생한다면 이전에 수행을 많이
했기에 쉽게 선정과 도와 과를 성취한다. 그러므로 이번 생에서 선
정과 도와 과를 얻지 못하는 이라도 금생에 열심히 수행하여야 한
다.[468]

---

468 상좌부 불교에서는 재생연결식이 세 가지 뿌리를 가진 자라야 이번 생에서 선정이나
　　깨달음을 성취할 수가 있다. 세 가지 뿌리가 아닌 두 가지 뿌리 혹은 뿌리가 없는 자
　　라면 이번 생에서는 선정이나 깨달음을 이룰 수가 없다. 그가 깨달음을 성취하고 싶
　　다면 이번 생에서 열심히 수행 정진하거나 세 가지 뿌리를 갖춘 선행을 많이 지어서

4. 세 가지 뿌리를 가진 이(Tihetuka Puggala)

세 가지 뿌리를 가진 수승한 선업 마음(tihetuka ukkattha kusala citta) 때문에 인간계나 천상계에 재생할 수 있다. 세 가지 뿌리를 가진 이는 영리하고 지혜롭기에 그들이 노력하면 선정을 얻을 수 있다. 그들이 바라밀(pārāmi)을 성취하였다면 도(magga)와 과(phala)까지도 얻을 수 있다. 오늘날 우리는 세 가지 원인으로 재생한 많은 이들을 본다. 단지 그들이 게으르고 훈계를 따르지 않아서 성인(ariya)이 되지 못한다.

이처럼 재생연결 마음(paṭisandhi citta)이 달라서 네 가지 형태의 중생(puthujjana)이 존재한다. 그들은 악처 뿌리 없는(dugati ahetuka), 선처 뿌리 없는(sugati ahetuka), 두 가지 뿌리를 가진(dvihetuka) 그리고 세 가지 뿌리를 가진(tihetuka) 존재들이다.

여덟 종류의 성인들

1. 수다원 도에 이른 이(Sotapatti Magga Puggala)
2. 수다원 과에 이른 이(Sotapatti Phala Puggala)
3. 사다함 도에 이른 이(Sakadāgāmi Magga Puggala)

다음 생에 세 가지 뿌리를 가진 이로 재생하여 그 생에서 선정이나 깨달음을 성취할 수가 있다.

4. 사다함 과에 이른 이(Sakadāgāmi Phala Puggala)

5. 아나함 도에 이른 이(Anāgāmi Magga Puggala)

6. 아나함 과에 이른 이(Anāgāmi Phala Puggala)

7. 아라한 도에 이른 이(Arahatta Magga Puggala)

8. 아라한 과에 이른 이(Arahatta Phala Puggala)

세 가지 뿌리를 가진 이가 수행을 하여 수다원 도를 성취하면 수다원 도를 성취한 성인이 된다. 같은 방식으로 그가 수다원 과를 성취하면 그는 수다원 과 성인이 된다. 수다원 과 성인이 더 높은 단계를 성취하면 여덟 종류의 성인 가운데 세 번째부터 여덟 번째까지 올라간다.[469] 성인의 마지막 단계 여덟 번째는 아라한(arahant)이다. 벽지불(Pacceka Buddha)과 부처님(Buddha)도 특별한 지혜를 지닌 아라한이다.

업이 우리들의 진정한 부모이다

자신이 지은 행위는 자신의 재생연결식을 결정하고 자신의 운명도 결정한다.[470] 업은 여러분의 다음 생을 결정짓는다. 다음 생의

---

469 사다함 도에서 아라한 과까지를 말한다.

470 결정한다는 의미는 자신의 행위에 따라서 뿌리가 없거나 혹은 두 가지와 세 가지 뿌

시작이 되는 재생연결만 다른 게 아니라 외모, 부모의 지위, 부의 정도에도 영향을 미친다.

다음의 두 사람을 비교해 보자. 어떤 이는 선행을 할 때 근면히 지혜를 가지고 하였고, 다른 이는 지혜가 없거나 건성으로 했다고 하자. 그들이 죽어 인간 세상에 재생하게 되면 전자는 태아인 자신을 잘 보살필 어머니의 태에 든다. 후자는 태아를 어떻게 돌보아야 하는지도 잘 알지 못하는 어머니의 태에 든다. 이처럼 임신의 순간에도 이 두 태아의 사이에 다양한 차이점이 존재한다.

출생의 경우도 마찬가지로 전자는 별다른 고통 없이 편안하게 태어날 것이고, 후자는 출산에 많은 고통과 어려움이 따른다. 출생 이후에 두 아이의 차이점은 더 극명하다. 이러한 불균형과 차이점은 성장하면서 더 커진다. 부유한 집의 아이는 교육도 받고 잘 양육되지만, 가난에 찌든 아이는 그렇지 못하다. 요약하면 전자는 가족 친지의 돌봄을 받으며 잘 살아가고 후자는 하루 살아가기 힘든 어려운 삶을 살아야 한다.

리를 가진 이로 재생하고 그에 따라 악처와 선처에 재생한다는 것이다. 자신이 태어날 곳도 자신의 행위에서 결정된다.

결론

이미 살펴본 바와 같이 과거에 행한 업은 인간의 삶에 태아 때부터 많은 영향을 미친다. 업 결과의 다양성에 대한 이해가 깊어지면 부자와 권력자를 따르는 이들을 비난하지 못한다. 행운은 부자들을 따른다. 그러므로 자신이 가난하다면 이전의 잘못된 행위와 무지를 탓하고, 선행을 실천하여 스스로가 번영하고 덕스러운 이가 되려고 최선을 다해야 한다.

당신은 노력하지 않으면서, 잘된 이들에 대해 시기하고 질투하는 것은 어리석고 쓸모없는 짓이다. 시기와 질투만 늘어놓으면 미래생에서 더욱 비참하게 되고 고통의 수렁으로 빠져들게 될 것이다. 이 책을 읽은 모든 이들, 나의 벗들과 지인들이 바로 지금 바른 노력을 기울여서 열반의 여정에서 좋은 재생을 성취하기를!

제10장

물질

재생연결식(paṭisandhi)이 생겨날 때 깔랄라(kalala)라고 하는 극소량의 맑은 액체 형태의 물질도 함께 생겨난다고 했기에, 우리는 한 개인의 삶에서 물질인 몸이 어떻게 생성과 소멸을 거치는지 알아야 한다. 그러므로 이번 장에서는 물질(rūpa)에 대해서 다루겠다.

물질(Rūpa)

물질을 나타내는 루빠(rūpa)는 문자적으로 변한다는 것을 나타낸다. 변화의 원인은 다양하다. 그것들은 열과 추위를 포함한다. 몹시 추운 날씨에는 피부도 갈라지고, 빛깔도 변하고, 감기에 걸려 아플 수도 있다. 세중 지옥(Lokantarika)[471]의 중생들은 아주 차가운 물에 빠트려져 고통을 당하다 죽는다.

더운 날씨에 피부는 자극받아 붉어지고, 열에 데이고 화상도 입는다. 어떨 때는 일사병으로 고생한다. 또한 여러분은 모기, 곤충, 개나 독사에 물리기도 하여 치명상을 입기도 한다. 굶주림과 목마름이 심하여 죽을 수도 있다. 이러한 것들이 물질의 변화 특성을

---

471 세중 지옥(Lokantarika)은 세상(loka)의 가운데(antarika)에 있는 지옥이라는 의미이다. 세 우주의 가운데 틈이 생겨나고 그곳에 죄를 지은 중생들이 태어나 고통을 받는다. 이곳은 아주 어둡고 그 아래에 물층이 있는데 매우 차다고 한다. 비구 일창 담마간다(2021). 271 참조.

나타내는 예이다.[472]

물질의 분류

물질은 모두 28가지로 분류된다. 하지만 여기서는 중요한 19가
지만 언급하겠다.

네 가지 근본 물질(Bhūta Rūpa)

1. 땅 요소(Pathavī dhātu) : 단단하거나 부드럽거나 토대가 되는 특징

2. 물 요소(Āpo dhātu) : 흐르거나 응집하는 특징

3. 불 요소(Tejo dhātu) : 뜨겁거나 차가운 특징

4. 바람 요소(Vāyo dhātu) : 움직이거나 지탱하는 특징

다섯 가지 감성 물질(Pasāda Rūpa)

5. 눈 감성(Cakkhu pasāda) 물질

6. 귀 감성(Sota pasāda) 물질

7. 코 감성(Ghāna pasāda) 물질

8. 혀 감성(Jivhā pasāda) 물질

9. 몸 감성(Kāya pasāda) 물질

---

472 물질(rūpa)은 변화를 의미한다고 했다. 온도나 외부 환경에 의해 물질은 변화한다.

다섯 가지 대상(Ārammaṇa)

10. 형색 대상(Rūpārammaṇa)

11. 소리 대상(Saddārammaṇa)

12. 냄새 대상(Gandhārammaṇa)

13. 맛 대상(Rasārammaṇa)

※ 감촉 대상(Phoṭṭhabbārammaṇa)

> 감촉 대상은 다른 게 아닌 땅 요소, 불 요소와 바람의 요소이
> 다. 이것들은 감촉되기에 감촉 대상이라고 하고 독립된 법이
> 아니기에 따로 헤아리지 않는다.

14. 여성 물질(Itthi bhāva rūpa)

15. 남성 물질(Purisa bhāva rūpa)

> 이 둘은 성 물질(bhāva rūpa)이라고 불린다.

16. 심장 토대 물질(Hadaya vatthu rūpa)

17. 생명 물질(Jīvita rūpa)

18. 영양분 물질(Ojā rūpa)

19. 허공 요소(Ākāsa dhātu)

네 가지 근본 물질

1. 땅 요소(Pathavī Dhātu)

땅(pathavī) 요소는 단단함의 요소라고도 불린다. 토대가 되는 땅은 다른 모든 것들을 지지한다. 땅이 가지는 단단함, 굳건함, 힘 때문에 '빠타위(pathavī)'라고 불린다. 땅, 바위, 돌, 금속 덩어리 등은 모두 땅 요소가 우세한 물질이다.[473]

2. 물 요소(Āpo Dhātu)

물(āpo)이 먼지나 가루를 뭉쳐 응집시키듯 물 요소도 미세한 것들을 무더기로 응집시키는 특성이 있다. 물 요소가 우세하면 다른 요소들을 녹여 액체가 된다. 물, 소변, 점액, 땀, 침, 눈물 등은 물 요소가 우세한 물질이다.

3. 불 요소(Tejo Dhātu)

태양열과 불이 젖은 것을 말려 버리듯, 불 요소도 무더기 물질의 과도한 습기와 점도를 막고 최적의 건조 상태를 유지한다. 건강한 사람의 신체는 대개 여름에 서늘하다. 이 서늘함도 불 요소

---

473 땅과 바위 등이 땅 요소로만 이루어진 것처럼 보이지만 4가지 요소가 항시 함께 생겨난다. 즉 땅과 바위에도 물, 불, 바람의 요소가 함께한다. 하지만 땅 요소가 우세하여 땅과 바위 등으로 나타난다.

이다. 그러므로 두 가지 종류의 불 요소가 있는데 뜨거운 불(unha tejo)과 차가운 불(sīta tejo)이다.[474]

기온 혹은 온도(utu)는 불 요소의 다른 이름이다. 몸과 주변이 추우면 차가운 불 요소가 전 대기에 퍼져 있는 것이다. 만약 뜨겁다면 뜨거운 불 요소가 전 대기에 퍼져 있는 것이라 할 수 있다. 더워야 할 시기에 불 요소가 뜨겁고 추워야 할 시기에 불 요소가 차갑다면 우리는 쾌적한 기후를 누린다. 우리 몸 안에 불 요소가 적절하면 건강하고, 그렇지 않으면 병이 생긴다. 불 요소가 지나치면 죽음에 이른다.

그러므로 불 요소의 변화(온도 변화)에 잘 적응이 안 되는 이들은 주의하며 살아가야 한다. 이런 이들은 극한(極寒) 혹은 극서(極暑) 지역 여행은 피해야 한다. 음식도 너무 뜨겁거나 찬 음식은 삼가야 한다. 물이나 얼음과 같은 물질은 차가운 불 요소가 강하지만 태양과 불은 뜨거운 불 요소가 강력한 물질이다.

소화 불 요소(Pācaka Tejo Dhātu)

이러한 형태의 불은 음식의 소화를 돕는다. 그것은 위장 아래로부터 생겨난다. 강력한 소화 불은 먹은 음식의 소화를 돕지만, 미약할 때는 소화도 안 되고 위장 장애가 생긴다. 건강을 위해서

---

474 불 요소라고 해서 뜨거운 불만 떠올려서는 안 된다. 여기서 불 요소는 뜨거움과 차가움 모두를 의미한다.

는 부드럽고 소화가 잘되는 음식을 섭취하는 것이 좋다.

4. 바람 요소(Vāyo Dhātu)

바람 요소는 움직이는 특징을 가진다. 바람에 나뭇잎 등이 흩날리고 나무가 휘청일 때 바람 요소를 알 수 있다. 바람 요소는 다른 물질 무더기를 밀고 움직인다. 우리 몸에는 여섯 가지 형태의 바람이 있다.

(1) 위로 가는(uddhaṅgama) 바람 : 트림, 기침, 재채기 등과 관련된 질병을 초래하는 위로 움직이는 바람이다. 우리가 말을 할 때 이 바람은 계속해서 위로 가고 내장 장애를 일으킨다. 위장이 비어 있는 상태에서 말을 해서는 안 된다.

(2) 아래로 가는(adhogama) 바람 : 장운동을 일으키고 대변과 소변을 내보내는 아래로 부는 바람이다.

(3) 배 속의(kucchiṭṭha) 바람 : 대장과 소장이 아닌 복강의 바람이다.

(4) 창자 속의(koṭṭhāsaya) 바람 : 대장과 소장 안에 부는 바람이다. 이 바람은 먹은 음식을 아래로 내려보내기에 장에 있는 음식들이 직장(直腸)을 통해 배설된다.

(5) 몸 전체를 순환하는(aṅgamaṅgānusāri) 바람 : 사지 전체에 부는 바람이다. 이 바람이 자연스럽게 불지 않으면 병이 생긴다. 우리 몸에는 작은 정맥들이 퍼져 있고 그것을 따라 이 바람이 움직인다. 한 자세를 오래 취하게 되면 혈액이 한 곳에 갇혀 있어서 이 바람의 자연스러운 순환을 방해한다. 이것 때문에 뻣뻣함과 통증이 생긴다. 이러한 통증을 없애려면 한 자세를 오래 유지해서는 안 되고 걷기 운동을 해야 한다.

(6) 들이쉬고 내쉬는(assāsapassāsa) 바람 : 우리가 숨을 들이쉬고 내쉬는 것이다. 이것은 종종 입출식(入出息, ānāpāna)이라고도 한다.

근본 물질과 파생된 물질

땅(pathavī), 물(āpo), 불(tejo), 바람(vāyo) 네 가지 요소는 근본물질이라 하고, 예컨대 다섯 가지 감성물질 등은 파생된 물질이라 한다. 파생된 물질은 근본 물질에 의존한다. 네 가지 근본물질은 가장 기본이 되고 핵심 부분이기에, 네 가지 근본 물질 무더기가 크면 형체도 커진다. 대지, 산맥, 해양, 대화재와 태풍 같은 큰 무기물과 큰 사람, 큰 천신, 큰 물고기와 큰 거북이 같은 대형 유기 생명체는 이러한 네 가지 근본 물질 모임의 거대함이다.

눈, 귀,[475] 형색, 소리와 같은 물질의 크기는 커지지 않는다. 예를 들어 비누에 많은 향을 첨가하면 향은 늘어나도 크기에는 변함없다. 마찬가지로 비누에 향을 줄여도 향기만 줄어들지 크기는 줄지 않는다. 그러므로 오직 네 가지 근본 물질만이 기본이 되는 물질이라고 알아야 한다.

다섯 가지 감성물질

라디오와 텔레비전은 소리나 영상을 수신할 수 있다. 이처럼 우리 몸에는 감각 기관으로서 감성물질(pasāda rūpa)이 있다. 이들은 상응하는 다섯 가지 감각 대상을 받아들일 수 있다.

1. 눈 감성물질(Cakkhu Pasāda)

일반적으로 우리가 보는 눈에서 대상을 보는 감각 부분이 눈 감성물질(cakkhu pasāda)이다. 눈 감성물질은 눈동자의 중간에 퍼져 있다.[476] 갖가지 형색 대상(rūpārammaṇa)을 눈 감성물질이 취할 때

---

475 여기서 말하는 눈과 귀는 우리 육안으로 볼 수 있는 외부의 눈과 귀를 의미하지 않는다. 아래에 나오지만 여기서 눈과 귀는 볼 수 있고 들을 수 있는 특정한 감성물질을 의미한다.

476 감성물질은 감각 기관에서 특정 기능을 수행하는 작은 부분을 말한다. 눈 감성물질은 일반적인 눈을 말하는 것이 아니고, 눈 가운데에서 보는 기능을 하는 특수한 물질이다. 귀 감성물질도 마찬가지로 외부적으로 드러난 귀를 말하는 것이 아니고, 귀 안

그 형색 대상을 보고 아는 눈 의식(cakkhu viññāṇa)이 생겨난다.

2. 귀 감성물질(Sota Pasāda)

귀 안에 들을 수 있는 반지 모양의 감성물질이 존재한다. 그 부분에 퍼져 있는 감지 물질을 귀 감성물질이라 한다. 갖가지 소리 대상(saddārammaṇa)을 귀 감성물질이 취할 때 소리를 듣고 아는 귀 의식(sota viññāṇa)이 생겨난다.

3. 코 감성물질(Ghāna Pasāda)

코 안쪽에 염소 발굽 모양을 한 감성물질이 퍼져 있는데 이것이 코 감성물질이다. 여러 향기와 같은 냄새 대상(gandhārammaṇa)을 코 감성물질이 취할 때 냄새를 맡고 아는 코 의식(ghāna viññāṇa)이 일어난다.

4. 혀 감성물질(Jivhā Pasāda)

혀에는 연꽃잎을 닮은 감성물질이 많이 퍼져 있는데 이를 일러 혀 감성물질(jivhā pasāda)이라 한다. 우리가 무언가를 먹을 때 혀 감성물질이 맛(rasārammaṇa)을 취하여 아는 혀 의식(jivhā viññāṇa)이 일어난다.

쪽의 듣는 기능을 할 수 있는 특수한 물질을 의미한다.

5. 몸 감성물질(Kāya Pasāda)

몸 가운데 피부와 같은 아주 메마른 부위를 제외하고 몸 전체
에 감지하는 몸 감성물질이 퍼져 있다. 몸 감성물질에 어떠한 것
이든 닿게 되면(phoṭṭhabbārammaṇa) 그 닿음을 아는 의식인 몸 의식
(kāyā viññāṇa)이 생겨난다. 이렇게 해서 우리 몸에는 다섯 가지 감성
물질이 있다.

다섯 가지 대상

대상(Ārammaṇa)

대상을 나타내는 빠알리어 '아람마나(ārammaṇa)'의 의미는 '의식
이 자주 가서 머문다.'라는 것이다. 감각 대상과 접촉하지 않으면
의식은 생겨나지 않는다. 어떠한 대상이 있어야만 의식은 생겨날
수 있다. 그러므로 감각 대상은 의식이 가서 머무는 곳이다. 이
대상들 가운데 시각적으로 볼 수 있는 물질은 형색 대상(rūpāram-
maṇa) 물질이다. 소리는 소리 대상(saddārammaṇa) 물질이다. 냄새는
냄새 대상(gandhārammaṇa) 물질이다. 맛은 맛 대상(rasārammaṇa) 물질
이다. 닿음은 감촉 대상(phoṭṭhabbārammaṇa) 물질이다. 이 다섯 대상
이 의식이 자주 가서 머무는 곳이다.

법 대상(dhammārammaṇa)이라고 하는 것은 단순히 물질만을

의미하는 것이 아니다. 법 대상에는 마음(citta), 마음부수(cetasi-ka), 열반(nibbāna), 개념(paññatti)까지도 포함된다.[477]

감각욕망 대상(Kāmaguṇa)

즐길 만한 형색, 소리, 냄새, 맛, 닿음을 다섯 가지 감각욕망 대상(kāmaguṇa, kāma=감각적으로 즐길 만한 + guṇa=얽어맴, 결박)이라고 한다. 사실 이것은 앞서 설명한 다섯 가지 대상들이다. 남자에게 있어 여성의 모습, 목소리와 향 그리고 그녀가 준비한 음식의 맛과 그녀와의 신체적 접촉은 모두 사랑스러운 감각적 즐거움이다. 반대로 여성에게 있어서도 남성의 모습 등은 감각적 즐거움의 대상이 된다.

두 가지 성(性) 물질(Bhāva Rūpa)

어머니의 모태에 드는 바로 그 순간에 업에서 생긴 한 물질이 생겨나는데 이것이 남성과 여성을 구분시킨다. 이 물질은 신체 전반에 널리 퍼져 있다. 어떤 존재가 여자가 되기 위한 기본 물질이 여성 물질(itthi bhāva rūpa)이고, 남성이 되기 위한 기본 물질이 남성 물

---

477 우리나라에서는 법이라는 단어를 들으면 부처님 가르침이라는 의미를 먼저 떠올린다. 하지만 대상으로서의 법도 중요한 개념이다. 대상으로서의 법은 마음이 대상으로 취할 수 있는 모든 것을 의미한다. 강종미(2009), 제1권, 389.

질(purisa bhāva rūpa)이다. 나무의 가지, 잎, 열매가 씨앗에 따라서 자라나듯이 남성과 여성의 외형, 신체 기관, 행동거지, 특성 등은 이 두 가지 여성 물질과 남성 물질에 의존한다.[478]

심장 토대 물질(Hadaya Vatthu Rūpa)

가슴 빈 곳에 위치한 심장 속 피에 심장 토대 물질(hadaya vatthu rūpa)이 퍼져 있다. 많은 형태의 의식은 이 물질을 의지해서 생겨난다.

> 빠알리어 '하다야(hadaya)'를 '심장'으로 번역했다. 하지만 심장 토대 물질에서 심장은 해부학에서 말하는 심장 기관을 의미하는 것은 아니다.[479]

---

478 남자는 고유의 형상과 성격 등을 가진다. 그러한 남성성의 결정적 요인이 남성 물질이다. 남성을 남자답게 하는 물질이다. 여성의 경우에도 마찬가지이다.

479 심장 안쪽에 작은 구멍이 있고 그 안에 적은 양의 피가 있다. 심장 토대 물질은 그 피를 의지해서 있다. 심장 토대 물질은 마음이 생겨나는 토대가 된다.

생명 물질(Jīvita Rūpa)

마음부수 중에서도 정신법의 생명 유지를 담당하는 생명기능(jīvitindriya)이 있는 것처럼, 물질의 생명 유지를 담당하는 생명 물질이 있다.[480] 이 생명 물질은 마음(citta), 온도(utu), 음식(ahara)에서 생긴 물질에서는 발견되지 않고 오직 업(kamma)에서 생긴 물질에서만 발견된다.[481]

생명 있는 존재들에게 정신의 생명기능(nāma jīvita)과 물질의 생명기능(rūpa jīvita)은 가장 중요한 것이다. 이 두 가지 생명기능이 없다면 시체와 같다. 육체에 있어 물질이 부패하지 않고 건강하게 지속하는 것은 생명을 유지해 주는 이 생명기능 물질 때문이다. 죽은 자의 몸은 생명기능 물질이 없기에 점점 썩어 간다. 이 생명기능 물질도 전신에 퍼져 있다.

---

480 정신을 살아 존속하게 하는 생명기능과, 물질을 살아 존속하게 하는 생명 물질, 이렇게 두 가지가 정신과 물질의 존속에 관여한다.

481 아비담마에서 물질이 생기는 요인 네 가지를 들고 있다. 그것들은 업, 마음, 온도, 음식이다. 생명기능 물질은 다른 요인 즉 마음, 온도, 음식에 의해 생겨나지 않고 오직 업이라는 요인에 의해서만 생겨난다.

영양분 물질(Ojā Rūpa)

밥과 같은 음식에는 영양분이 있다. 이 영양소를 영양분(ojā)이라고 하고, 음식(ahara)이라고도 한다. 몸 안에도 영양분 물질이 있다. 달고, 시고, 쓰고, 짜거나 매운 맛은 맛 대상(rasārammaṇa)이라고 한다. 영양분이라고 하는 것은 그러한 맛들에 존재하는 본질적 요소이다. 이러한 영양분은 몸의 새로운 물질이 성장하도록 돕는다.

허공 요소(Ākāsa Dhātu)

허공을 나타내는 빠알리어 '아까사(ākāsa)'는 사이 공간을 의미한다. 물질은 단독으로 생겨나지 못한다. 물질은 최소 8개 혹은 9개 단위 물질이 모여 무더기로 생겨난다. 그러한 무더기를 '깔라빠(kalapa)'라고 부른다. 예를 들어 손가락 두 개는 붙일 수 있지만, 그 둘 사이에는 둘을 구분하는 공간이 여전히 존재한다.

우리의 몸도 여러 가지 미세한 깔라빠가 모여 있지만, 그들 사이에도 여전히 공간은 존재한다. 그러한 공간을 허공 요소(ākāsa dhātu)라고 부른다. 이 허공 요소를 물질 편에서 설명하지만, 이것은 실재하는 물질이 아니다. 물질 두 무더기가 함께 형성되면 자연

히 있게 되는 개념(pannatti)에 지나지 않는다.[482]

깔라빠(Kalapa)

깔라빠의 생성

관계되는 사람들의 집합을 모임이라 부른다. 빠알리어 '깔라빠(kalapa)' 역시 모임을 의미한다. 이미 물질은 혼자 단독으로 존재할 수 없다고 하였다. 각 단위의 물질이 결합해서 모임 혹은 무더기로 존재한다. 이처럼 함께 생겨나고 함께 사라지는 물질 무더기를 '하나의 깔라빠'라고 한다.

결합된 물질

물질이라면 항시 발견되는 8가지 단위가 있다. 그것들은 4가지 근본물질[483]과 형색(vañña), 냄새(ghanda), 맛(rasa) 그리고 영양분(ojā)이다. 한 덩이 흙에도 8가지 물질 무더기가 존재한다. 흙도 형색을 갖추고, 특정 냄새와 맛도 지니며, 감각될 수 있다. 이것은 흙뿐만

---

482 허공은 특정 물질이 무리 지어 생겨날 때, 이것과 저것 사이에 생겨나는 공간이다. 혹은 이 물질과 저 물질을 다르게 구분 짓는 공간이다. 실제로 허공이 생겨나고 사라지지는 않는다.

483 네 가지 근본물질은 앞에서 살펴보았듯, 땅(pathavī), 물(āpo), 불(tejo), 바람(vāyo)의 요소이다.

아니라 물, 바람, 불, 열, 빛 등에도 해당된다. 어떠한 물질이라도 이들 8가지 물질 단위가 있다.[484]

깔라빠의 크기

개별 깔라빠는 너무나 미세하여 육안으로는 볼 수가 없다. 작은 먼지 하나에도 수많은 깔라빠가 모여 있다. 현미경으로만 관찰되는 세균도 업, 마음, 온도, 음식[485]으로 만들어지는 헤아릴 수 없는 깔라빠가 모여 있다. 그러므로 깔라빠의 극미함은 말로 하기 어렵다.

> 깔라빠의 구분과 명칭에 대해서는 아비담마 가르침을 참조하기를 바란다.[486]

---

484 일반적인 불 안에도 물, 바람, 땅의 요소가 함께 있고, 흘러가는 강에도 땅, 불 그리고 바람의 요소가 함께 있다는 것이다. 그리고 어떠한 물질이라도 형태가 있고 냄새와 맛 그리고 영양분을 지니고 있다. 우리가 보는 모든 물질은 최소한 8가지를 지니고 있다.

485 업, 마음, 온도, 음식이 물질이 만들어지는 원인이다. 깔라빠 역시 물질 무더기이기에 이러한 원인에서 생성된다.

486 깔라빠는 여러 가지 조합의 형태가 존재한다. 다양한 깔라빠 형태의 설명은 대림·각묵 스님(2018), 제2권 79-84를 참조하기 바란다.

업에 의해 물질이 생겨나는 경우

네 가지 원인과 조건

이제 네 가지 요소의 특성에 대해 좀 더 깊이 알아보고 어떻게 물질이 업, 마음, 온도, 음식에 의해 생성되는지 살펴볼 것이다. 먼저 흙으로 만들어진 인형이 있다고 하자. 먼지 혹은 흙 입자만으로는 인형을 만들지 못한다. 왜냐하면 그들 미세한 입자들은 응집하지 못하고 흩어져 버리기 때문이다.

그래서 우리는 물을 부을 수 있지만, 여전히 인형 모습은 만들어 낼 수 없다. 인형을 만들기 위해서는 태양열 아래에서 구워 내야 한다. 이것이 조각가가 흙, 물, 바람, 태양의 도움을 빌려 토기 인형을 만들어 내는 경우이다.[487]

업이 결과를 낳는 경우

위에서 설명한 대로 땅 요소 자체로는 본체가 될 수 없다. 물은 땅을 적시고, 불 요소는 지나친 습기를 제거하고, 바람은 다른 요소들에 압력을 형성하고 붙잡는다. 물질 무더기에는 네 가지 근본 물질과 형색, 냄새, 맛, 영양소가 있다. 이렇게 형성된 깔라빠들의

---

487 네 가지 요소 즉 지·수·화·풍이 어떻게 물질 형태에 관계하는지 비유적으로 설명하고 있다.

물질

체계적 결합이 마치 과거 업이 드러나듯 인간을 형성한다.[488]

업은 그 사람이 과거에 지은 행위에 따라 성, 외모, 특징 등을 결정한다. 악행을 많이 저지른 이들은 아귀나 축생으로 태어난다. 선 혹은 불선업은 각각 수려하거나 추한 외모를 결정한다. 악업으로 동물로 태어나더라도 선업을 지은 것이 있으면 사랑스러운 외모를 가지고 태어난다. 반대로 선업으로 사람의 몸을 받았더라도 악업이 있다면 외모가 추하고 비참한 삶을 산다.[489] 이런 식으로 여러분의 삶은 태아부터 죽을 때까지 과거와 현재의 좋거나 나쁜 행위가 형성해 간다.

> 업(kamma)에 의해 생성된 물질(rūpa)은 업생 물질(kammaja rūpa)이라고 한다.[490]

---

488 과거 업이 물질의 조합 즉 깔라빠를 형성하고, 이러한 깔라빠가 많이 모여서 인간이라는 형태를 만들어 낸다.

489 선업을 조건으로 선처에 태어나고 악업을 조건으로 악처에 태어난다. 선처에 태어난 이가 다른 선업이 많으면 그곳에서 번영을 누리고, 악업을 많이 지었으면 선처에서도 불행하고 비참한 삶을 살아간다. 악처에 재생한 이도 이와 같다. 같은 축생으로 태어나도 그 삶이 다르고 아귀나 지옥 중생도 그 업에 따라 받아야 하는 과보가 달라진다.

490 물질은 네 가지 원인에 의해서 생겨난다. 네 가지는 업, 마음, 온도, 음식이다. 업을 원인으로 생겨나면 업생 물질이라고 한다.

마음이 물질을 생성하는 법

마음(citta)은 업에서 생겨난 물질을 조건 짓는 역할을 한다. 물질 즉 몸은 마음의 의지를 따른다. 마음이 몸에 대하여 '앉아라', '누워라', '서라' 혹은 '움직여라'고 명령한다. 몸을 움직이려는 의도가 생겨나면 마음에서 생긴 물질(cittaja rūpa)이 온몸으로 퍼져 나간다. 마음생 물질(cittaja rūpa)에서 바람의 요소(vāyo dhātu)가 가장 강력하다. 바람의 요소가 활성화되면 몸이 깨어나서 반응한다.

마음이 움직이고자 하면 바람의 요소가 점차 증대한 수많은 깔라빠가 생성되어 몸의 움직임이 있게 된다. 몸의 동작은 동영상 필름 각각의 사진과 유사하다. 하나의 필름에 찍힌 사진에서 한 남자가 서 있는 것을 보여 주고, 다음 사진에서는 다리 하나를 드는 것을 보여 주고, 다음에 그 다리를 내려놓는 것을 보여 준다. 이와 같은 사진 수천 개를 빠르게 돌리면 사람이 걸어가는 것처럼 보인다.

이와 같은 방식으로 우리가 "한 사람이 걸어간다."라고 말할 때, 첫 번째로 마음에서 생긴 물질은 아직 걸을 수는 없다. 여전히 몸은 그대로 서 있다. 하지만 맨 처음 물질 모임의 바람 요소는 점차 깨어나 활동적으로 된다. 그렇게 두 번째 물질 모임은 첫 번째 물질 모임 장소에서 생겨나지 않고, 첫 번째에 근접한 두 번째 장소에서 생긴다.[491]

---

491 걸어서 나아가려면 발이 점차 앞으로 나아가야 한다. 이때 발이 앞으로 나아가는 동

이런 식으로 뒤에 생겨나는 물질 모임은 연속해서 다른 장소에서 생겨난다.[492] 이런 연속적 물질 모임의 생겨남은 눈을 깜빡이거나 사람이 걸어갈 때 명확히 드러난다. 눈 한 번 깜빡이는 데에도 수조 번의 마음이 생겨날 수 있기에, 마음생 물질도 수조 번 반복해서 생겨난다.[493]

옛말에 "마음이 젊으면 모습도 젊다."라는 말이 있다. 어떤 이가 행복하다면 마음생 물질은 밝고 활력이 있다. 정감 있는 대화를 나눌 때 그 사람의 표정은 밝고 유쾌하다. 반면에 어떤 이가 절망에 빠져 있을 때는 물질도 따라서 무기력해진다. 논쟁하며 다툴때의 표정은 분노로 가득 찬다.[494]

집에 불이 나면 불길이 집 안 구석구석 퍼진다. 이처럼 마음생 물질이 고통 속에 있으면 인접한 물질들 즉 업생 물질(kammaja rūpa), 온도생 물질(utuja rūpa), 음식생 물질(āhāraja rūpa)도 고통받는다. 그래서 사람이 크게 낙담하면 외모도 추하고 늙어 보이고, 고통이 심하면 상심해서 죽기도 한다. 요약하면 마음은 수태 직후부터 그

작은 영화의 필름처럼 무수한 세부 동작으로 연결된다. 그래서 발이 앞으로 나아가기 위해서는 처음 지점에서 조금 앞으로 나아가고, 또 그곳에서 조금 앞으로 나아가며 이런 식으로 점차 바람 요소가 생겨난다.

492 가려고 하는 마음이 생기면 바람 요소가 활성화된다. 점차 연속적으로 활성화된 바람 요소는 동작을 만들어 낸다.

493 마음은 1초에 1조 번 이상 생겨난다고 한다. 눈을 깜빡이려고 하는 생각도 1조 번 이상 연속해서 생겨나고, 그에 따른 마음생 물질도 수없이 많이 생겨난다.

494 마음은 물질을 만들어 낸다. 어떤 마음을 가지느냐에 따라서 다른 물질이 생겨난다.

대의 몸을 조건 짓는다.[495]

온도에서 생기는 물질

온도도 물질에 영향을 미친다. 쾌적한 기후는 그곳에 머무는 이들을 즐겁고 활기차게 한다. 깨끗한 의복과 잠자리는 깨끗한 온도생 물질(utuja rūpa)을 증대시켜서 몸이 건강하고 경쾌하다. 그러므로 청결이 건강을 유지하는 데 중요한 요소이다.

반대의 경우도 같다. 더러운 의복과 잠자리는 불결한 온도생 물질을 증대시켜 건강을 해친다. 우기에는 좋은 날씨로 초목이 잘 자란다. 건기나 불볕더위의 시기에는 초목이 시들고 마른다. 같은 방식으로 온도(기후)는 태아 때부터 몸을 조건 짓는다. 초목의 변화는 기후 상태를 반영한다. 그러므로 우리는 기후 조건과 함께 온도생 물질의 변화에 대해 잘 알아야 한다.

---

495 재생연결식으로 다른 생을 받는다. 재생연결식 바로 다음에 생겨나는 마음부터 마음
생 물질이 생겨난다. 마음은 일어나서 머물고 사라지는데, 물질은 마음이 일어나는
순간에 생겨난다. 재생연결식은 힘이 약하여 물질을 생겨나게 하지 못하고 그다음 마
음부터 물질이 생겨난다.

음식에서 생기는 물질

당신이 먹는 모든 음식, 심지어 물에도 영양분(oja)이 있다. 여러분이 영양가 있는 음식과 적절한 약을 먹으면 건강하게 장수할 것이다. 부적절한 음식과 약은 건강을 해친다. 적절한 음식과 약을 선택하는 것이 건강으로 이끈다.

모태 내의 태아는 어머니가 먹은 음식을 통해 영양분을 얻는다. 그렇게 태아는 점차 자라나 신체를 갖춘다. 그러므로 임산부는 태아의 건강을 위해서 부적절한 음식 섭취를 피해야 한다. 자궁에 머무는 태아는 엄마가 먹은 음식의 영양분을 탯줄을 통해 흡수한다. 이러한 점을 잘 헤아려 임산부는 자신이 먹는 음식에 매우 주의를 기울여야 한다.

임산부를 위한 몇 마디 유익한 말을 하고자 한다. 영양가 높은 음식을 섭취하라. 갑작스럽고 기괴한 동작을 취하지 마라. 임신과 관련하여 의사에게 진료를 받아라. 규칙적인 식사와 수면을 취하라. 이처럼 주의를 기울여야만 건강한 산모로서 건강한 아이를 가질 수 있다. 모든 임산부는 임신 초기부터 섭취하는 음식에 지혜롭게 주의를 기울여야 한다.

결론

물질에 관한 설명을 마치려 한다. 물질에 관한 장을 서술한 이 선업 공덕으로 모든 독자가 선행을 실천하여 열반의 여정에서 건강과 신체적 강건함을 이번 생에 누리기를 바란다. 나의 친구와 지인들이 적절히 건강하여 열반을 실현하는 그날까지 공덕행을 짓고 바라밀을 완성해 가기를 기원한다.

제11장

세상

존재들이 거주하는 곳이 세상(bhūmi)이다. 총 31개의 세상이 있다. 4가지 악처 세상, 7가지 욕계 선처 세상 그리고 20가지 범천 세상이다.

4가지 악처 세상은 다음과 같다.

1. 지옥(Niraya)
2. 축생계(Tiracchāna Yoni)
3. 아귀계(Peta Loka)
4. 아수라 무리(Asurakāya)

7가지 욕계 선처는 인간계와 6가지 천상계로 이루어져 있다. 천상계는 다음과 같다.

1. 사대왕천(Cātumahārājika)
2. 삼십삼천(Tāvatiṁsa)
3. 야마천(Yāmā)
4. 도솔천(Tusitā)
5. 화락천(Nimmānarati)
6. 타화자재천(Paranimmitavasavattī)

20가지 범천 세상이 있는데 그 가운데 16개는 색계 범천이고 4개

는 무색계 범천이다.[496]

지옥 세상(Niraya)

모든 국가에는 위반자나 범죄자를 가두는 감옥이나 교도소가 있다. 이처럼 불선행을 저지른 이들을 벌주는 다양한 지옥이 존재한다. 이들 지옥은 자신의 악업에 의해 조건 지어진 온도에 의해 생성된 물질이다. 지옥은 행위자가 지은 악행의 정도와 중대성에 따라 달라진다. 책에 이르기를 화탕 지옥은 땅 아래 인간 세상과 매우 가까운 거리에 위치한다.

경전에 이르기를, 8개의 대지옥이 있다. 이 대지옥에 대해서는 뒤에 상세히 설명하겠다. 8개 대지옥은 다음과 같다.

1. 등활(Sañjīva, 等活) 지옥

2. 흑승(Kāḷasutta, 黑繩) 지옥

3. 중합(Saṅghāta, 衆合) 지옥

4. 규환(Roruva, 叫喚) 지옥

5. 대규환(Mahāroruva, 大叫喚) 지옥

6. 초열(Tāpana, 焦熱) 지옥

---

496 욕계에는 육도가 다 존재한다. 색계와 무색계는 모두 다 천상 세계로만 이루어진다.

7. 대초열(Mahātāpana, 大焦熱) 지옥

8. 무간(Avīci, 無間) 지옥

이들 8개 대지옥마다 5개의 소지옥이 있다.

1. 오물 지옥
2. 뜨거운 재 지옥
3. 가시나무 지옥
4. 칼잎나무 지옥
5. 무쇠 지옥

각각의 대지옥을 둘러싸고 있는 이들 5개 소지옥들을 전체적으로 소지옥이라고 부른다.

지옥을 관장하는 야마(Yāmā) 왕

사대왕천(Cātumahārājika)의 영역에 속하는 천궁(天宮) 아귀(vemanika peta)의 왕을 야마(Yāmā)라고 한다. 그는 천상의 즐거움을 누리기도 하고 자신이 지은 악업 과보로 다른 아귀들처럼 고통을 겪기도 한다.

야마는 한 명이 아니고 여러 명이다. 이들은 지옥의 네 개 문에 있는 자신의 사무실에서 이전 생에 소소한 악업을 지은 이들을 심판한다. 그들은 인간 세상의 심판관 혹은 판사와 같다.

지옥문에 다다른 모든 이들이 심판을 거치는 것은 아니다. 이전 생에 중대한 악업을 행했거나 판단이 필요 없는 확실한 죄인들은 지옥으로 바로 보내진다. 사소한 악업을 지은 자들이 야마의 심판에 따라 지옥에서 벗어날 기회를 얻는다. 심판은 처벌의 목적이 아니라 사소한 악행을 범한 이를 구제하기 위한 것이다. 야마왕은 오늘날 항소 법원의 판사와 같은 역할을 한다. 그러므로 지옥을 관장하는 야마 왕은 바르고 공정한 군주처럼 알아야 한다.

> 지옥사자경(Devadūta Sutta, M130)[497]을 보라.

지옥 옥졸들도 사대왕천(Cātumahārājika)에 속한다. 그들은 지옥에 보내진 사람을 괴롭히는 괴물과 수호신의 역할을 한다. 그들의 임무는 악업이 심하지 않은 이들을 심문하기 위해 야마에게 보내거나, 중대한 악업을 지은 자들에게 형벌을 가하고 그들을 괴롭히는 것이다. 지옥 불은 악행을 조건으로 한 온도생 물질이기에 악행을 지은 자들만이 태워지고 지옥의 옥졸들은 해를 입지 않는다.

야마의 심문
야마 왕이 수행하는 심문은 다음과 같이 행해진다. 이곳의 내

---

497 지옥사자경은 『맛지마 니까야』 130번째 경이다. 야마 왕이 지옥에 끌려온 이들을 심문하고 구제하는 내용으로 여러 지옥을 설명하고 있다.

용은 지옥사자경에 나온다. 사소한 악업을 지은 자들이 야마 왕에게 보내지면 그는 항시 다섯 명의 천신 시자(pañca deva duta)에 관해서 물어본다. 다섯 명의 천신 사자는 갓난아이, 늙은이, 병든 이, 범죄자와 죽은 이를 말한다.

> 야마 : 이보시오, 그대가 인간이었을 때 자신의 대소변에 뒹굴며 혼자 어찌할 수 없이 지내는 갓난아이를 본 적이 없는가?
>
> 죄인 : 본 적이 있습니다, 야마 왕이여.
>
> 야마 : 만약 그러하다면 그대는 이러한 생각을 하지 않았는가? '자신의 대소변에 뒹굴며 어찌할 수 없이 지내는 이 갓난아이처럼 나 또한 수많은 생을 태어나야만 하는구나. 이 계속되는 재생은 피할 수 없구나. 지금이야말로 이 갓난아이가 겪는 이러한 고통에서 벗어나기 가장 좋은 때이다. 이제부터 나는 내 생각, 말, 행동을 절제하여야겠다.'

야마는 자비로서 이러한 질문을 한 것이다.[498]

> 죄인 : 야마 왕이여, 제가 주의 깊지 못하였기에 선행을 닦으리

---

498 지옥에 보내진 이들을 심문하는 야마 왕은 그들을 처벌하는 것이 주된 목적이 아니다. 사소한 악행으로 지옥에 보내진 이들을 지옥에서 구제하기 위하여 그들을 심문한다.

세상

라 생각하지 못했습니다.[499]

야마 : 그대의 불선행은 누가 지었는가? 바로 그대 스스로 행한 것이다. 그대의 친지, 부모, 친구들이 행한 것이 아니다. 그대는 부주의한 삶을 살았기에 이제 그 죗값을 받아야 한다.

야마는 같은 질문을 늙은이, 병든 이, 범죄자, 죽은 이에 빗대어 네 번 더 한다. 야마가 다섯 번의 질문 후에 그 죄인이 자신이 지은 과거 선행을 떠올리지 못하면 야마는 그 죄인에 대해서 혹시 그대가 공덕행을 지었을 때 그 공덕행을 나와 함께 나누지 않았는지 다시 묻는다. (경전의 이 내용에 따라 요즘 사람들도 자신이 공덕행을 짓고 나서 야마 왕에게 공덕을 회향한다.[500])

만약 야마 왕이 그 죄인이 지은 공덕행이 있는지 살펴서 혹 있다면 그 죄인에게 그것을 일깨워 준다. 야마 왕이 상기시켜 주거나

---

499 지옥사자경에서는 갓난아이 등과 같은 다섯 부류의 사람을 천신 사자로 묘사하고 있다. 이들은 괴로움의 진리를 전하는 천신 사자인 것이다. 그 천신 사자들은 우리에게 괴로움의 진리를 몸소 보여 주며 어서 빨리 선업과 수행을 닦아서 괴로움으로부터 벗어나라고 가르침을 주고 있다.

500 야마 왕은 비교적 작은 악행을 지은 이들을 최대한 지옥에서 벗어나게 하려고 돕는다. 그 죄인이 과거 선행을 떠올리면 그 선행을 조건으로 지옥에서 벗어나게 돕는 것이다. 마지막으로 그 죄인이 이전에 작은 선행을 짓고 '이 공덕을 야마 왕께 회향합니다.'라고 했다면 그것을 조건으로 지옥에서 벗어나게 된다. 이러한 경전의 구절로 인해 상좌부 불교 신자들은 공덕을 짓고 '이 공덕을 야마 왕과 함께합니다.'라고 회향 의식을 한다.

혹은 죄인 스스로 공덕행을 떠올리게 되면 그 죄인은 자신의 공덕행을 기억하자마자 지옥에서 벗어나 천상계에 재생하게 된다.[501]

이렇게 지옥에서 벗어나 선처에 재생한 존재들은 많이 있다. 이러한 것을 보더라도 자신이 지은 행위가 자신의 의지처가 됨이 분명하다. 죄인 스스로 어떠한 공덕도 짓지 않았다면 야마 왕은 침묵한다. 그 후 지옥 옥졸들이 와서 그 죄인을 처벌하기 위해 잡아 끌어 악업에 따른 지옥에 던져 버린다.

1. 등활(Sañjīva, 等活) 지옥

등활(sañjīva)의 의미는 그곳의 중생들은 죽고 싶어도 죽지 못하고 거듭거듭 태어나야만 한다는 뜻이다. 이 지옥에서 옥졸들은 죄인들을 잡아 신체와 사지를 토막 낸다. 하지만 이곳 중생들은 죽지 않고 이곳에 또 살아나서 고통을 받는다. 악업이 다하기 전까지는 죽지도 못하고 고통을 받는다. 이곳 중생들은 두렵고 극심한 고통을 계속해서 겪는다. 이 지옥에서 겪어야 하는 고통의 두려움은 악업이 가져오는 과보가 얼마나 두려운 것인지를 잘 보여 준다.

---

501 여기에서 주의해야 할 점은 그 죄인이 죽어 다음 재생이 결정되지 않다가 천상계나 인간계로 가는 것이 아니다. 그 죄인은 지옥에 잠시라도 재생하고 다시 천상계로 재생하였다고 보아야 한다. 초기불교에서는 재생이 결정되지 않는 중간의 상태는 인정되지 않는다.

2. 흑승(Kāḷasutta, 黑繩) 지옥

흑승(kāḷasutta)은 목수들이 사용하는 먹줄을 의미한다. 이 지옥의 옥졸들은 도망가는 죄인들을 뒤쫓아 잡아서는 그들의 몸에 먹줄로 표시를 한다. 그런 후에 옥졸들은 그 표시에 따라 죄인들을 자르고 난도질한다. 죄인들은 자신들의 악업이 다할 때까지 이러한 고통을 계속 당해야만 한다.

3. 중합(Saṅghāta, 衆合) 지옥

중합 지옥의 죄인들은 몸이 짓눌리고 으깨져 거듭 죽임을 당하는 고통을 받는다. 이곳은 죄인들이 9요자나 두께의 불타는 철판에 허리까지 파묻혀 있고 그 위로 큰 철바퀴가 돌아가며 죄인들을 짓누른다. 큰 철바퀴는 사방으로부터 와서 앞뒤로 오가며 죄인들을 깔아뭉갠다. 이곳 중생들은 그들의 악업이 다할 때까지 이 고통을 반복해서 받는다.

4. 규환(Roruva, 叫喚) 지옥

규환 지옥은 중생들이 그곳의 고통에 계속 울부짖기 때문에 이름이 붙여졌다. 이곳의 지옥 불은 맹렬히 타오르고, 죄인들 몸의 아홉 구멍으로 불이 들어와 타오른다. 이곳 중생들은 그 극심한 고통에 소리쳐 울부짖는다. 이곳의 다른 이름은 '불타는 규환(jāla roruva)' 지옥이다.

5. 대규환(Mahāroruva, 大叫喚) 지옥

이 지옥은 불타는 화염으로 완전히 휩감겨 있다. 이곳 중생들도 규환 지옥과 같은 극심한 고통을 받는다. 규환 지옥의 지옥 불 대신에 이곳은 지옥 불의 연기로 가득하다. 그런 까닭에 이곳은 연기 규환(dhūma roruva) 지옥이라고도 불린다.

6. 초열(Tāpana, 焦熱) 지옥

초열은 태운다는 의미이다. 이곳은 종려나무 크기의 불타는 쇠 꼬챙이가 죄인들의 몸을 꿰뚫는다.

7. 대초열(Mahātāpana, 大焦熱) 지옥

이곳은 매우 심하게 불태우는 지옥이다. 이곳의 다른 이름은 극열(patāpana, 極熱) 지옥이다. 지옥 옥졸들은 죄인들을 불타는 철산 꼭대기까지 몰아간다. 그러고서 지옥 바람이 불어 그들은 산 아래로 떨어진다. 그러면 산 아래 바닥에 있는 쇠 송곳에 몸이 꽂혀 고통을 받는다.

8. 무간(Avīci, 無間) 지옥

무간의 의미는 피할 공간이 전혀 없다는 것이다. 지옥 불은 맹렬히 타올라서 불길 사이에 어떤 틈도 없이 전체를 다 덮는다. 죄인들은 대나무 통속의 겨자씨처럼 다닥다닥 붙어서 있다. 죄인들 간의 공간은 조금도 없다. 이 지옥의 시달림과 고통은 끝이 없고,

조금의 쉼도 없다. 이곳의 지옥 불은 죄인들 사이를 가득 채우고 고통도 쉼 없이 이어져서 무간이라고 한다(avīci, a=없다 + vīci=틈새, 사이 공간).

지옥의 고통

8대 지옥과 소지옥의 고통과 비참함은 너무나 두렵고 한량없다. 네 명의 부호가 사음을 저지른 과보로 고통을 받았던 화탕 지옥은 라자가하(Rājagaha) 근처의 땅 아래에 위치한다. 뜨거운 물이 흐르는 따뽀다(Tapodā)강은 두 개의 화탕 지옥 사이에서 발원한다. 지옥의 고통은 너무나 극심해서 말로 표현하기 어렵다.

부처님께서는 다음과 같이 설하셨다.

> "지옥의 고통에 대해서 수년을 설하더라도 다하지 못한다. 지옥의 고통은 한량이 없고 이루 말할 수 없다."

충고의 말

지옥의 고통에 관해 설명하였다. 지옥의 침울한 고통에 대해 숙고한 이는 반드시 선업을 닦아야 한다. 이미 지은 행위에 대해 후회한들 무슨 소용이 있겠는가? 지금 이 순간 나는 더는 악행을 저지르지 않으리라 자신을 단속하여야 한다.

이전에 어떤 젊은 비구 스님이 저승사자경(Devaduta Sutta)을 듣고는 그의 스승에게 그 경전에 대해 더 가르치지 마시고 수행법에 관한 가르침을 청했다.[502] 그는 그 가르침대로 열심히 수행하여 아라한 성자가 되었다. 아라한을 성취하고 나서야 그 비구 스님은 경전 공부를 이어 나갔다. 이 저승사자경을 들은 수많은 이들이 열심히 수행하여 아라한을 이루었다. 과거 모든 부처님도 이 경전을 설하셨다고 하신다.

> 축생계, 아귀계, 아수라계에 관한 설명은 『라따나 곤이(Ratana Gon-yi)』를 참조하라.

세상의 소멸

모든 것들은 언젠가는 끝이 있다. 이것이 바로 무상(anicca)의 특성이다. 그러므로 모든 존재의 거주처인 이 세상도 언젠가는 파괴되고 사라진다. 이 세상은 불, 물 혹은 바람으로 파괴된다. 만약 세상이 불로 무너질 때는 두 개의 태양이 떠올라 하나는 낮 동안, 다른 하나는 밤에 떠오른다. 이때 그 뜨거운 태양 아래 개울과 시내는 말라 버린다.

---

502 젊은 비구 스님은 저승사자경을 듣고는 경각심이 생겨서 스승에게 이 윤회의 고통에서 벗어날 수 있는 수행법을 청한 것이다.

세 번째 태양이 나타나면 강들은 말라 버린다. 네 번째 태양이 나타나면 히말라야에 있는 7개의 대호수가 완전히 말라 버린다. 다섯 번째 태양이 떠올라서 모든 바닷물을 말려 버린다. 여섯 번째 태양은 세상의 모든 습기와 수분을 없애 버린다.

일곱 번째 태양이 나타나서는 백천 세상을 다 태워 버린다. 거대한 불길이 초선의 범천 세상까지 솟구쳐서 히말라야와 메루산을 포함한 모든 것을 태운다. 모든 것이 타 버려 재로 남는다. 이렇게 불로 세상이 무너진다.

> 물과 바람으로 무너지는 시기는 불로 무너짐을 참고하여 마음 속으로 그려 보기를 바란다.

세상이 무너지는 시기와 기간

세상이 무너지는 시기는 매우 오랫동안 지속된다. 인간의 수명은 열 살에서 아승기(asaṅkheyya)[503]까지 증가했다가 다시 열 살까지 감소한다. 이 전체 기간을 중간겁(antara kappa)이라고 한다. 세상이 불로 무너질 때 그 기간은 64중간겁 동안 지속된다.[504] 이렇게 불

---

[503] 아승기(asaṅkheyya)는 '헤아릴 수 없이 많은'이라는 의미를 가지며, 보통 10^{140}이라고 한다. 비구 일창 담마간다(2021), 312.

[504] 사람 수명이 열 살에서 아승기까지 증가했다가 다시 열 살까지 감소하면 1중간겁이다. 이러한 중간겁을 64번 지나는 기간 동안 세상이 불로 무너진다. 세상이 무너질 때는 불, 물, 바람에 의해 무너진다. 우주가 무너지는 데 1아승기겁이 걸린다. 이때 일곱 번 불로 무너지고, 여덟 번째는 물로 무너지고, 다시 일곱 번 불로 무너지고, 여덟 번

로 무너지고 나서 세상은 불에 타 버린 집처럼 황폐해지고 64중간
겁 동안 무너진 채로 머문다.[505]

범천 세계에 피신하는 존재들

세상이 불로 무너지는 동안에, 모든 존재는 불의 영향을 받지
않는 범천 세상(brahma loka)에 천인이 되어 머문다. 세상이 무너지
기 백천 년 전에 세상의 비운을 예견하는 천신들이 이 세상의 종
말을 알린다. 이 경고를 들은 모든 이들은 자신들의 잘못된 삶을
벗어 던지고 공덕행을 닦는다. 이들이 닦은 공덕행의 선업으로 모
든 존재는 선정을 얻어 범천 세상에 태어난다. 그러므로 결정 사견
(niyata micchādiṭṭhi)[506]을 지닌 이를 제외하고는 모든 이들이 적어도
한 번은 범천 세계에 태어난다.

결정 사견(niyata micchādiṭṭhi)을 가진 이는 지옥에서 받아야 할

쩨는 물로 무너지고, 이렇게 무너지다가 64번째에 바람으로 무너진다. 비구 일창 담
마간다(2021), 314.

505 무너지는 것도 64중간겁 동안 무너지고, 무너진 상태로 다시 64중간겁 동안 있다. 세
상이 무너지는 겁을 괴겁(saṁvaṭṭa kappa, 壞劫)이라 하고, 무너진 채로 존재하는 겁
을 괴주겁(saṁvaṭṭaṭhāyī kappa, 壞住劫)이라 한다. 비구 일창 담마간다(2012), 80-
81 참조.

506 결정 사견이란 죽은 뒤 무간 지옥에 태어남이 결정적일 만큼 중한 삿된 견해를 말한
다. 여기에는 허무견, 무작용견, 무인견이 있다. 결정 사견은 몹시 나쁜 악업에 속하
므로 무간 지옥에 태어나고 우주가 무너질 때도 무너지지 않는 다른 우주의 무간 지
옥이나 허공에서 그 업이 다할 때까지 고통받는다. 비구 일창 담마간다(2021), 220-
221 참조.

형벌이 다 하지 않았으면 다른 우주의 지옥으로 옮겨 가서 계속 고통을 받는다.

다시 세상이 생겨남

세상이 무너지고 난 후에, 때가 되면 다시 세상을 형성하는 비가 내리기 시작한다. 비는 처음에 보슬보슬 내리다가 점차 강해져 집채만 한 빗방울이 떨어진다. 이 비는 범천 세상 아래까지 잠기게 한다. 많은 세월이 흘러 물이 점차 빠지면, 이전에 불탔던 세상은 높은 천상 세계부터 회복된다.

물의 수위가 인간 세상까지 내려가면 산, 들, 언덕, 계곡, 강, 개울, 평원들이 점차 모습을 드러낸다. 표면의 부드러운 부분들은 점차 딱딱해져 굳건한 대지와 바위가 된다. 이렇게 형성된 대지의 두께는 24만 요자나이다.

대지에 흐르는 물층은 그 깊이가 48만 요자나이다. 그 물은 극도로 차갑고 물층은 끝도 없는 얼음의 대양과 비슷하다. 이 거대한 물층은 자신의 깊이 반 정도인 대지층을 쉽게 지지할 수 있다.[507] 이 거대한 물층도 또한 96만 요자나 두께의 바람층에 의해 지지받는다. 이 바람층 아래는 한계가 없는 공간 혹은 허공이다.

헤아릴 수 없는 이 세계는 대지층, 물층과 바람층, 인간계, 천신

---

507 물층의 두께는 48만 요자나이고, 대지층은 24만 요자나라고 했다. 물층이 대지층보다 두 배 더 두껍다.

과 범천 세상으로 갖추어진다. 이러한 세상 체계는 구조상 우리가 사는 세상과 일치한다. 이들 셀 수 없는 세상이 모여 무한한 우주 (ananta cakkavāḷa)를 형성한다. 유사한 백천 우주가 같은 운명을 가진다. 그들은 같이 무너지고 동시에 생성된다. 하나의 우주와 다른 우주는 경계를 나누는 돌산에 의해 구분된다.

세중(Lokantarika) 지옥

세 우주가 만나면 그 사이에 틈이 생기고 그곳이 세중(lokantarika) 지옥이다. 이곳은 태양빛이나 달빛 어느 하나도 닿지 않는다.[508] 이곳은 완전한 암흑 그 자체이다. 성인과 공덕을 갖춘 이에 대해 비웃고 조롱한 이들은 아귀나 아수라가 되어 이 지옥에서 굶주림의 고통을 받는다. 그들은 깜깜한 우주의 벽에 대롱대롱 매달려 있다. 그들은 서로를 잡아먹을 음식이라 여기고 서로 물고 뜯고 싸운다. 이렇게 지내다 그들은 아래의 얼음층에 떨어져 부서진다.

메루(Meru)산

우주의 중앙에 메루(Meru)산[509]이 솟아 있다. 그 높이는 16만 요자나이다. 메루산의 반은 물속에 잠겨 있고, 나머지 반이 솟아 드

---

508 이 세상은 수 많은 우주로 이루어져 있다. 한 우주는 크게 보면 원통형이다. 그 원통형 우주 세 개가 붙으면 그 사이 틈이 존재한다. 우주의 틈이니 그 크기는 작지 않다. 우주와 우주 사이의 틈이기에 별도 들지 않고 암흑만이 존재한다.

509 수미산으로 알려져 있다. 시네루(sineru), 혹은 수메루(sumeru)산이라고도 한다.

러나 있다. 메루산의 주위를 '시다(Sīdā)'라는 얼음물이 흐른다. 얼음물 너머에 메루산의 절반 크기인 유간다라(Yugandhara) 산맥이 솟아 있다. 또 다른 얼음물이 유간다라 산맥을 둘러싸서 흐른다. 다시 이 강 너머서 이사다라(Īsadhara) 산맥이 둘러싼다. 이런 식으로 일곱 개의 산맥과 일곱 개의 얼음물이 둘러싸고 있다.[510]

크고 작은 섬들

산맥을 지나 광활한 대해가 우주 벽까지 펼쳐져 있다. 이 넓은 대해 가운데 크고 작은 섬들이 존재한다. 메루산 동쪽은 동대륙이다. 이러한 방식으로 남, 서, 북 사방에 대륙이 존재한다.

천신과 범천의 영역

메루산 크기의 절반에 달하는 유간다라(Yugandhara) 산맥 정상이 사대왕천(Cātumahārājika)의 영역이다. 태양과 별들 그리고 행성들이 이 천상계의 거주지가 된다. 메루산 정상은 도리천(Tāvatiṁsā)의 영역이고 신들의 왕인 삭까(Sakka)가 수닷사나(Sudassana)라는 도시에 거주한다. 도리천 위에는 야마천(Yāmā), 도솔천(Tusitā), 화락천(Nimmānarati), 타화자재천(Paranimmitavasavatti)이 있다. 이들은 땅과

---

510 메루산 주위를 얼음 강이 둥글게 감아 흐르고, 다시 산맥이 둥글게 감싸고, 다시 얼음 강이 둥글게 감아 흐른다. 이렇게 일곱 개의 산맥과 대해가 둥글게 메루산을 감싸고 있다.

떨어져 허공에 위치한다. 모든 범천 세상도 역시 허공에 위치한다.

> 보다 자세한 내용은 『Thingyo Bhathatika』[511]를 보라.

인간이 처음 세상에 존재하는 모습

인간, 천상, 범천의 세상이 형성되고 난 후에 어떤 범천은 자신의 수명을 다하고 아래 세상으로 내려온다.[512] 어떤 이는 보다 낮은 범천에 재생하고, 어떤 이는 천상과 인간 세상에 재생한다. 인간계에 처음 재생하는 이들은 부모 없이 태어난다. 이들은 업의 힘이 강력해서 범천 세상에 태어나듯 바로 성인의 몸을 지니고 태어난다.[513]

초기의 인간은 성 구분이 없어 남녀 생식기관도 존재하지 않는다. 그들은 영양분을 섭취하지 않아도 살아갈 수 있다. 그때 태양과 달도 없지만, 그들은 스스로 빛을 내며 지낸다. 그들은 이전 생

---

511 불교 삼장의 하나인 아비담마(abhidhamma)의 가르침은 내용이 심오하고 어렵다. 이에 대한 여러 요약서 혹은 개설서가 있다. 이러한 개설서 가운데 가장 대표적인 책이 아누룻다(Anuruddha) 스님의 『아비담맛타 상가하(Abhidhammattha saṅgaha)』이다. 이 개설서에 대한 본서 저자인 자나까 사야도의 해설서가 『띤죠 바타띠까(Thingyo Bhathatika)』이다. 이 책은 미얀마어로 출간되었다. 이 책에 대한 설명은 담마간다 스님의 도움으로 적었다.

512 우주가 다 무너지고, 다시 생겨날 때 무너졌던 범천과 천상 그리고 인간 세상이 점차 만들어진다. 이때 무너지지 않고 온전히 존속하던 상위 세계의 범천이 자신의 수명을 다해 아래로 내려오게 된다.

513 우주가 새로 생겨나서 처음 인간계에 오는 사람은 부모 없이 바로 성인의 몸으로 태어난다는 말이다.

에 범천이었기에 인간이 되었어도 허공을 날아다닌다.

달콤한 땅을 먹음

이 땅에 처음 온 이들이 허공을 날아다니며 지내다가 우연히 대지를 덮고 있는 달콤한 땅을 발견한다. 호기심으로 가득 찬 이가 크림처럼 보이는 땅을 맛본다. 영양분을 함축한 땅은 매우 맛있어서 여러 사람이 다투어 먹기 시작한다. 그 맛있는 땅에 대한 갈애와 탐착으로 인해 그들은 자신들의 빛을 잃어버린다. 온 세상은 암흑천지가 된다.

태양과 달이 나타남

세상 초기의 인간들은 갈애와 탐욕으로 암흑 속에서 두려움에 떨며 지낸다. 하지만 그들에게 여전히 선업이 남아 있기에 용기를 뜻하는 태양(sūriya)[514]이 동쪽으로부터 떠오른다. 태양은 둘레가 50요자나이고 그 빛은 인간들에게 용기를 준다. 해가 지면 다시 어둠이 내려앉아 인간들은 또 다른 빛을 원한다. 그들의 강력한 열망에 의해 둘레가 49요자나가 되는 달이 하늘에 생겨난다. 지상에 사는 인간들의 소원을 만족시키려고 달이 떠올랐기에 달(canda)

---

514 태양이 인간들에게 용기(sūrabhāva)를 내게 하면서 떠올랐기에 태양(sūriya)이라 한다. 대림 스님 번역(2004), 제2권 367 참조.

이라는 이름이 생겼다.[515] 달과 함께 별과 행성도 나타난다. 천체는 인도 중부 지역력 기준으로 팟구나(phagguṇa)[516] 달의 그믐 혹은 초하루에 나타난다. 그러므로 사람들은 이 세상의 주기에서 첫 번째 달은 찟따(citta) 달의 첫째 날부터 커지기 시작한다고 한다.

사람들이 쌀을 발견하여 먹음

우주 초기 중생들은 맛난 땅을 먹고 살아간다. 그 맛에 대한 불선한(akusala) 갈망으로 인해 맛있는 땅은 점차 줄어든다. 마침내 맛난 땅이 점차 사라지고 돌돌 말려져서는 작고 맛있는 떡이 된다. 이러한 맛있는 땅도 떡도 다 없어지면 껍질이 없는 쌀이 생겨난다. 이 쌀은 그릇에 담아 불석판(jotipāsāṇa) 위에 놓으면 돌판의 열에 의해 저절로 밥이 지어진다. 또 밥이 다 된 후에는 그 돌판이 저절로 식는다.[517]

---

515 소원(chanda)을 의미하기에 달(canda)이라고 불린다. 대림 스님 번역(2004), 제2권 367 참조.

516 빠알리 경에 나타나는 음력 기준 달을 의미한다. 음력 열두 달은 citta, vesākha, jeṭṭha, āsāḷha, sāvaṇa, poṭṭhapāda, assayuja, kattika, māgasira, phussa, māgha, phagguṇa이다. 이 가운데 팟구나(phagguṇa) 달은 양력 2-3월에 속하고 미얀마 음력으로는 2월이다. 찟따(citta) 달은 양력 3-4월에 속한다.

517 최초 인간이 처음에는 음식을 먹지 않고 지내다가, 맛있는 땅을 발견하여 먹는다. 그러고는 맛있는 떡을 먹고 다음에 껍질 없는 쌀을 먹게 된다. 점차 거친 음식을 먹게 된다.

남자와 여자가 생겨남

우주 초기 중생들은 그들이 먹는 주식이 맛난 땅이었기에 먹는 모든 것을 소화할 수 있었다. 그들이 먹는 모든 것들이 살과 근육이 되었고, 남는 부산물이 없었다. 하지만 그들이 쌀을 먹기 시작하면서 먹는 모든 것을 다 소화시킬 수 없었다. 소화되지 않은 찌꺼기는 내장에 남았다.

초기 중생들의 신체 기관에는 배설기관이 없었다. 하지만 몸 안의 바람 요소는 신체 내부의 찌꺼기들을 내보내기 위해 압력을 가했다. 그래서 사람들에게 대소변을 내보내는 직장(直腸)과 요도(尿道)와 같은 구멍이 점차 생겨났다. 이것들이 남자와 여자를 구분하는 성 물질(bhāvarūpa)의 발달을 불러온다. 사람들은 범천이 되기 이전 자신들의 성 구분에 따라 남자와 여자로 나뉘게 되었다.[518]

결혼 생활이 생겨남

남자와 여자로 나뉘어서 서로가 이성의 신체를 갈망하고 성행위의 유혹이 일어난다. 지혜로운 이들은 성행위가 법답지 못해 비난하였지만, 많은 이들은 감각적 쾌락을 극복할 수 없었다. 남녀는 법답지 못한 성행위가 드러나면 비난받고 돌팔매질당하는 것이 두려워서 집을 지어 성교한다. 이런 식으로 인간들의 정착 생활이

---

518 우주 초기 중생들은 범천에서 내려온 중생들이다. 범천은 성의 구별이 없다. 범천이 되기 이전 생의 성별을 따라서 우주 초기 중생들의 성별이 정해진다.

뿌리내린다. 점차 악업을 지은 중생들은 동물로 재생하여 세상이 구성되게 된다.

천신 세상

앞서 세상이 생겨남과 지옥 중생들의 특성 등에 대해서 살펴보았다. 인간 세상의 고통과 즐거움은 잘 알고 있어서 더 설명이 필요 없을 것이다.[519] 여기에서는 여러 책에서 언급하는 멋진 궁전에서 지내는 천신들의 호사스러운 삶에 대해 간략히 설명하고자 한다.

천상 궁전

천신들이 누리는 즐거움은 인간 세상의 즐거움에 비교할 바 아니다. 인간 세상의 즐거움이 풀잎의 이슬이라면 천신들이 누리는 즐거움은 바닷물과 같다. 도리천의 수도는 수닷사나(Sudassana)이고 메루산 정상에 널리 위치한다. 도시의 크기는 1만 요자나이다.

도시 동쪽에 난다나(Nandana) 정원이 위치한다. 그 정원은 너무나 아름다워 죽음이 닥친 천신들도 그곳에 들어가면 모든 슬픔을

---

519 인간 세상은 선처에 속하지만 즐거움과 고통이 함께한다. 자신의 업과 노력에 따라 즐거움을 많이 누리는 이가 있고, 악처의 고통에 준하는 괴로움을 느끼는 이도 있다.

잊는다고 한다. 정원에는 푸른 잎과 꽃들이 만발하고 그곳을 거니는 천신 쌍쌍의 우아함은 정원의 아름다움을 더한다.

정원의 중앙에 마하난다(Mahānandā)와 쭐라난다(Cūlanandā)라는 호수가 있다. 호수 주변에 보석으로 장엄한 의자가 있어서 그곳에서 바라보는 수정 같은 호수물은 너무나 아름답다. 이 같은 호수는 도시의 나머지 세 방위에도 있다.

천자와 천녀

천신들의 거주처인 보배 궁전은 자신들의 선업에 의해 장엄된다. 모든 천자는 20세, 천녀는 16세로 보인다. 이들은 살아 있는 동안 나이 들어 늙지 않고 젊음과 미모를 유지한다. 이들은 천상의 음식을 먹기에 배설물이 없다. 천녀들은 월경의 고통을 겪지 않는다.

이들이 누리는 감각적 즐거움은 인간들의 그것과 유사하지만 음란하거나 추잡하지는 않다. 천녀는 임신도 하지 않는다. 천신들의 후손은 바로 성인의 모습으로 그들의 침상이나 팔에 태어난다.[520] 천신들 가운데 자신의 궁전 없이 시중을 드는 이도 있다.

천자들이 천녀들의 마음을 얻기 위한 교제는 어떻게 행하는지 생각해 보자. 그들도 인간들이 하는 방식이나 수단을 쓸까? 한때

---

520 천신의 후손은 어머니 모태에서 태어나는 것이 아니다. 천신들은 부모의 팔이나 침상에 바로 화생(化生)한다.

사랑을 얻기 위해 하프를 연주하며 자신이 지은 사랑가를 부른 **빤짜시카**(Pañcasikha)라는 천신이 있었다. 그의 노래는 띰바루(Timbaru) 왕의 딸인 천녀(devī) 수리야왓차사(Suriyavacchasā)를 향한 것이었다.[521]

> 나는 계를 굳건히 지키며, 모든 번뇌 제거하신 아라
> 한 성인들께 공양 올리며 공덕을 쌓았다네. 나의 이
> 모든 공덕이 어서 과실을 맺어 아름다운 그대 나의
> 왕비로서 한평생 지내기를![522]
>
> (Yaṁ me atthi kataṁ puññaṁ, Arahantesu tādisu, Taṁ me
> sabbaṅgakalyāṇi, Tayā saddiṁ vipaccataṁ.)

수리야왓차사 천녀는 빤짜시카 천인이 자신을 흠모하고 있음을 알았지만, 그녀의 마음은 마딸리(Mātali) 천신의 아들인 시칸띠(Sikhanti)를 향하고 있었다. 빤짜시카는 신들의 왕인 삭까가 부처님을 친견하고자 할 때 도왔기에, 삭까는 빤짜시카와 수리야왓차사를 맺어 주었다.

---

521 이 일화는 제석문경(Sakkapañha Sutta, D21)에 나온다. 신들의 왕 삭까가 부처님을 뵙기 위해 웨디야산의 인다살라 동굴로 갔다. 삭까는 부처님을 칭송하고 자신이 부처님을 친견한다는 것을 알리기 위해 빤짜시카를 시켜 삼보를 칭송하는 게송과 연주를 하도록 했다. 이에 빤짜시카는 하프를 연주하며 아래의 게송을 노래하였다.

522 빤짜시카는 삼보를 칭송하는 게송에서 수리야왓차사를 향한 연모의 정을 함께 담아 노래했다.

자신들의 궁전을 가진 천녀 가운데 자신의 짝을 그리며 외로울 수 있다. 천신들은 각기 다른 선업을 지니고 있다. 이들은 자신들의 업에 따라 어떤 이는 용모와 궁전이 다른 이보다 더 훌륭하다. 이렇다 보니 자신보다 더 수승한 업을 지닌 천신에게 질투심을 품는 낮은 천신도 있다.

천신들의 세계는 감각적 즐거움이 충만하고 천신들은 그것을 한껏 누린다. 천신들 가운데에 아나함 도나 아라한 도를 성취한 이는 감각적 즐거움에 빠지지 않기에 이 천상 세계에 오래 머물 수 없다.[523] 아나함 성인은 범천으로 재생하기 위해 죽음을 맞고, 아라한 성인은 그곳에서 반열반(parinibbāna)에 든다.

천상 세계는 감각적 즐거움이 넘쳐 나기에 그곳에서 은둔자로 수행을 닦는다는 것은 실로 어렵다. 이전 인간 세상에서 진정 근면하게 수행을 실천하였거나, 부처님을 뵙고 법문을 듣는 기회를 얻은 이들만이 천상 세계의 즐거움에 빠져 지내지 않고 공덕행을 실천하고 증대시킬 수 있다. 이와 달리 대부분 천신은 난다나 정원에 들어서자마자 진리의 가르침은 다 잊어버리게 된다.[524]

---

523 아나함 성인과 아라한 성인도 천상계에 존재할 수 있다. 아라한 성인은 다시 태어나지 않기에 아라한 성인이 천상계에 재생하지는 않는다. 하지만 아나함 성인이 그곳에 태어나서 그곳에서 아라한 도를 얻을 수 있기에 이러한 분들은 천상계에 있을 수 있다. 하지만 이런 분들은 감각적 즐거움에 대한 갈망을 여읜 분들이어서 그곳의 삶에 연연하지 않는다.

524 천상계는 즐거움이 넘쳐 나기에 수행하기 어렵다. 사성제 가운데 고의 진리를 알기도 어렵다. 전생 바라밀이 크거나, 결의와 정진력이 높은 이들만이 천상에서 수행을 이어

천상 세계에서는 위빳사나 수행을 실천하기는커녕 계를 잘 준수하기도 힘들다. 천녀들은 천신들을 꾀어 계를 파하게 한다. 보살이 짬뻬야(Campeyya)라는 뱀신들의 왕이었을 때 계를 준수하기 어려웠던 경우[525]나, 신들의 왕 삭까(Sakka)가 포살(uposatha sīla)을 준수하기 위해 인간 세상에 내려와야만 했던 경우를 떠올려 보면 신들의 영역에서 계를 준수하기 힘듦을 알 수 있다.

이런 이유로 모든 보살은 열 가지 바라밀을 인간 세상에서만 닦는다. 보살이 천상에 태어나도 그곳에서 수명을 다 누리지 않고 인간 세상에 재생해서 바라밀을 완성해 나간다.

천상 세계에서 수행하기는 어렵지만, 덕 높은 천신들은 그곳에서 공덕행 짓기를 바라기도 한다. 천상 세계에는 예경을 드리는 쫄라마니(Cūḷāmaṇi) 탑도 있고, 수담마(Sudhamma)라는 법당도 있다. 쫄라마니 탑묘에는 보살의 머리카락과 고따마 부처님의 치아 사리가 모셔져 있다. 탑묘는 강건한 에메랄드로 지어졌고 높이는 1요자나이다.

부처님에 대한 굳건한 신심을 지닌 몇몇 천신들은 이 탑묘에 들러 꽃과 여러 공양물을 올리며 예경드린다. 이러한 천신들은 천상 세계의 아름다운 정원에서 감각적 즐거움에 빠지기보다는 바라밀

갈 수 있다.

525 보살이 짬뻬야라는 뱀신으로 태어났을 때 그의 아내 수마나(Sumanā)에 의해 지계의
   실천이 방해되었다.

행의 구족을 위해 정진한다.

천상 세계에서 법이 설해지는 수담마 법당의 크기와 아름다움은 이루 말할 수 없다. 법당 전체는 오색찬란한 보석으로 장엄되어 있다. 법당 근처에 있는 빠릿찻따까(Paricchattaka)526 나무의 만발한 꽃향기는 법당 전체를 감싼다. 법당 중앙에 법좌(法座)가 있고 하얀 일산이 드리워져 있다.

법당 한쪽은 빠자빠띠(Pajāpati), 와루나(Varuṇa), 이사나(Īsāna)와 같은 33천신을 위한 좌석이 마련되어 있다. 신들을 위한 좌석은 그들의 공덕과 권능에 따라 차례로 놓인다. 이러한 수담마 법당은 도리천의 상위 네 개 천상에도 역시 존재한다.527

법회가 열리려면 삭까(Sakka)는 위자윳따라(vijayuttara) 고동을 분다. 그 소리는 1만 요자나 크기의 수닷사나(Sudassana) 도시 전체에 울려 퍼진다. 고동 소리는 인간의 시간으로 4개월 동안 이어진다. 법회 참석자들이 다 모이면 법당 전체가 천신들의 광채로 빛난다. 사낭꾸마라(Sanaṅkumāra) 범천이 범천 세계에서 내려와 법문을 설하기도 하고, 삭까가 스스로 설하기도 한다. 혹은 법을 잘 설하는 다른 천신들도 법문을 한다.

그러므로 천상 세계에서도 쭐라마니(Cūḷāmaṇi) 탑에 예경드리고

---

526 도리천의 수담마 법당 옆에 자라는 나무이다. 꽃은 먼 곳에서도 빛이 나고 향기는 수백 킬로미터까지 퍼진다.

527 도리천보다 높은 네 개 천상은 야마천, 도솔천, 화락천 그리고 타화자재천이다. 타화자재천을 넘어서면 색계 범천 세상이다.

법문을 듣는 등의 선행을 닦을 수도 있다. 하지만 이 정도의 선행으로 도와 과의 지혜를 성취하기에는 어렵다. 그렇더라도 천상에서 이러한 선행을 실천하면 그들은 감각 욕망의 탐닉에서 벗어나 고결한 의식을 유지할 수는 있다.

다가올 감법 시대[528]에는 승려나 재가 신자들이 부처님 법으로 충만하기 어렵다. 미래를 논하지 않고 현재를 봐도 법의 힘이 많이 쇠퇴했음을 알 수 있다. 만일 우리가 이 임박한 윤회의 고통을 진정 두려워한다면, 우리는 모두 지금 이 순간 불굴의 정진으로 하루빨리 도와 과의 지혜를 얻으려 해야 한다. 만약 어떤 이가 자신은 천상 세계에 재생해서 미륵 부처님을 뵙고 법을 들어 깨달음을 얻고자 한다면,[529] 그것의 실현은 실로 어렵다. 왜냐하면 천상 세계에 재생하여 난다나 정원에 들어서면 대부분은 이전 생의 자신의 공덕행에 대해 다 잊어버리기 때문이다.[530] 심지어 그들이 미래 부처님을 직접 뵙는다고 할지라도 감각적 즐거움에 도취하여 법을 구하기는 어렵다.

---

528 부처님이 대열반에 드신 이후로 법은 약해져만 간다. 부처님 가르침을 따르는 후대의 스님들과 신도들은 그 믿음이나 지혜 등이 미약해져 간다. 부처님 법의 힘이 계속 약해져 가는 시기를 감법 시대라 한다.

529 미래불인 미륵 부처님은 현재 도솔천에 미륵보살로 계신다. 만약 어떤 이가 도솔천에 재생하기를 서원하고 그곳에 태어난다고 하더라도 그곳에서 법을 듣고 수행하기는 어렵다.

530 앞서 천상 세계의 영화와 즐거움에 대해 살펴보았다. 천상 세계에서 특히 난다나 정원과 같은 곳은 즐거움이 넘치므로 그곳에 들어선 이는 더는 공덕행을 짓지 않고 감각적 즐거움에 빠져 지낸다고 한다.

그러므로 모든 존재를 고통에서 구하고자 서원을 세운 보살과 상수제자가 될 분들을 제외하고[531] 우리는 모두 이 윤회의 고통에서 벗어나고자 지금 당장 정진하여야 한다. 우리의 존경하는 스승께서는 다음과 같이 말씀하셨다. "괴로움에 직면하여 홀로 당당히 맞서 정진하라. 어찌하여 그대는 어리석게 미래에 닥칠 위험을 보지 못하고, 수행을 이 시간 저 시간으로 미루며 지내는가?"

신들의 왕 삭까(Sakka)가 법을 망각함

신들의 왕이자 수다원 성자였던 삭까(Sakka)가 한때 자신의 코끼리 에라와나(Erāvaṇa)를 타고 천상 정원을 방문하였다. 정원의 정문에서 그는 문득 부처님께 여쭈려 했던 질문이 떠올랐다. 그 질문은 '아라한 성인이 모든 갈망의 소멸인 열반을 실현하는 도는 무엇인가?'[532]였다.

그때 삭까는 자신이 이곳 정원의 축제에 열광하면 그 고귀한 질문을 잊어버릴 것을 염려하여 바로 부처님을 친견하리라고 결심한다. 그는 자신이 타고 온 코끼리와 수행원들을 뒤로하고 정원 문앞에서 사라져 인간 세상에 몸을 나투었다.

그는 당시 부처님이 법을 설하고 계시는 뿝바라마(Pubbarama) 사

---

531 정등각자가 되기 위해 서원을 세우신 보살 그리고 부처님이 출현하실 때 그분의 상수제자가 되려고 서원을 하신 분들은 그 서원으로 인해 지금 당장 도와 과를 성취하여 윤회에서 벗어날 수는 없다.

532 모든 갈망의 소멸인 아라한 도에 관해 삭까는 부처님께 여쭙고 싶었다.

원에 도착하여 부처님께 질문하였다. "부처님, 아라한은 어떻게 자신의 살애와 탐욕을 다스려 모든 갈애의 소멸인 열반에 이릅니까?" 그는 천상 정원의 축제에 늦지 않기 위해 부처님께 간략히 설해 주시기를 부탁드렸다. 그래서 부처님은 다음과 같이 간략히 설하셨다.

"삭까여, 아라한이 되고자 하는 수행자는 다음과 같은 법문을 듣는다. '모든 것은 나 혹은 나의 것이라고 그릇되게 여기는 것은 온당하지 않다. 그는 모든 것(오온)의 특성을 이해하려고 노력한다. 모든 것을 알고 나서 그는 더 나아가 모든 것이 고통이라고 안다. 그리고 그는 모든 느낌을 무상하다고 본다. 그렇게 거듭 관찰하고 나서 그는 어떠한 것에도 집착하지 않고 아라한 과를 성취하고 모든 갈망의 소멸인 열반으로 향한다.' "

이것이 부처님이 삭까에게 설한 간략한 법문이었다. 그는 그 가르침에 매우 기뻐하며 사두(sādhu)를 세 번 외치고 천상 세계로 돌아왔다. 목갈라나 존자(The Venerable Moggallāna)는 삭까가 기뻐서 외치는 소리를 자신의 처소에서 들었다. 그래서 목갈라나 존자는 삭까가 그 설법의 의미를 제대로 이해하였는지 알고 싶어서 삭까를 따라 도리천으로 갔다.

삭까가 천상 궁전에 이르렀을 때, 천신들은 기쁨에 흠뻑 빠져 즐기고 있었다. 삭까도 그 축제에 함께하여 즐기면서 방금 들은 부처님의 가르침을 완전히 잊어버렸다. 그는 목갈라나 존자가 오는 것을 보고는 당혹해 하였다. 하지만 존자를 환영하며 공경의 예를 표했다.

목갈라나 존자는 삭까에게 방금 부처님께 들은 법에 대해 질문하였다. 삭까는 자신이 들은 법문을 떠올리려 했으나 조금 전까지 감각적 쾌락에 너무나 빠져 있어서 생각이 나지 않았다. 그는 천상에서 여러 일로 바빠서 그 가르침을 잊어버렸다고 구차한 변명을 늘어놓았다.[533]

생각해 보아야 할 점

위 일화는 천상 세계의 강렬한 감각적 즐거움의 대상이 어떻게 우리를 홀려 고귀한 가르침을 망각하게 하는지 보여 준다. 삭까는 지혜와 정진을 갖춘 수다원 성자(sotāpanna ariya)였음에도 불구하고 정신을 홀리는 그 감각 대상에서 벗어날 수 없었다. 그는 스스로가 부처님께 법을 묻고 들었지만, 방금의 법문도 기억해 내지 못했다. 그것은 모두 그가 천상 정원에서 즐겼던 감각적 즐거움 때문이었다. 그러므로 다음과 같은 교훈을 우리는 얻을 수 있다.

1. 덕스러운 사람과 자신이 덕을 갖추었다고 아는 이들은 재생하게 되면 다른 곳이 아닌 인간과 천상 세상에 태어나기 쉽

---

533 본 일화는 갈애 멸진의 짧은 경(Cūḷa-taṇhāsaṅkhaya Sutta, M37)에 나온다.

다. 덕을 갖추어도 선정을 얻지 못한 자는 범천 세상에 태어날 수 없고,[534] 이러한 성인이 되어야만 반열반(parinibbāna)에 들 수 있다. 천신으로 재생하더라도 명심할 것이 있다. 성인의 지위에 있는 천상 세상의 삭까도 법에 대해 망각하기 쉽다는 점이다. 성인의 지위에 있는 삭까 천신이 그러할진대 범부인 우리는 어떻겠는가? 우리는 스스로 닦아 온 법에 대해서 망각하기 더 쉬울 것이다.

2. 천상의 존재들은 대부분 천상 세계의 영화를 누리며 지내고, 법에 대해서는 마음을 잘 기울이지 않는다. 천신들이 자신들의 영화로운 삶에 대한 갈망을 지니고 죽으면 그들의 재생은 사악처에 이른다. 한때 오백 천녀(devī)들이 천상 정원에서 꽃을 꺾고 노래 부르다 죽음을 맞이하였는데 그들 모두는 아비(Avīci) 지옥에 태어났다.

3. 단지 인간의 몸을 다시 받는다고 하여 다행이라고 할 수만은 없다. 참사람으로서 가치 있는 삶을 위해서는 다음과 같은 조건을 갖추어야 한다. (1) 부처님의 가르침이 융성한 시기에 태어나야 한다. (2) 그 시대 대부분 사람이 바르고 선한 이들

---

534 공덕을 지어서 욕계 천상에 태어날 수 있지만, 범천 세상에는 태어날 수 없다. 선정을 얻은 이들만 색계 혹은 무색계 범천 세상에 태어날 수 있다.

이어야 한다. (3) 자신의 부모와 스승 역시 덕스러운 이어야 한다. (4) 가난에 찌들어 힘든 집안이 아닌 유복한 가정에 태어나야 한다. 이러한 조건들이 갖추어지고 인간으로 재생한다면 그 사람의 재생은 가치가 있다.

4. 부처님 교법(sāsana)의 지위를 고려하면[535] 요즘 현자를 찾기가 매우 어렵다. 감각적 즐거움은 세상에 넘쳐 나고, 대부분의 사람은 허영과 부를 좇고, 보시의 실천은 공덕을 위해서가 아니라 명성을 얻기 위해서 행하고, 승단에 공양 올리고 예를 표하는 것 또한 순수하지 않고 아만과 자신을 내세우려 행한다. 최상위 계층에서도 부정부패가 만연하다.

5. 불교 신자와 후원자들이 자신의 아이들을 사원에 보내지 않아서 사원 교육은 점차 미약해져 간다. 대부분 사원에는 더는 재가 학생들이 없다. 이들이 없다면 사미승(sāmaṇera)들은 어떻게 있을 수 있겠는가?[536] 사미승들이 없다면 어찌 경전에

---

535 부처님께서 반열반에 드신 지 2600여 년이 지나서 부처님 가르침이 점점 쇠약해져 가고 있다.

536 불교 국가인 미얀마에서는 대부분 남자가 일생에 한 번은 출가한다. 출가하지 않더라도 예전에는 초등학교 과정을 사찰에서 배우는 경우가 많았다. 하지만 이러한 경우가 점차 줄고 출가자도 감소하고 있다. 이러한 현상은 우리나라가 더 심각하다. 연간 출가자가 100명이 채 안 되어 심각한 문제가 되고 있다.

정통한 비구(bhikkhu)들이 존재하겠는가?[537] 이러한 상황이 지속되고 만연해지면 자격을 갖추지 않은 비구가 주지를 맡기도 할 것이다. 어려서 출가하여 경과 율을 익히는 이가 적어지면 비구 대부분이 늦깎이이어서 부처님 교법과 율에 대해 정통하지 못하게 된다.[538]

6. 불자들은 대부분 자녀의 장래 취업에 대비하여 자녀들을 현대 학교에 보낸다. 하지만 그런 교육의 이익은 단지 이번 생에서 그친다. 그러한 교육은 열반과 도와 과의 지혜를 제공하지 않는다. 현대 학교의 학습으로는 업의 결과에 대한 분명한 앎을 얻을 수 없다. 현대 교육에 빠진 이들은 다음 생의 선처와 악처에 대한 믿음이 없는 듯 보인다. 이처럼 바르지 않은 견해를 지닌 이들은 승단에 네 가지 필수품은 물론이고 공양도 올리지 않는다.[539]

---

537 미얀마에서는 대개 어려서 출가하여 성전어인 빠알리어를 학습하고 삼장을 배운다. 이러한 전통이 미얀마 교학의 사제 전승을 이어왔다. 하지만 이런 전통이 잘 이어지지 않고 있어 우리나라처럼 승가의 존속에 관해 고민하고 있다.

538 우리나라에서 사미승은 나이와 상관없이 출가해서 비구계를 받기 전 예비승을 의미한다. 반면에 미얀마에서는 성인이 되기 전에 출가하면 사미승이 되고 이후 성인이 되면 비구계를 받는다. 미얀마에서는 사미 시절부터 성전어를 배우고 삼장을 익혀 비구가 되는 경우가 많다. 우리나라에서는 성인 이전에 출가하는 이는 거의 없고, 많은 출가자가 중년에 출가하기에 부처님 교법을 익히기에 많은 어려움이 있다.

539 미얀마는 전통적으로 사원에서 불교의 근본 가르침을 배운다. 요즘은 현대적 시설의 학교가 생겨서 대부분의 교육은 학교가 담당한다. 우리나라와는 문화와 전통이 달라서 이해하기 어려운 면이 많다. 우리나라에서는 아이들 교육을 사찰에서 직접 담당하

7. 미래 세대들은 자신들의 부모로부터 부를 물려받을 행운을 얻지 못할 것이다. 요즘의 부모는 자식 교육을 위해 고군분투한다. 시장에는 다양한 소비재 상품들이 넘쳐 난다. 아이들이 성장해서 스스로 생계를 꾸려 나갈 때쯤이면 수지를 맞추기도 어려울 것이다. 혹은 부를 얻기 위해 불법적 수단을 동원할 수도 있다. 이처럼 어려운 시기가 되면 어떻게 사람들이 부처님 교법을 후원하겠는가?

8. 스님들은 현시대에 맞추어서 낡은 승가 교육 체계를 개선하려고 하지 않는다. 스님들은 윤리적 가르침과 함께 기본적 교육을 가르칠 의무가 있다. 여러 가지 여건이 갖추어졌어도 몇몇 사찰 학교는 현대적 기조에 맞춘 교육을 시도하지 않는다. 그들은 요즘 부모들의 요구에 부응하지 못한다. 현대적 교육을 받은 학부모들은 사원 학교의 체계를 경시한다. 이런 상황에서 그들이 불교에 대해 지원을 하려 하겠는가? 이 모든 것을 고려해 보면 부처님 교법이 점차 쇠퇴할 것 같다는 생각이 든다.

9. 미래에는 계행을 갖춘 덕스러운 사람이 많지 않을 것이다.

기는 어렵다. 하지만 각 사찰에서 학생회 등을 적극적으로 운영하여 어린 학생들에게 부처님 가르침을 전하는 노력을 하여야 할 것이다.

올바른 사람들의 시대란 자애(mettā), 연민(karuṇā) 그리고 같이 기뻐함(muditā)이 넘쳐 나는 시대를 의미한다. 오늘날 자애를 찾아보기 어렵다. 자애가 없다면 고통에 빠진 이들을 향한 연민도 있을 수 없고, 번영하는 이들에 대해 같이 기뻐함도 없다. 요즘 세상은 시기, 질투, 미움, 자만, 탐욕 등이 만연하다. 상위나 하위 계층 할 것 없이 모두 허영심에 젖어 있다. 상류층은 우쭐대며 살아가고, 하위의 짓밟힌 계층은 상실감과 모멸감을 느끼며 살아간다.[540]

10. 요즘 세상은 매일 신상품이 쏟아지고 즐길 것이 넘친다. 이러한 세상은 마치 불에 기름을 붓듯 탐욕을 부추긴다. 충족되지 않은 탐욕은 성냄으로 이어지고, 심해지면 잔혹하게 되고, 그것은 살인과 전쟁으로 연결된다. 오늘날 올바른 이들이 소수라 한다면 미래에는 어떠할 것인가?[541]

---

540 우리나라에서도 경제 불평등 문제가 화두가 되고 있다. 이러한 사회 문제들을 해결하는 방안으로 정책이나 법안 제정 등이 많이 논의된다. 불교적 관점에서는 이러한 여러 가지 문제의 원인은 아름다운 마음을 계발하지 않고 불선한 마음만을 증대시키는 것에 있다고 본다. 여러 경제지표가 떨어지는 것에만 예민하게 반응할 게 아니라 자신의 양심과 수치심이 쇠락하는 것에도 마음을 기울여야 하겠다.

541 사람들이 탐욕과 성냄을 일으키고 바른 마음을 가지려 하지 않는다. 지금 상황이 이러하다면 미래에는 더 나아질 수 있을까? 사람들이 좀 더 탐욕과 성냄을 버리고 자애와 연민의 마음을 지니면서 살 수 있을까? 저자는 일상에서 좀 더 아름다운 마음을 지니고 살아갈 것을 당부하고 있다.

세상

11. 다가올 세상에 올바른 이들이 점차 적어진다면 좋은 스승과 부모도 적을 것이다. 부도덕한 세상에서 살아가는 미래 세대는 스승과 부모의 도덕적 가르침 없이 스스로 올바른 이가 되기는 어렵다. 이렇게 되면 천상 세계에 태어나 즐거움을 누리기도 어렵게 된다. 또한 선행(kusala)이 움트는 인간 세상에 태어나기도 쉽지 않다.

12. 내가 1957년에 양곤 철도역에서 겪은 일화를 말해 보겠다. 나는 계단(戒壇, sīmā) 설정식에 참가하기 위하여 양곤에 갔다. 내가 돌아올 때 양곤에 있던 도반이 역에서 배웅해 주었다. 우리는 기차를 기다리고 있었는데 막 기차가 들어오려고 하자 사람들이 좌석을 차지하려고 서로 밀고 당기는 모습을 보였다. 그 모습을 보자 나는 '이것이 사람들의 일상이구나.'라고 알게 되었다.

13. 그때 나는 이러한 생각도 들었다. '이 기차 여행은 길어야 이틀 지속된다. 그들이 좋은 좌석을 얻지 못하면, 좌석을 차지하기 위해 사납게 밀고 당긴다. 어떤 이들은 지정석을 차지하기 위해 웃돈을 더 내려고도 할 것이다. 기차에서 좋은 이와 동석하려고 이리저리 찾아 헤맨다. 만약 좌석이 마음에 안 들면 불쾌하고, 동석한 사람이 마음에 안 들면 화가 치밀기도 한다.'

14. '사람들은 단지 이틀의 여행을 위해 이러한 노고를 아끼지 않으면서 왜 수많은 생을 거쳐 열반에 이르는 그 길고 긴 여정에서는 충분한 노력을 기울이지 않는가? 왜 그들은 그 긴 여행에서 좋은 장소를 얻고 훌륭한 동반자를 얻으려 노력하지 않는가? 만약 불행히도 사악처에 재생하게 되면 그들은 오랜 세월 고통받는다. 불선행은 계속하여 재생만 증대시키고, 그들은 윤회라는 긴 여행에서 좋은 좌석을 얻지 못할 것이다.[542] '그들이 만약 인간 세상에 재생하더라도 그들의 삶은 빈곤하고 황폐할 것이다. 이러한 재앙을 피하고자 한다면 그들은 좋은 세상에 태어나도록 진정 근면히 노력해야 한다. 단지 이틀의 여행을 위해 좋은 좌석에 앉으려 그리 노력한다면, 윤회의 긴 여정에서 그러한 노력을 못할 것이 없지 않은가? 참으로 그들은 근시안적이고 어리석구나.' 나는 그들의 어리석음에 대한 연민이 생겨서 나의 도반에게 내 생각을 말해 주었다.[543]

---

542 불자라면 윤회의 두려움을 느끼고 경각심을 갖추어 열반의 실현을 위해 정진하여야 할 것이다. 하지만 요즘 세상에 몇몇 스님이나 불자가 윤회 자체가 없다는 주장을 하기도 한다. 그러한 주장을 하는 이들은 자신의 존재 형성을 어떻게 설명하려는지 알기 어렵다. 경전 곳곳에 재생에 관해 부처님께서 설하고 계시는데, 자신의 허황된 망상으로 사견을 형성하지 않았으면 한다.

543 사람들은 단 이틀의 안락한 여행을 위해서는 모든 노력을 다 기울이지만, 열반으로 가는 긴 여행에서는 어떠한 노력도 하지 않는다. 긴 여행에서 좋은 좌석은 천상과 인간과 같은 좋은 세상이 될 것이고, 동석한 이들은 바라밀을 실천하는 좋은 도반들이 될 것이다. 눈앞의 작은 이익만 보고, 진정 오랫동안 큰 이익을 안겨 주는 것을 보지

15. 이 책을 읽는 독자들은 이 사실에 대해 숙고하고, 최대한 법을 이해하려고 노력해야 한다. 만약 당신이 지나온 생에서 많은 바라밀을 쌓았다면, 당신은 더욱더 악행은 줄이고 보시와 지계 같은 선업 바라밀을 굳건히 해야 한다. 그러한 실천이 있어야 당신은 천상 세계에 공덕을 갖춘 천신으로 태어나거나 인간 세상에 덕행을 갖춘 이로 재생할 것이다. 보살은 부처님의 가르침이 없는 시기에도 지속해서 바라밀을 실천하였다. 여러분도 선행이 무르익도록 가능한 한 많은 바라밀을 실천하라.

범천의 즐거움

범천(brahma)들은 매우 평화로운 존재들이다. 그들은 범천 세상에 이르려고 닦았던 선정(jhāna)의 고요함을 즐긴다. 그들이 범천으로 재생하려면 먼저 선정을 증득하여야 한다.[544] 그들은 이 선정을 얻기 위해서 분주한 도시, 마을, 집 그리고 사원 등에서 떠나 세간 사람들 무리에서 벗어나서 세간의 감각적 즐거움을 버리고 한적한

___

못하는 범부들의 어리석음을 저자는 지적하고 있다.

544 욕계 천상계는 선정을 닦지 않은 이들도 선업 공덕만 있다면 태어날 수 있다. 하지만 색계와 무색계 범천 세상에는 상응하는 선정을 닦아서 증득한 이들만 태어날 수 있다.

곳에서 홀로 수행하였다.

범천들은 배우자나 자녀가 없다. 그들은 성을 구분하는 생식기관도 없기에 애욕을 즐기지 않는다. 그들은 이전에 인간으로 수행할 때에도 감각적 즐거움의 허물을 분명히 알았기에 감각적 즐거움과 관련한 모든 생각에서 벗어나 청정한 삶을 살았다.[545]

그들의 거주처인 천상의 궁전과 정원에서 모든 범천은 평온하고 청정하게 살아간다. 범천들은 자신의 선정락을 즐기거나 모든 존재의 번영을 바라는 자애의 마음을 펼친다. 인간 세상에서처럼 범천들 사이에도 품등이 나눠진다. 범천왕이 있고, 왕의 신하나 고문 역할을 하는 범천도 있고, 왕을 보좌하는 낮은 범천들도 있다.

> 하위의 범천들은 범천왕이 허락하지 않는 한 그를 볼 수 없다.

1. 무상유정천 범천(Asaññasattā Brahma)

무상유정천 범천(asaññasatta brahma)들은 어떠한 인식이나 의식이 없는 범천들이다. 그들은 인간이었을 때 마음(citta)과 인식(sañña)을 혐오하였다. 그들은 모든 형태의 탐욕은 마음으로 인해 일어난다고 생각한다. 이런 이유로 그들은 마음이 없는 삶은 참으로 평화로울 거라고 여긴다. 의식의 허물에 대해 집중하면서, "마음은 혐

---

545 인간으로 선정을 얻으려면 감각적 욕망을 제어해야 한다. 이러한 이들은 인간으로서 고귀한 삶을 살았기에 범천 세상에 태어날 수 있다.

오스럽다. 마음은 혐오스럽다."라고 수행한다. 그들은 인식을 싫어하고 애착하지 않는 수행(saññavirāga bhāvanā)을 닦는다.

그들은 죽어 무상유정천 범천으로 태어나서 아무런 의식 없이 동상처럼 서거나 앉거나, 혹은 기울어진 그 모습 그대로 살아간다. 그들의 수명은 500대겁이다.[546]

2. 무색계 범천(Arūpa Brahma)

무색계 범천은 물질(rūpa) 혹은 몸이 없다. 그들은 단지 정신만 있다. 인간 세상에서 그들은 선정을 얻으려 노력하여, 선정을 얻은 후에는 물질의 허물에 대해 집중한다. 그들은 물질이 있어서 고통이 생겨난다고 생각한다. 그리하여 그들은 물질을 싫어하고 애착하지 않는 수행(rūpavirāga bhāvanā)을 한다. 그들이 죽으면 어떠한 물질적 형태가 없는 무색계 범천으로 태어난다. 그들의 거주처는 하늘 공간이다. 그들은 수많은 겁 동안[547] 높은 천상에서 어떠한 형태도 없이 지속되는 의식의 흐름으로 살아간다.[548]

---

546 무상유정천 범천은 어떠한 정신법도 생겨나지 않고 동상처럼 지내지만, 사선정을 증득한 이들만이 갈 수 있는 세상이다. 선정을 닦을 때 정신에 대해 혐오하기에 정신은 없고 몸만 있는 존재로 태어난다.

547 존재계의 가장 높은 곳인 비상비비상처 범천들의 수명은 8만 4천 겁이라고 한다. 무색계에서 가장 낮은 곳인 공무변처 범천들의 수명도 2만 겁이다. 1겁도 헤아릴 수 없는 세월이라고 하니 무색계 범천의 수명은 거의 한량없다고 할 것이다.

548 무색계 범천은 의식만 지속되고 형색이 없다. 즉 우리가 무색계 범천 세상에 갈 수 있다고 하더라도 무색계 천신들의 몸은 보지 못한다. 그들은 몸이 없기 때문이다.

> 불교 신자가 아닌 사람들은 무상유정천 범천과 무색계 범천에
> 대해 믿기 어려울 것이다.[549]

범천에서 돼지까지

무색계에 태어난 범천들 가운데 도와 과의 마음을 증득한 성인 범천들은 더 이상 아래 세상으로 재생하지 않는다.[550] 그들은 더 높은 존재계로 올라가 재생하다가 아라한이 되어 열반에 든다. 하지만 아직 성인이 되지 못한 범부 범천들은 그들의 무색계 선정력이 다하면 천상계나 인간계로 떨어져야만 한다.

그들이 낮은 세계로 떨어진다고 해서 바로 악처로 가는 일은 없다. 자신들의 과거 선업으로 인해 그들은 두 가지 혹은 세 가지 뿌리를 가진 천신이나 인간으로 재생한다. 일단 천신이나 인간으로 떨어져 재생하게 되면 그곳에서 행한 업으로 인해 사악처로도 갈 수 있게 된다.

윤회의 굴레 속에서 범부 중생(puthujjana)들은 최상의 범천 세상에 태어나더라도 축생계와 같은 낮은 세상에 다시 태어날 수 있다. 이것과 관련하여서 "한때 빛나던 범천이 다음에는 똥 무더기 뒹구

---

549 무상유정천 범천은 정신을 혐오하여 태어난 범천 존재들이고, 무색계 범천들은 물질을 혐오하고 초월하여 태어난 존재들이다. 불교 수행에 대한 지식이 없다면 이러한 존재에 대한 믿음은 생겨나기 어렵다.

550 수다원, 사다함 그리고 아나함 성인이 무색계에 태어날 수 있다. 무색계에 태어난 성인들은 아래로 내려가지 않는다. 예를 들어 식무변처에 태어났다면 무소유처로 태어나는 일은 있어도 그 아래 공무변처나 색계 범천에는 태어나지 않는다.

는 돼지구나."라는 말이 있다.[551] 이처럼 범부의 지위는 아주 두렵고 불안정한 상태이다.

최상의 범천 세상에서 존재하더라도 언젠가 악처로 떨어질 수 있다는 것이다. 로켓이나 미사일이 그 힘이 있는 한 하늘 위로 치솟지만, 그 힘이 다하면 다시 떨어지게 된다. 마찬가지로 존재들은 자신들의 선정력이 다하게 되면 다시 아래 세상으로 떨어져야만 한다.

> 최상 존재(bhavagga)라는 말은 모든 존재계에서 최상의 위치에 있다는 말이다. 이것은 비상비비상처(nevasaññānāsaññāyatana)[552] 라고도 한다.

---

551 본 일화는 담마간다 스님이 번역한 『담마짝까 법문』에 자세히 나온다. 그 책에서는 "범천에서 '번쩍번쩍' 우리에서 '꿀꿀'."이라는 게송으로 되어 있다. 비구 일창 담마간다 (2019), 290-298.

552 최상존재로 번역한 'bhavagga'는 'bhava(존재) + agga(최상)'의 합성어이고, 비상비비상처로 번역한 'nevasaññānāsaññāyatana'는 'na(아니다) + eva(결코) + saññā(인식) + na(아니다) + asaññā(인식 아님)'의 합성어이다. 비상비비상처는 인식과 같은 정신법이 없는 것처럼 너무나 고요하지만 그렇다고 전혀 없다고는 할 수 없고 미세한 의식만이 있다는 의미이다.

열반(Nibbāna)이란 무엇인가?

열반에 관해 설명하자면 모든 불교 가르침을 전체적으로 살펴보아야 한다. 이곳에서 열반이라는 깊고 중요한 주제를 다 다루기는 어렵기에, 여기서는 주요한 몇 부분을 설명하겠다. 사실 열반에 관해 피상적으로 설명하기보다는 아예 논의하지 않는 것이 낫다고 생각한다. 이런 이유로 이전 책에서는 이 내용을 다루지 않았다. 하지만 미얀마력 1320년[553] 이 책의 스무 번째 개정판이 나올 때 독자들이 열반에 관한 최소한의 앎이라도 얻을 수 있게 하려고 『Thingyo Bathatika』[554]라는 책의 "평화로운 열반을 거듭 새김(upasamānussati)"이라는 부분을 포함시켰다.

"평화로운 열반을 거듭 새김"은 열반의 '적정한 행복(santi sukha)'을 거듭 떠올리는 것이다. 사람들은 열반에 관해 여러 주장을 한다. 어떤 이는 열반이 특별한 형태의 정신과 물질이라고 한다. 또 다른 이는 우리 마음과 물질에 어떤 영속하는 실재가 있어서, 정신과 물질이 다하더라도 그러한 영속적 실재는 다하지 않고 남아서 지속한다고 한다. 그래서 열반도 그러한 영속적 실재처럼 존재한다고 주장한다. 또 다른 주장을 보면 "열반에 정신과 물질이 다 사라져 없다고 하면 그것을 누릴 주체도 없는데 어찌 행복이라고

---

553 서기로 1958년이다.
554 『아비담맛타 상가하』에 대한 저자의 해설서이다.

하겠는가."라고 한다.

어떤 대상을 완전히 이해하려면 그것을 실제 경험해 보아야 하기에, 열반의 성품도 그것을 실현한 성인들에 의해서만 완전히 알 수 있다. 열반의 심오한 성품에 관해 범부의 단순한 사유에 의해서는 완전히 알 수가 없다. 그럼에도 불구하고 나는 부처님의 성전과 논리적 사유에 비추어 내가 가진 최상의 앎으로 열반에 관해 설명하고자 한다.

열반은 궁극적 실재의 하나이다. 열반은 다른 궁극적 실재 즉 마음(citta), 마음부수(cetasika) 그리고 물질(rūpa)과 관련되지 않는다. 열반은 조건 지어진 정신과 물질법(nāma rūpa saṅkhārā)과 관련이 없기에 열반을 정신과 물질의 특별한 형태라고 해서는 안 된다.[555] 또한 열반은 아비담마 첫 번째 책에서 외부 법(bhiddhā dhammā)으로 분류하고 있어서, 이것은 우리 몸 안의 영속하는 실재도 아니다. 그렇기에 느낌을 느끼는 그러한 주체도 아니다.

열반은 느껴지는 대상이 아니기에 형색이나 소리와 같은 대상도 아니다. 열반은 감수되어진 행복(vedayita sukha)이 아니고 단지 적정한 행복(santi sukha)이다. 감수되어진 행복에 대해 좀 더 살펴보면, 행복한 느낌을 느끼고 나면 그 느낌은 사라진다. 그 느낌을 새

---

555 궁극적 실재법은 크게 네 가지로 나뉘는데 마음, 마음부수, 물질 그리고 열반이 그것이다. 앞의 세 가지는 조건 지어진 법이고, 열반은 조건 지어지지 않은 법으로서 서로 다르다.

롭게 가지려면 그에 따른 노력이 매번 필요하다. 다시 한번 그 느낌을 새로 가지기 위해 매번 수고한다는 것이 가치 있는 일은 아니다.

자신들이 수고로이 얻은 행복으로 만족을 얻지 못하는 이들은 빚을 내어서라도 그 느낌을 가지려 한다. 빚을 져서라도 취한 그 행복은 사악처의 고통으로 갚아야 한다.[556] 그러한 즐김에 오염되지 않은 '적정의 행복'은 조건 지어진 정신과 물질법의 그침으로 인한 행복을 뜻한다.[557]

좀 더 자세히 살펴보면, 세간의 즐거움을 모두 갖추고 깊이 잠들어 있는 부자가 있다고 하자. 그의 하인이 세간적 즐길 거리를 만들어 그를 깨우면 부자는 하인을 나무랄 것이다. 왜냐하면 그 부자가 잠들어 있을 때는 어떠한 구체적 즐거움이 없지만, 그는 그냥 편안히 계속 자기를 원하지 깨어나 다른 즐거움을 얻으려 하지 않기 때문이다.

사람들은 어떤 즐길 거리 없는 편안한 수면의 행복에 대해 다음과 같이 칭송한다. "참으로 좋은 것이 편안한 잠이다." 이와 같은 비유로 인해서 당신은 정신과 물질을 떠난 고요한 축복인 '적정한

---

556 인간이 행복이라 여기는 것은 대부분 감각적 느낌을 만족시키는 것이다. 이러한 느낌은 점점 더 강하게 요구되고 이것이 곧 탐욕과 같은 불선법의 증대로 이어진다. 불선법이 이끄는 곳은 사악처의 길뿐이다.

557 세간의 행복은 채워지는 것에 있고, 적정의 행복은 비움과 그침에 있다.

세상

행복'이 얼마나 탁월한지 상상할 수가 있을 것이다.[558]

불환자(anāgāmi)와 아라한(arahant) 성인에 대해 좀 더 살펴보자. 그들은 정신과 물질의 무더기들을 매우 무거운 짐으로 여긴다. 그러므로 그들은 종종 정신과 물질 무더기로부터 자유롭기 위해 멸진정(nirodhasamāpatti)에 들어간다. 멸진정에 들어 있을 동안에는 어떠한 즐김이나 느낌도 없다. 그곳에는 정신과 물질이 새롭게 생성되지 않고 단지 정신과 물질의 그침만이 있다. 어떤 정신과 물질의 그침을 진정한 행복으로 알기에 그들은 멸진정에 든다.[559]

또한 우리가 만약 무상유정천 존재와 무색계 존재의 상태를 고려해 보면 '적정한 행복'의 고요함의 의미가 분명해진다. 무상유정천 존재들은 정신 활동이 전혀 없기에 느낌이나 즐김이 없다. 그들은 500대겁 동안 의식 없이 평화롭게 지낸다.

무색계 존재들의 마음 상속에서 생겨나는 정신법들의 숫자는 참으로 적다. 만약 그가 아라한이라면 단지 12종류의 마음만이 생겨난다. 즉 하나의 의문 전향(manodvārāvajjana), 8개의 욕계 작용하

---

558 범부가 열반을 이해할 수는 없다. 왜냐하면, 범부는 열반을 경험하지 못했기 때문이다. 그래서 저자는 열반이 잠과는 완전히 다르지만, 열반이 가져오는 적정의 행복을 잠에 빗대어 설명하고 있다. 잠의 상태에서 특별한 즐거움이 없다. 하지만 방해 없는 평안한 잠에서 행복을 느끼듯 '적정한 행복' 역시 세속의 자극적 느낌 없이도 큰 행복이 있다.

559 열반과 멸진정은 같지 않지만 『청정도론』에서는 멸진정을 금생의 열반이라고 할 정도로 비슷한 면이 있다. 멸진정에서도 몸의 상카라, 말의 상카라, 마음의 상카라들이 소멸되고 가라앉는다. 대림 스님(2004), 제3권, 421.

는 마음(kāmavacara kiriya), 하나의 비상비비상처(nevasaññānāsaññāyata-na) 과보 마음, 하나의 비상비비상처 작용만 하는 마음 그리고 하나의 아라한 과의 마음, 이렇게 모두 12종류의 마음만이 그의 마음 상속에서 일어날 수 있다.

마음들은 한 번에 하나만 일어날 수 있기에, 한 형태의 마음이 다시 일어나지 않으면 모든 정신과 물질이 더 이상 생겨나지 않고 그친다. 그렇다면 '적정한 행복'이라 불리는 열반의 성품은 분명해질 것이다.

'적정한 행복'이라 불리는 열반은 특정한 형태가 아니고 각 개인에게 알려지는 특성이다. 왜냐하면 성자들이 과선정에 들어갈 때 자신의 무더기[560]들은 그대로 존속하면서 각자가 자신의 열반을 대상으로 해서 들어가기 때문이다.[561]

열반을 향해 기운 그 마음으로 머묾은 광대한 행복이라 한다. 반열반(parinibbāna)에 들 때, 모든 장로와 장로니는 기쁨의 감흥어를 읊조리며 자신들의 정신과 물질 무더기들을 버린다. 이러한 점이 영원히 자신의 정신과 물질에 대해 집착하는 범부 중생들을 부끄럽게 한다.

---

560 무더기는 온(蘊)으로 번역된다. 다섯 가지 무더기는 오온(五蘊)으로 잘 알려져 있다. 무더기라는 의미는 벼 무더기나 쓰레기 무더기처럼 그냥 쌓았다는 뜻이 아니고, 만약 물질 무더기라면 어떠한 물질이라도 '변형된다'는 성품으로 동일하기에 다 모아서 '물질 무더기'라고 한다는 뜻이다. 비구 일창 담마간다(2021), 415 참조.

561 열반은 도와 과 마음의 대상이다. 도와 과를 증득하는 이들만이 열반을 대상으로 한다. 특정한 개별자들이 경험하는 지극히 개인적인 것이다.

Sadevakassa lokassa, ete vo sukhasammatā.

Yattha cete nirujjhanti, taṁ tesaṁ dukkhasammataṁ.

범천과 제석천 그리고 다른 천신들과 무지한 범부 중생 세계에서는 형색과 소리 등의 즐길 만한 대상들을 즐거움으로 여긴다. 열반의 세계에서 보면, 성인들은 그러한 즐길 만한 대상이 다 그침을 더 큰 즐거움으로 여긴다. 모든 감각 대상이 사라진 그 열반을 무지한 중생은 즐길 것이 없기에 고통으로 여긴다.

Sukhaṁ diṭṭhamariyebhi, sakkāyassa nirodhanaṁ,

Paccanīkamidaṁ hoti, sabbalokena passataṁ.[562]

지혜의 눈으로 열반을 분명히 알고 본 성인들은 오온의 소멸을 행복으로 본다. 스스로 열반을 본 성자들은 무지와 갈애로 시달리는 범부 중생과는 완전히 다르다. 성인과 범부는 등을 맞대고 서로 다른 방향으로 나아가는 사람들에 비유할 수 있다.[563]

---

562 SN.Ⅳ, 127 ; 형색을 즐거워함 경(S35:136) 각묵 스님 역(2009), 제4권, 309.

563 범부의 행복으로 열반의 행복을 알 수 없다. 범부의 행복과 열반의 행복은 서로 다른 편에 있다는 말이다.

결론

독자의 의무

나는 일상에서 불자들이 알아야 힐 법을 설명하면서 『Abhidha mma in Daily Life』라는 책을 저술하는 나의 의무를 다하였다. 이 책에서 유용한 지혜를 얻고 나서 그 지혜로써 사띠를 계발하고, 자기 절제와 진심 어린 노력으로 이어가야 할 것이다.

앎과 실천

앎은 실천과는 다르다. 단순한 앎은 쓸모가 없다. 책은 지식을 전달해 주지만 실천은 독자가 하여야 한다. 세상에는 법의 실천과 관련하여 유용한 지식을 가진 이가 많지만, 그 지식을 실천하여 자신의 이익으로 가지는 이는 매우 적다. 이러한 대부분의 사람들은 선과 바른 마음을 계발시킬 가능성이 별로 없다.[564]

예를 들어 요즘 많은 이들이 보시를 행하고 있다. 그들은 그러한 선행을 바라밀 실천으로 생각하지 않는다. 그들은 단지 남에게 보란 듯이 자신의 성공과 부를 자랑하고 으스대는 마음으로 선행을 한다. 고귀하고 덕스러운 이들이 보여 주신 바라밀 실천의 길을 그들은 더는 따르지 않는다.

출세를 바라는 야심가들은 자신들이 행하는 그러한 보시는 별다른 좋은 과보가 없거나 적음을 안다. 하지만 사회적 명성과 칭

---

564 알기만 하고 실천하지 않는 이는 선행과 공덕행을 짓기 어렵다. 법을 알고 난 후에 실천이 뒤따라야 한다는 말이다.

송을 받으려는 욕망으로 무지한 이들이 하는 일들까지 행한다. 심지어 그들은 이런 행위는 해서는 안 된다는 것을 알면서도 행하기도 한다.[565]

교활한 호랑이

내가 말하고자 하는 바를 잘 설명해 주는 이야기를 『Hitopadesha』[566]에서 하나 들어 보겠다. 어느 교활한 호랑이가 있었는데 나이가 들어 먹잇감을 잡을 수 없었다. 어느 날 그는 큰 소리로 다음과 같이 외쳤다. "오, 여행자여! 이리로 와서 이 황금 팔찌를 가지시오." 한 여행자가 이 소리를 듣고 그 호랑이에게 다가가서 물었다. "황금 팔찌는 어디에 있소?"

그 늙고 교활한 호랑이는 자신의 발에 있는 황금 팔찌를 보여 주었다. 그 여행자는 사람을 잡아먹던 호랑이 가까이에 가기가 두렵다고 말했다. 그러자 그 늙고 교활한 호랑이는 다음과 같이 말했다.

"내가 젊었을 때는 법을 듣지 못해서 많은 사람을 죽였소. 나는 이제 나이가 들어 나의 아내와 자식들을 다 잃었소. 나는 진실로

---

565 타인을 도우려는 마음은 전혀 없이 자신의 명성만을 위해서 보시를 한다. 자신도 그러한 행위가 별다른 선행이 되지 않는 줄 알지만, 탐욕과 무지에 눈먼 이들은 스스럼없이 그 일을 행한다.

566 『히또빠데샤(Hitopadesha)』는 옛 인도의 우화집이다. 여기에는 사람과 동물이 함께 등장한다.

경각심을 느꼈소. 그때 우연히도 나는 성인을 만났고 그분은 나에게 보시를 행하는 덕스러운 삶을 살라고 기르쳤소. 그 가르침을 듣고는 이제껏 나는 철저하게 바른 삶을 살아왔소. 그러니 그대는 두려워하지 마시오. 나는 해치려는 마음이 전혀 없소. 그리고 나를 보시오. 나는 이제 발톱과 송곳니도 다 빠져서 없소. 나는 이 황금 팔찌를 누구에게라도 주려고 마음을 먹었고, 당신이 왔으니 그 행운을 가지시오. 호수에 가서 목욕하고 와서 나의 선물을 받으시오."

호랑이의 그 말에 설득되어 그 여행자는 그대로 행하였다. 그가 호수 안으로 들어가자 그는 늪에 빠져 버렸다. 그 여행자는 그 호랑이가 도와줄 것이라 믿었지만, 호랑이는 다가와서 그를 먹어 치웠다.

이 일화는 계를 지니지 않은 단순한 앎은 별 쓸모가 없다는 도덕적 교훈을 준다. 교육을 잘 받고 배움이 많은 사람이 남을 속이는데 교활함, 매력, 영리함을 갖추고 있는데 도덕성이 전혀 없다고 하자. 그런 사람은 무지한 사람보다 더 위험할 수 있다. 왜냐하면 그들은 자신의 사악한 행위를 숨기고 음모를 꾸미는 지식이 있기 때문이다.

독자들에게 다시 한번 권고하니 단순한 앎에 만족하지 말고, 그대가 이해한 바를 실천하라. 그리하면 그대는 진정으로 덕스러운 사람이 될 것이다. 여기서 나는 여러분 모두가 더욱더 덕스러운 삶을 살아가기를 바라며 글을 맺으려 한다.

운문체로 된 간략한 후기

이 책을 마치며 간략하게 몇 가지를 말하고자 한다. 오늘날 비록 열반을 실현하기 위해 굳은 결의로 노력하는 출가자와 재가자들이 있지만, 그들의 마음이 본질적으로 청정하지 않으면 그들이 바라는 그 고귀한 지위는 여전히 아득하다.[567]

그러므로 이전의 성인들이 실현하였던 그 열반에 이르고자 하는 모든 이는 즉 나를 위시하여 나의 모든 도반, 지인, 미래 세대들은 이 책을 주의 깊고 엄밀하고 세심하게 공부하라. 그리고 최상을 성취하고, 위대한 정복자와 영광스러운 승리자가 되기 위해 불굴의 노력을 기울이라.

---

[567] 열반을 실현하기 위해서는 본질적으로 자신의 마음이 선하고 깨끗하게 되어야 한다는 말이다.

역자 후기

　부처님 가르침 가운데 논장으로 분류되는 아비담마 가르침은 그 의미가 깊고 뛰어나 승법(勝法)이라 불리기도 합니다. 부처님 최상의 가르침을 담고 있는 아비담마를 부처님 직설이 아니라고 여기는 이들도 많이 있습니다. 참으로 큰 이익을 저버리는 일이라 하겠습니다. 부처님이 직접 전하신 최고의 가르침인 아비담마에서 법의 고결함과 수승함을 모두 발견하시기를 바랍니다.

　최상의 가르침을 전하는 아비담마는 그 내용이 난해하지만 근래에 대림·각묵 스님의 『아비담마 길라잡이』를 비롯한 여러 관련 서적이 출간되어 이해에 도움을 주고 있습니다. 그럼에도 아비담마의 가르침은 일상에서 잘 쓰이지 않는 말과 가르침이 있어 일반 재가자가 이해하는 데 어려움이 많습니다.

　한국의 불자들에게 아비담마의 가르침을 좀 더 쉽게 전할 수 없을까 하는 마음에서 이 책의 번역을 시작하였습니다. 제가 미얀마 마하시선원에서 수행하고, 양곤에 있는 국제 불교대학에서 상좌부 불교를 배울 때 아비담마의 가르침은 너무 낯설고 어렵게 느껴졌습니다. 그때 우연히 접한 본서가 아비담마에 좀 더 편안히 다가가게 되는 계기가 되었습니다.

『아비담마 실천하기(Abhidhamma in Daily Life)』의 저자 자나까 사야도는 이 책에서 어려운 아비담마의 가르침을 쉽게 풀어 전하고 계십니다. 재가불자들이 법을 이해하도록 자나까 사야도께서 자비로운 마음으로 법보시를 실천하셨으니, 이 책으로 모든 이들이 부처님 법에 대한 발판을 만들고 해탈의 지침서로 삼으시길 바랍니다.

아비담마를 공부하면서 알게 된 법의 핵심은 항시 선과 불선을 잘 헤아려 선법을 증장시키고, 부처님이 가르치신 실재법을 잘 알고 통찰하여 존재의 실상을 꿰뚫는 것이라 생각합니다. 이 책을 읽는 독자들이 아비담마 가르침을 좀 더 쉽게 이해하고 실생활에서 법을 실천해 나가는 데 도움이 되기를 바랍니다.

이 책의 번역은 많은 분들의 도움으로 이루어졌습니다. 먼저, 항시 수행 정진에 격려와 후원을 아끼지 않으시며 현재 통도사 백련암에 주석하시고 대한불교조계종 초대 교육원장을 지낸 노스님 되시는 원산 큰스님과 북한산 내원사에 주석하시는 은사 정수 큰스님께 감사드립니다. 명상 포교의 인연을 맺어 준 한국명상지도자협회 회장이신 혜거 큰스님과 상임이사 스님을 비롯한 여러 이사님들께도 감사드립니다.

아울러 후원과 염려를 아끼지 않는 문도회 사숙 스님들, 사형 되시는 현중 스님, 항시 법의 의지처가 되어 주시는 일창(담마간다) 스님께도 감사의 말씀을 드립니다. 이번 번역에도 빠알리 원전과 미얀마 원저에 관한 부분은 일창 스님께 여쭙고 정리할 수 있었습니다. 오랜 세월 함께하며 버팀목이 되어 주는 경륜 스님을 비롯한 통도사 도반 스님들, 출판사와 인연을 맺어 주신 정법사 광우 스님과 영축불교대학 법우님들께도 감사의 마음을 전합니다. 통도사 주지 스님을 비롯한 동진 스님, 은곡 스님께도 감사의 말씀을 드립니다.

동국대 WISE캠퍼스 안양규 교수님을 비롯하여 자목 스님, 도무 스님, 청진 스님, 현도 스님, 탄호 스님 등 여러 법우님들께도 감사의 말씀을 전합니다. 번역 허가증을 받도록 애써 주시고 여러 법서를 많이 출판하신 강종미 법우님께 고마운 마음을 전합니다.

번역문의 교정을 위해 수고하신 일봉 스님, 법광 스님, 최민경 님, 손예원 님께 '사두'를 외칩니다. 출판을 위해 법보시해 주신 조선심, 오나림, 박송주, 수담마, 향성해, 묘선행 법우님, 항시 후원과 응원을 해 주시는 임병영 님, U. MYint han 님께도 감사의 말씀을 전하며 항시 건강하시기를 기원드립니다.

좋은 인연으로 본서의 출판을 맡아 좋은 책을 만들어 주신 담앤북스 오세룡 대표님과 직원 여러분께도 진심으로 감사드립니다. 법보시의 공덕이 있다면 이번 생에 부모의 인연으로 오셨던 부친 임종택, 모친 김정희 님과 항시 저를 수행의 길로 인도하시는 U Kheminda 스승님께 모든 공덕을 회향합니다.

본서를 좀 더 쉽게 전하기 위해 원문에는 전혀 없었던 주석을 번역본에 달았습니다. 불자님들의 이해를 돕기 위해 여러 서적을 의지해서 적었지만 일부 저의 개인적 의견도 들어가게 되었습니다. 혹여 내용의 잘못된 부분이 있다면 번역자의 미숙함에 있음을 말씀드리고, 언제라도 알려 주시고 지도 편달해 주시기를 바랍니다. 모두가 부처님 가르침에서 유익한 이익을 얻을 수 있기를 기원합니다.

사두 사두 사두.

2024년 11월
현암 합장

| 참고 문헌 |

DN: Dīgha-nikāya, PTS.
SN: Saṁyutta-nikāya, PTS.
Dhammapadapāḷi, CST.
Aṅguttaranikāya, CST.

각묵 스님 역(2009), 『상윳따 니까야』 초기불전연구원.
각묵 스님 역(2016), 『담마상가니』 초기불전연구원.
강종미 역(2009), 『아비담마 해설서』 도서출판 도다가 마을.
대림 · 각묵 스님(2018), 『아비담마 길라잡이』 초기불전연구원.
대림 스님 역(2004), 『청정도론』 초기불전연구원.
대림 스님 역(2006), 『앙굿따라 니까야』 초기불전연구원.
대림 스님 역(2007), 『앙굿따라 니까야』 초기불전연구원.
대림 스님 역(2012), 『맛지마 니까야』 초기불전연구원.
석오진 역(2002), 『파아나두라 대논쟁』 도서출판 운주사.
전재성 역(2008), 『법구경-담마파다』 한국빠알리성전협회.
전재성 역(2016), 『예경지송 Buddhavandanā』 한국빠알리성전협회.
전재성 역(2018), 『청정도론-비숫디막가』 한국빠알리성전협회.
전재성 역(2023), 『자타카전서』 한국빠알리성전협회.
비구 일창 담마간다(2012), 『부처님을 만나다』 이솔출판.
비구 일창 담마간다(2013), 『위빳사나 수행방법론』 이솔출판.
비구 일창 담마간다(2018), 『빳타나 조건의 개요와 상설』 불방일.
비구 일창 담마간다(2019), 『담마짝까 법문, -초전법륜경 해설-』 불방일.
비구 일창 담마간다(2021), 『가르침을 배우다』 불방일.
비구 일창 담마간다(2022), 『자애』 불방일.
G. P. Malalasekera(1974), Dictionary of Pāli Proper Names, The Pali Text Society.
Ledi Sayadaw(2004), The Manuals of Buddhism, Mother Ayeyarwaddy Publishing House.
Nārada Mahā Thera(1979), A Manual of Abhidhamma, Buddhist Missionary Society.
U Ko Lay(1998), Essence of Tipiṭaka, Vipassana Research Institute.
U Silananda Sayadaw(2000), Paritta Pali and Protective Verses, The International Theravada
Buddhist Missionary University.

현암(2021), 「상좌부불교의 제사의식 연구」 『동아시아불교문화』 제47집, 동아시아불교문화학회.

아비담마
실천하기

Abhidhamma in
Daily Life

초판 1쇄 발행   2024년 11월 25일

지은이   아신 자나까비왐사
옮긴이   현암

펴낸이   오세룡
편집   윤예지 손미숙 박성화 여수령 정연주
기획   곽은영 최윤정
디자인   최지혜 고혜정 김효선
홍보 · 마케팅 정성진

펴낸곳   담앤북스
주소   서울특별시 종로구 새문안로3길 23 경희궁의아침 4단지 805호
대표전화   02-765-1250(편집부) 02-765-1251(영업부)
전송   02-764-1251
전자우편   dhamenbooks@naver.com

출판등록   제300-2011-115호
ISBN 979-11-6201-900-9 (03220)

정가 20,000원